Raeliana

Warum sie die Verlobte des Dukes wurde

4

Whale

Original Story: Milcha

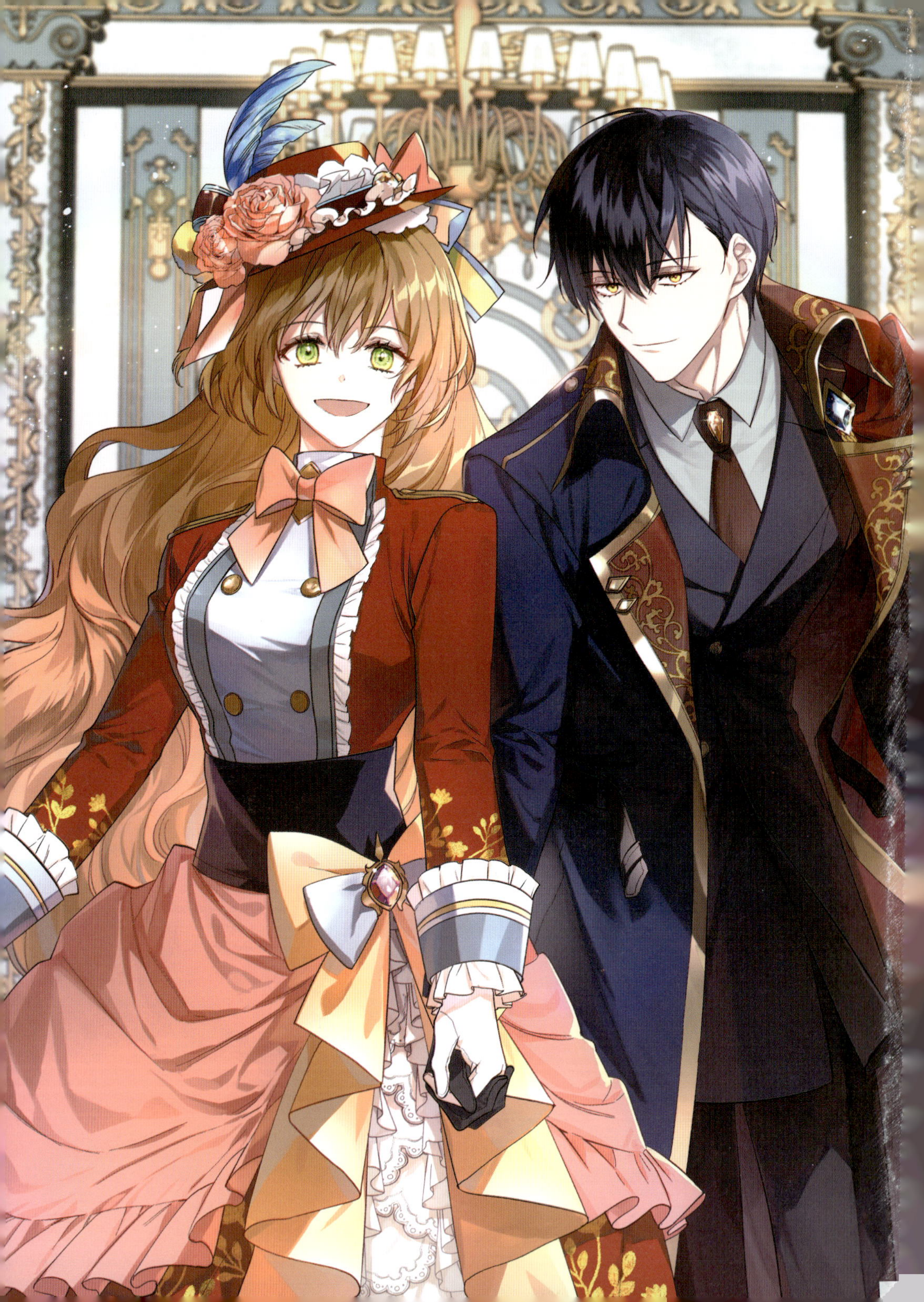

Whale
Original Story: Milcha

Raeliana
Warum sie die Verlobte des Dukes wurde

4

Zweifel und Gewissheit

»Das mit Noah ist
schließlich nur gespielt.«

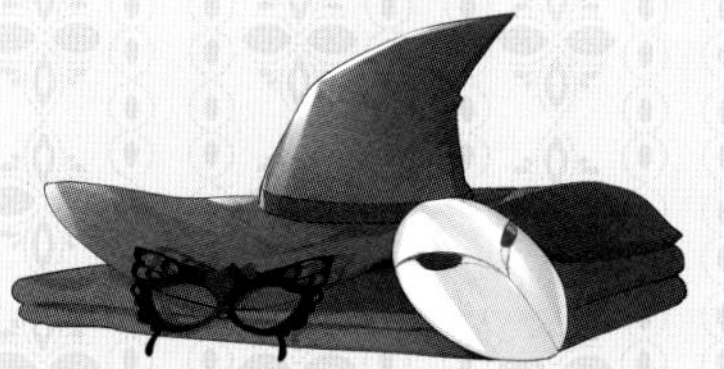

* Dieser Sammelband enthält die Kapitel 51 bis 68 des Webtoons *Raeliana – Warum sie die Verlobte des Dukes wurde*.

Inhalt

Kapitel 9
Das Eheleben

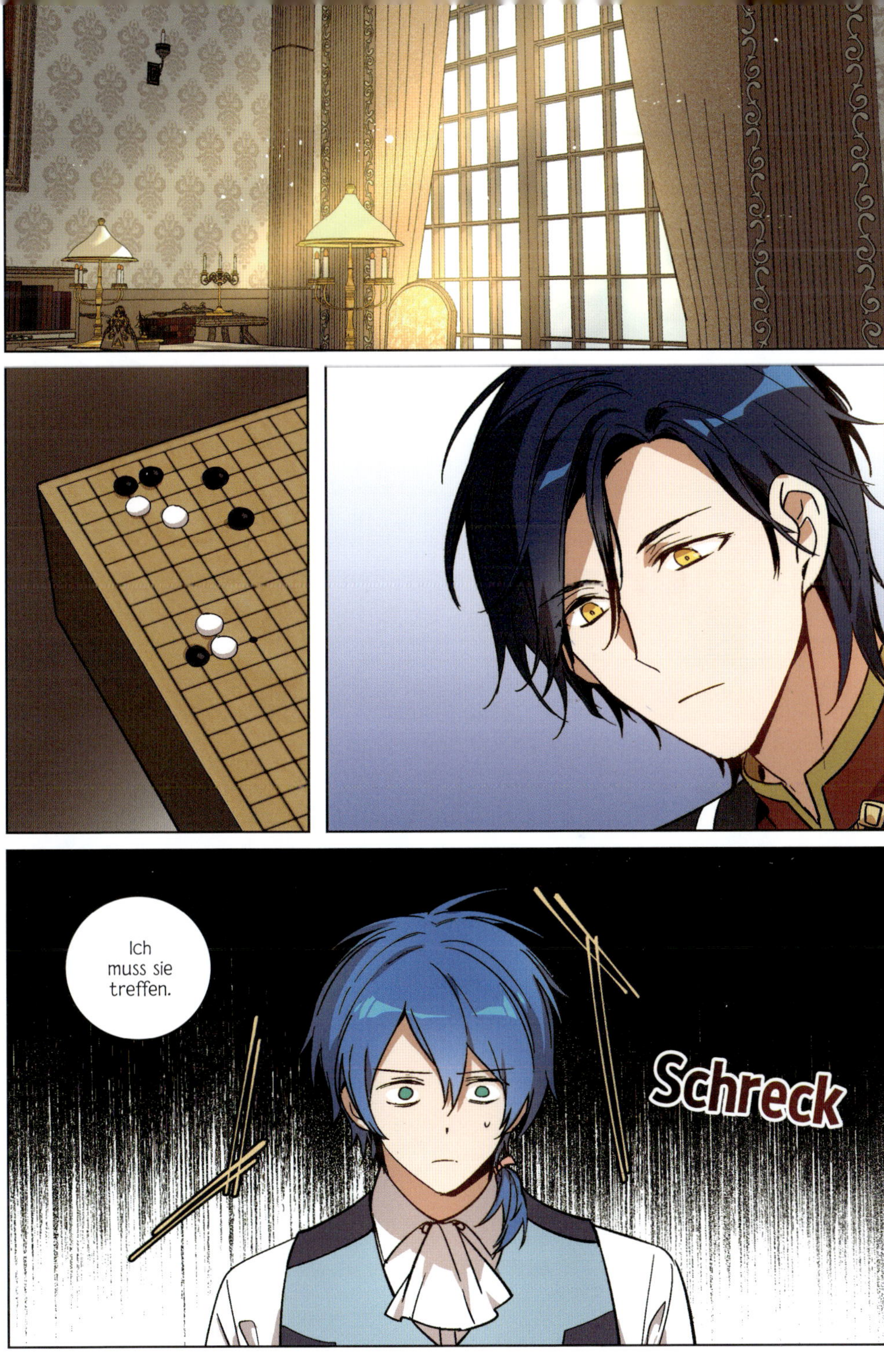
Ich muss sie treffen.
Schreck

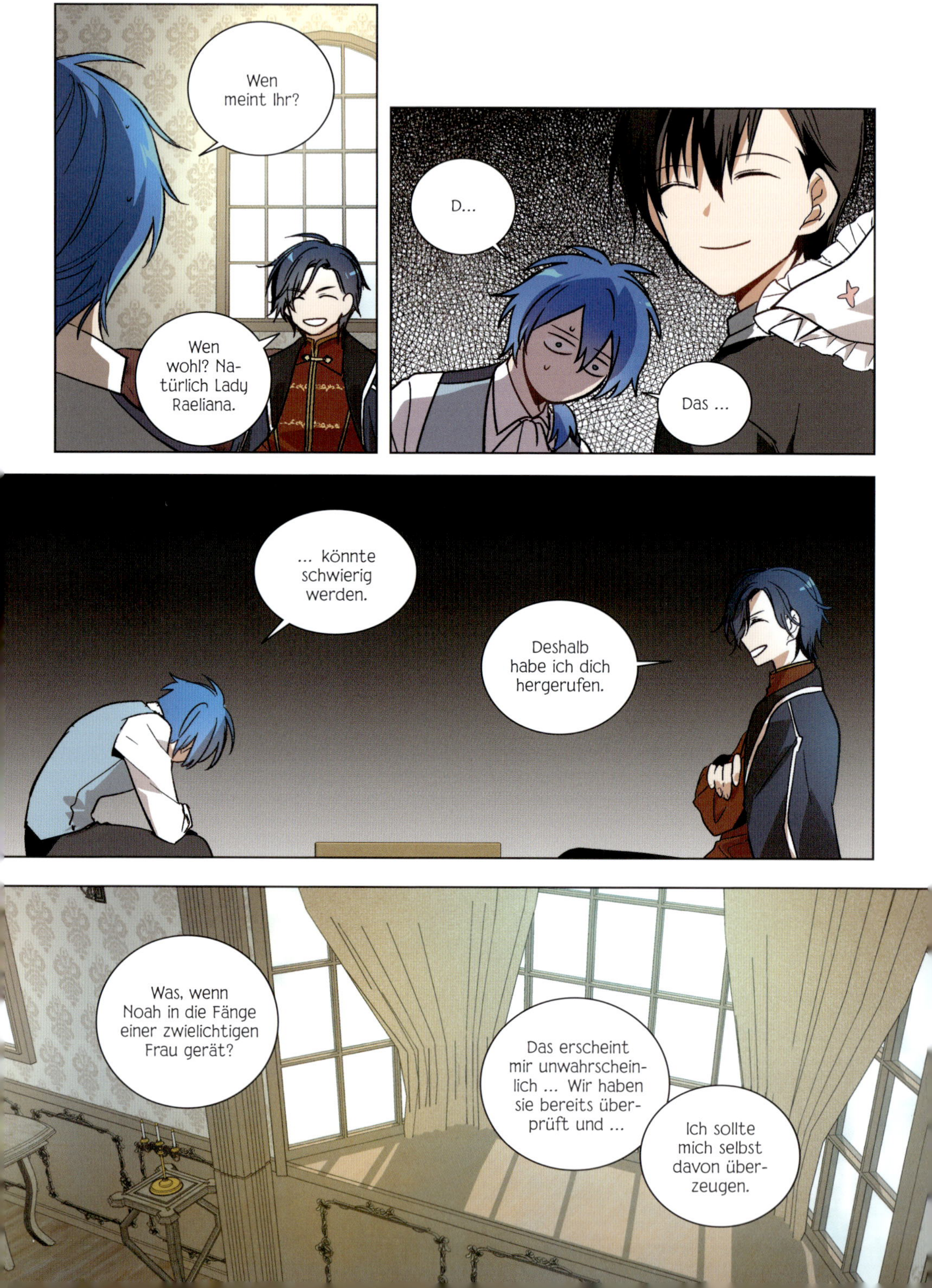
Wen meint Ihr?
Wen wohl? Natürlich Lady Raeliana.
D...
Das ...
... könnte schwierig werden.
Deshalb habe ich dich hergerufen.
Was, wenn Noah in die Fänge einer zwielichtigen Frau gerät?
Das erscheint mir unwahrscheinlich ... Wir haben sie bereits überprüft und ...
Ich sollte mich selbst davon überzeugen.

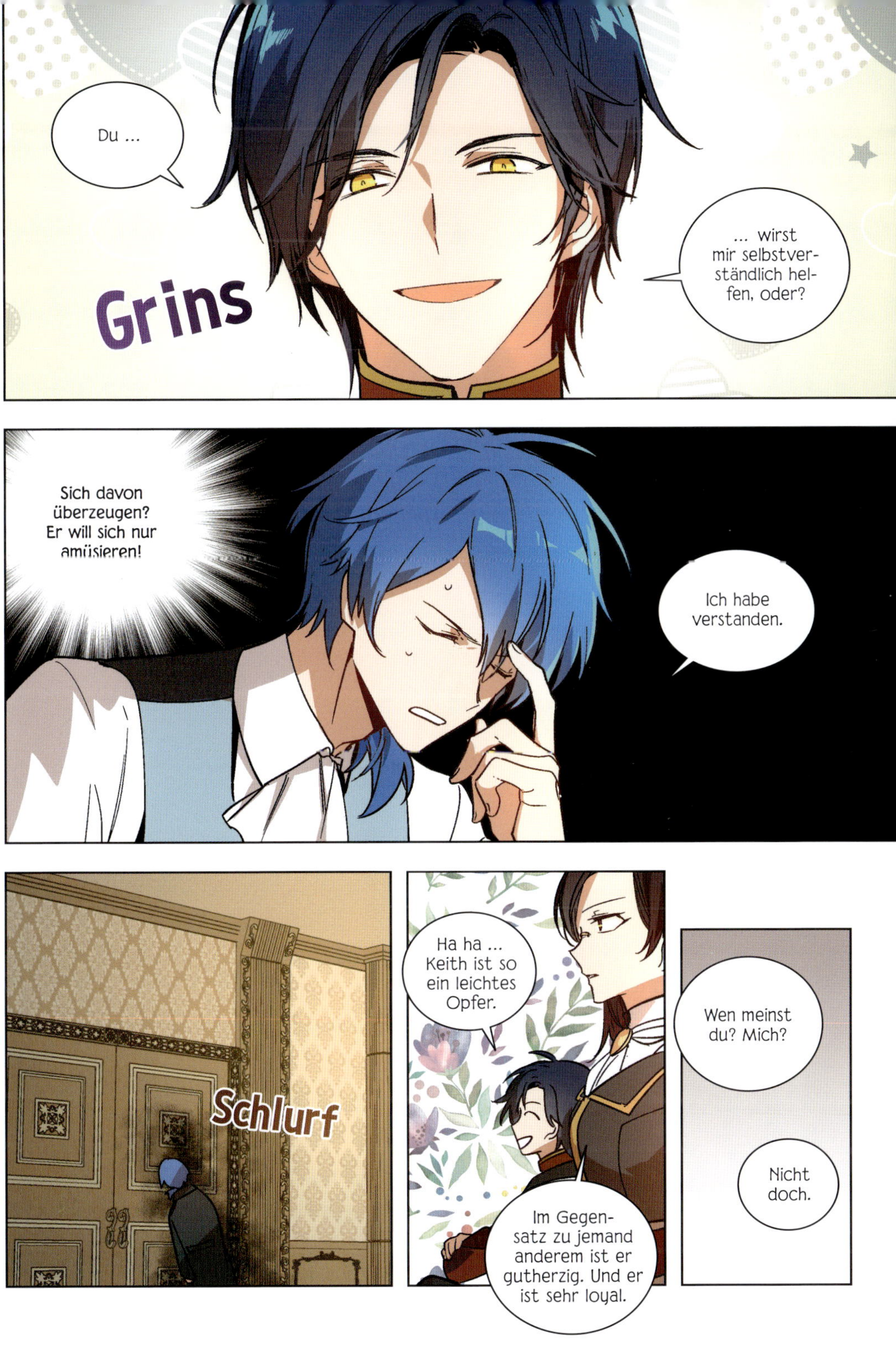
Du ...
Grins
... wirst mir selbstverständlich helfen, oder?
Sich davon überzeugen? Er will sich nur amüsieren!
Ich habe verstanden.
Schlurf
Ha ha ... Keith ist so ein leichtes Opfer.
Wen meinst du? Mich?
Nicht doch.
Im Gegensatz zu jemand anderem ist er gutherzig. Und er ist sehr loyal.

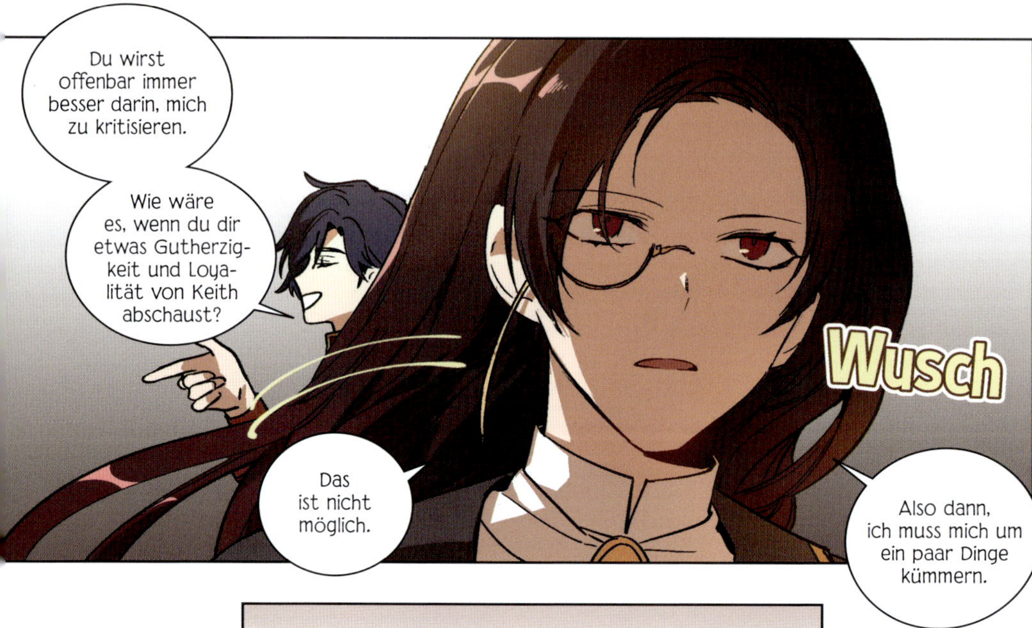
Du wirst offenbar immer besser darin, mich zu kritisieren.
Wie wäre es, wenn du dir etwas Gutherzigkeit und Loyalität von Keith abschaust?
Wusch
Das ist nicht möglich.
Also dann, ich muss mich um ein paar Dinge kümmern.

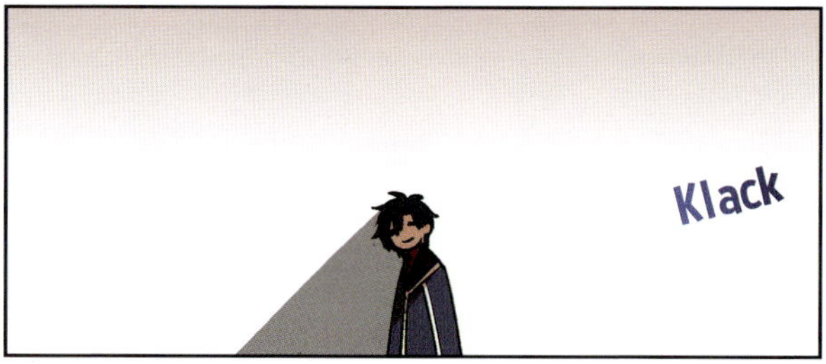
Klack

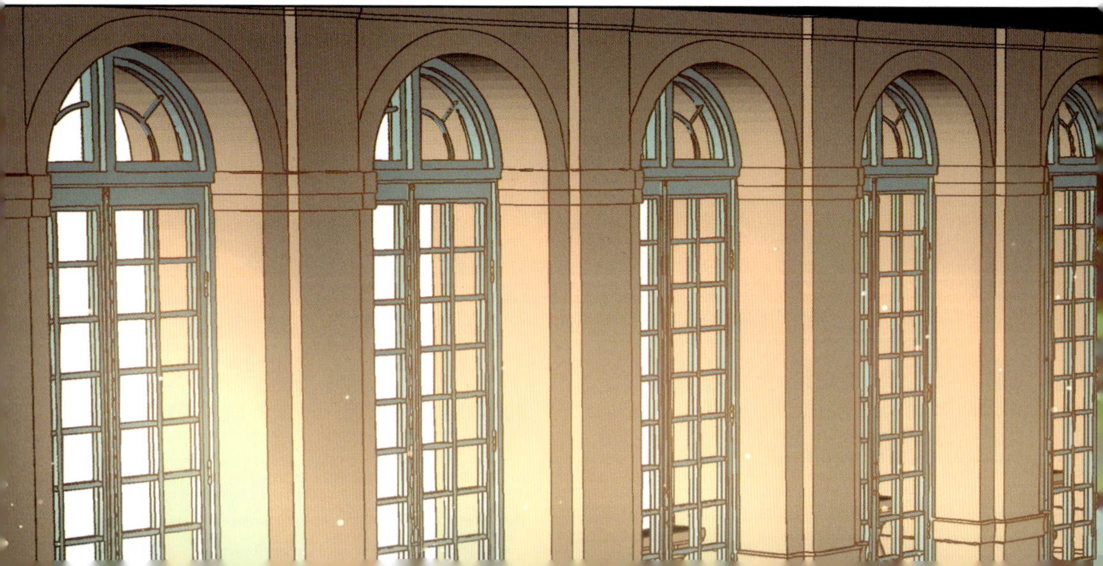

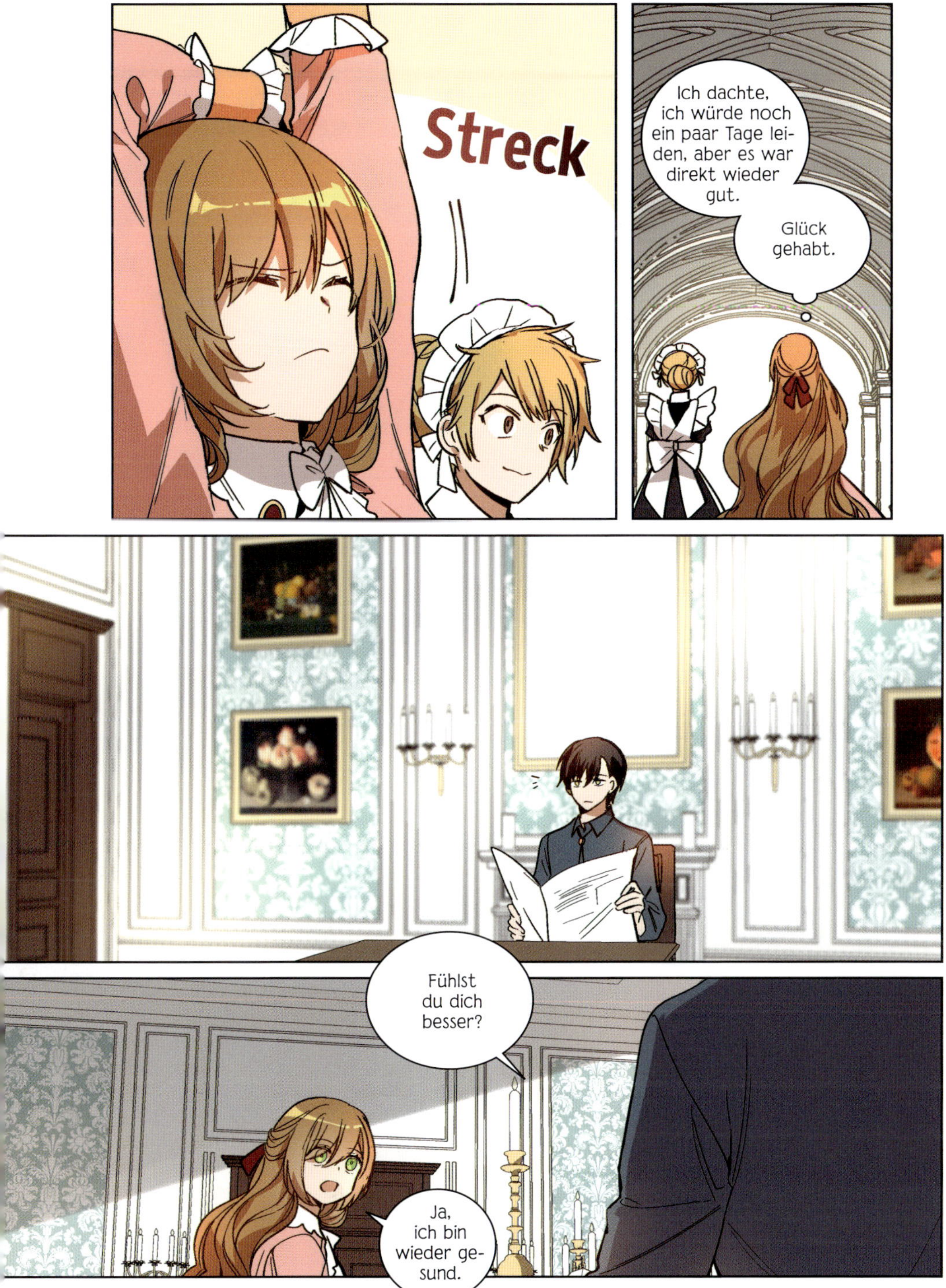
Streck
Ich dachte, ich würde noch ein paar Tage lei-den, aber es war direkt wieder gut.
Glück gehabt.
Fühlst du dich besser?
Ja, ich bin wieder ge-sund.

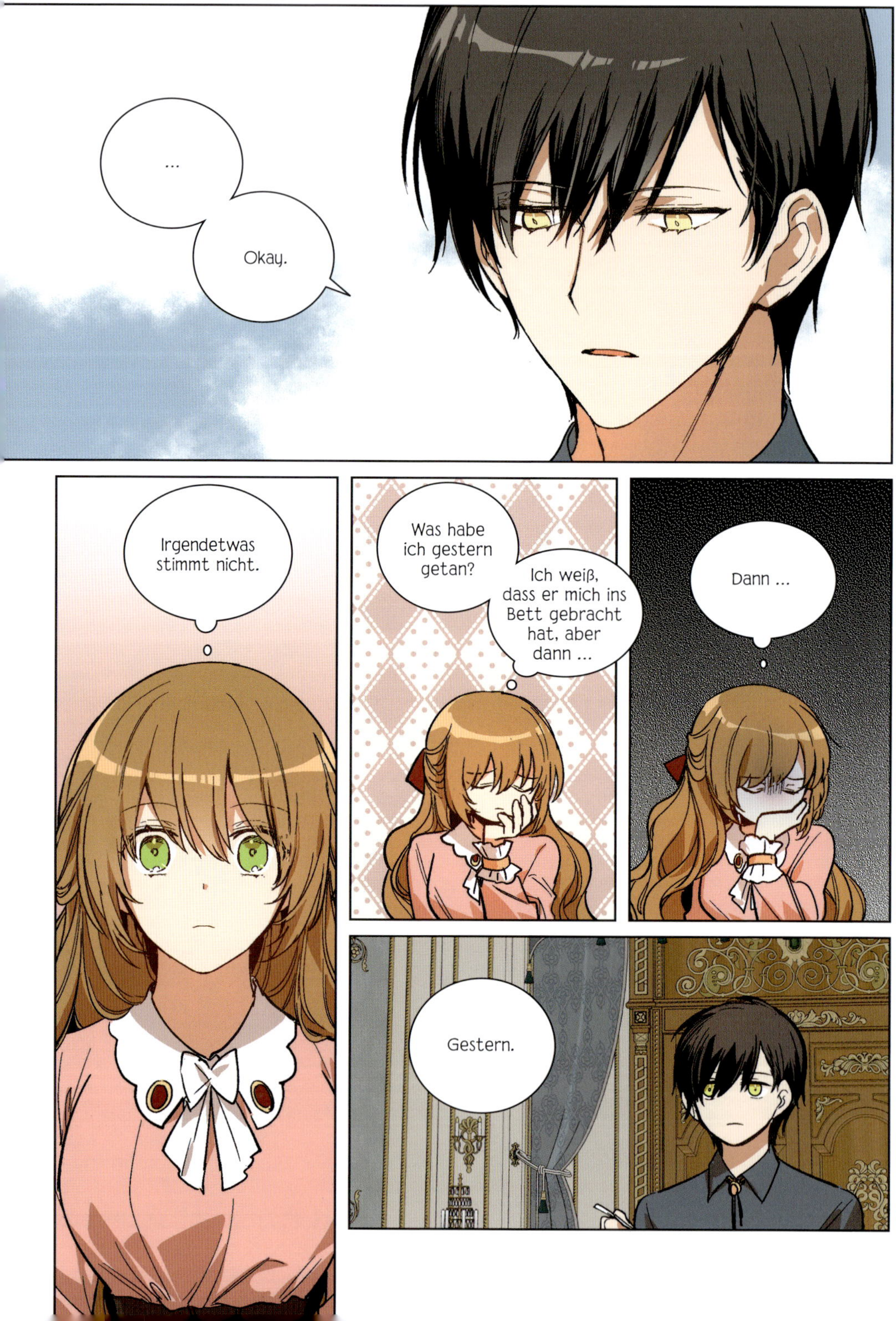
...
Okay.
Irgendetwas stimmt nicht.
Was habe ich gestern getan?
Ich weiß, dass er mich ins Bett gebracht hat, aber dann ...
Dann ...
Gestern.

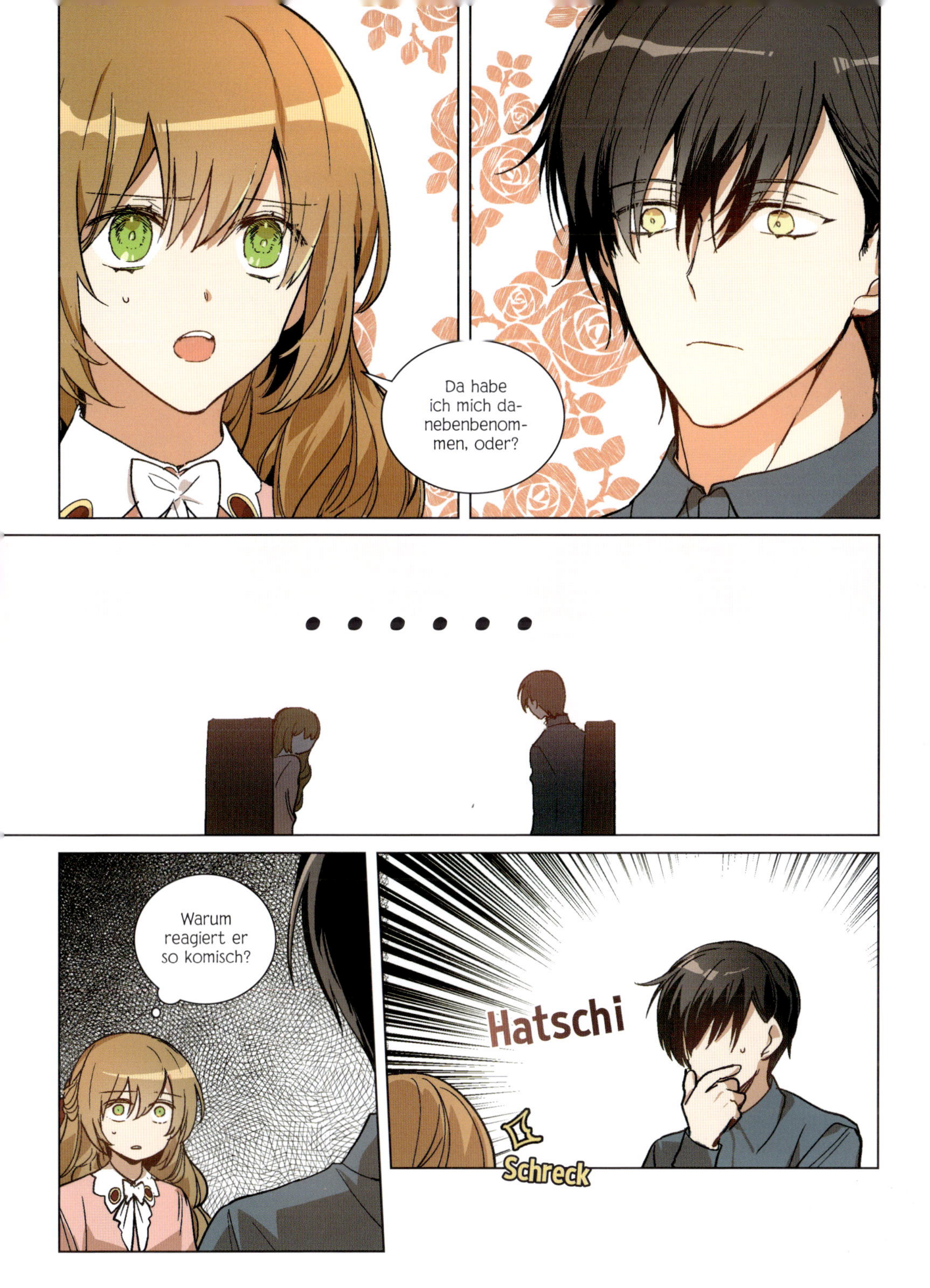
Da habe ich mich danebenbenommen, oder?
......
Warum reagiert er so komisch?
Hatschi
Schreck

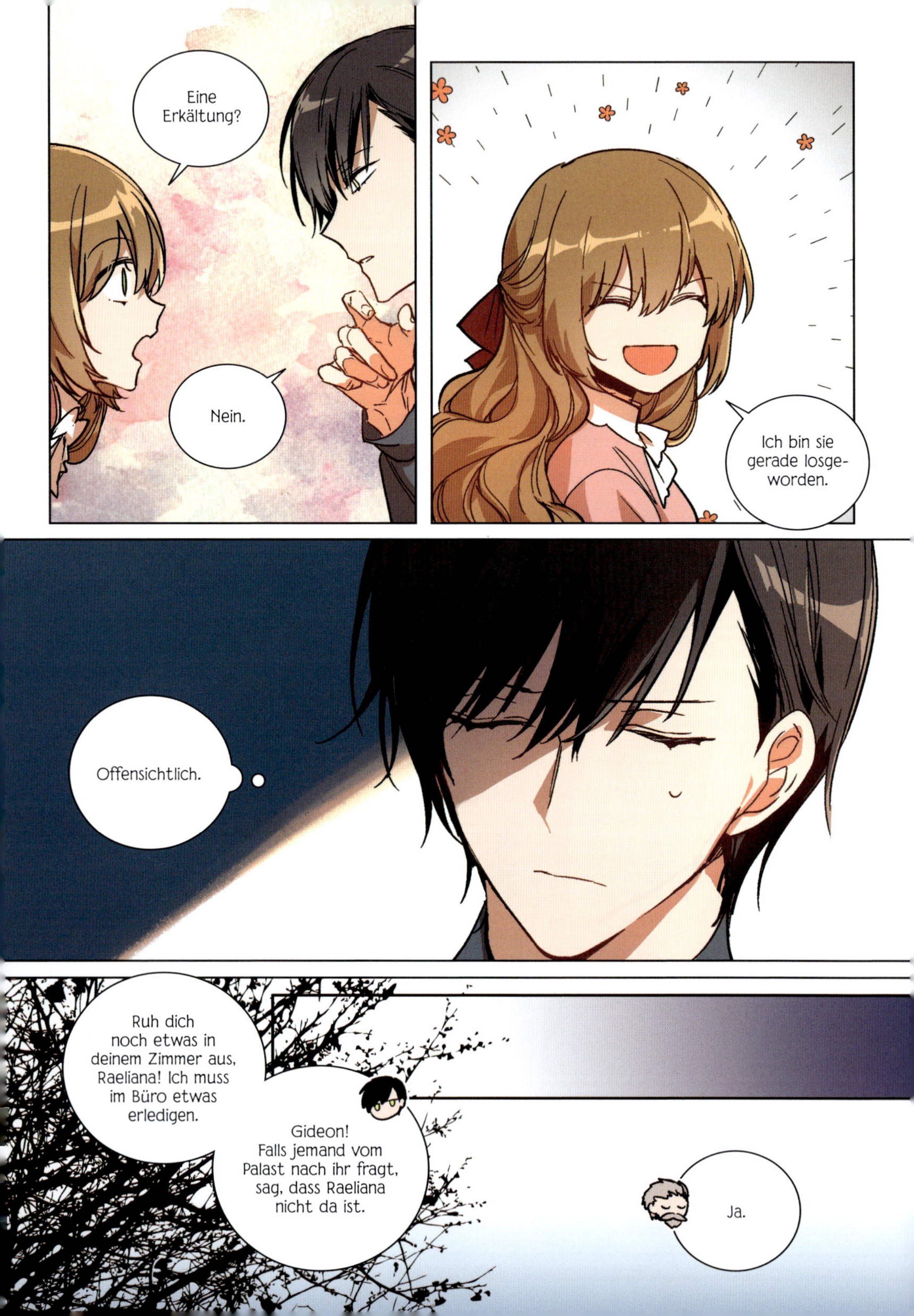
Eine Erkältung?
Nein.
Ich bin sie gerade losgeworden.
Offensichtlich.
Ruh dich noch etwas in deinem Zimmer aus, Raeliana! Ich muss im Büro etwas erledigen.
Gideon! Falls jemand vom Palast nach ihr fragt, sag, dass Raeliana nicht da ist.
Ja.

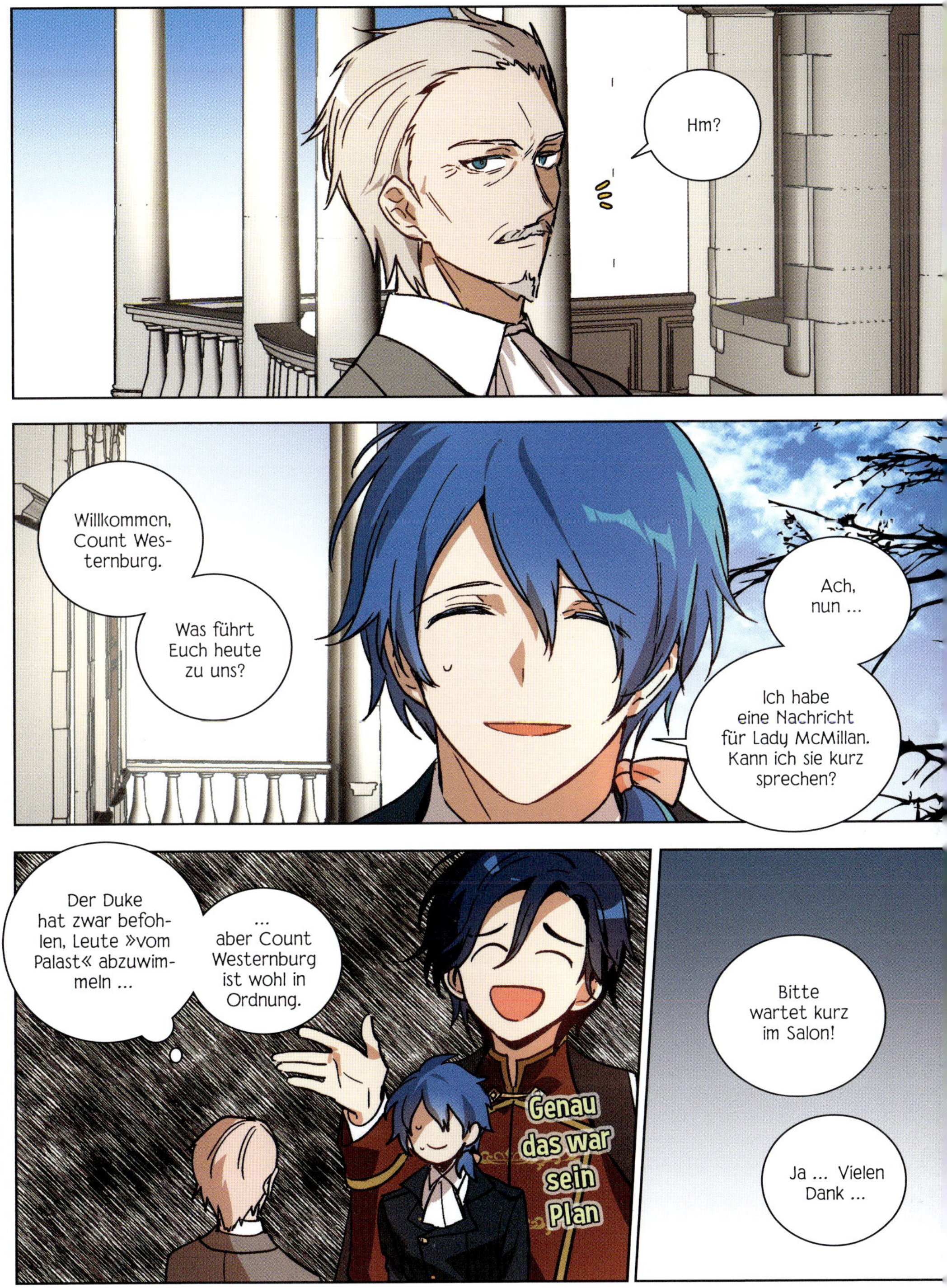

Hm?
Willkommen, Count Westernburg.
Was führt Euch heute zu uns?
Ach, nun ...
Ich habe eine Nachricht für Lady McMillan. Kann ich sie kurz sprechen?
Der Duke hat zwar befohlen, Leute »vom Palast« abzuwimmeln ...
... aber Count Westernburg ist wohl in Ordnung.
Genau das war sein Plan
Bitte wartet kurz im Salon!
Ja ... Vielen Dank ...

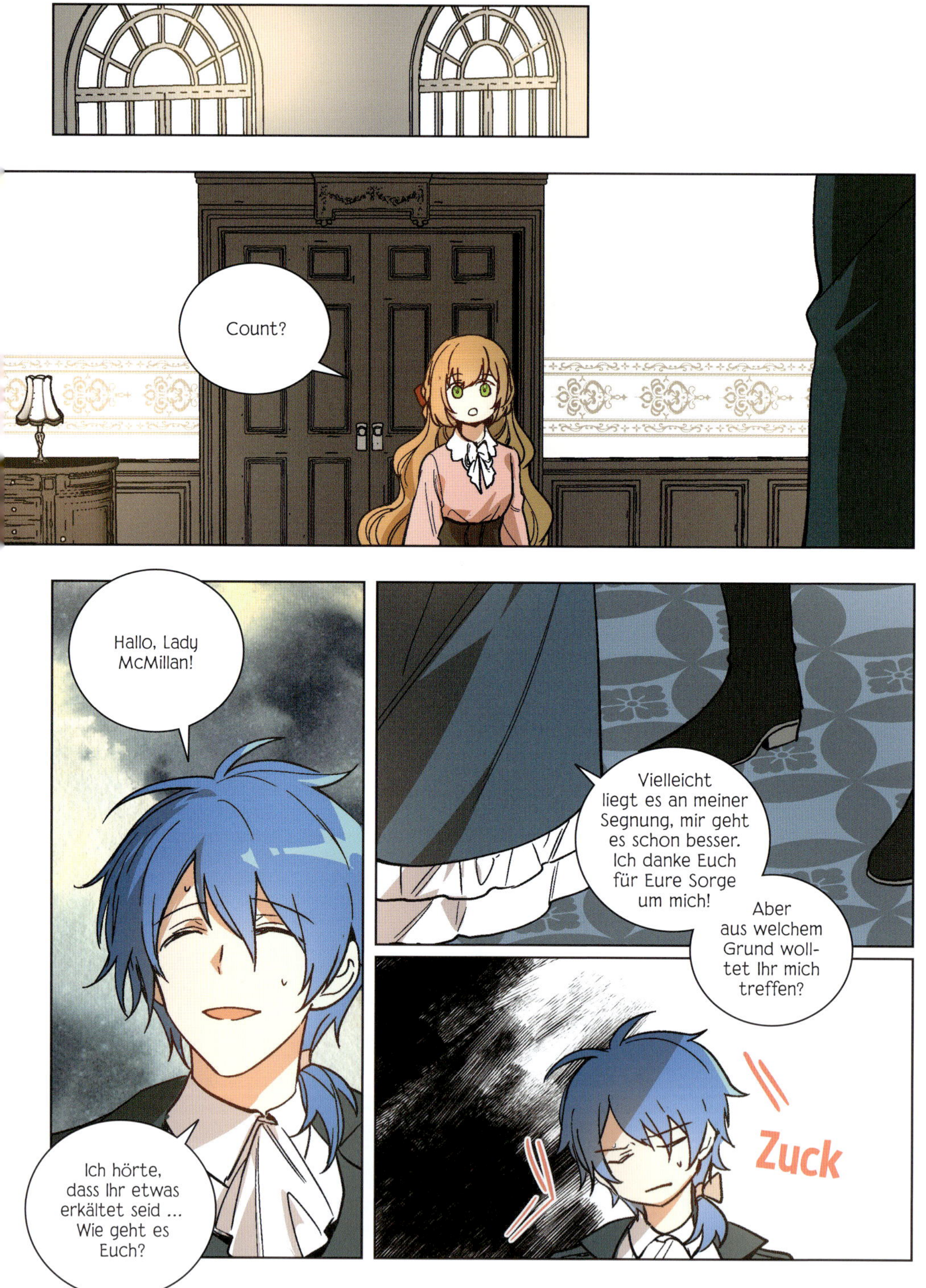
Count?
Hallo, Lady McMillan!
Ich hörte, dass Ihr etwas erkältet seid ... Wie geht es Euch?
Vielleicht liegt es an meiner Segnung, mir geht es schon besser. Ich danke Euch für Eure Sorge um mich!
Aber aus welchem Grund wollt-et Ihr mich treffen?
Zuck

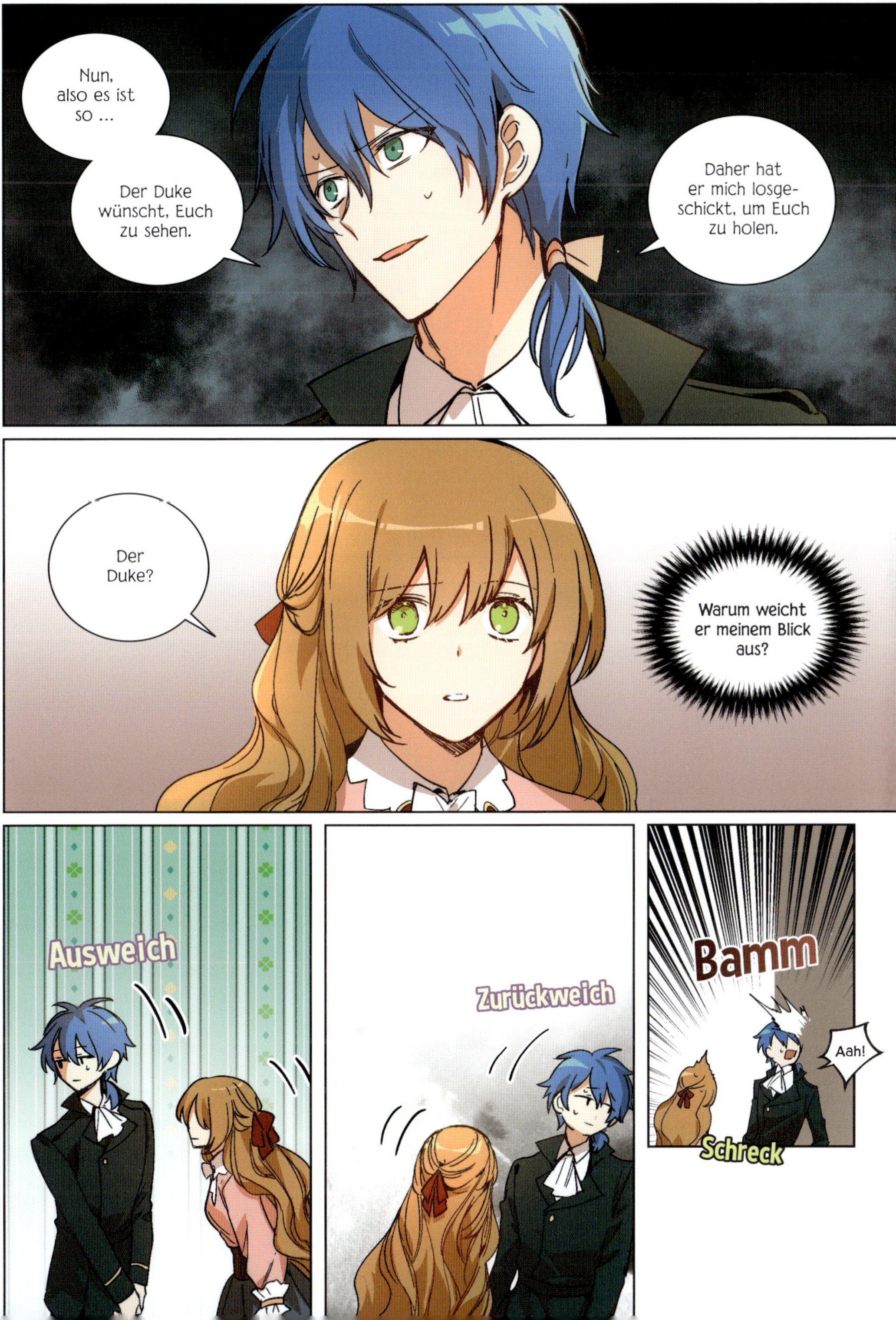
Nun, also es ist so ...
Der Duke wünscht, Euch zu sehen.
Daher hat er mich losgeschickt, um Euch zu holen.
Der Duke?
Warum weicht er meinem Blick aus?
Ausweich
Zurückweich
Bamm
Aah!
Schreck

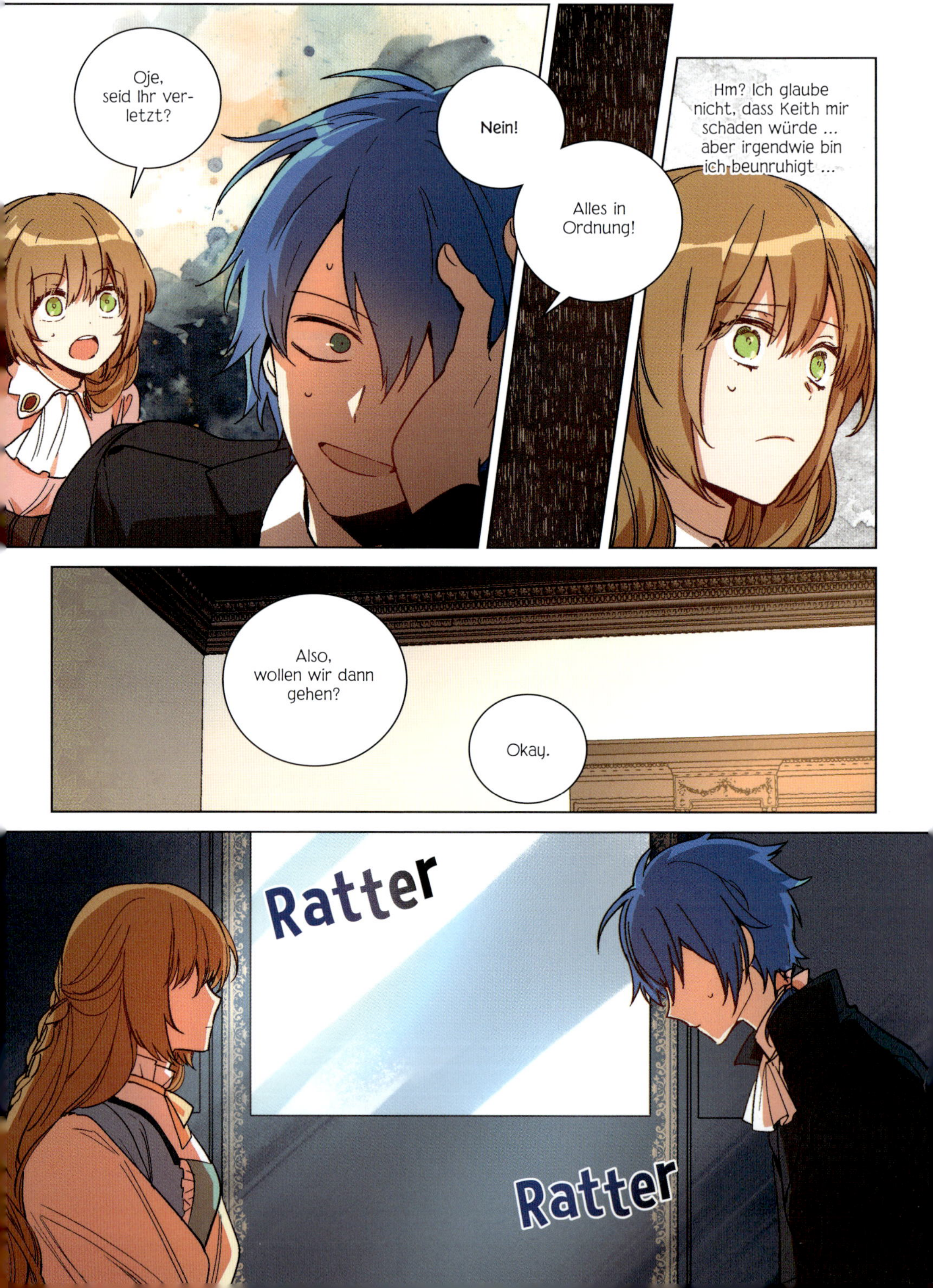
Oje, seid Ihr ver-letzt?
Nein!
Alles in Ordnung!
Hm? Ich glaube nicht, dass Keith mir schaden würde ... aber irgendwie bin ich beunruhigt ...
Also, wollen wir dann gehen?
Okay.
Ratter
Ratter

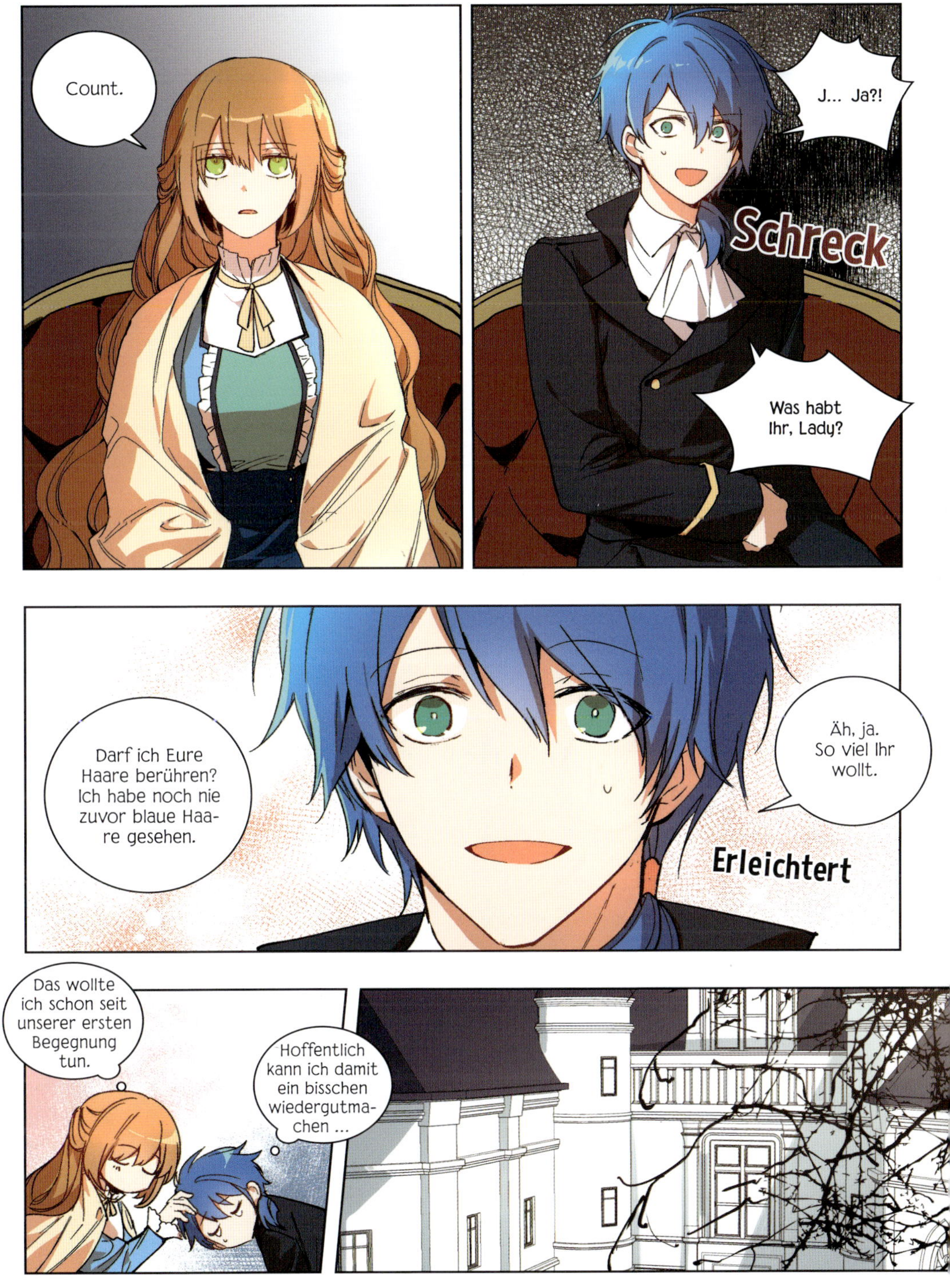

Count.
J... Ja?!
Schreck
Was habt Ihr, Lady?
Darf ich Eure Haare berühren? Ich habe noch nie zuvor blaue Haare gesehen.
Äh, ja. So viel Ihr wollt.
Erleichtert
Das wollte ich schon seit unserer ersten Begegnung tun.
Hoffentlich kann ich damit ein bisschen wiedergutmachen ...

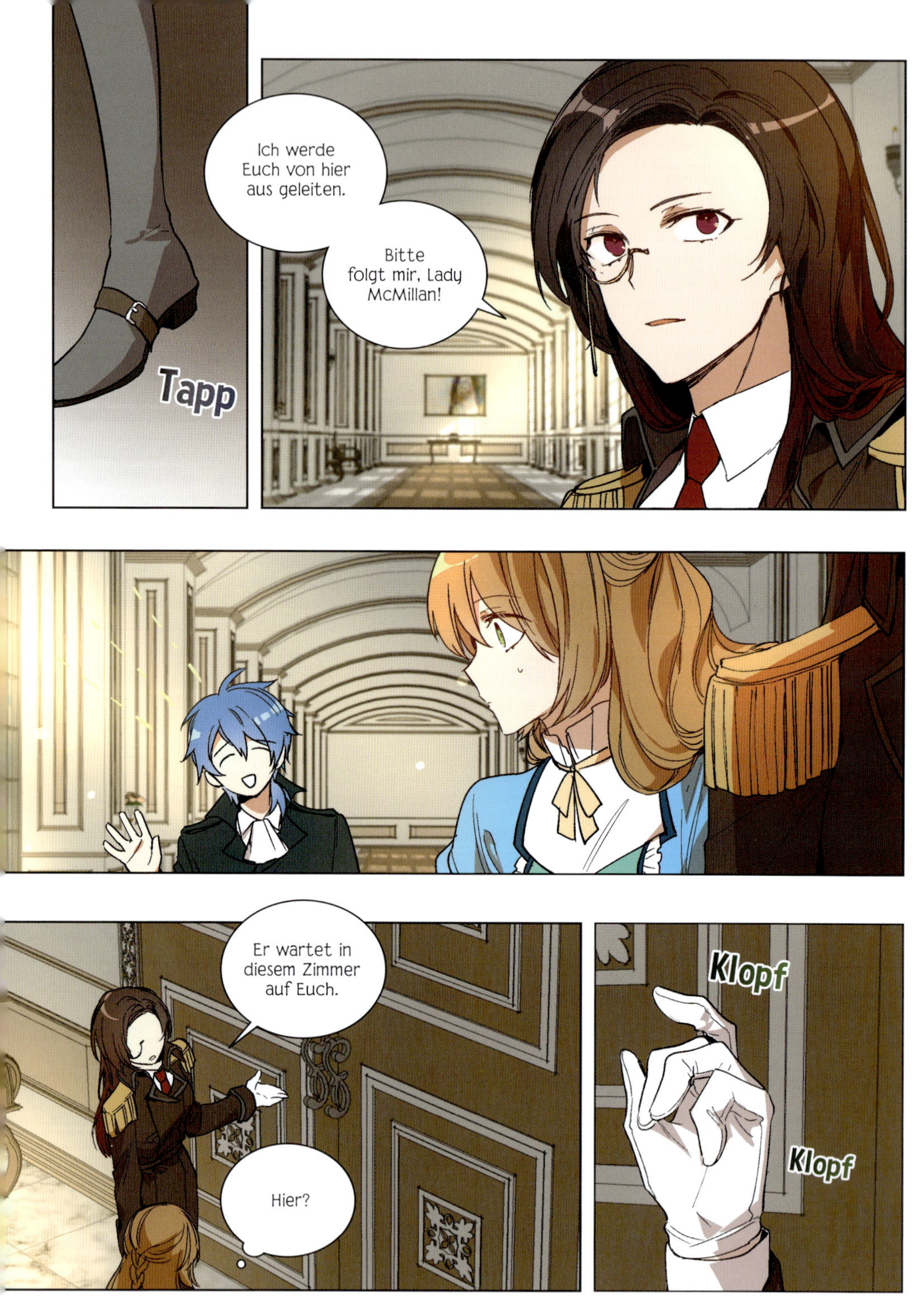
Tapp
Ich werde Euch von hier aus geleiten.
Bitte folgt mir, Lady McMillan!
Er wartet in diesem Zimmer auf Euch.
Hier?
Klopf
Klopf

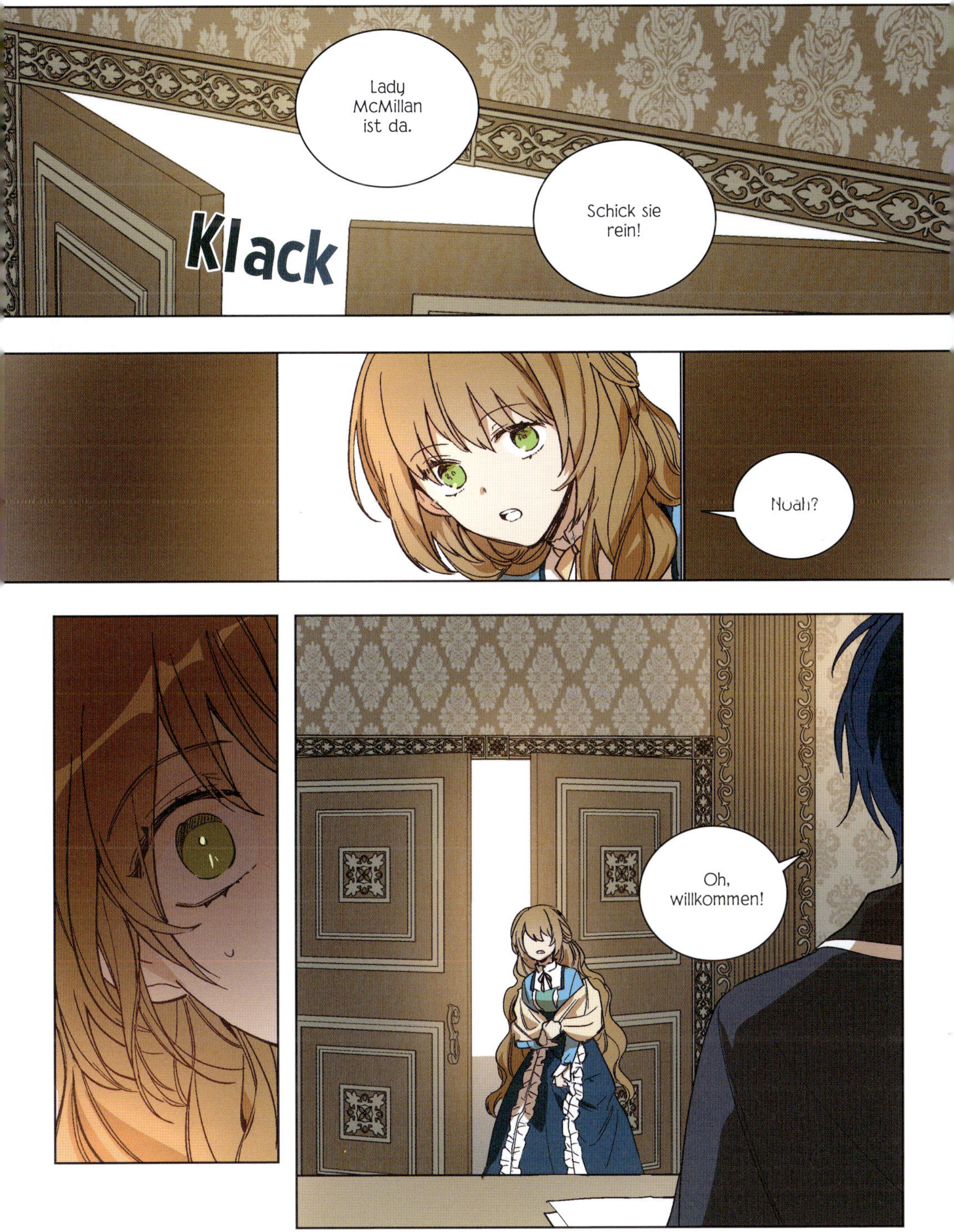
Lady McMillan ist da.
Klack
Schick sie rein!
Noah?
Oh, willkommen!

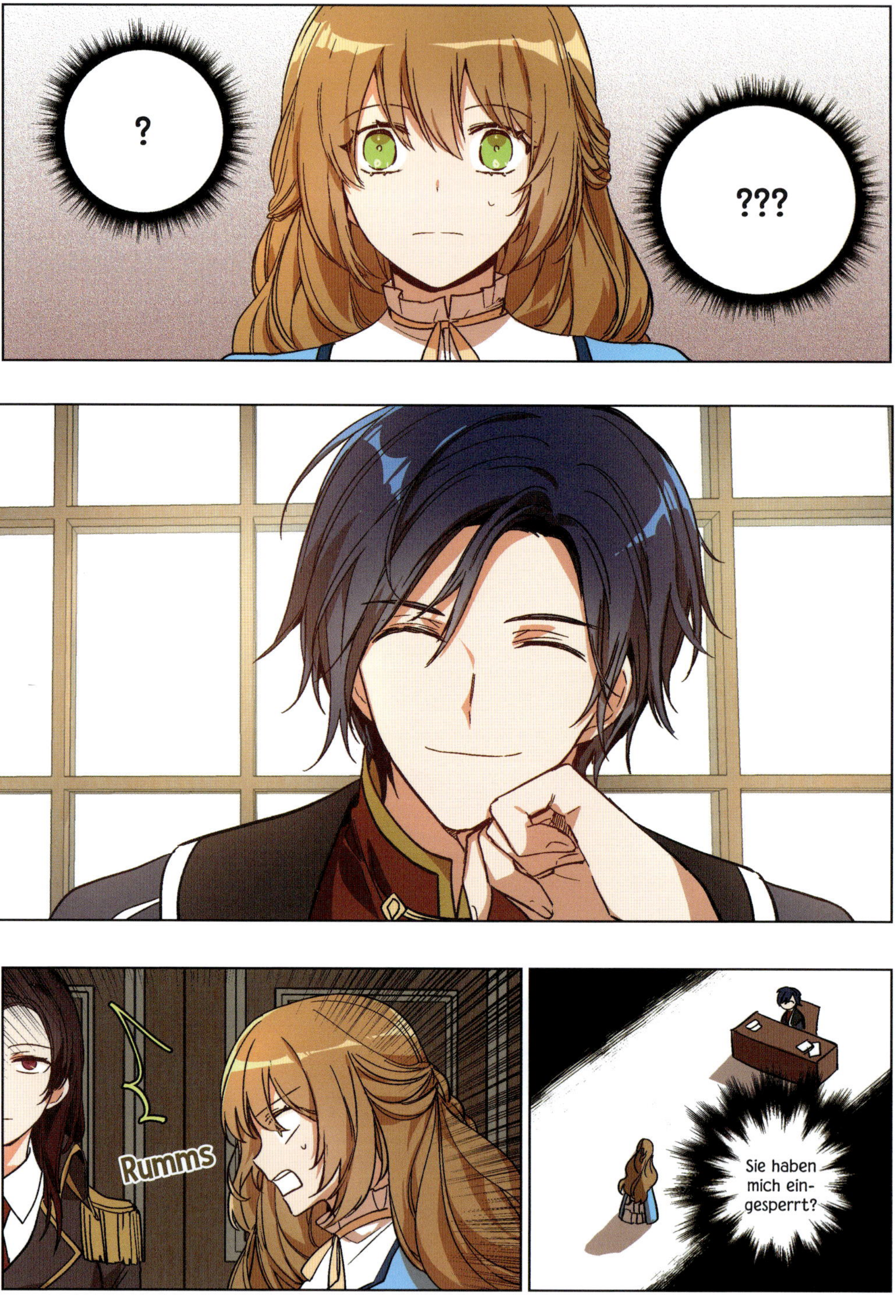
?
???
Rumms
Sie haben mich ein-gesperrt?

RAELIANA

Warum sie die Verlobte des Dukes wurde

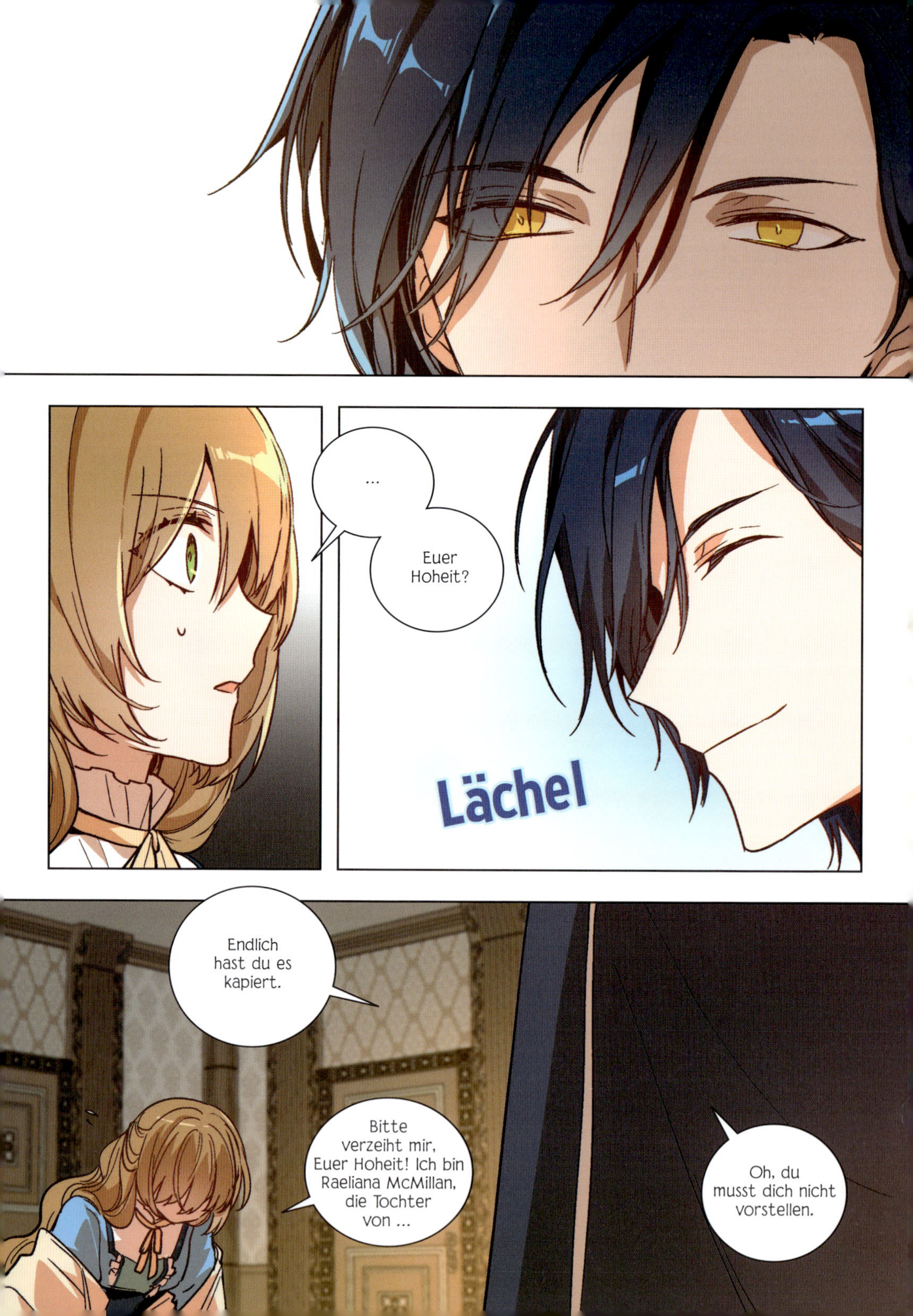
...
Euer Hoheit?
Lächel
Endlich hast du es kapiert.
Bitte verzeiht mir, Euer Hoheit! Ich bin Raeliana McMillan, die Tochter von ...
Oh, du musst dich nicht vorstellen.

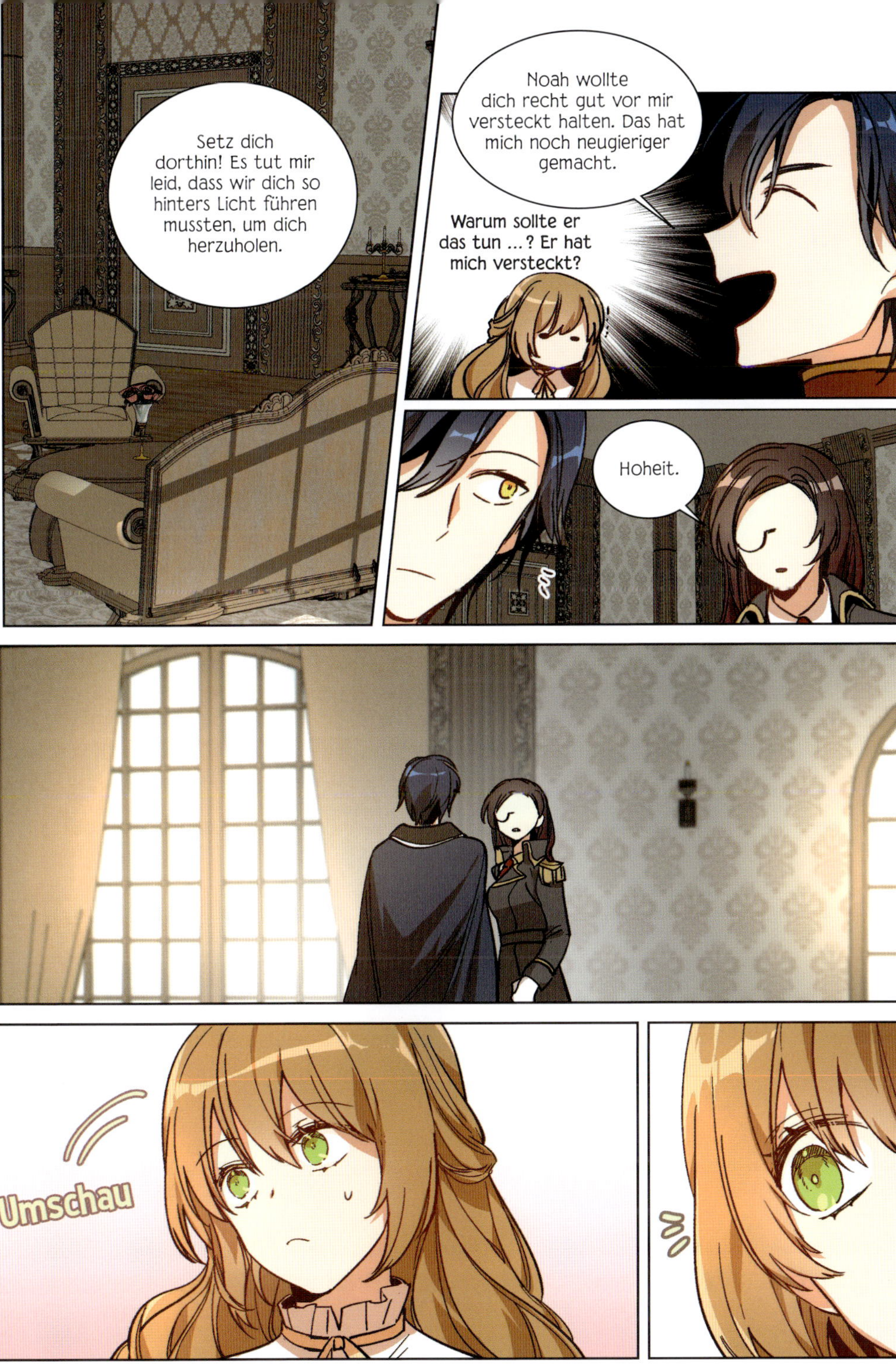
Setz dich dorthin! Es tut mir leid, dass wir dich so hinters Licht führen mussten, um dich herzuholen.
Noah wollte dich recht gut vor mir versteckt halten. Das hat mich noch neugieriger gemacht.
Warum sollte er das tun ...? Er hat mich versteckt?
Hoheit.
Umschau

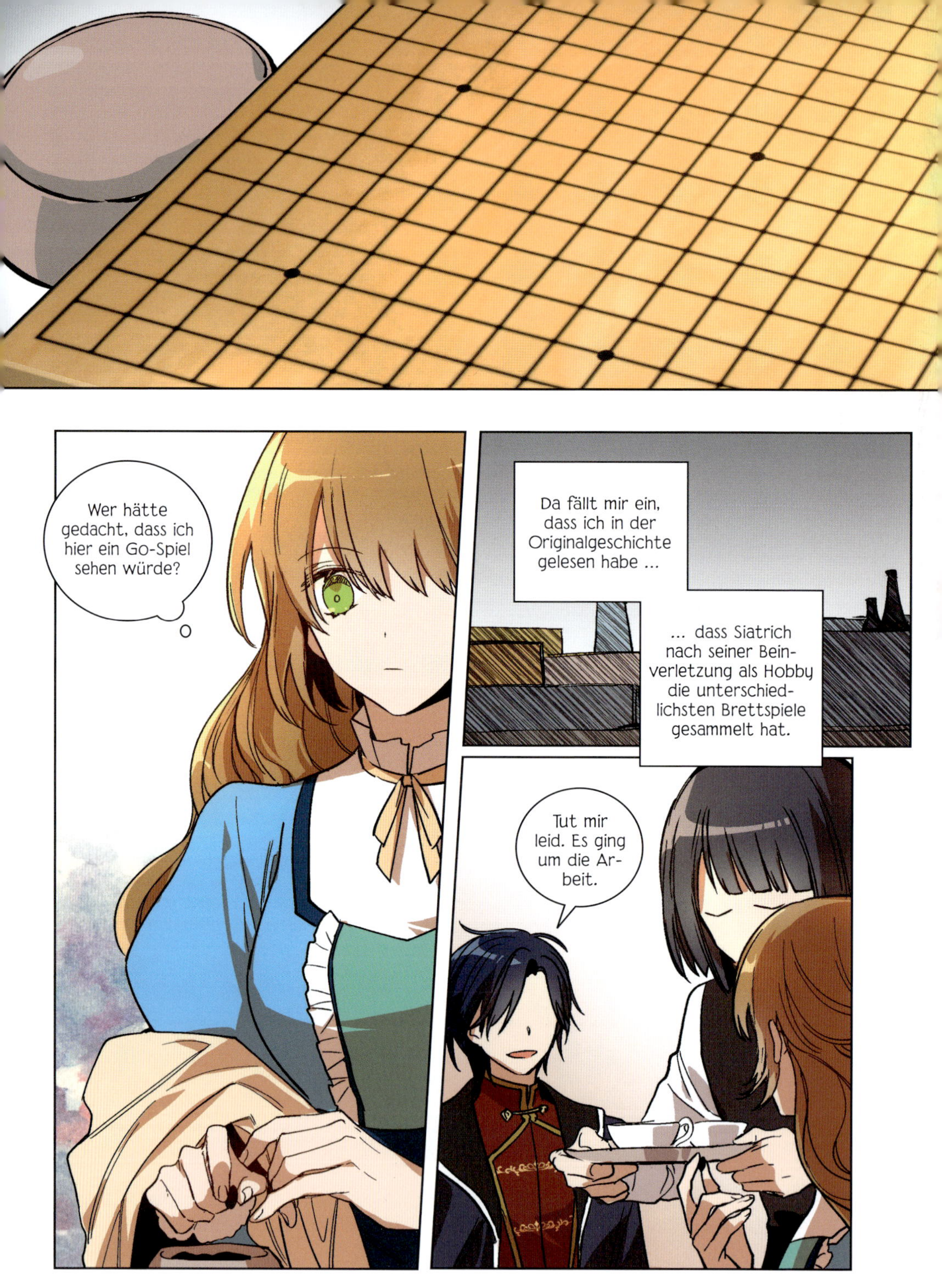
Wer hätte gedacht, dass ich hier ein Go-Spiel sehen würde?
Da fällt mir ein, dass ich in der Originalgeschichte gelesen habe …
… dass Siatrich nach seiner Beinverletzung als Hobby die unterschiedlichsten Brettspiele gesammelt hat.
Tut mir leid. Es ging um die Arbeit.

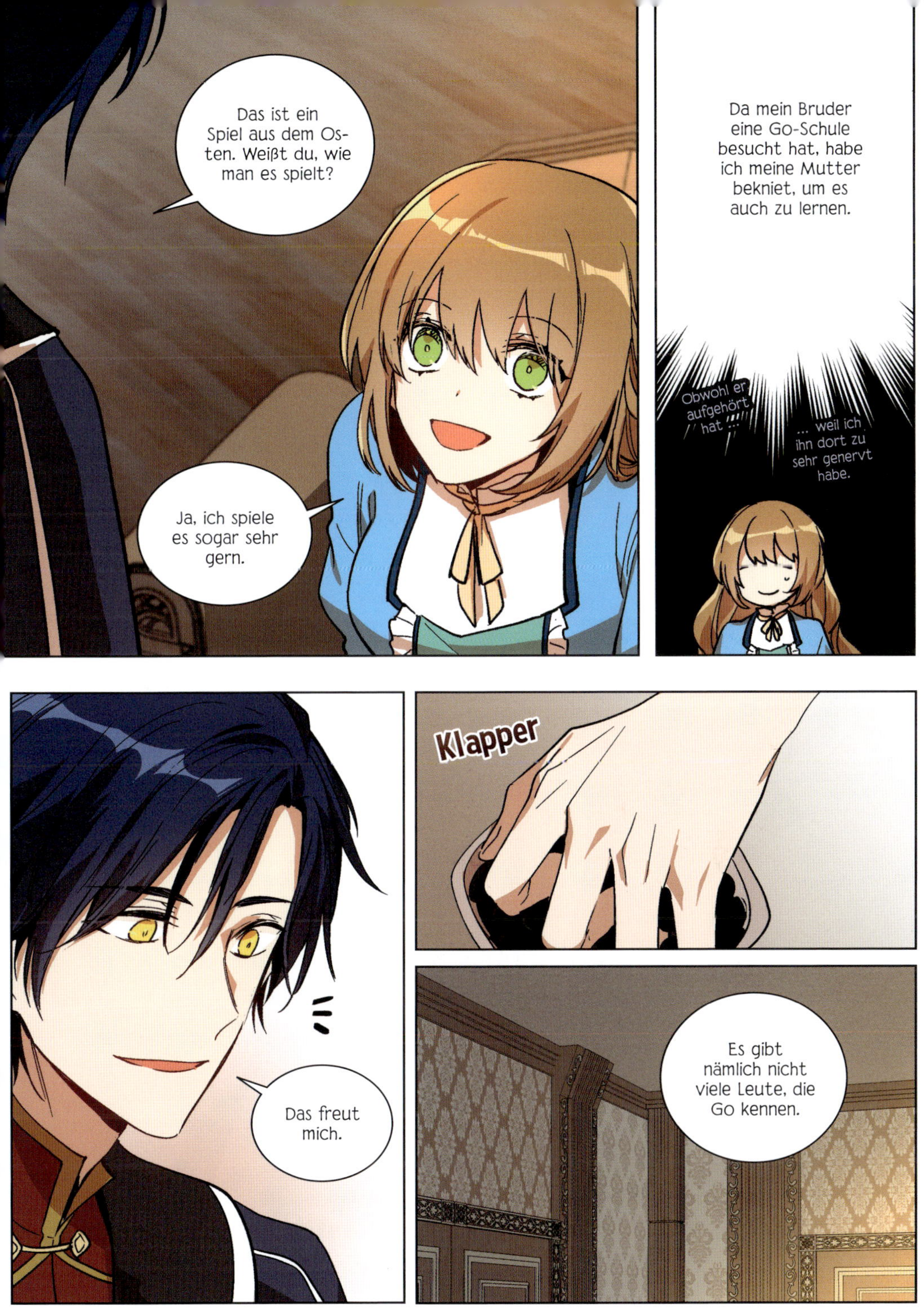
Das ist ein Spiel aus dem Osten. Weißt du, wie man es spielt?
Ja, ich spiele es sogar sehr gern.
Da mein Bruder eine Go-Schule besucht hat, habe ich meine Mutter bekniet, um es auch zu lernen.
Obwohl er aufgehört hat ...
... weil ich ihn dort zu sehr genervt habe.
Das freut mich.
Klapper
Es gibt nämlich nicht viele Leute, die Go kennen.

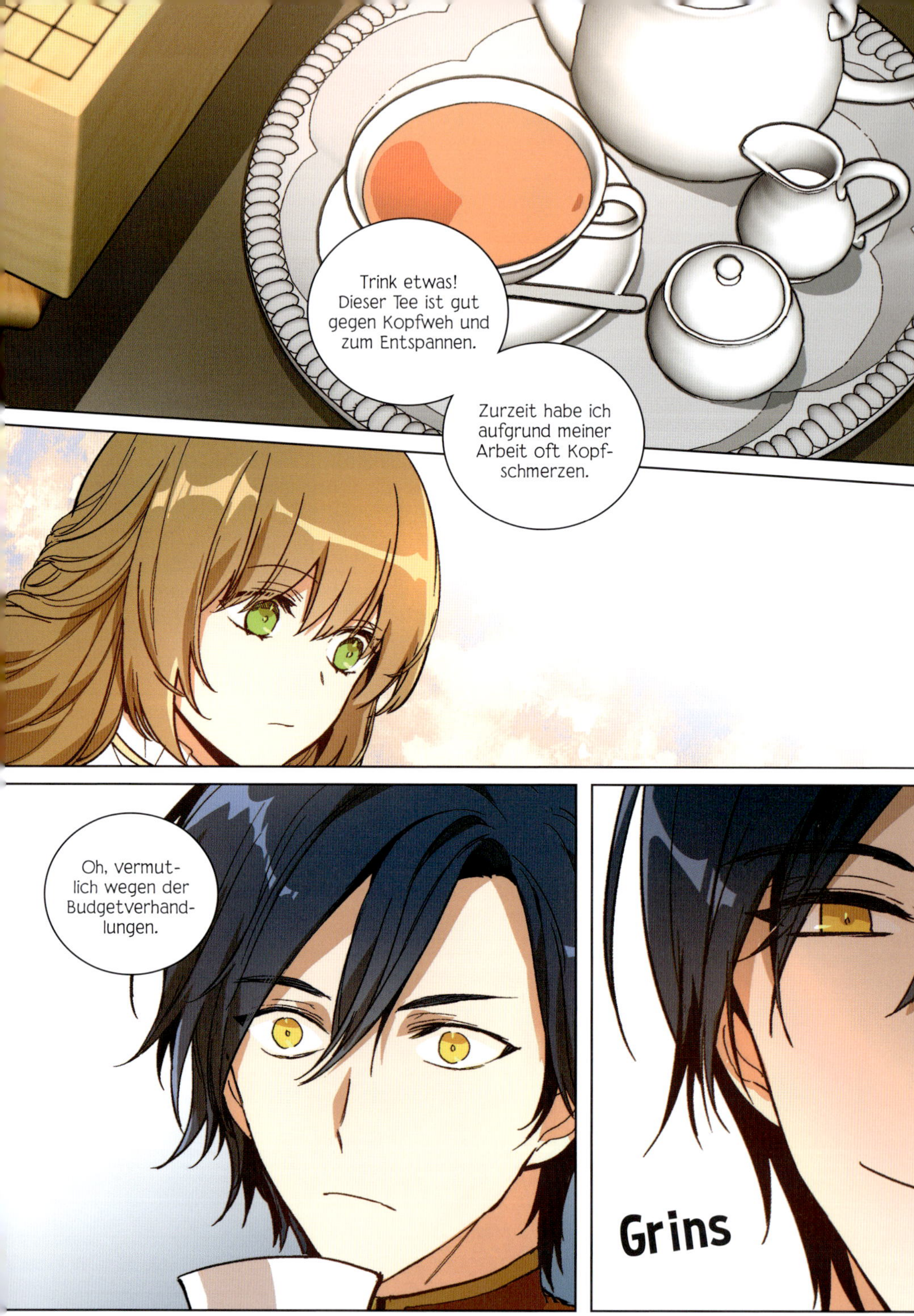
Trink etwas! Dieser Tee ist gut gegen Kopfweh und zum Entspannen.
Zurzeit habe ich aufgrund meiner Arbeit oft Kopfschmerzen.
Oh, vermutlich wegen der Budgetverhandlungen.
Grins

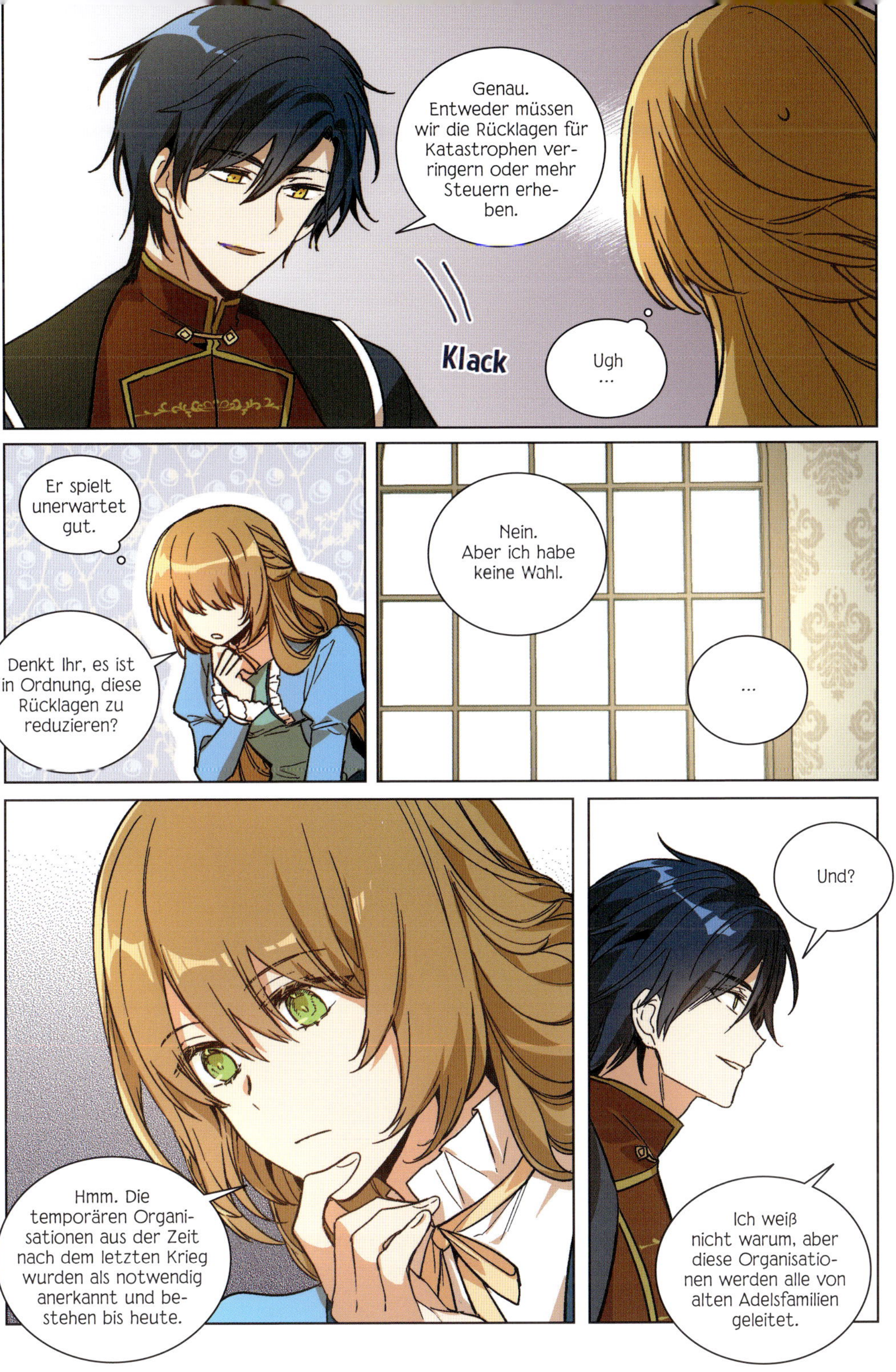
Genau. Entweder müssen wir die Rücklagen für Katastrophen verringern oder mehr Steuern erheben.
Klack
Ugh ...
Er spielt unerwartet gut.
Denkt Ihr, es ist in Ordnung, diese Rücklagen zu reduzieren?
Nein. Aber ich habe keine Wahl.
...
Hmm. Die temporären Organisationen aus der Zeit nach dem letzten Krieg wurden als notwendig anerkannt und bestehen bis heute.
Und?
Ich weiß nicht warum, aber diese Organisationen werden alle von alten Adelsfamilien geleitet.

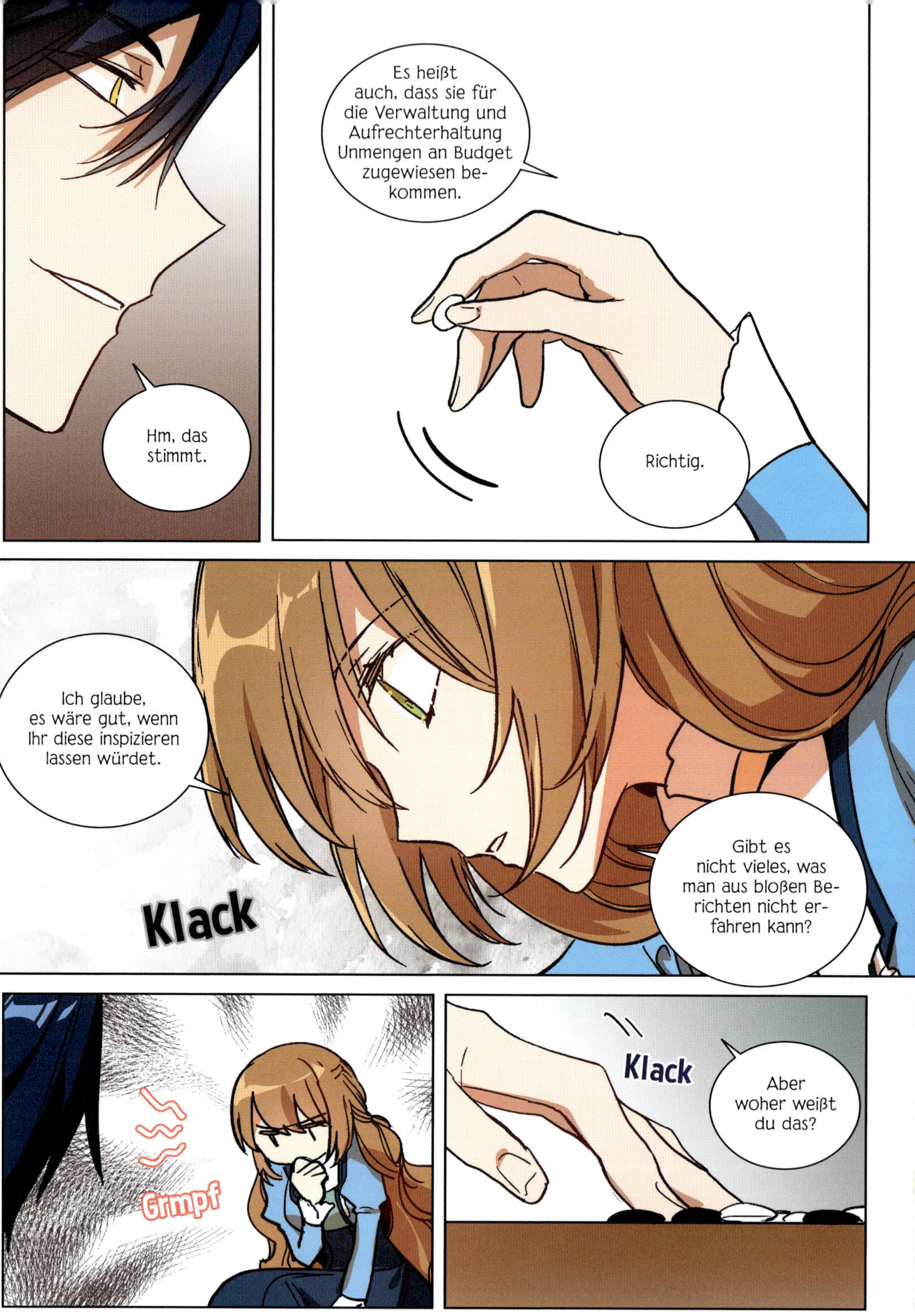
Es heißt auch, dass sie für die Verwaltung und Aufrechterhaltung Unmengen an Budget zugewiesen bekommen.
Hm, das stimmt.
Richtig.
Ich glaube, es wäre gut, wenn Ihr diese inspizieren lassen würdet.
Gibt es nicht vieles, was man aus bloßen Berichten nicht erfahren kann?
Klack
Grmpf
Klack
Aber woher weißt du das?

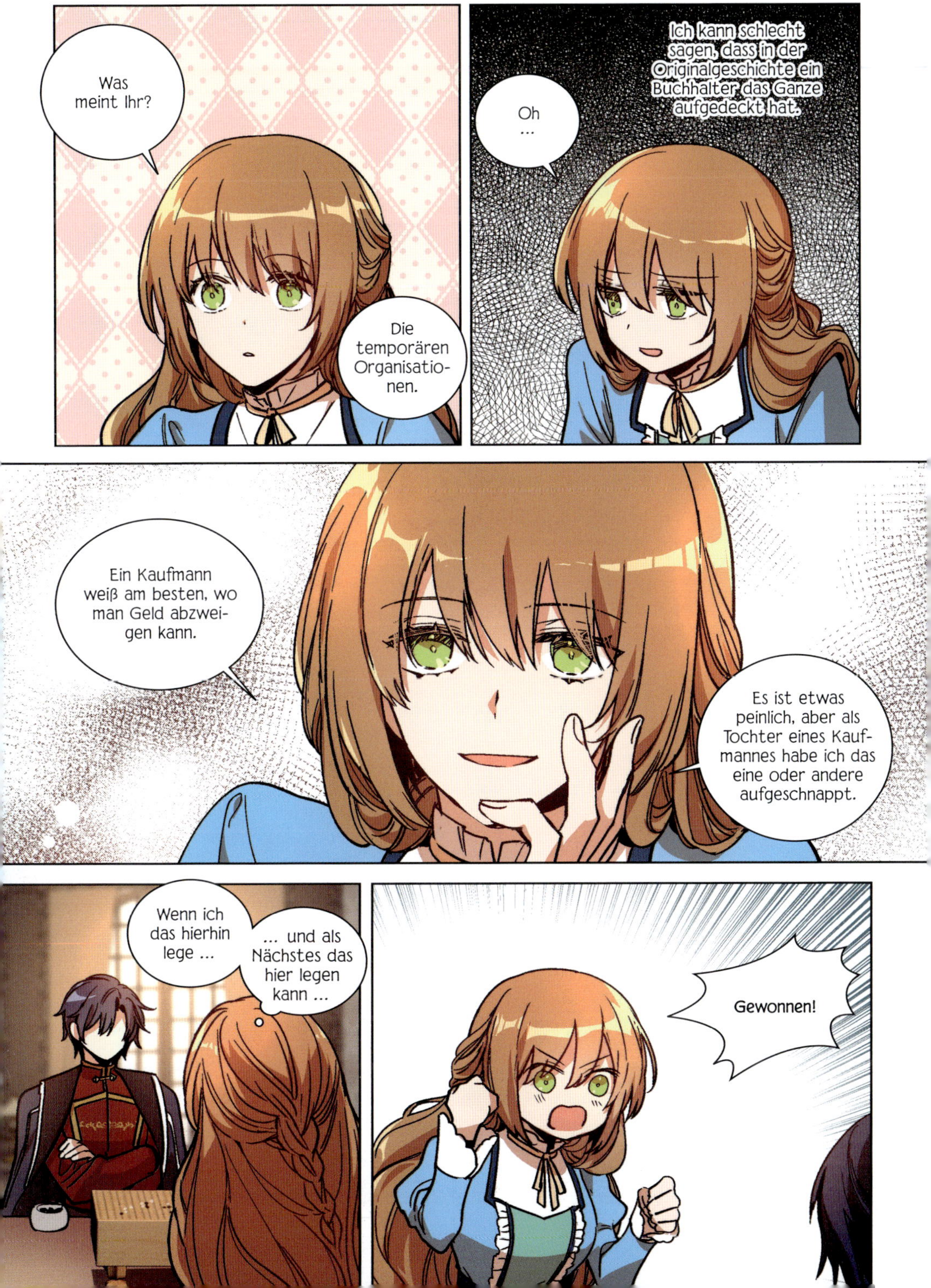
Was meint Ihr?
Die temporären Organisationen.
Oh ...
Ich kann schlecht sagen, dass in der Originalgeschichte ein Buchhalter das Ganze aufgedeckt hat.
Ein Kaufmann weiß am besten, wo man Geld abzweigen kann.
Es ist etwas peinlich, aber als Tochter eines Kaufmannes habe ich das eine oder andere aufgeschnappt.
Wenn ich das hierhin lege ...
... und als Nächstes das hier legen kann ...
Gewonnen!

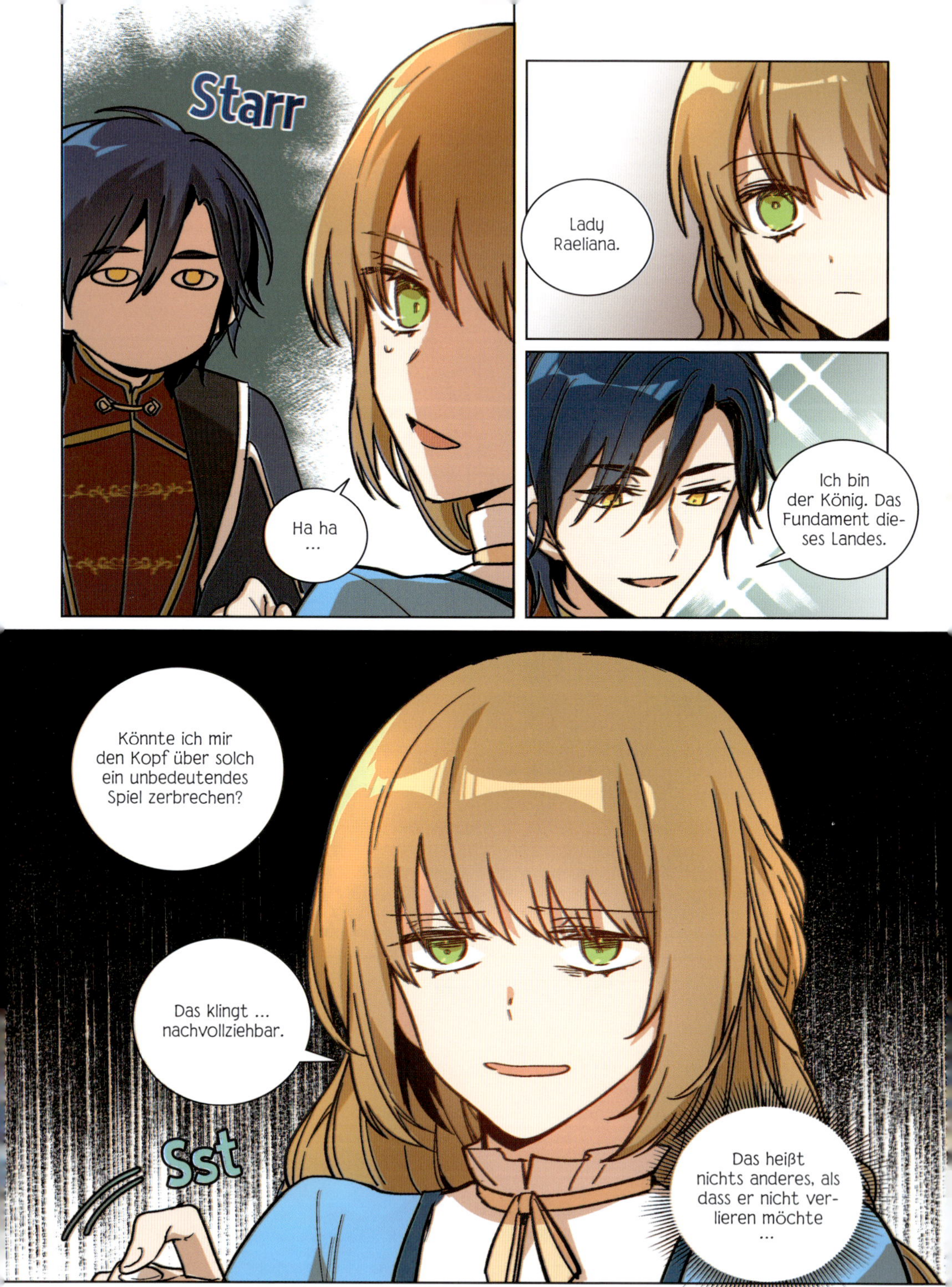

Starr
Ha ha …
Lady Raeliana.
Ich bin der König. Das Fundament dieses Landes.
Könnte ich mir den Kopf über solch ein unbedeutendes Spiel zerbrechen?
Das klingt … nachvollziehbar.
Sst
Das heißt nichts anderes, als dass er nicht verlieren möchte …

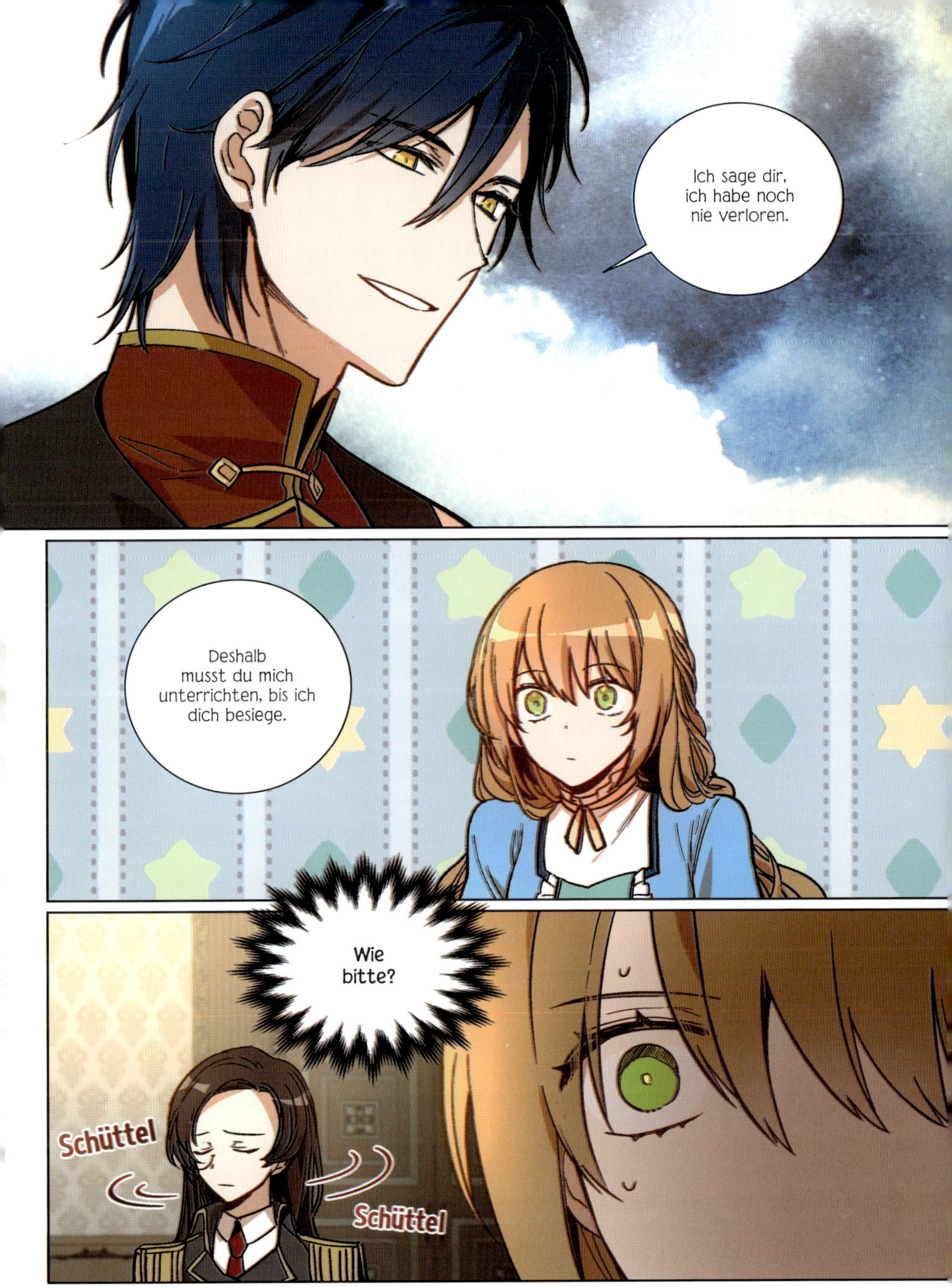
Ich sage dir, ich habe noch nie verloren.
Deshalb musst du mich unterrichten, bis ich dich besiege.
Wie bitte?
Schüttel
Schüttel

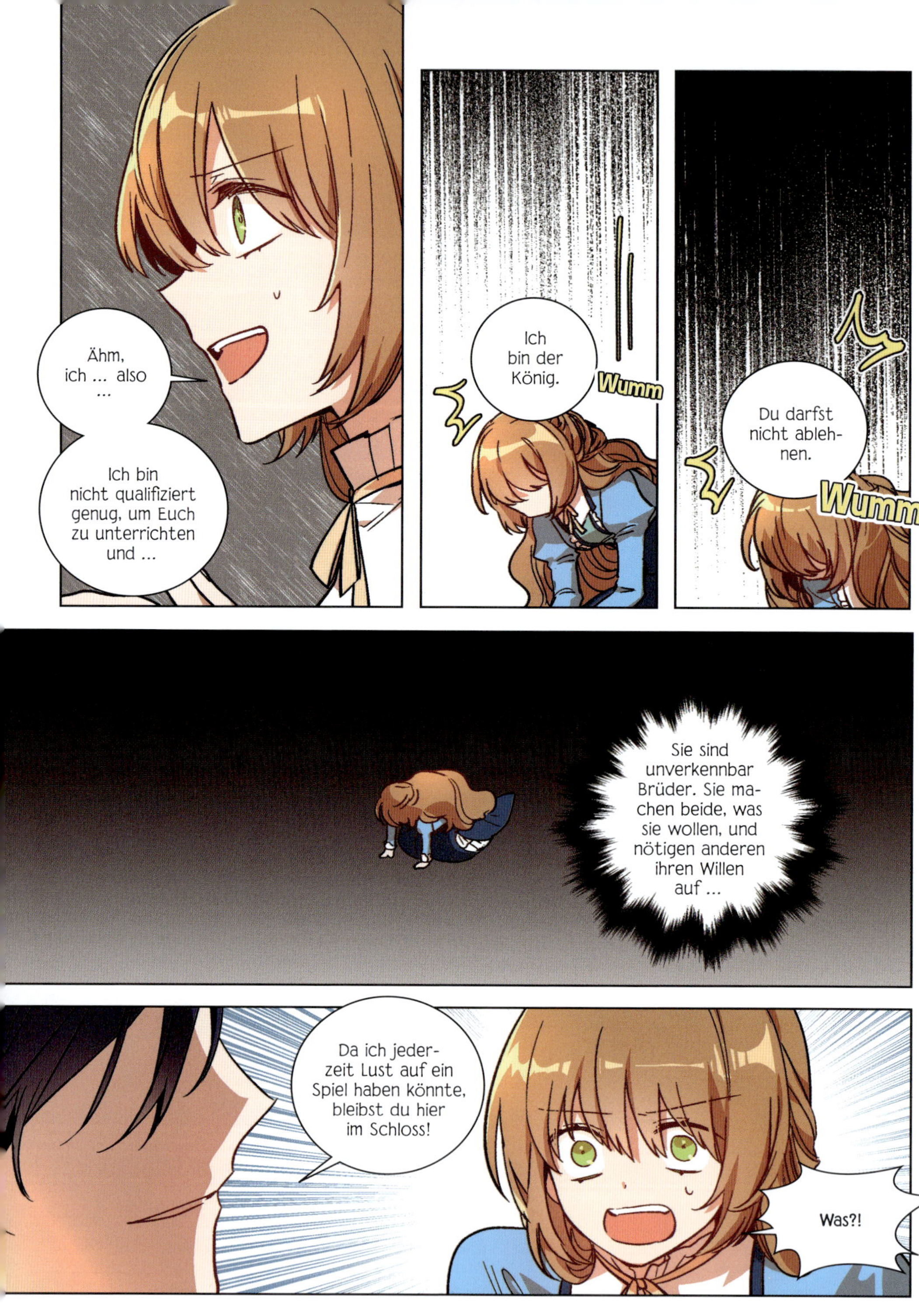
Ähm, ich ... also ...
Ich bin nicht qualifiziert genug, um Euch zu unterrichten und ...
Ich bin der König.
Wumm
Du darfst nicht ableh-nen.
Wumm
Sie sind unverkennbar Brüder. Sie ma-chen beide, was sie wollen, und nötigen anderen ihren Willen auf ...
Da ich jeder-zeit Lust auf ein Spiel haben könnte, bleibst du hier im Schloss!
Was?!

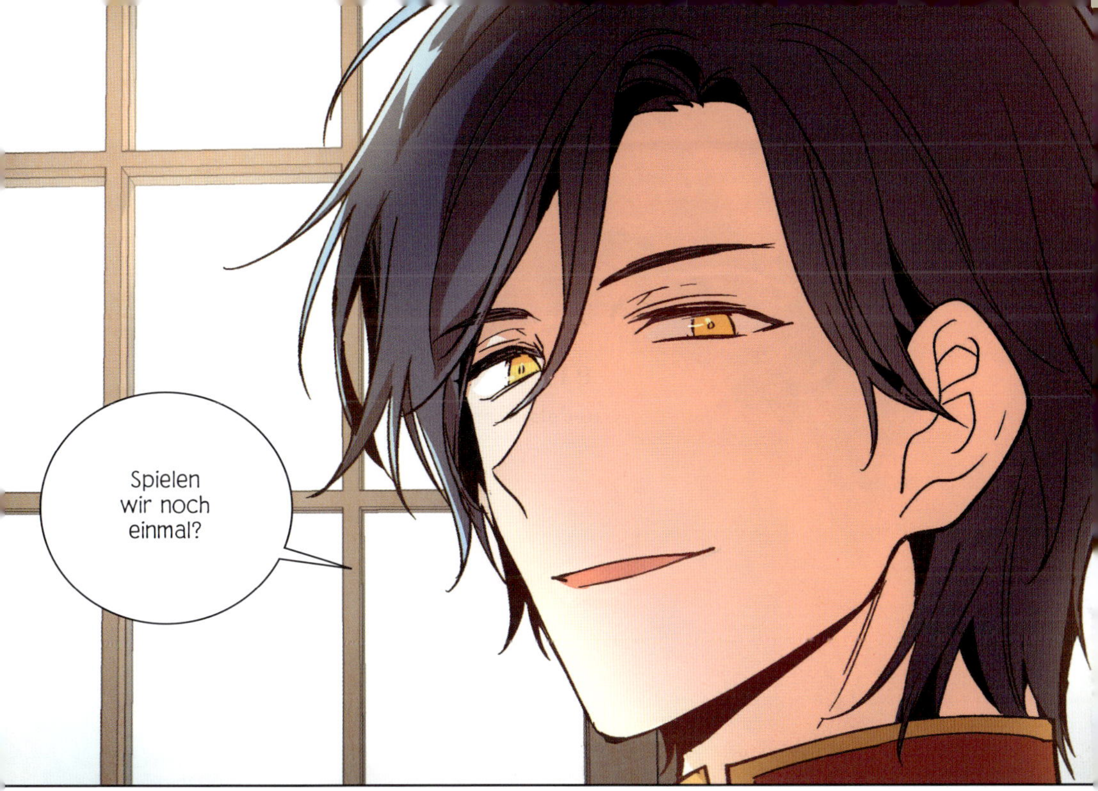
Spielen wir noch einmal?

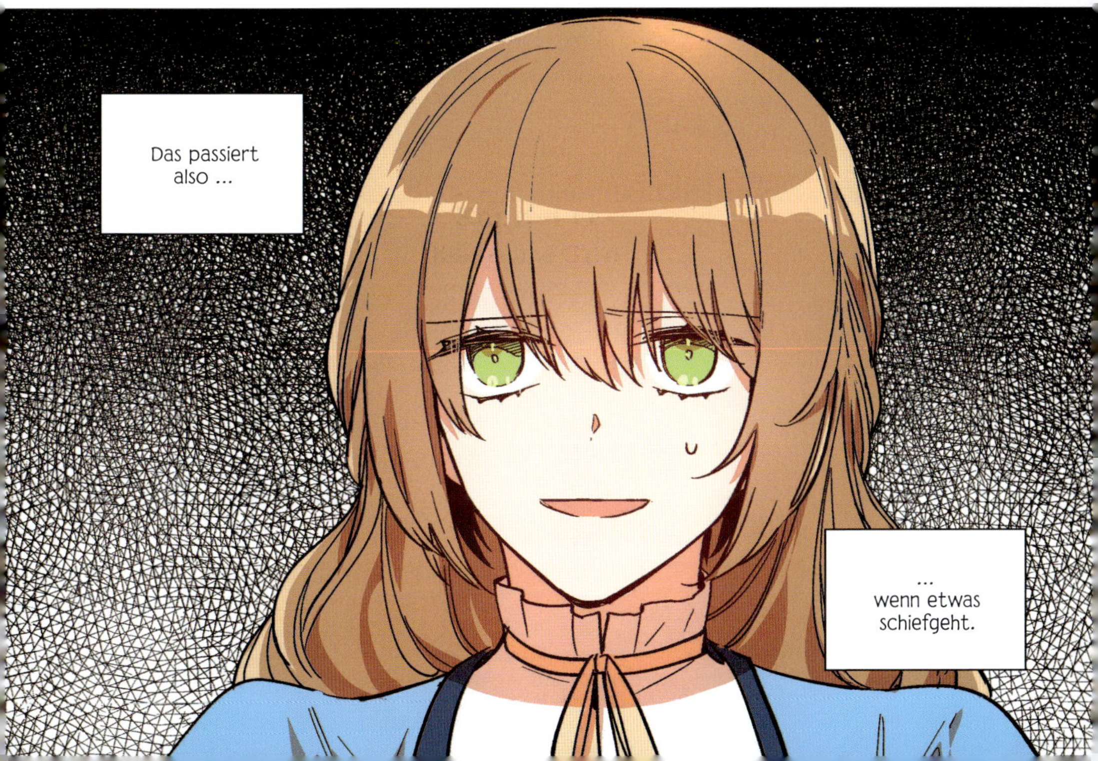
Das passiert also ...
... wenn etwas schiefgeht.

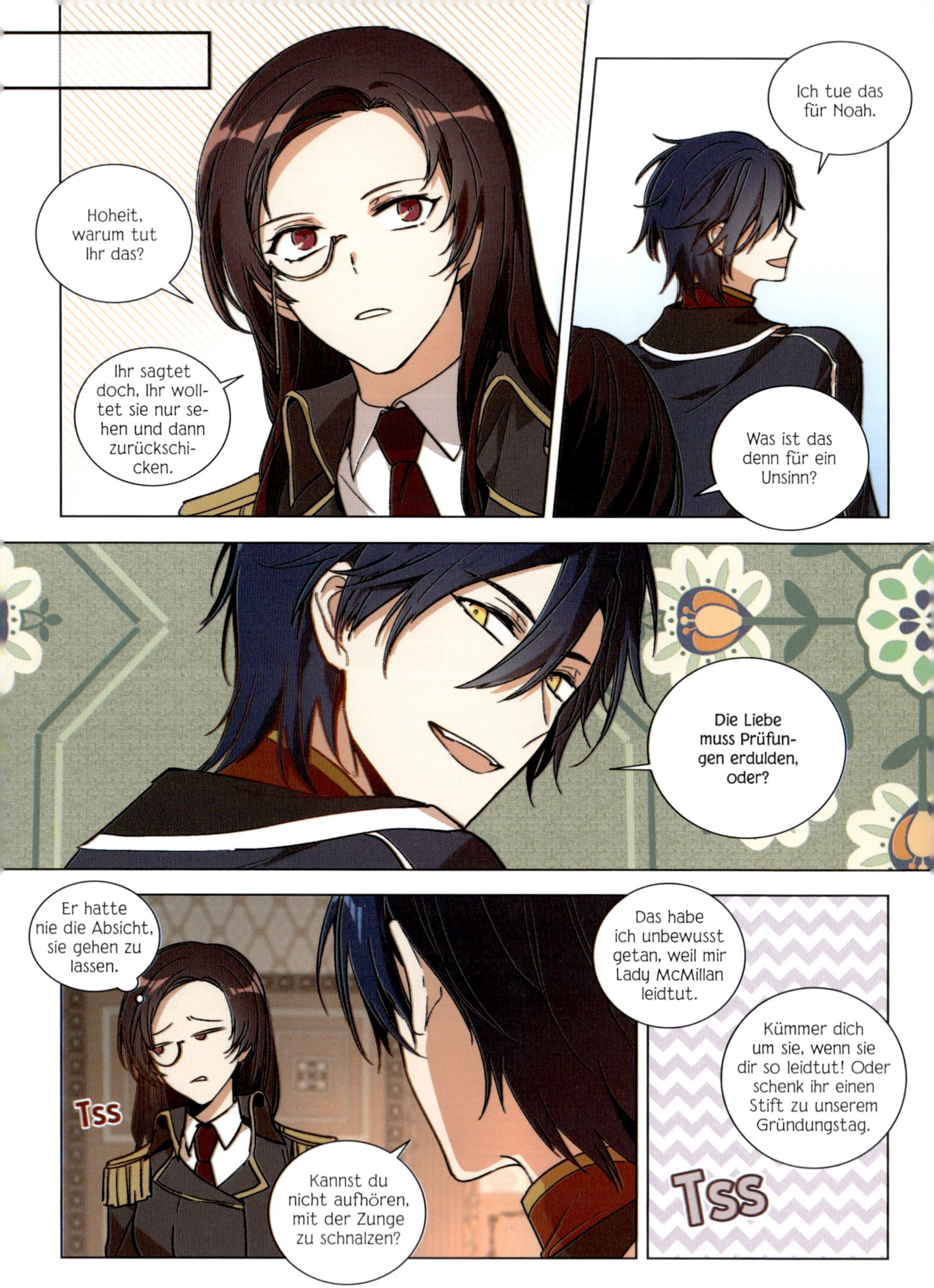
Hoheit, warum tut Ihr das?
Ihr sagtet doch, Ihr wolltet sie nur sehen und dann zurückschicken.
Ich tue das für Noah.
Was ist das denn für ein Unsinn?
Die Liebe muss Prüfungen erdulden, oder?
Er hatte nie die Absicht, sie gehen zu lassen.
Tss
Kannst du nicht aufhören, mit der Zunge zu schnalzen?
Das habe ich unbewusst getan, weil mir Lady McMillan leidtut.
Kümmer dich um sie, wenn sie dir so leidtut! Oder schenk ihr einen Stift zu unserem Gründungstag.
Tss

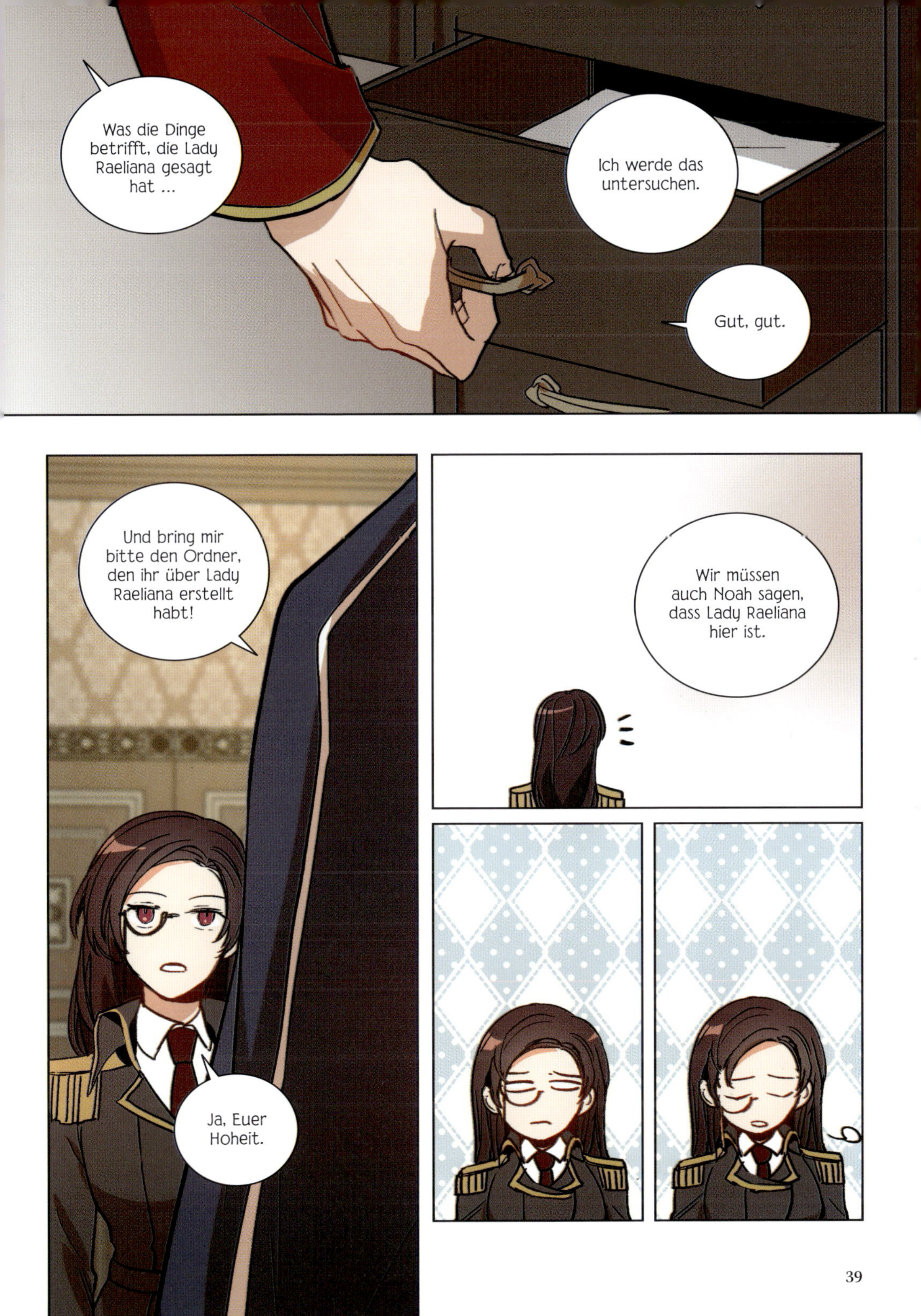
Was die Dinge betrifft, die Lady Raeliana gesagt hat ...
Ich werde das untersuchen.
Gut, gut.
Und bring mir bitte den Ordner, den ihr über Lady Raeliana erstellt habt!
Ja, Euer Hoheit.
Wir müssen auch Noah sagen, dass Lady Raeliana hier ist.

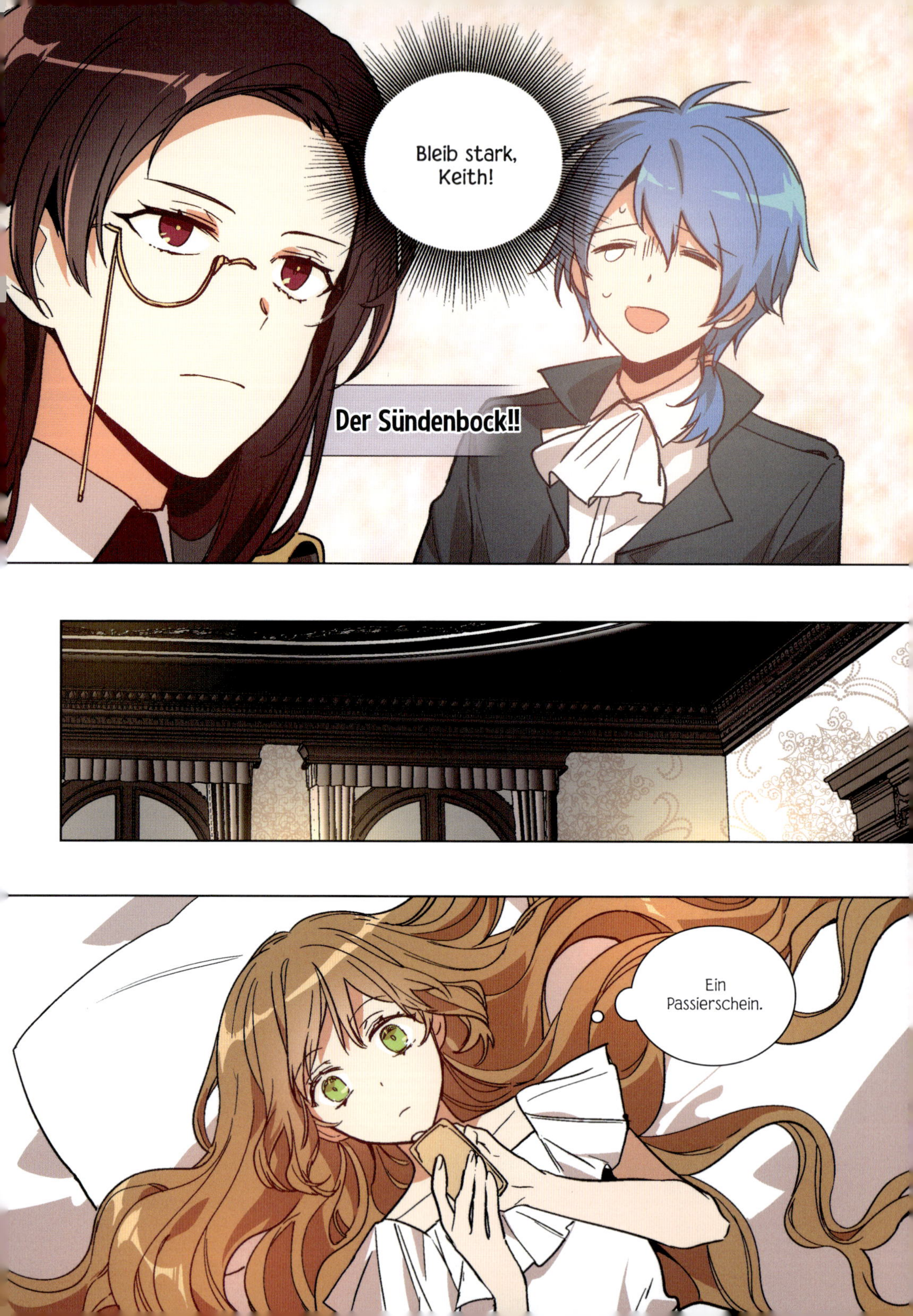
Bleib stark, Keith!
Der Sündenbock!!
Ein Passierschein.

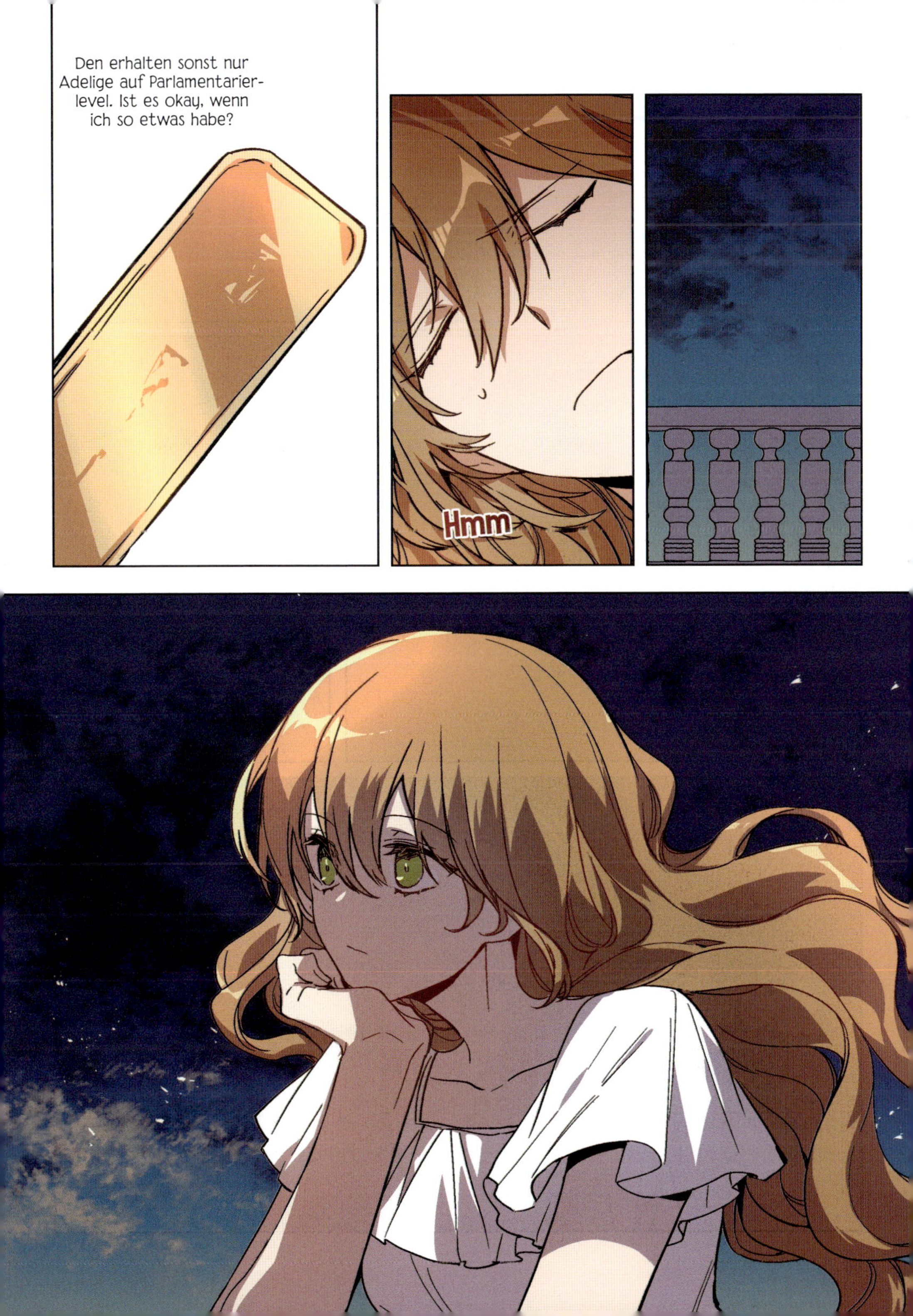
Den erhalten sonst nur Adelige auf Parlamentarier-level. Ist es okay, wenn ich so etwas habe?
Hmm

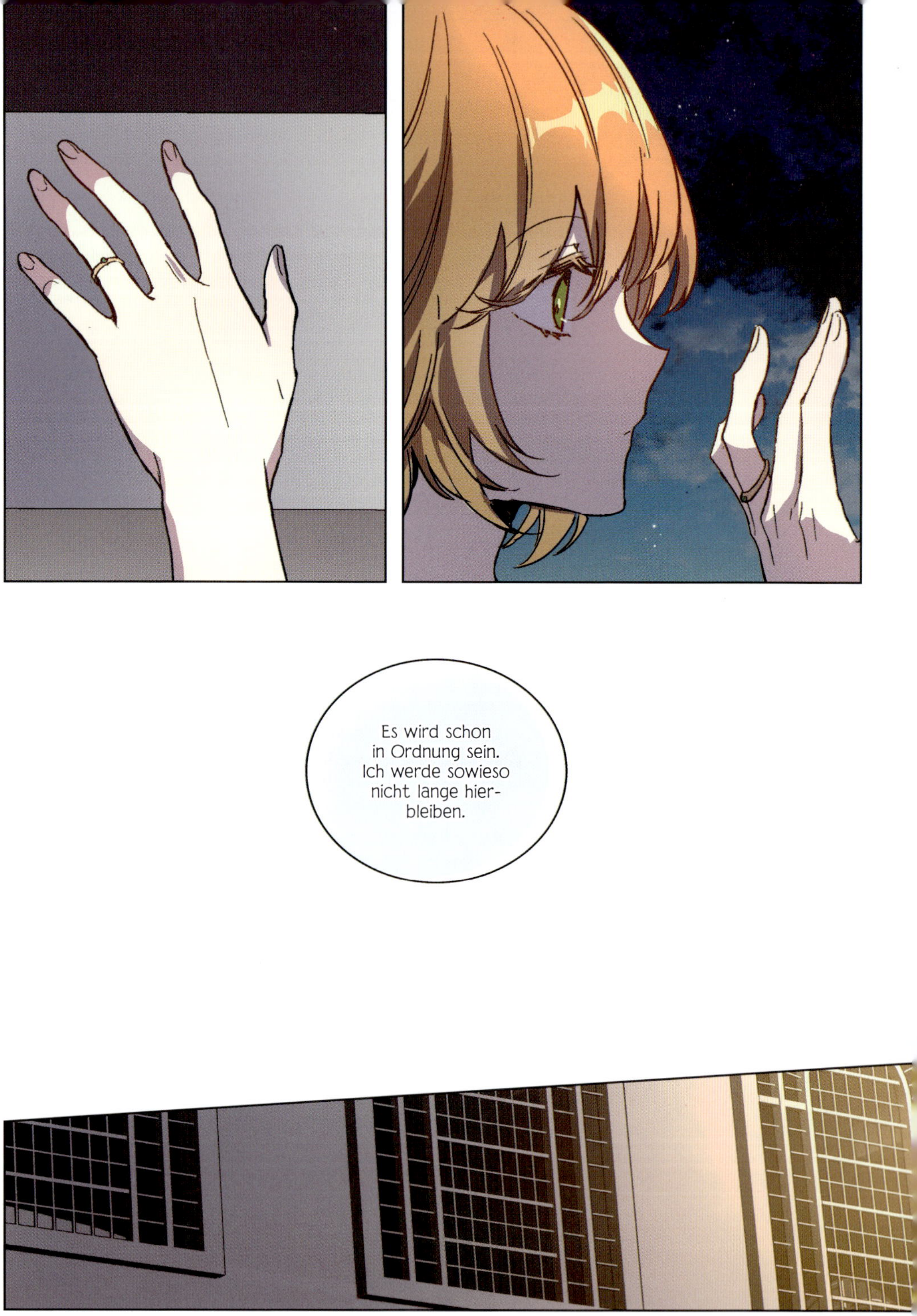
Es wird schon in Ordnung sein. Ich werde sowieso nicht lange hierbleiben.

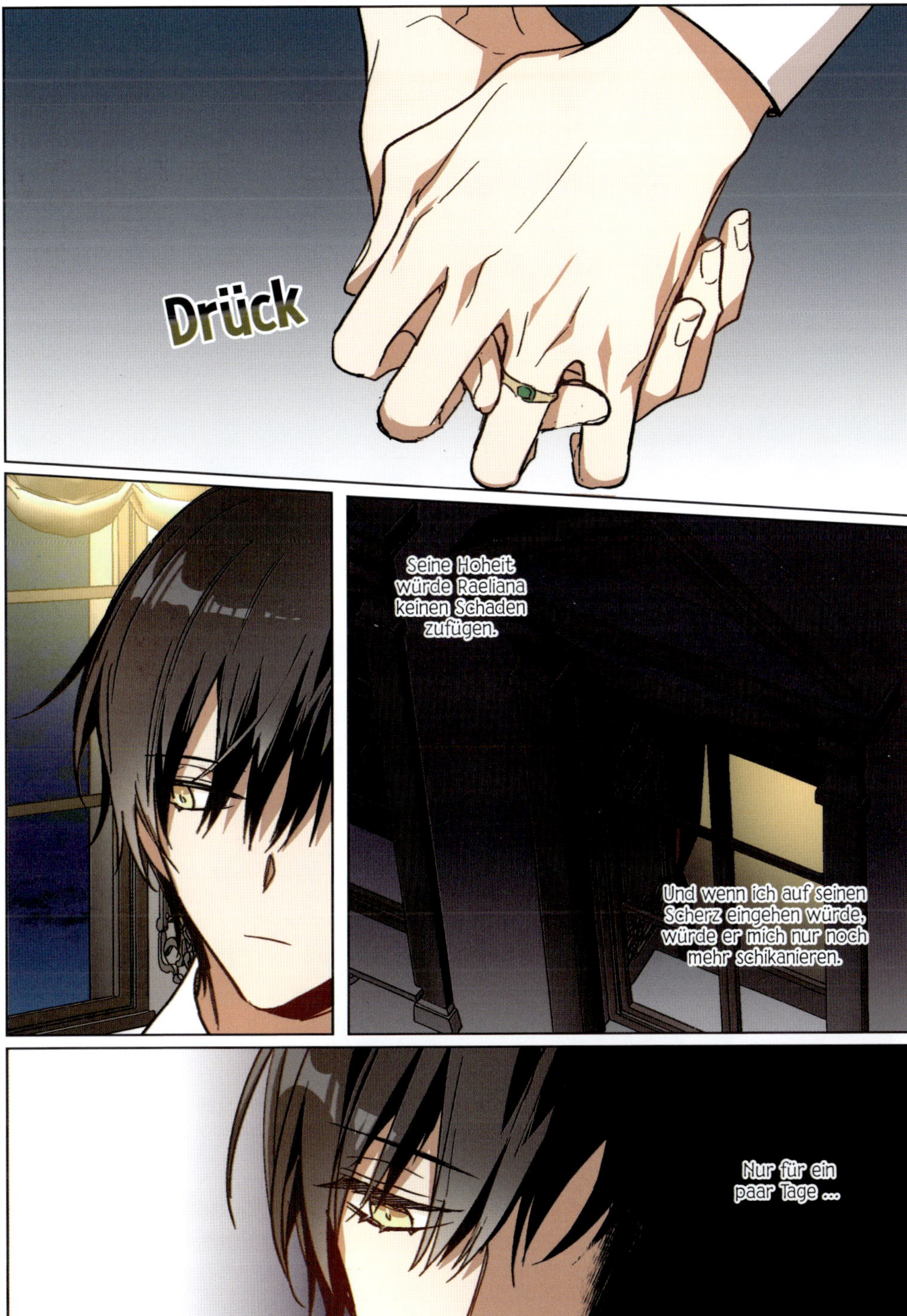
Drück
Seine Hoheit würde Raeliana keinen Schaden zufügen.
Und wenn ich auf seinen Scherz eingehen würde, würde er mich nur noch mehr schikanieren.
Nur für ein paar Tage ...

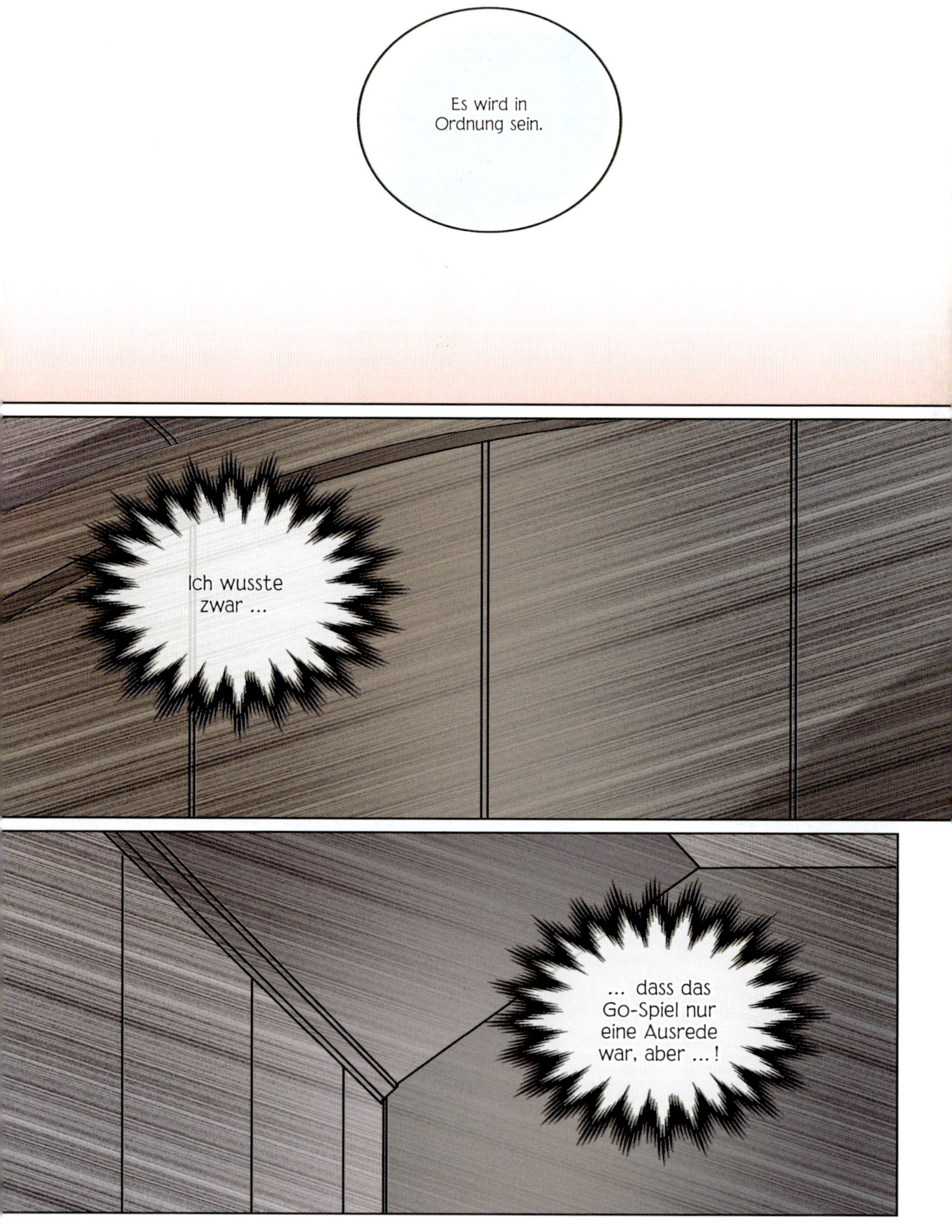
Es wird in Ordnung sein.
Ich wusste zwar ...
... dass das Go-Spiel nur eine Ausrede war, aber ... !

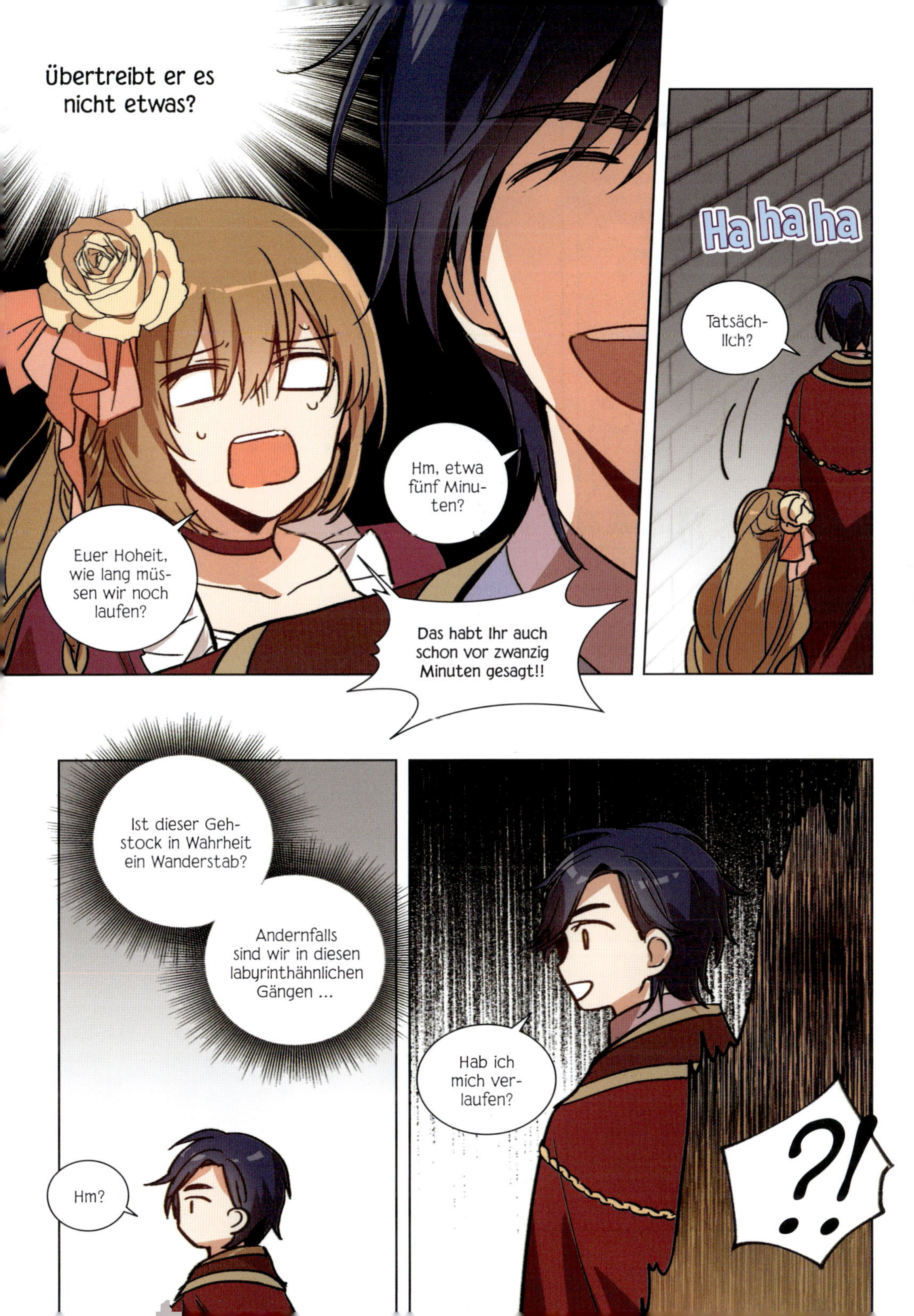
Übertreibt er es nicht etwas?
Ha ha ha
Tatsäch-lich?
Hm, etwa fünf Minu-ten?
Euer Hoheit, wie lang müs-sen wir noch laufen?
Das habt Ihr auch schon vor zwanzig Minuten gesagt!!
Ist dieser Geh-stock in Wahrheit ein Wanderstab?
Andernfalls sind wir in diesen labyrinthähnlichen Gängen ...
Hm?
Hab ich mich ver-laufen?
?!

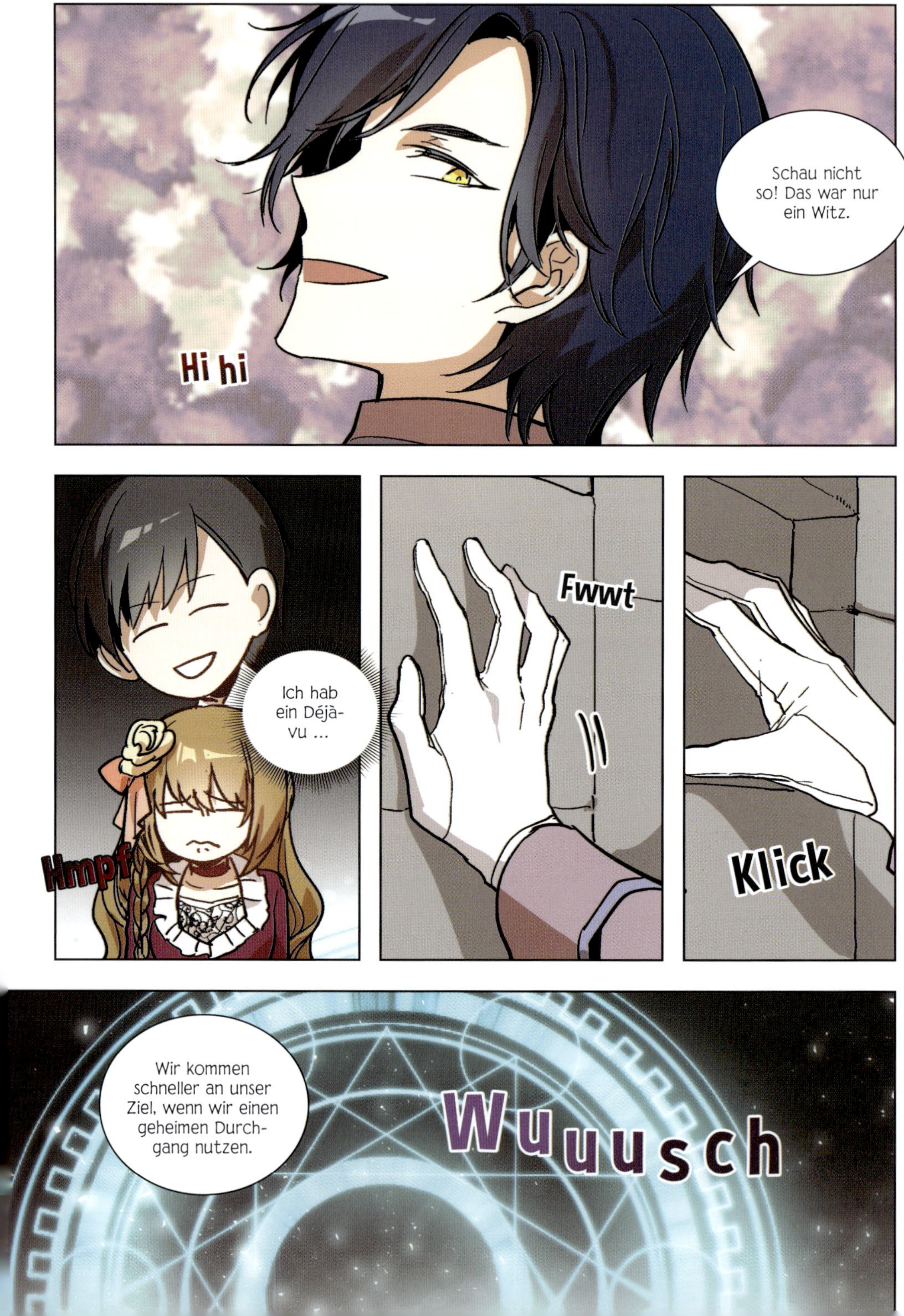
Schau nicht so! Das war nur ein Witz.
Hi hi
Ich hab ein Déjà-vu ...
Hmpf
Fwwt
Klick
Wir kommen schneller an unser Ziel, wenn wir einen geheimen Durch-gang nutzen.
Wuuusch

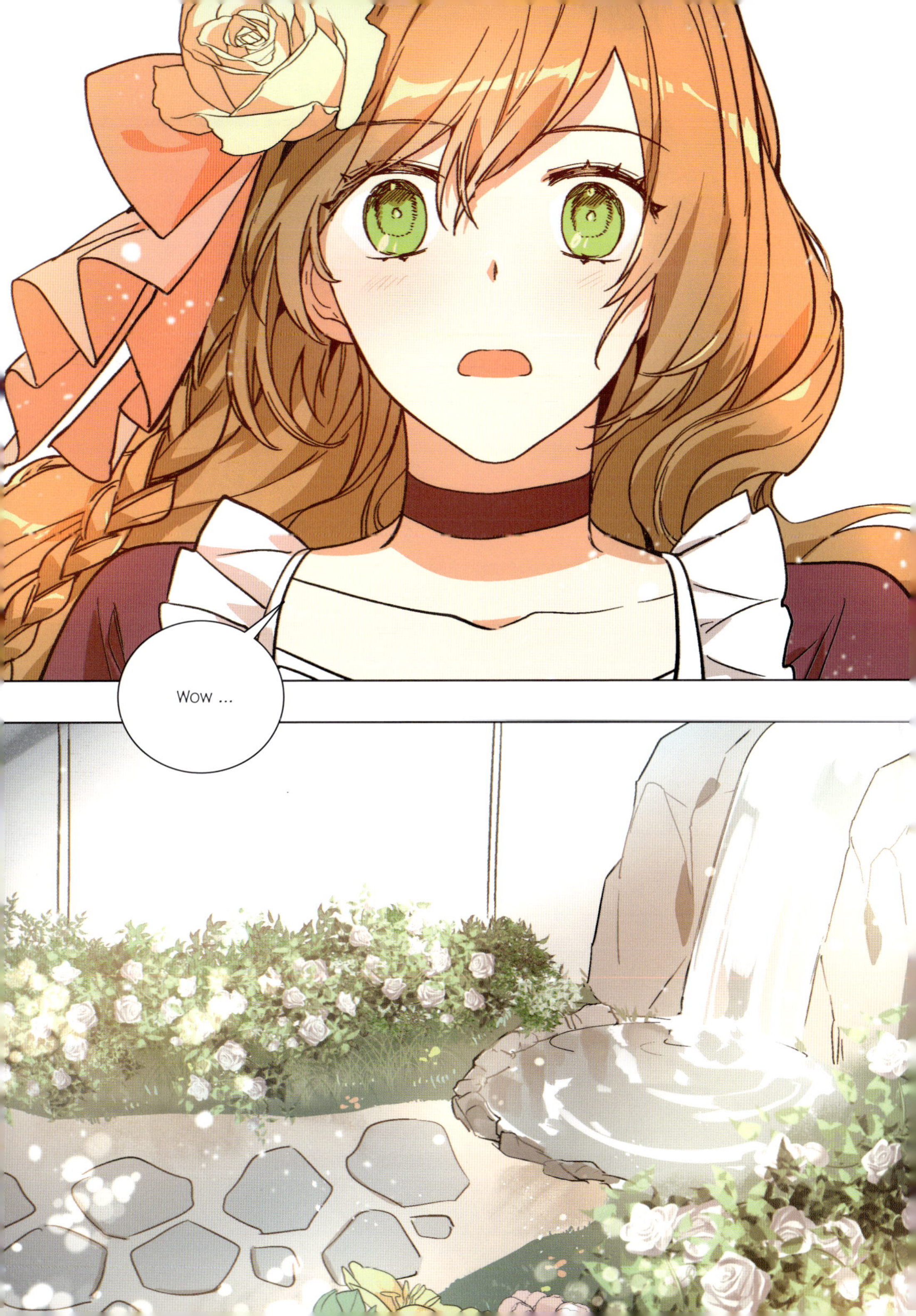
Wow ...

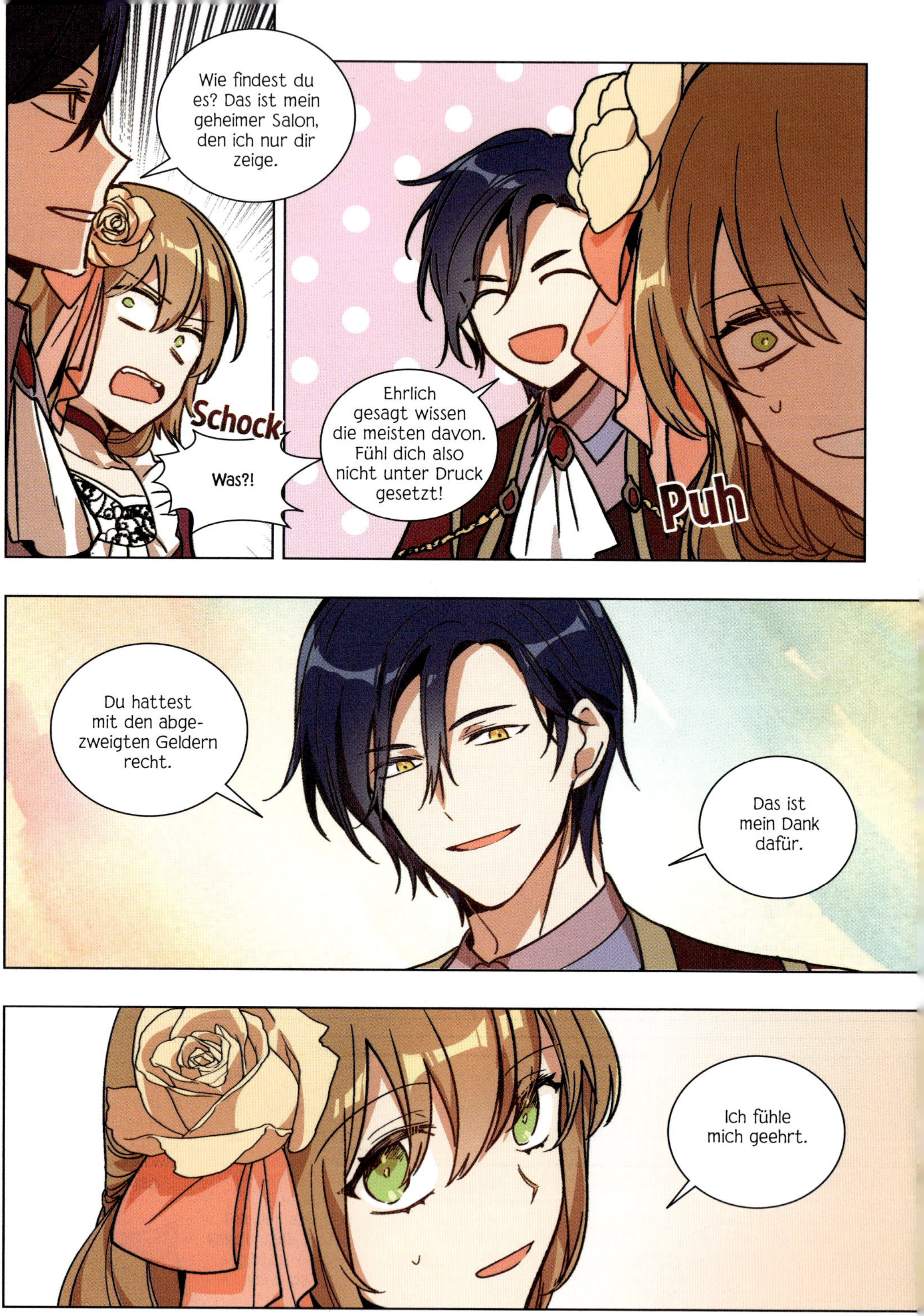
Wie findest du es? Das ist mein geheimer Salon, den ich nur dir zeige.
Schock
Was?!
Ehrlich gesagt wissen die meisten davon. Fühl dich also nicht unter Druck gesetzt!
Puh
Du hattest mit den abge-zweigten Geldern recht.
Das ist mein Dank dafür.
Ich fühle mich geehrt.

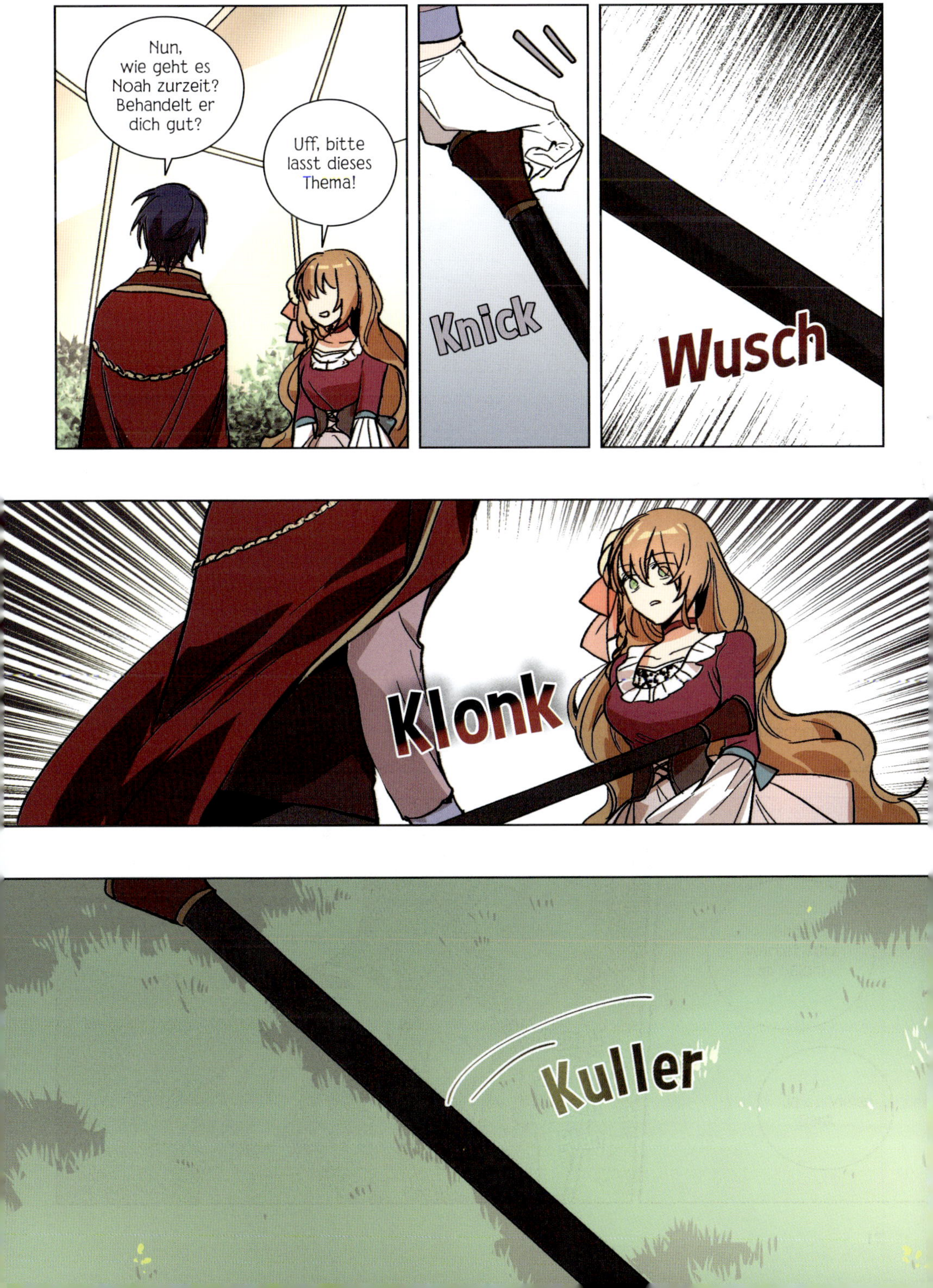
Nun, wie geht es Noah zurzeit? Behandelt er dich gut?
Uff, bitte lasst dieses Thema!
Knick
Wusch
Klonk
Kuller

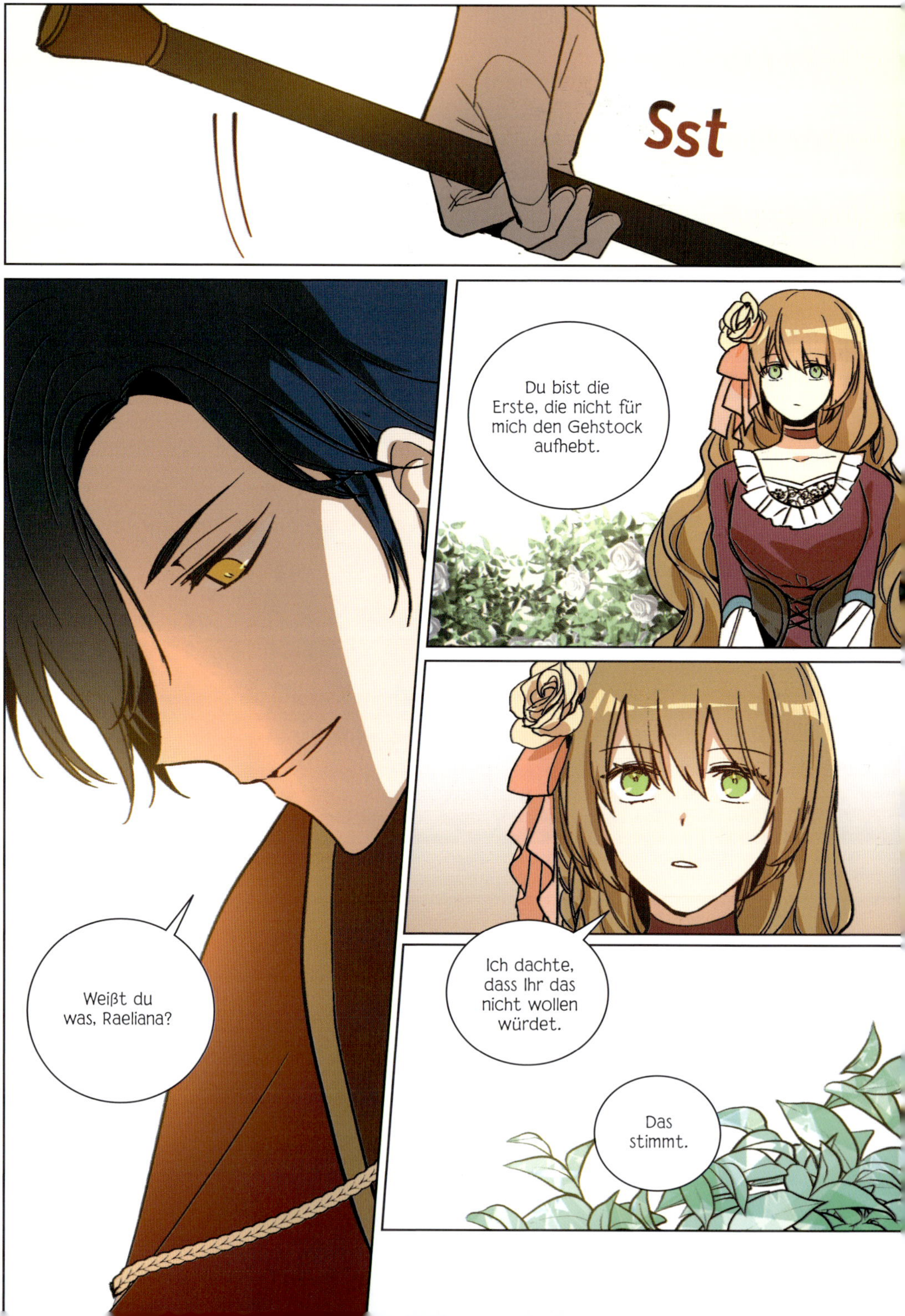
Sst
Du bist die Erste, die nicht für mich den Gehstock aufhebt.
Weißt du was, Raeliana?
Ich dachte, dass Ihr das nicht wollen würdet.
Das stimmt.

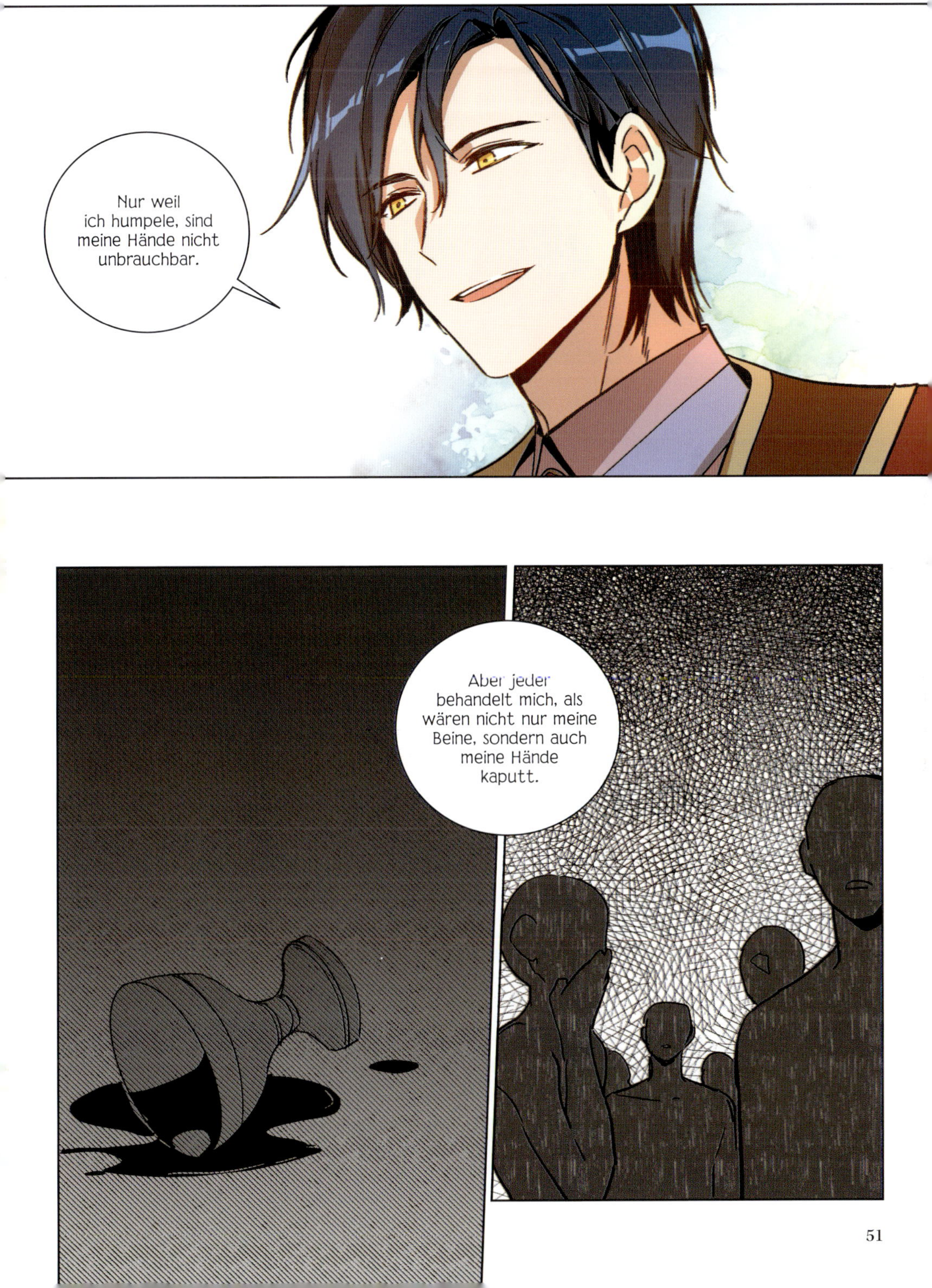
Nur weil ich humpele, sind meine Hände nicht unbrauchbar.
Aber jeder behandelt mich, als wären nicht nur meine Beine, sondern auch meine Hände kaputt.

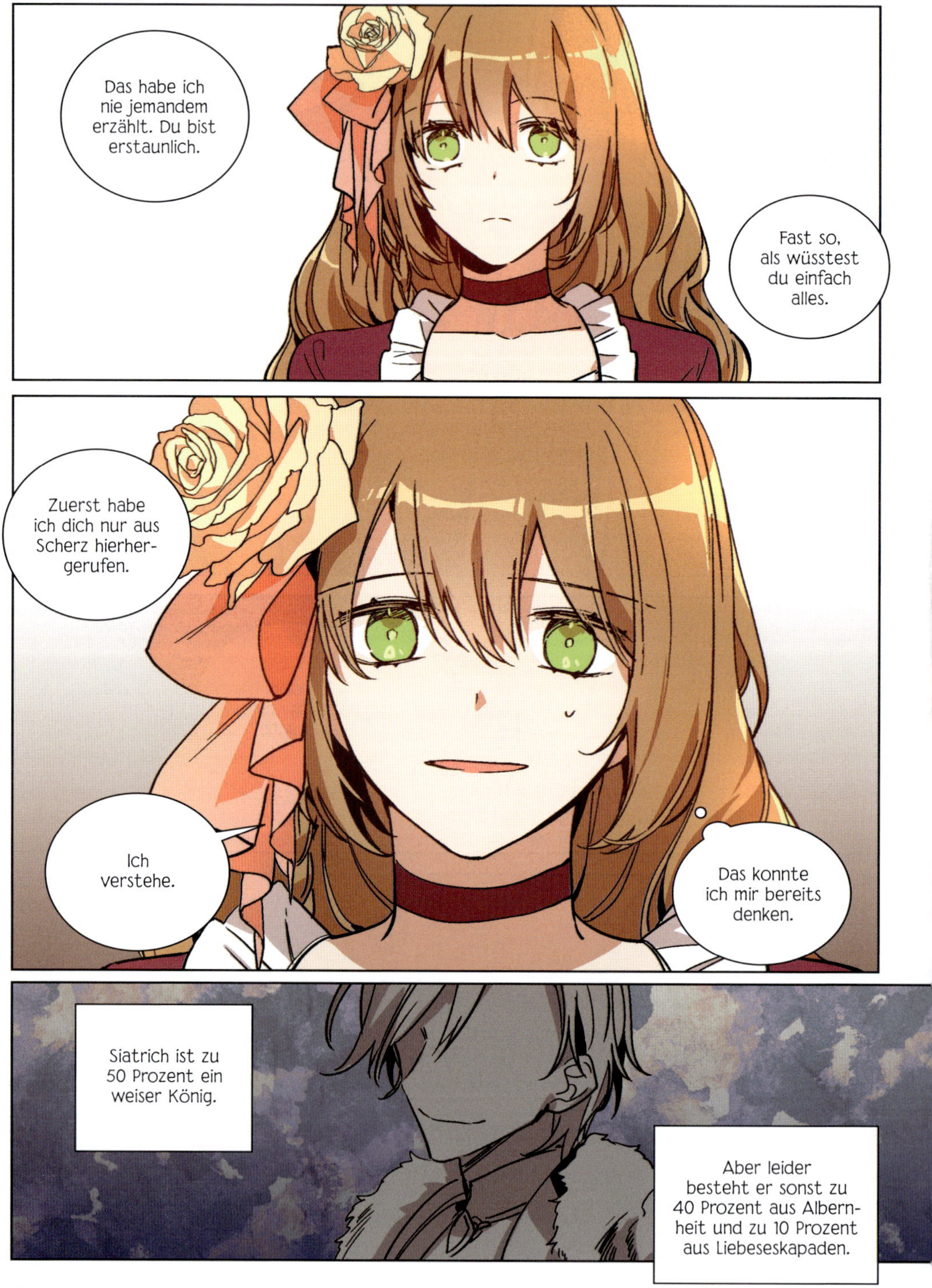
Das habe ich nie jemandem erzählt. Du bist erstaunlich.
Fast so, als wüsstest du einfach alles.
Zuerst habe ich dich nur aus Scherz hierhergerufen.
Ich verstehe.
Das konnte ich mir bereits denken.
Siatrich ist zu 50 Prozent ein weiser König.
Aber leider besteht er sonst zu 40 Prozent aus Albernheit und zu 10 Prozent aus Liebeseskapaden.

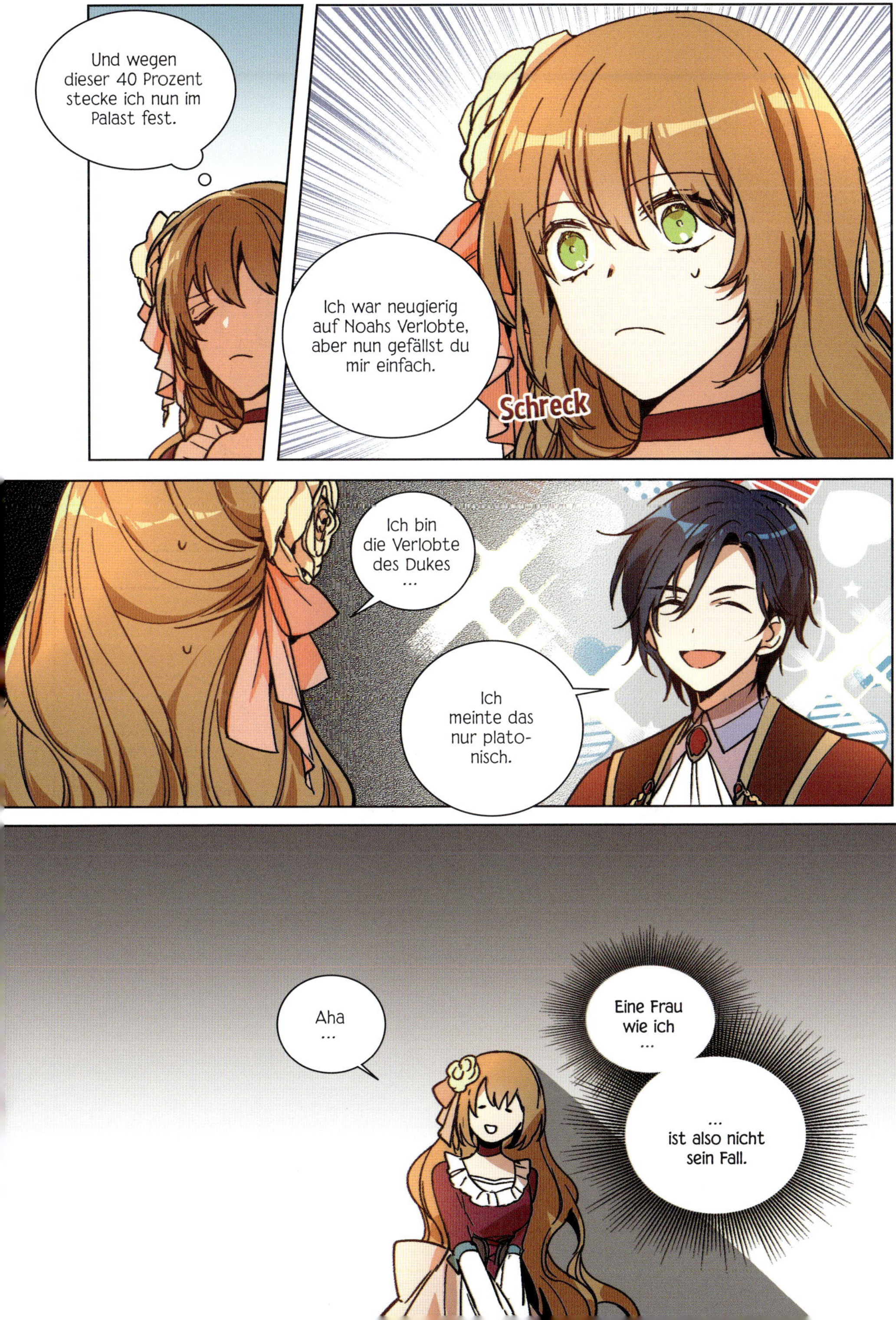
Und wegen dieser 40 Prozent stecke ich nun im Palast fest.
Ich war neugierig auf Noahs Verlobte, aber nun gefällst du mir einfach.
Schreck
Ich bin die Verlobte des Dukes ...
Ich meinte das nur platonisch.
Aha ...
Eine Frau wie ich ...
... ist also nicht sein Fall.

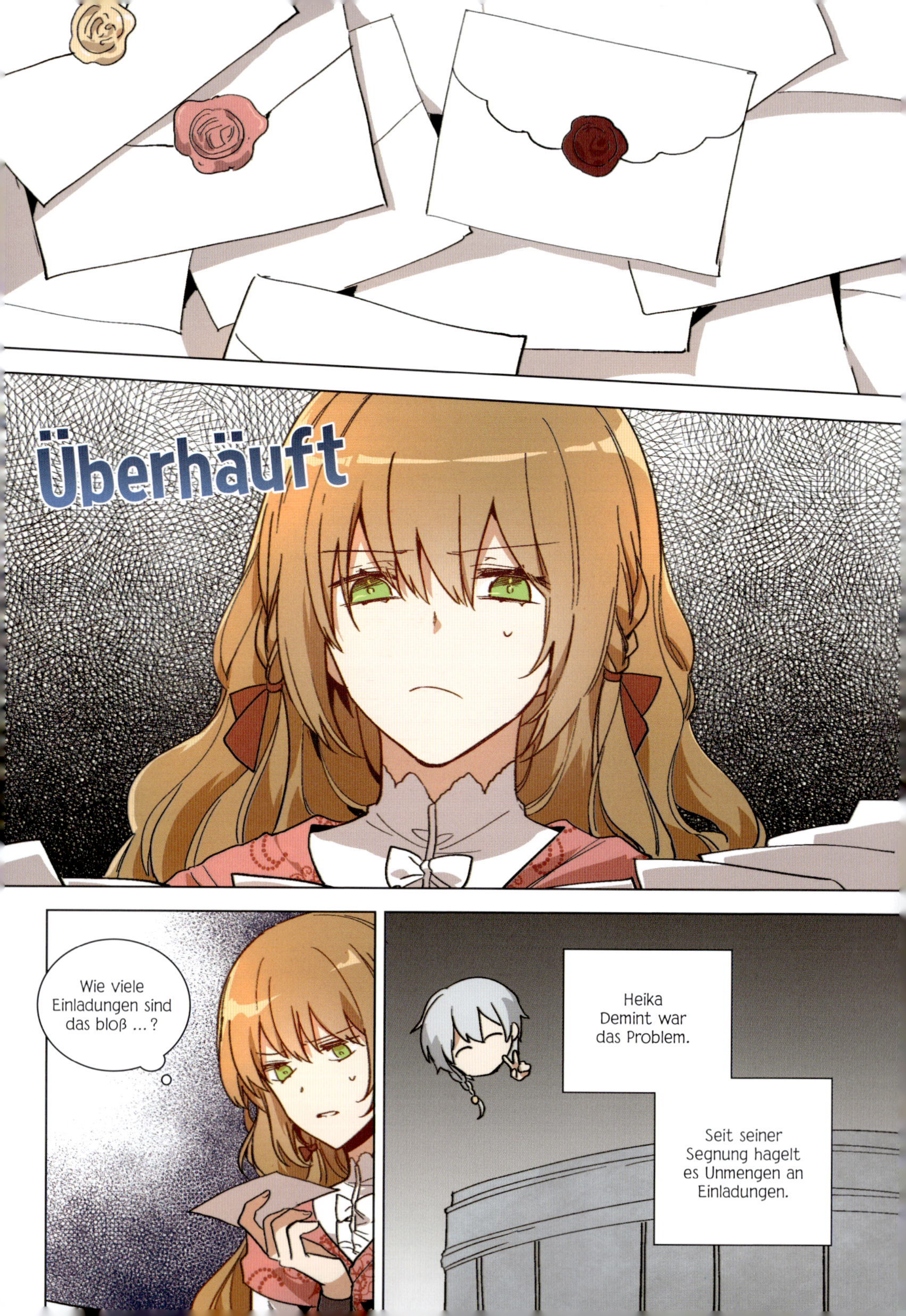
Überhäuft
Wie viele Einladungen sind das bloß ... ?
Heika Demint war das Problem.
Seit seiner Segnung hagelt es Unmengen an Einladungen.

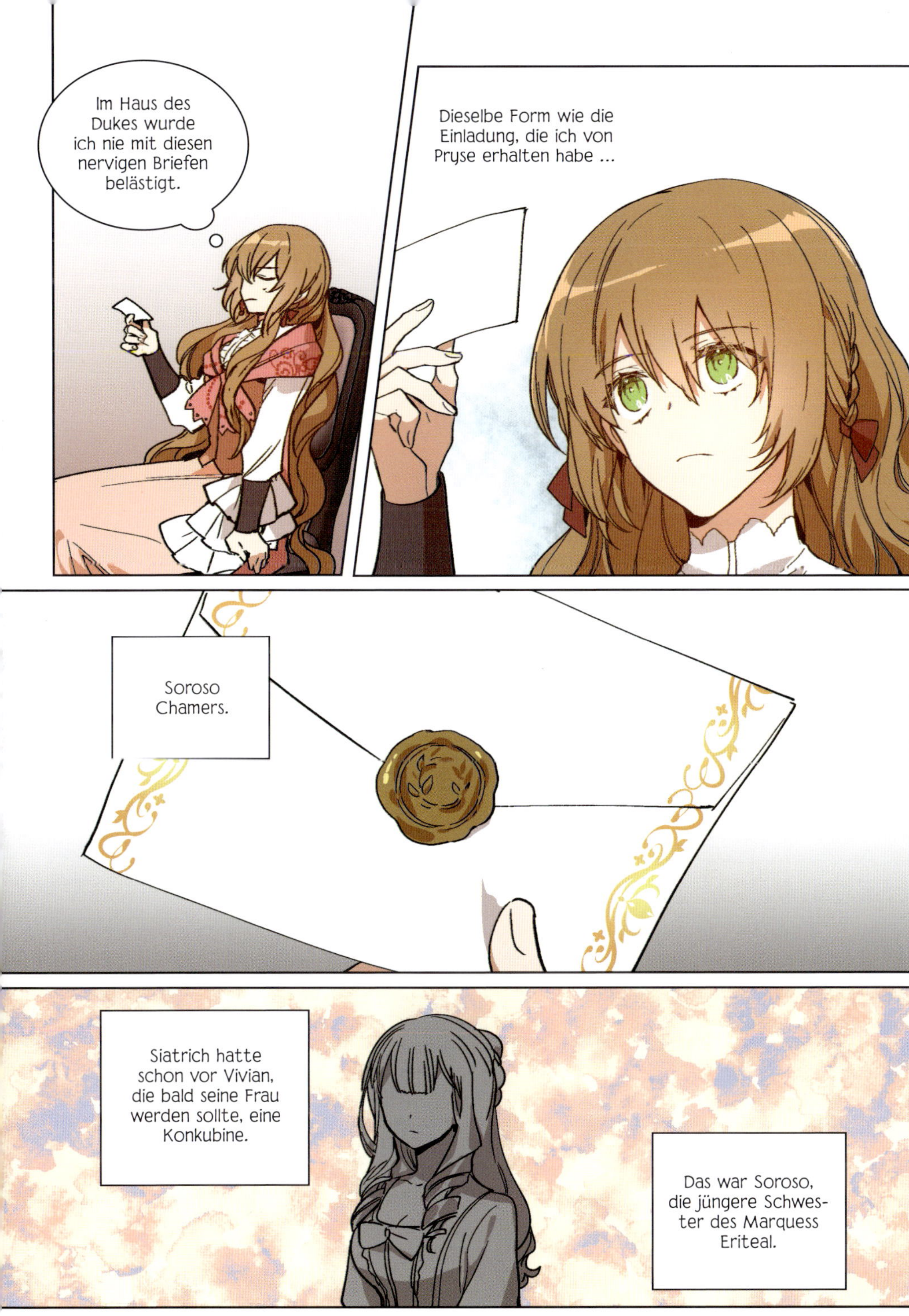

Im Haus des Dukes wurde ich nie mit diesen nervigen Briefen belästigt.
Dieselbe Form wie die Einladung, die ich von Pryse erhalten habe ...
Soroso Chamers.
Siatrich hatte schon vor Vivian, die bald seine Frau werden sollte, eine Konkubine.
Das war Soroso, die jüngere Schwester des Marquess Eriteal.

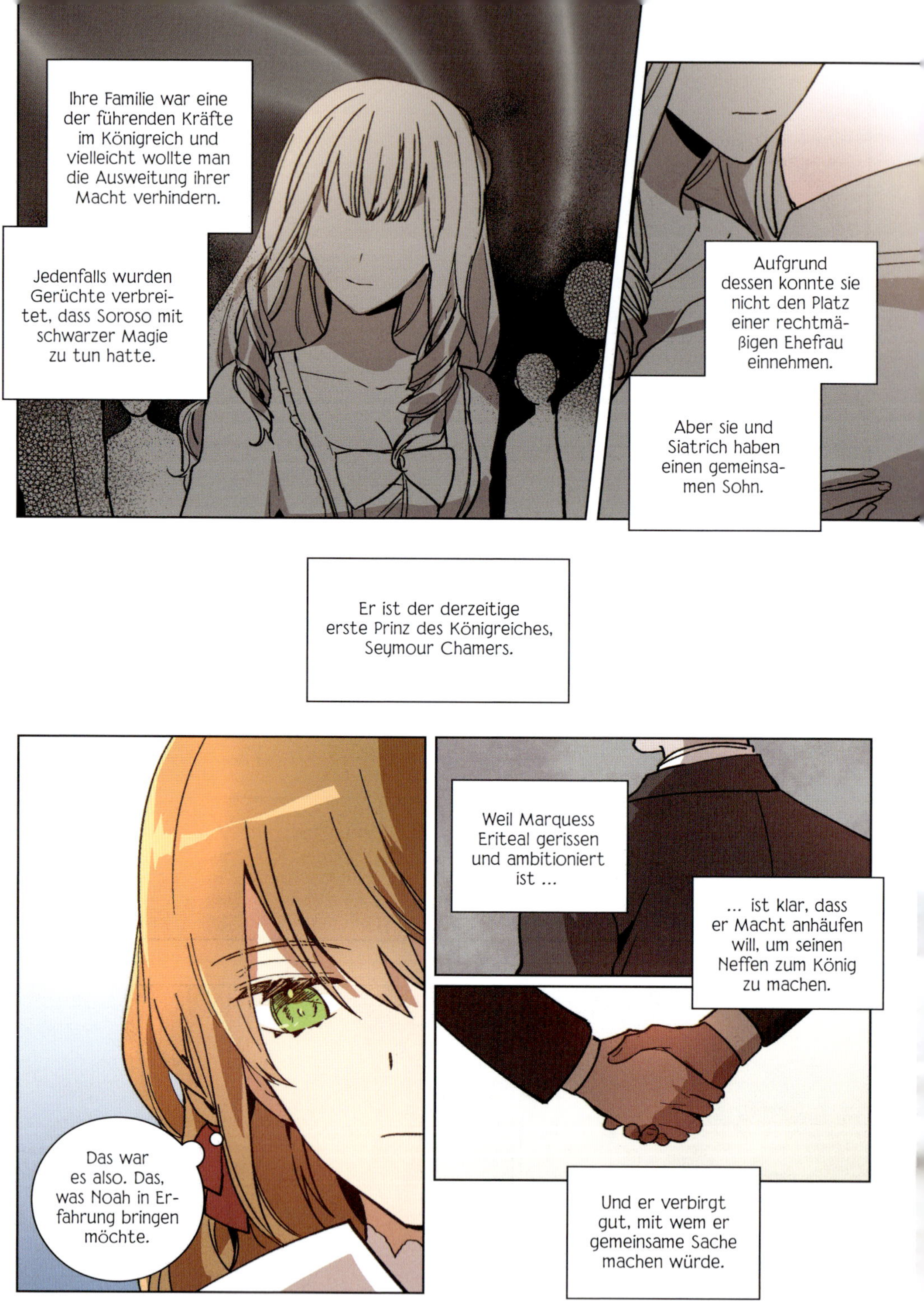

Ihre Familie war eine der führenden Kräfte im Königreich und vielleicht wollte man die Ausweitung ihrer Macht verhindern.
Jedenfalls wurden Gerüchte verbreitet, dass Soroso mit schwarzer Magie zu tun hatte.
Aufgrund dessen konnte sie nicht den Platz einer rechtmäßigen Ehefrau einnehmen.
Aber sie und Siatrich haben einen gemeinsamen Sohn.
Er ist der derzeitige erste Prinz des Königreiches, Seymour Chamers.
Weil Marquess Eriteal gerissen und ambitioniert ist ...
... ist klar, dass er Macht anhäufen will, um seinen Neffen zum König zu machen.
Und er verbirgt gut, mit wem er gemeinsame Sache machen würde.
Das war es also. Das, was Noah in Erfahrung bringen möchte.

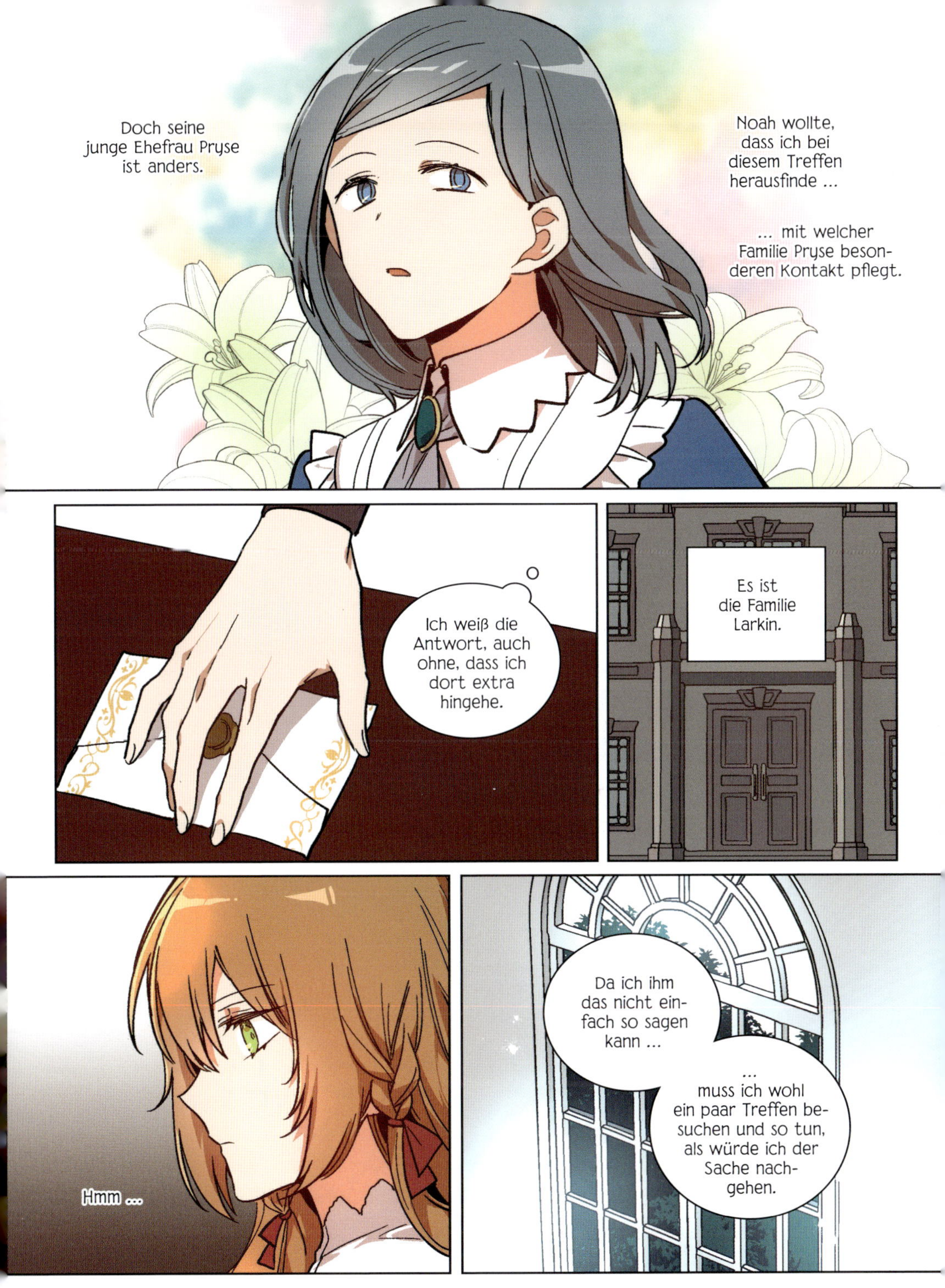
Doch seine junge Ehefrau Pryse ist anders.
Noah wollte, dass ich bei diesem Treffen herausfinde ...
... mit welcher Familie Pryse besonderen Kontakt pflegt.
Ich weiß die Antwort, auch ohne, dass ich dort extra hingehe.
Es ist die Familie Larkin.
Hmm ...
Da ich ihm das nicht einfach so sagen kann ...
... muss ich wohl ein paar Treffen besuchen und so tun, als würde ich der Sache nachgehen.

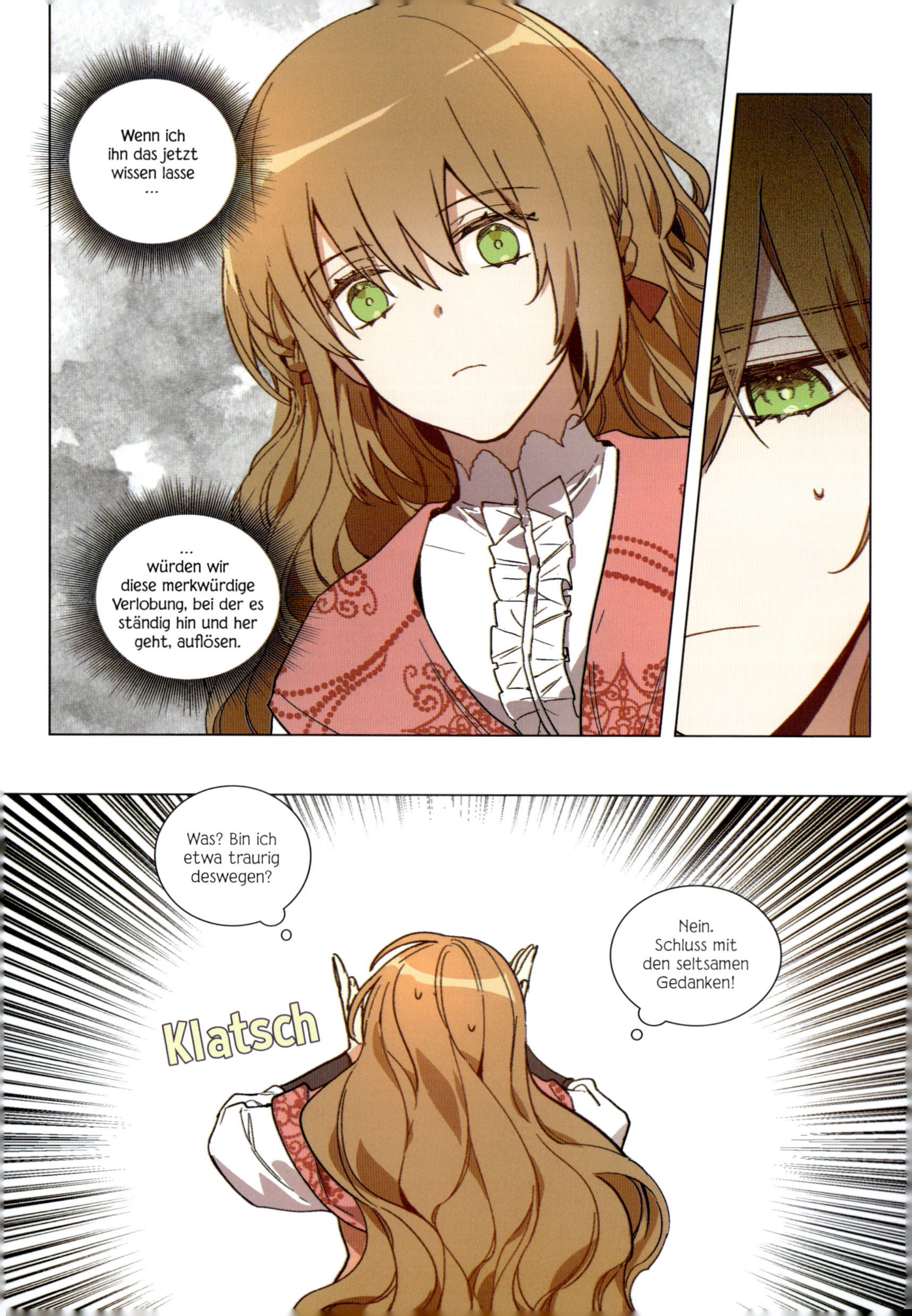
Wenn ich ihn das jetzt wissen lasse ...
... würden wir diese merkwürdige Verlobung, bei der es ständig hin und her geht, auflösen.
Was? Bin ich etwa traurig deswegen?
Nein. Schluss mit den seltsamen Gedanken!
Klatsch

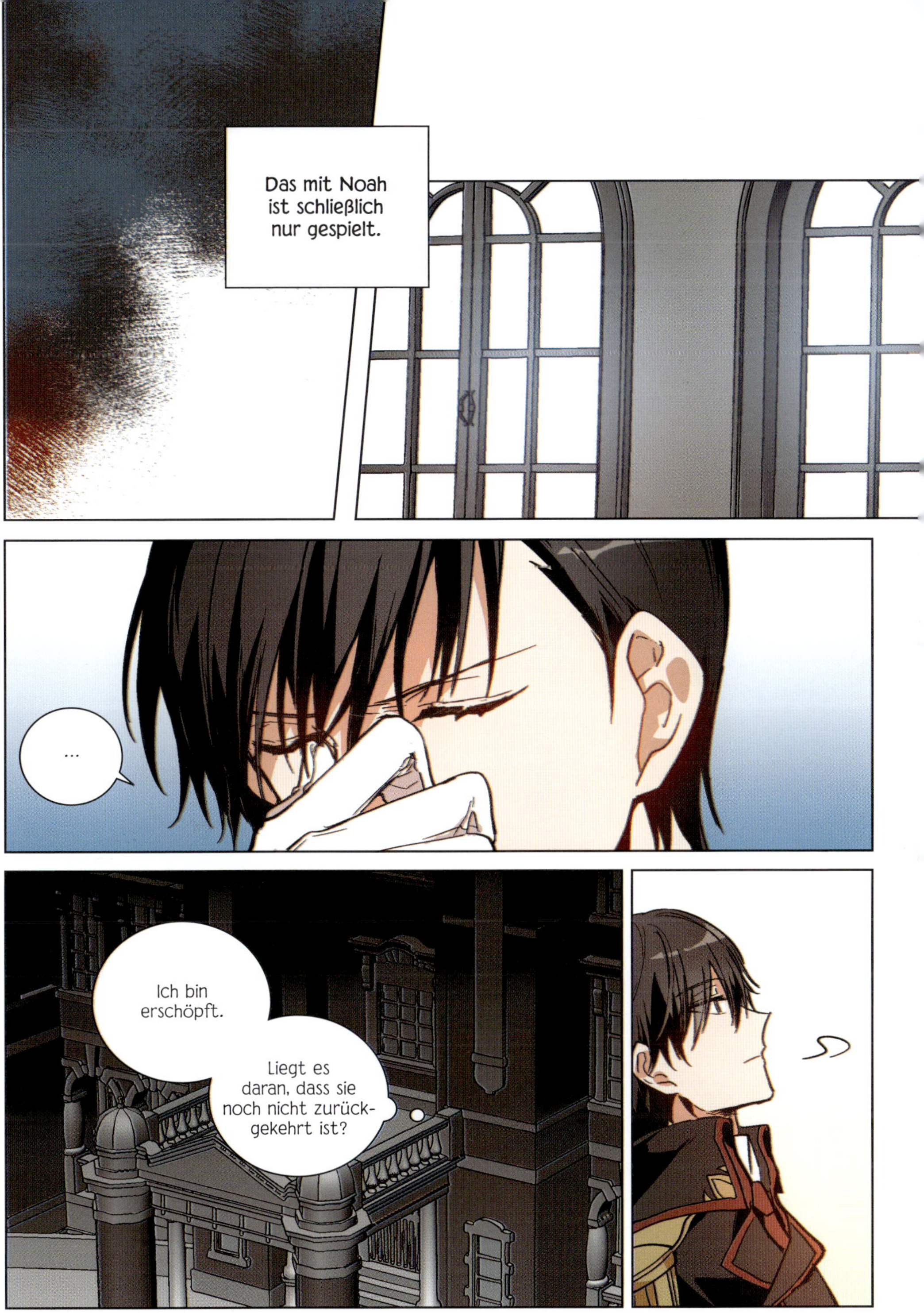
Das mit Noah ist schließlich nur gespielt.
...
Ich bin erschöpft.
Liegt es daran, dass sie noch nicht zurückgekehrt ist?

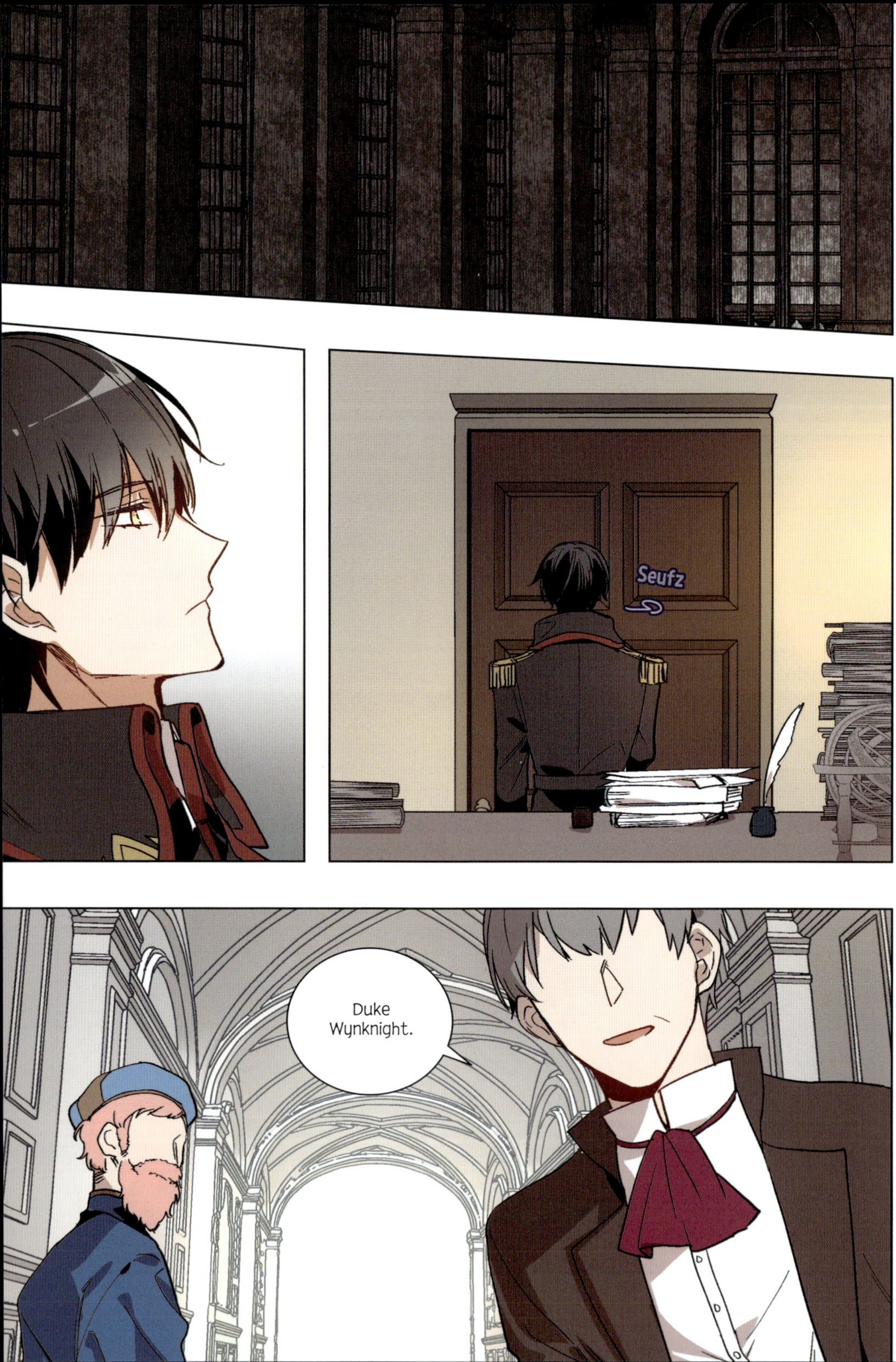
Seufz
Duke Wynknight.

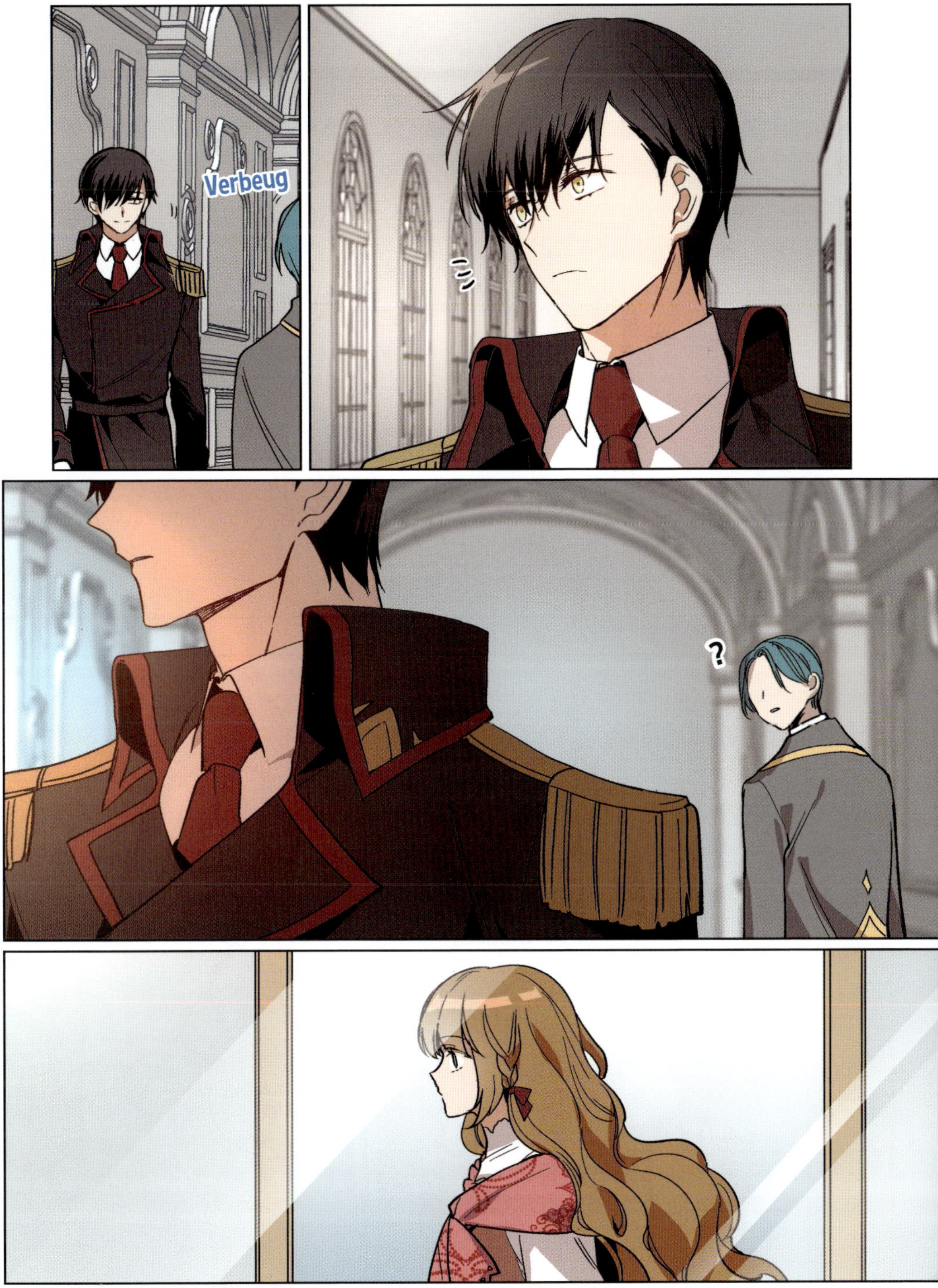
Verbeug

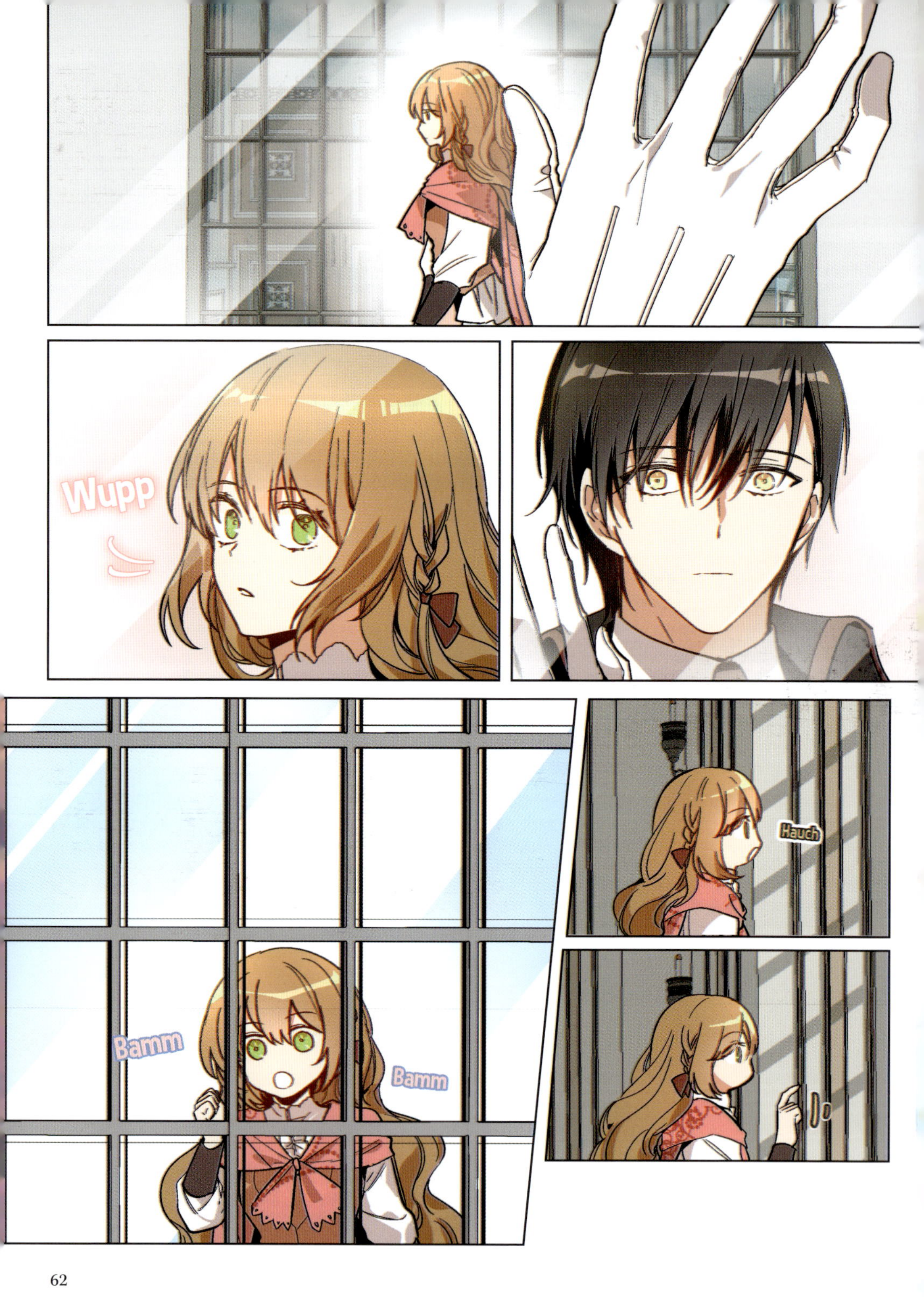
Wupp
Hauch
Bamm
Bamm

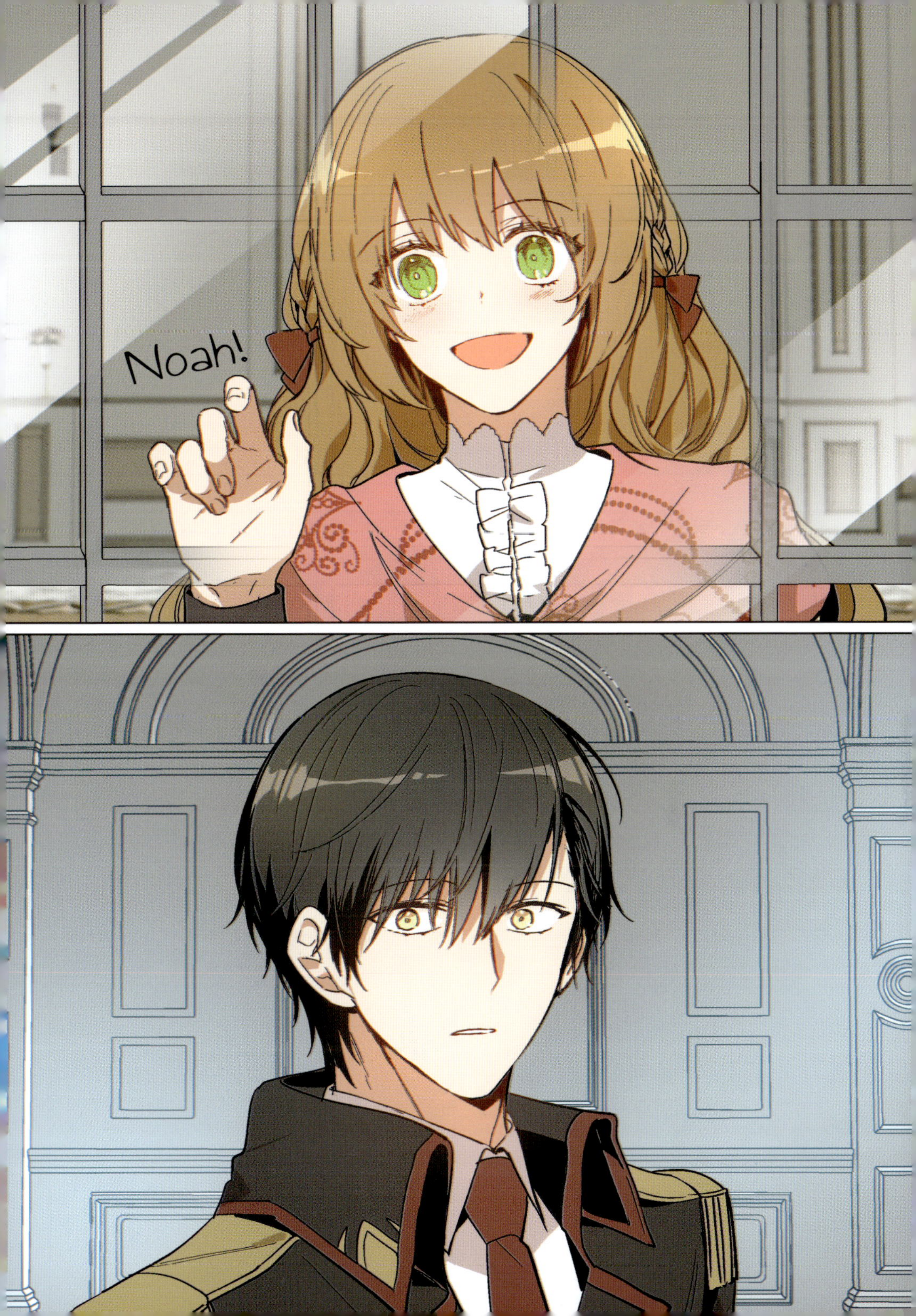
Noah!

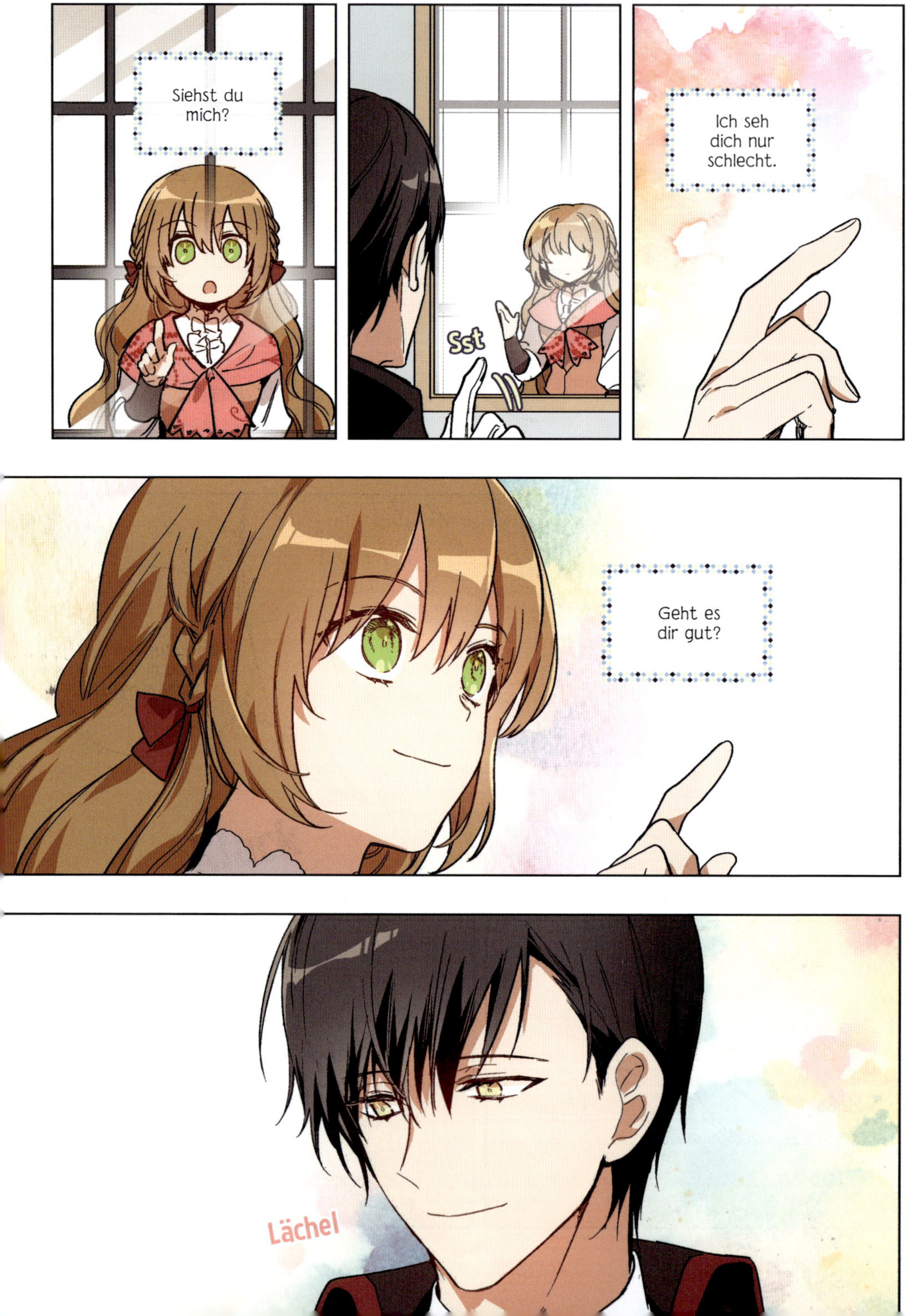
Siehst du mich?
Sst
Ich seh dich nur schlecht.
Geht es dir gut?
Lächel

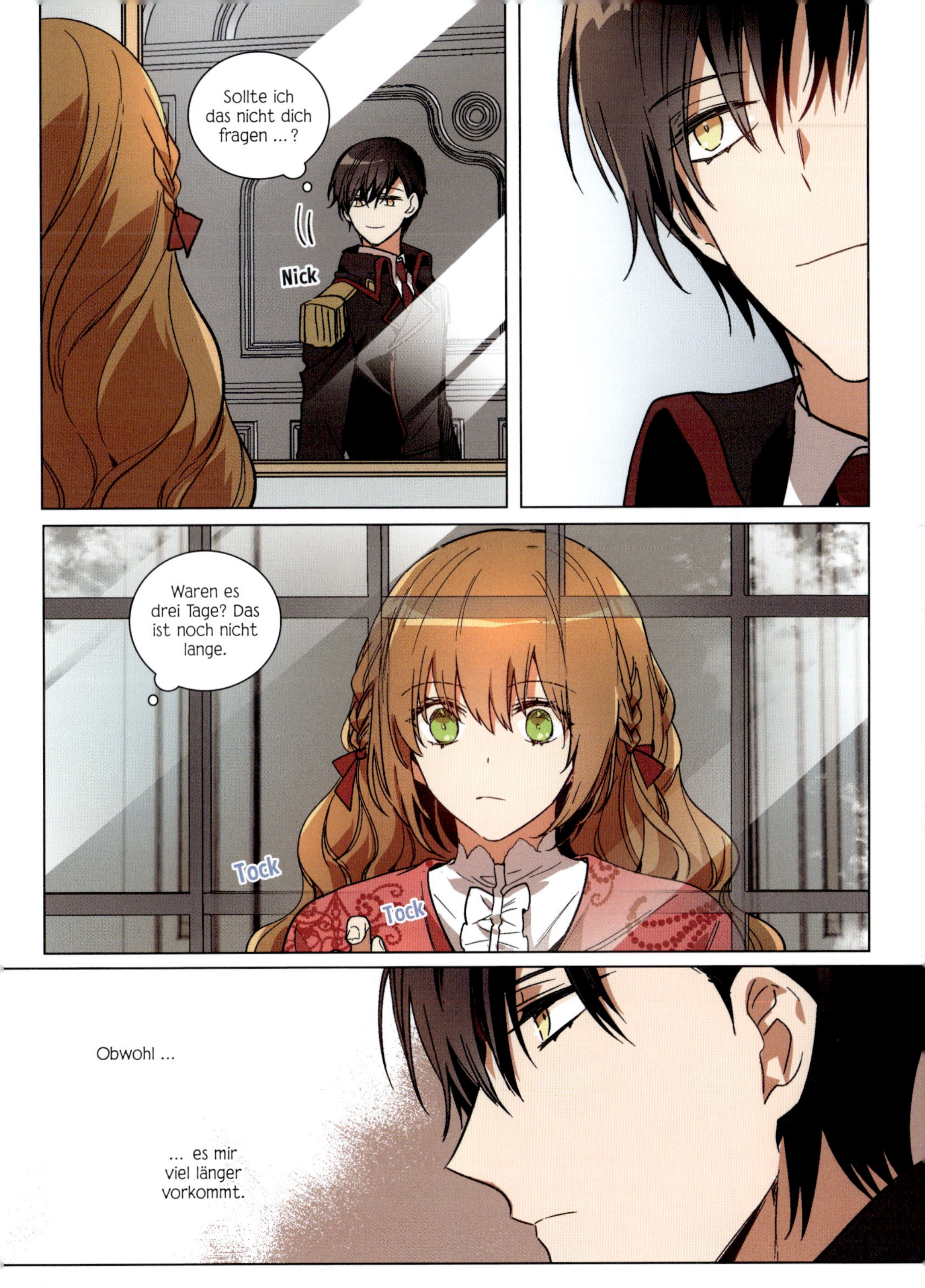
Sollte ich das nicht dich fragen ...?
Nick
Waren es drei Tage? Das ist noch nicht lange.
Tock
Tock
Obwohl ...
... es mir viel länger vorkommt.

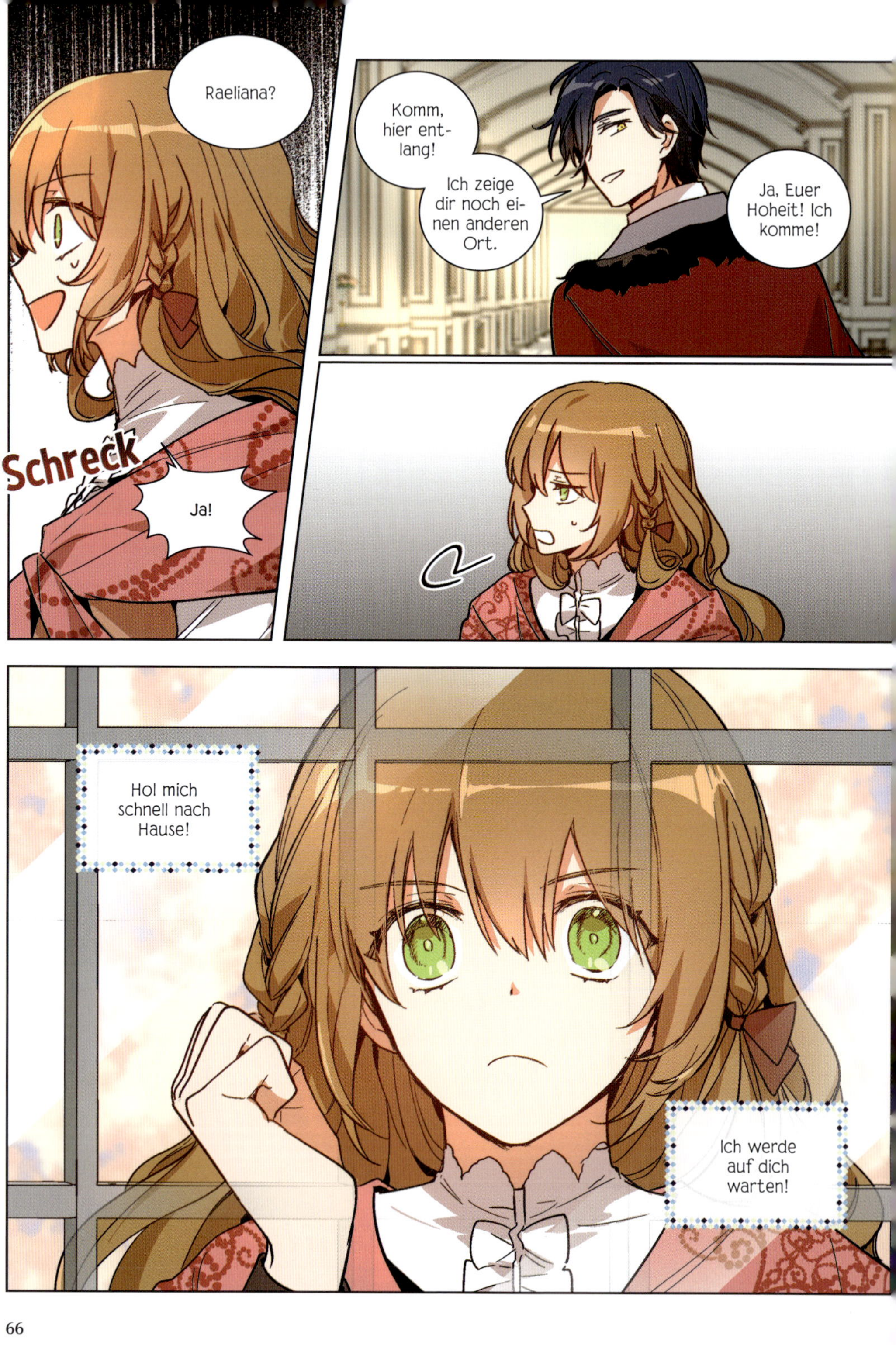
Raeliana?
Schreck
Ja!
Komm, hier entlang!
Ich zeige dir noch einen anderen Ort.
Ja, Euer Hoheit! Ich komme!
Hol mich schnell nach Hause!
Ich werde auf dich warten!

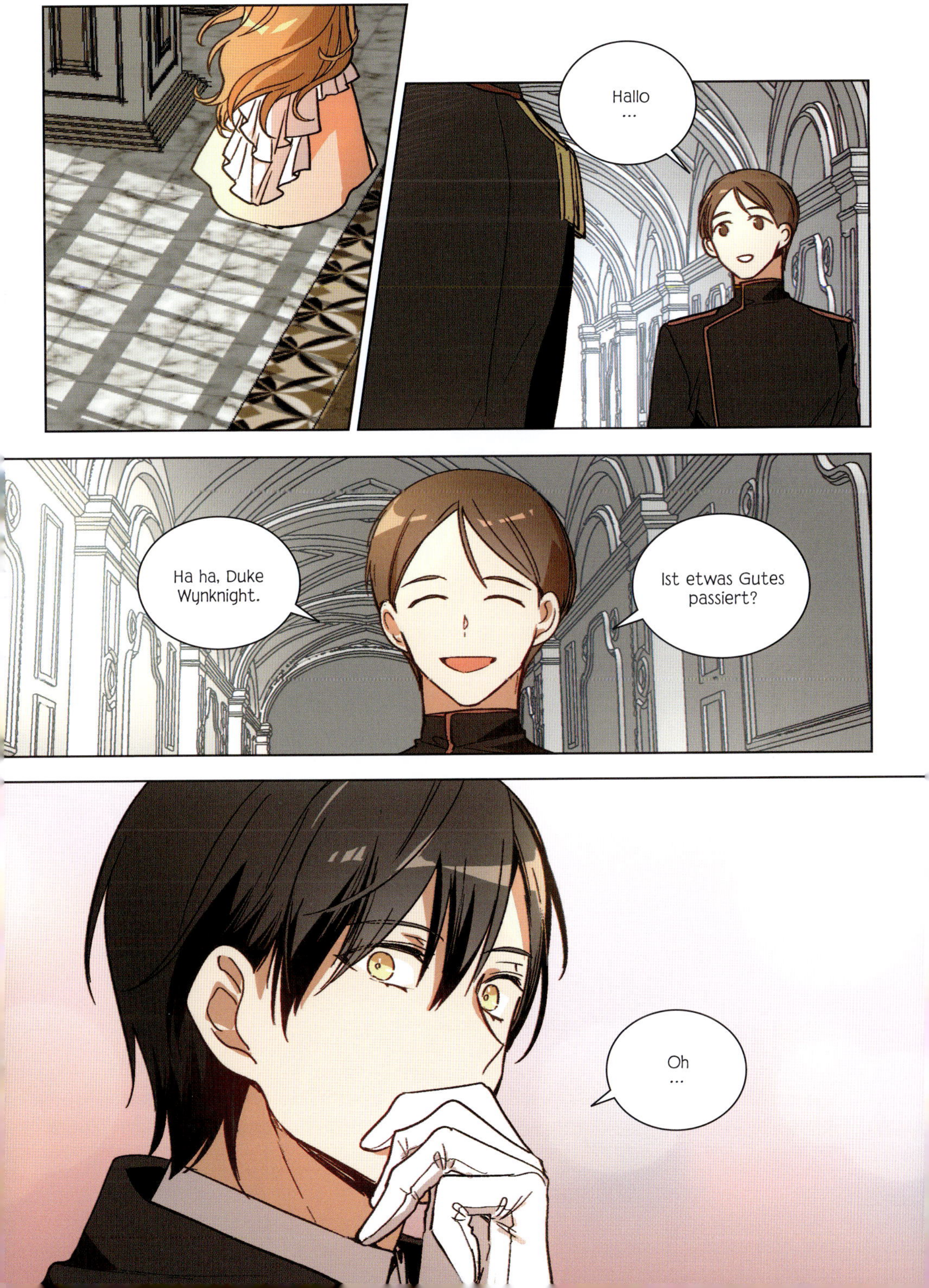
Hallo
...
Ha ha, Duke Wynknight.
Ist etwas Gutes passiert?
Oh
...

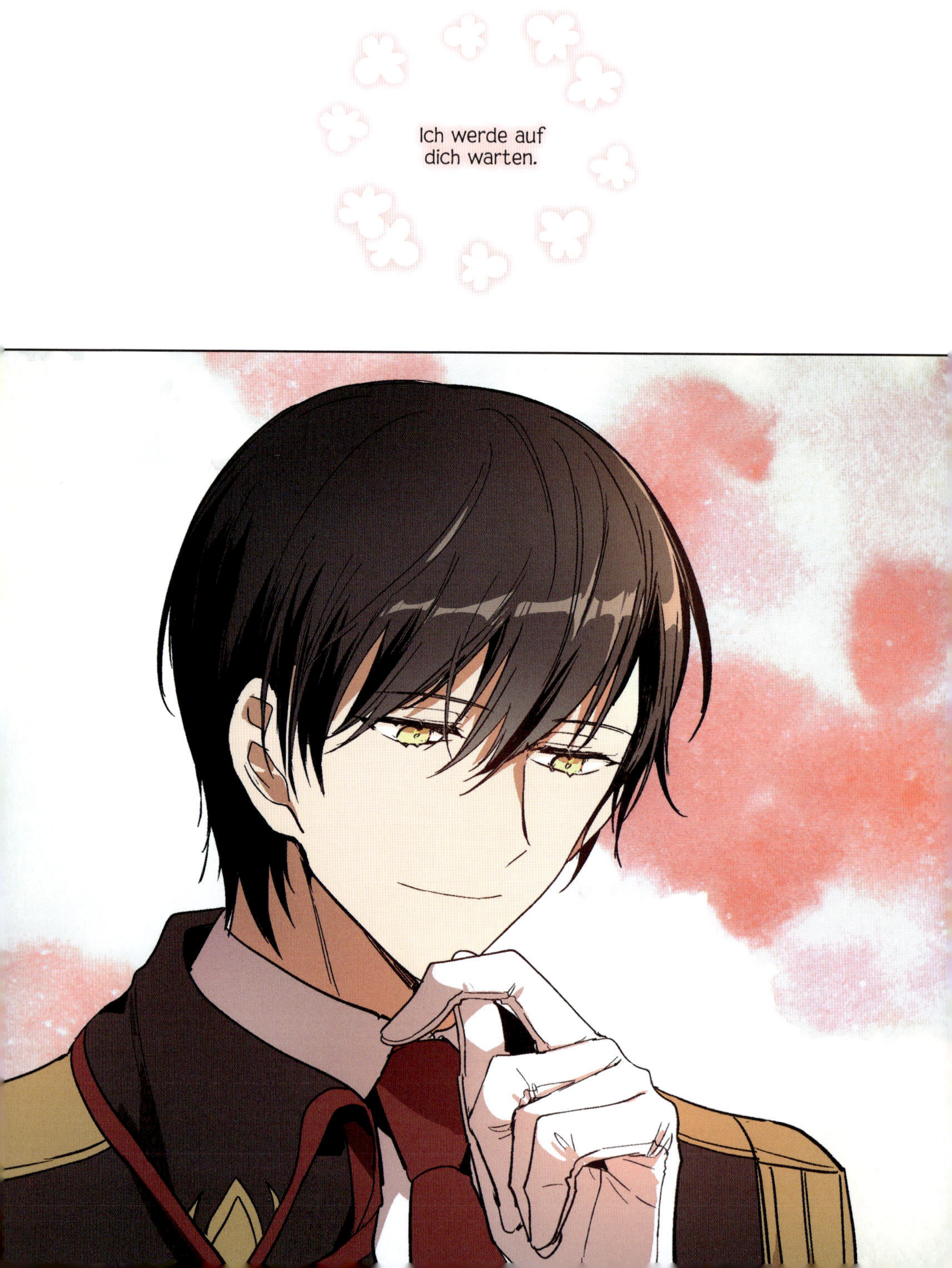
Ich werde auf dich warten.

Raeliana

Warum sie die Verlobte des Dukes wurde

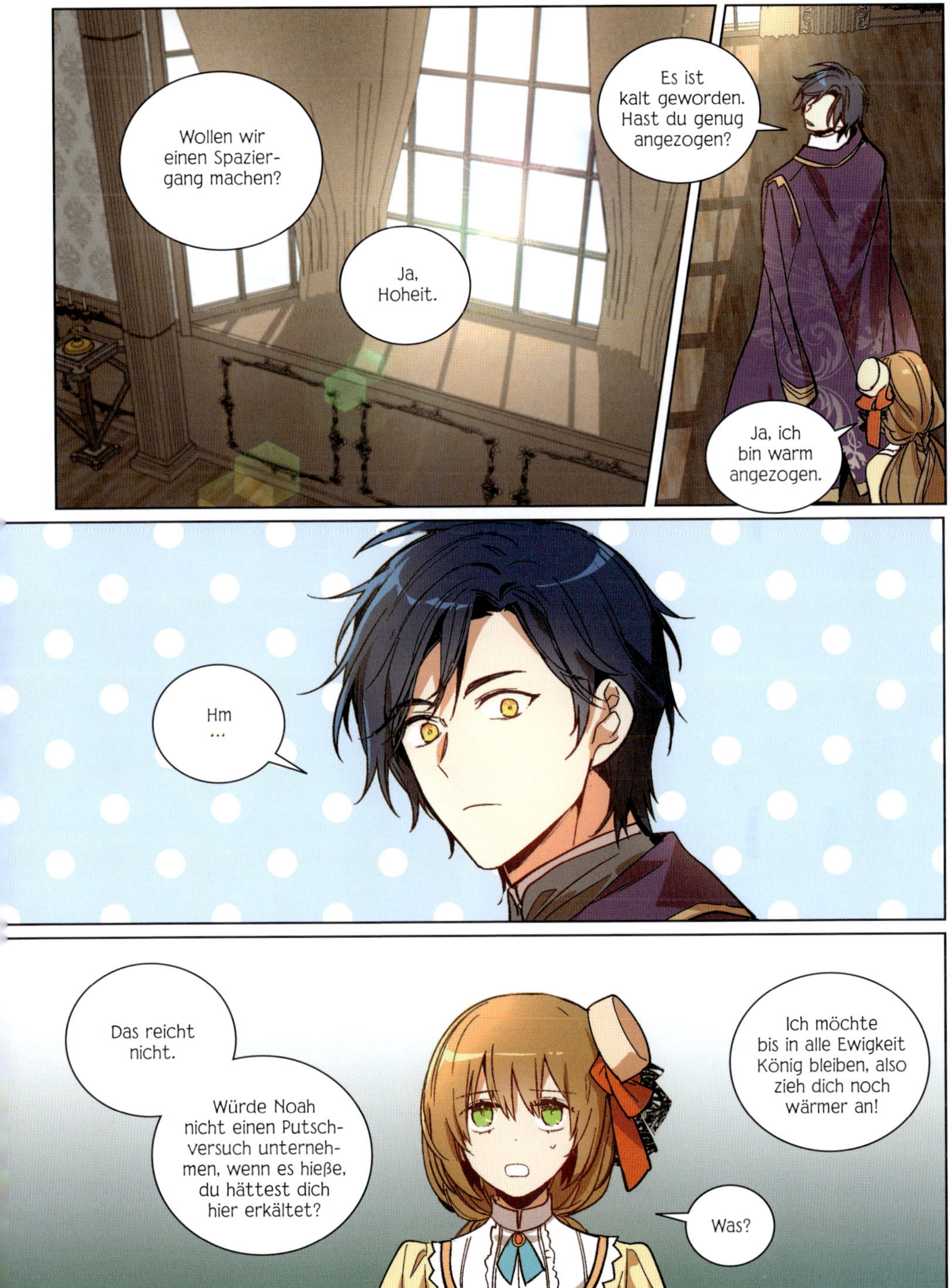
Wollen wir einen Spaziergang machen?
Ja, Hoheit.
Es ist kalt geworden. Hast du genug angezogen?
Ja, ich bin warm angezogen.
Hm …
Das reicht nicht.
Würde Noah nicht einen Putschversuch unternehmen, wenn es hieße, du hättest dich hier erkältet?
Ich möchte bis in alle Ewigkeit König bleiben, also zieh dich noch wärmer an!
Was?

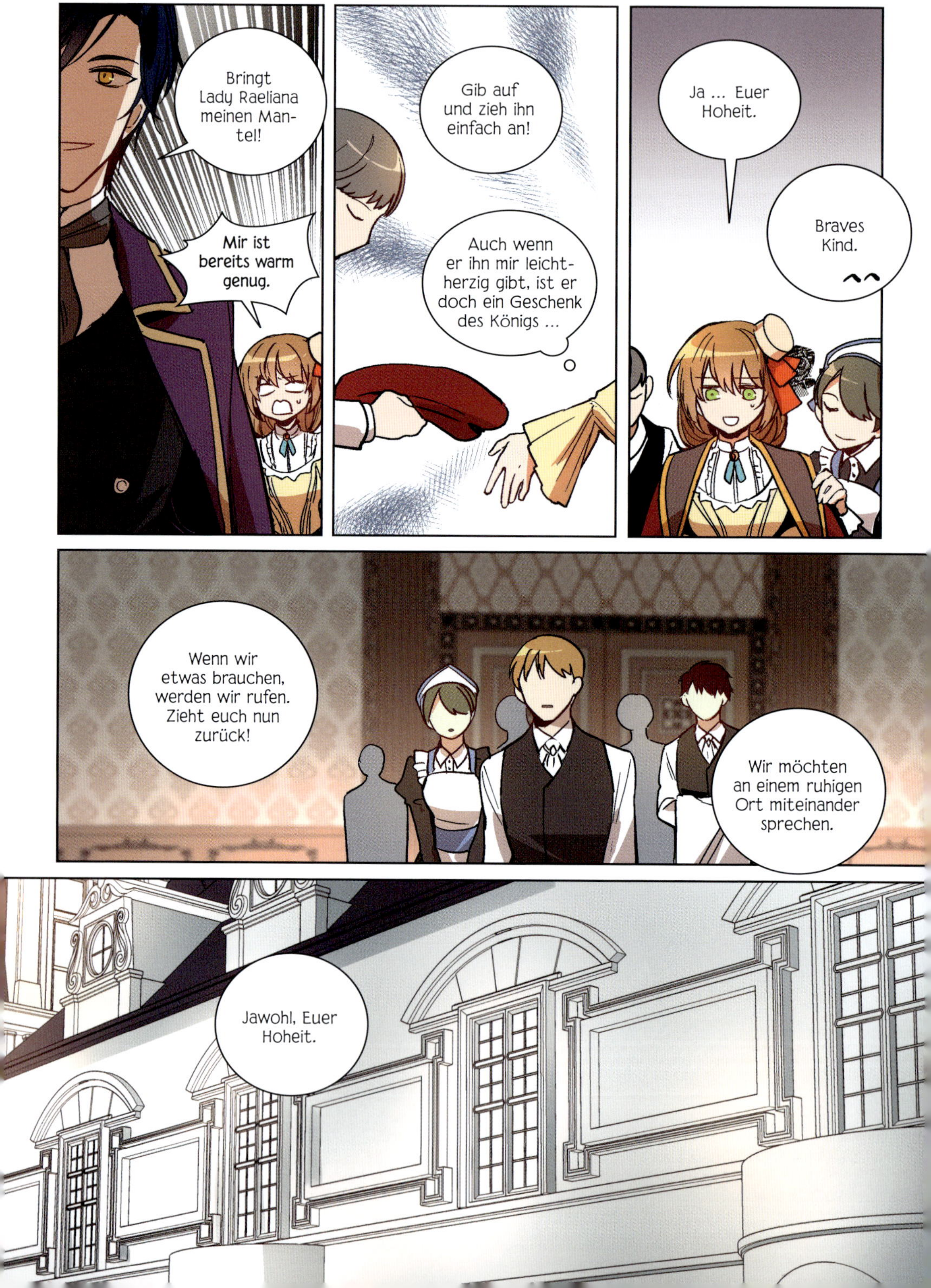
Bringt Lady Raeliana meinen Mantel!
Mir ist bereits warm genug.
Gib auf und zieh ihn einfach an!
Auch wenn er ihn mir leichtherzig gibt, ist er doch ein Geschenk des Königs ...
Ja ... Euer Hoheit.
Braves Kind.
Wenn wir etwas brauchen, werden wir rufen. Zieht euch nun zurück!
Wir möchten an einem ruhigen Ort miteinander sprechen.
Jawohl, Euer Hoheit.

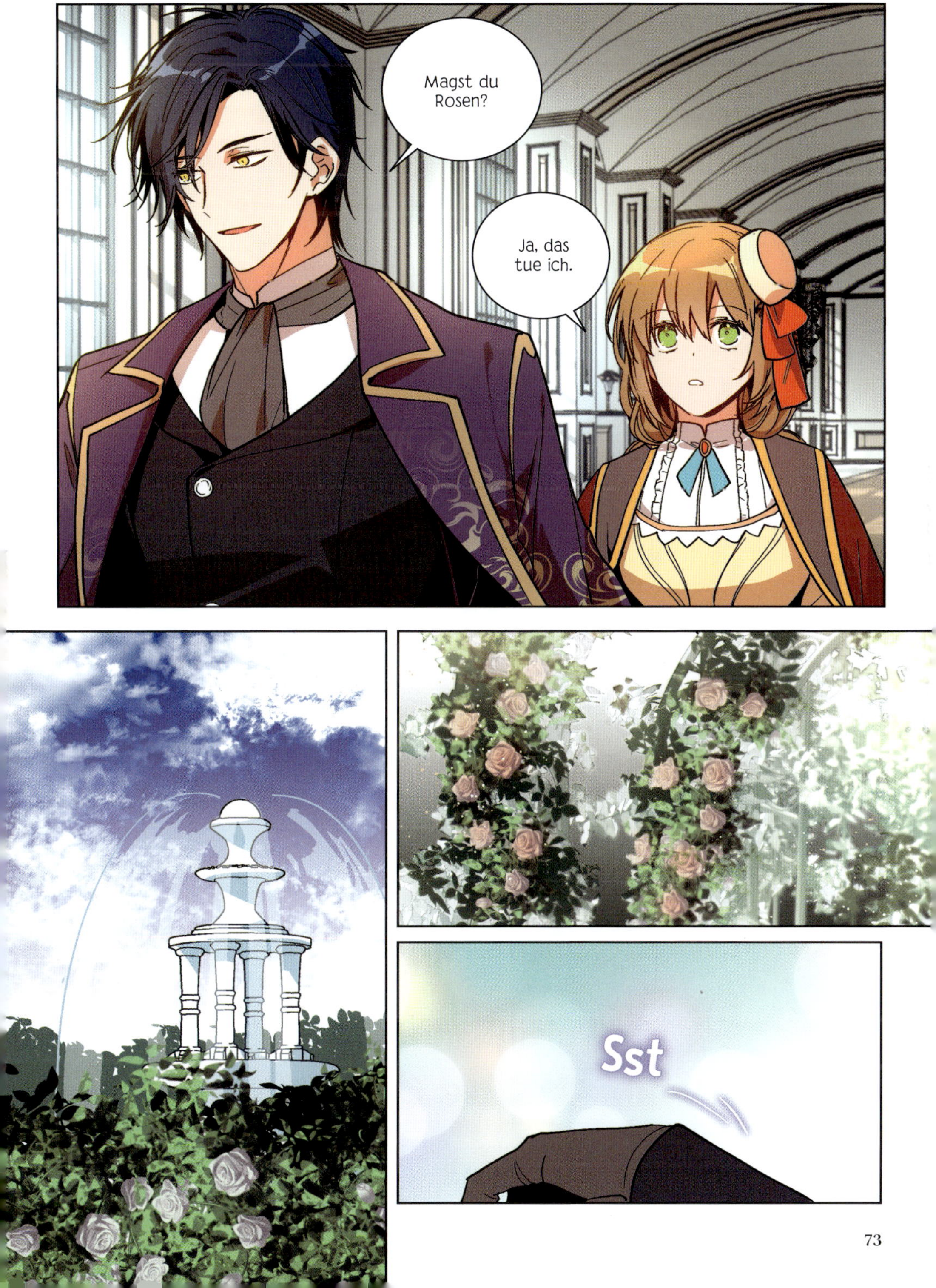
Magst du Rosen?
Ja, das tue ich.
Sst

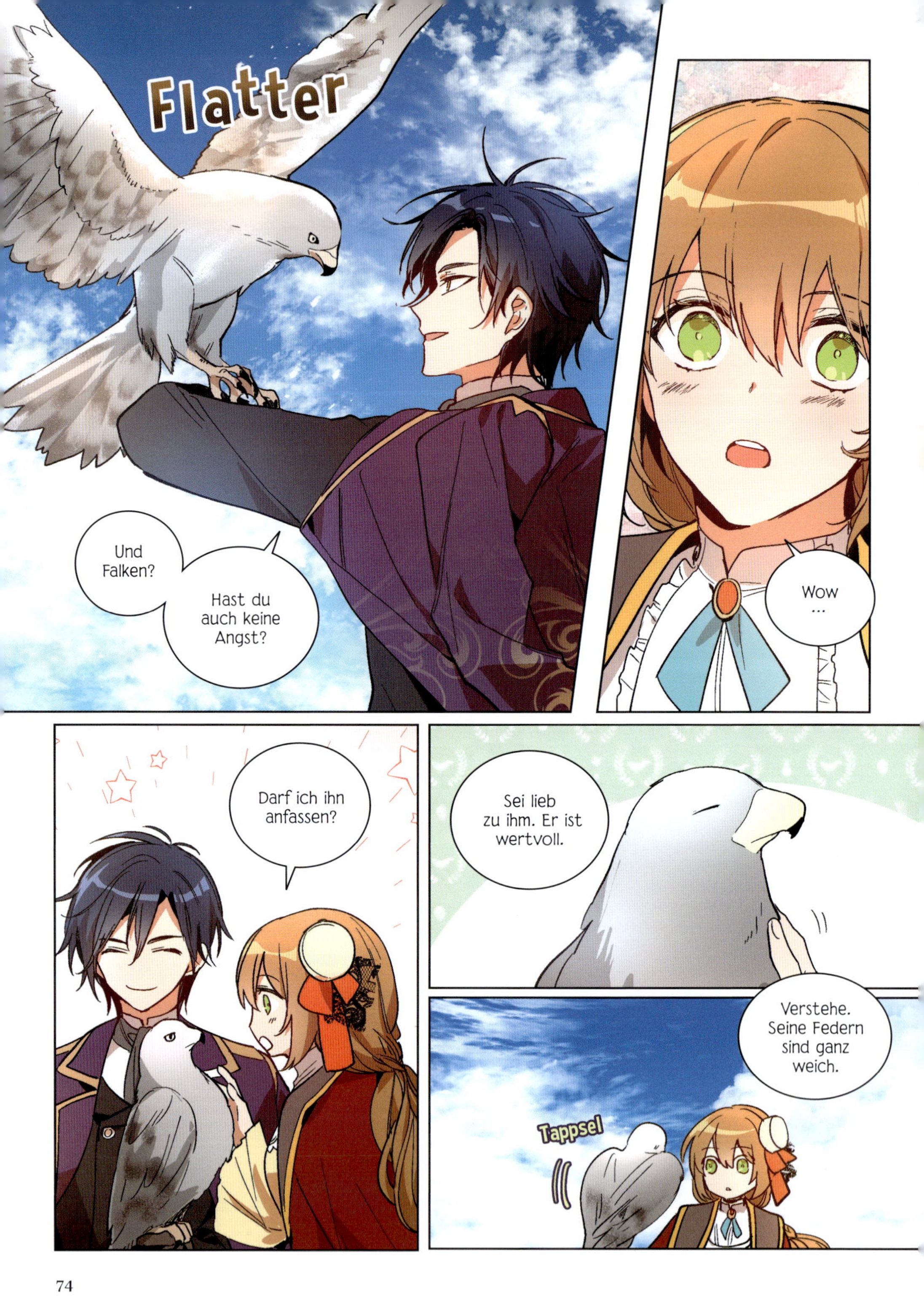
Flatter
Und Falken?
Hast du auch keine Angst?
Wow ...
Darf ich ihn anfassen?
Sei lieb zu ihm. Er ist wertvoll.
Verstehe. Seine Federn sind ganz weich.
Tappsel

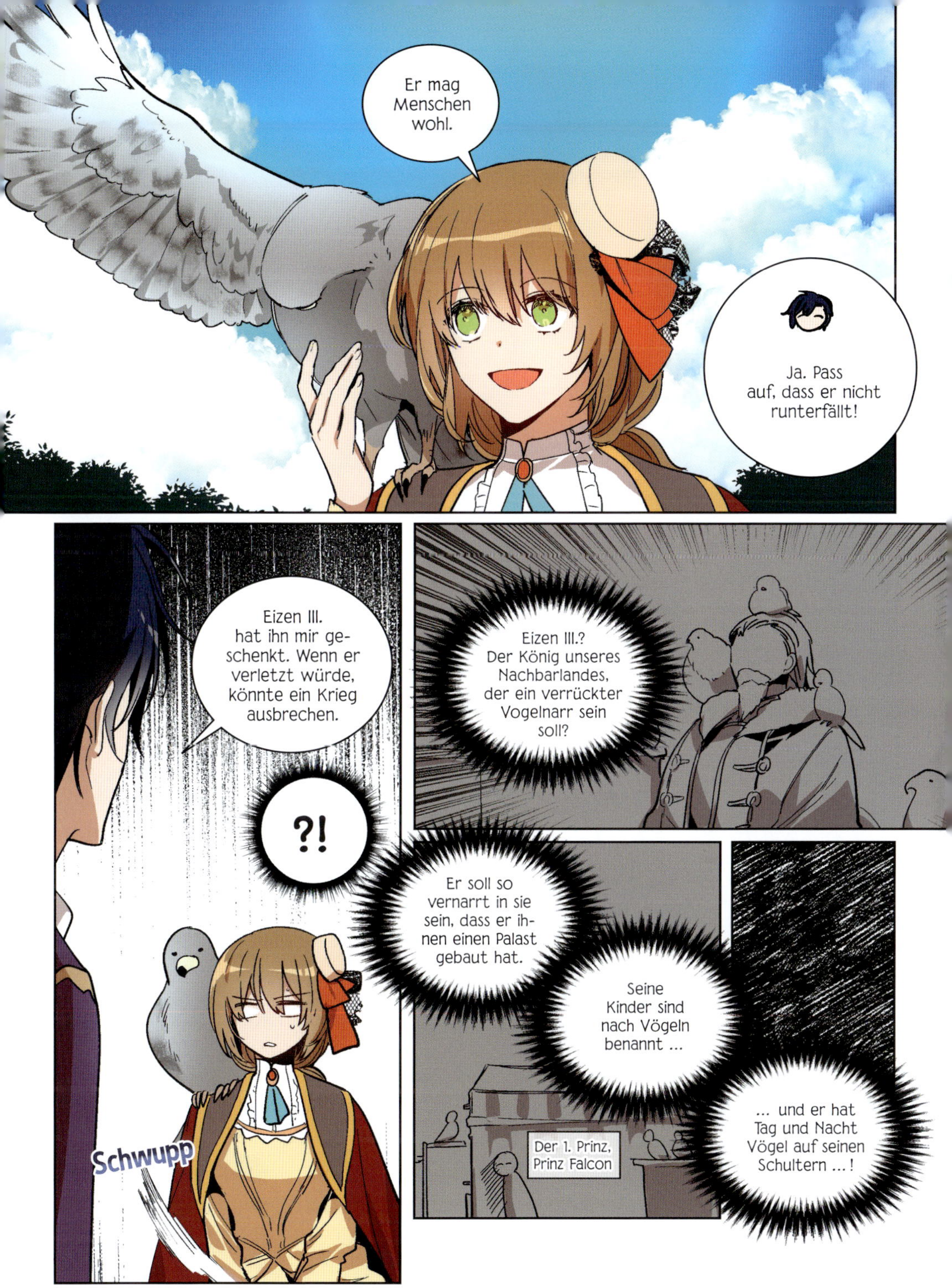
Er mag Menschen wohl.
Ja. Pass auf, dass er nicht runterfällt!
Eizen III. hat ihn mir geschenkt. Wenn er verletzt würde, könnte ein Krieg ausbrechen.
?!
Eizen III.? Der König unseres Nachbarlandes, der ein verrückter Vogelnarr sein soll?
Er soll so vernarrt in sie sein, dass er ihnen einen Palast gebaut hat.
Seine Kinder sind nach Vögeln benannt …
Der 1. Prinz, Prinz Falcon
… und er hat Tag und Nacht Vögel auf seinen Schultern … !
Schwupp

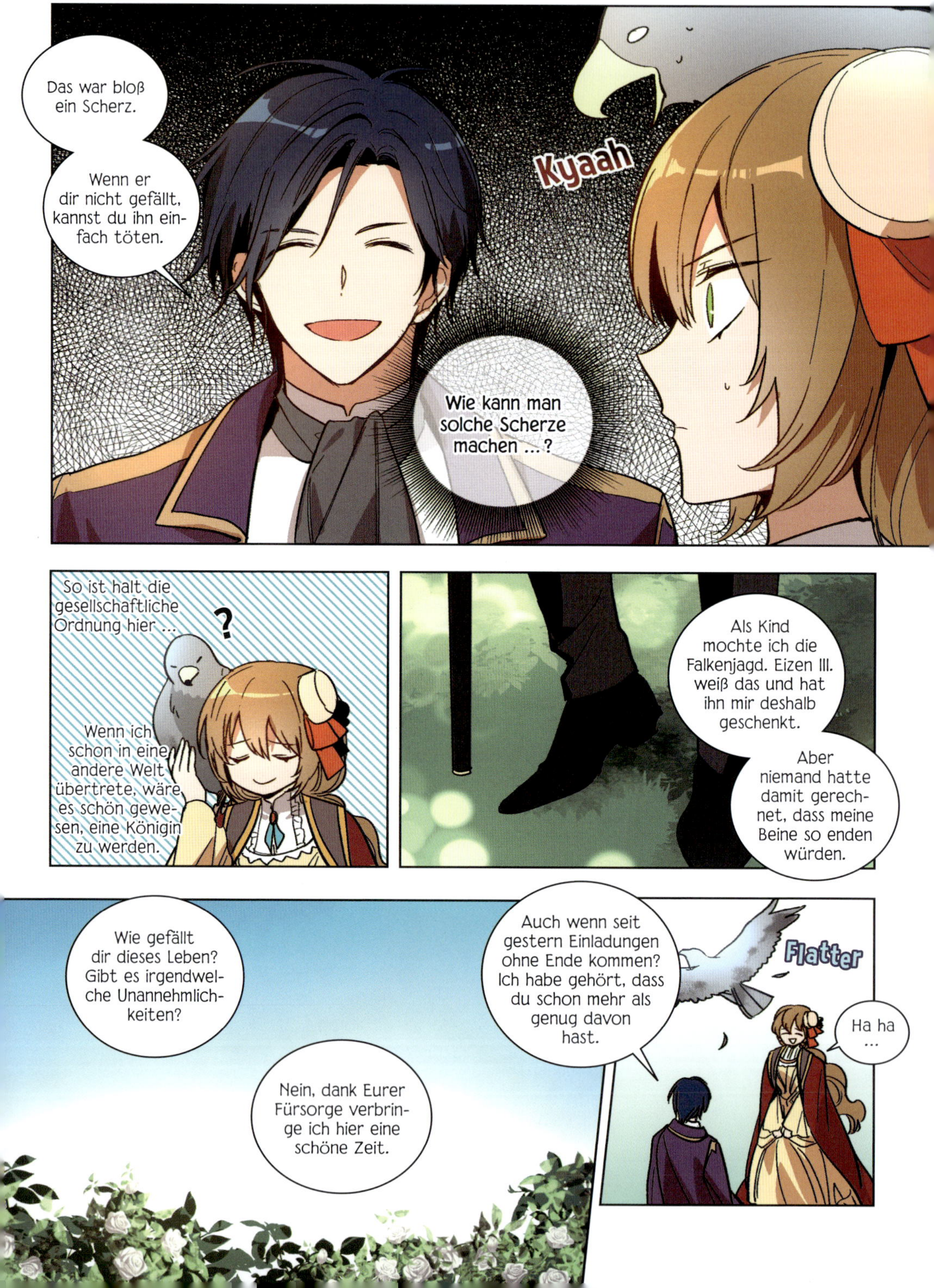
Das war bloß ein Scherz.
Wenn er dir nicht gefällt, kannst du ihn ein-fach töten.
Kyaah
Wie kann man solche Scherze machen ... ?
So ist halt die gesellschaftliche Ordnung hier ...
?
Wenn ich schon in eine andere Welt übertrete, wäre es schön gewe-sen, eine Königin zu werden.
Als Kind mochte ich die Falkenjagd. Eizen III. weiß das und hat ihn mir deshalb geschenkt.
Aber niemand hatte damit gerech-net, dass meine Beine so enden würden.
Wie gefällt dir dieses Leben? Gibt es irgendwel-che Unannehmlich-keiten?
Nein, dank Eurer Fürsorge verbrin-ge ich hier eine schöne Zeit.
Auch wenn seit gestern Einladungen ohne Ende kommen? Ich habe gehört, dass du schon mehr als genug davon hast.
Flatter
Ha ha ...

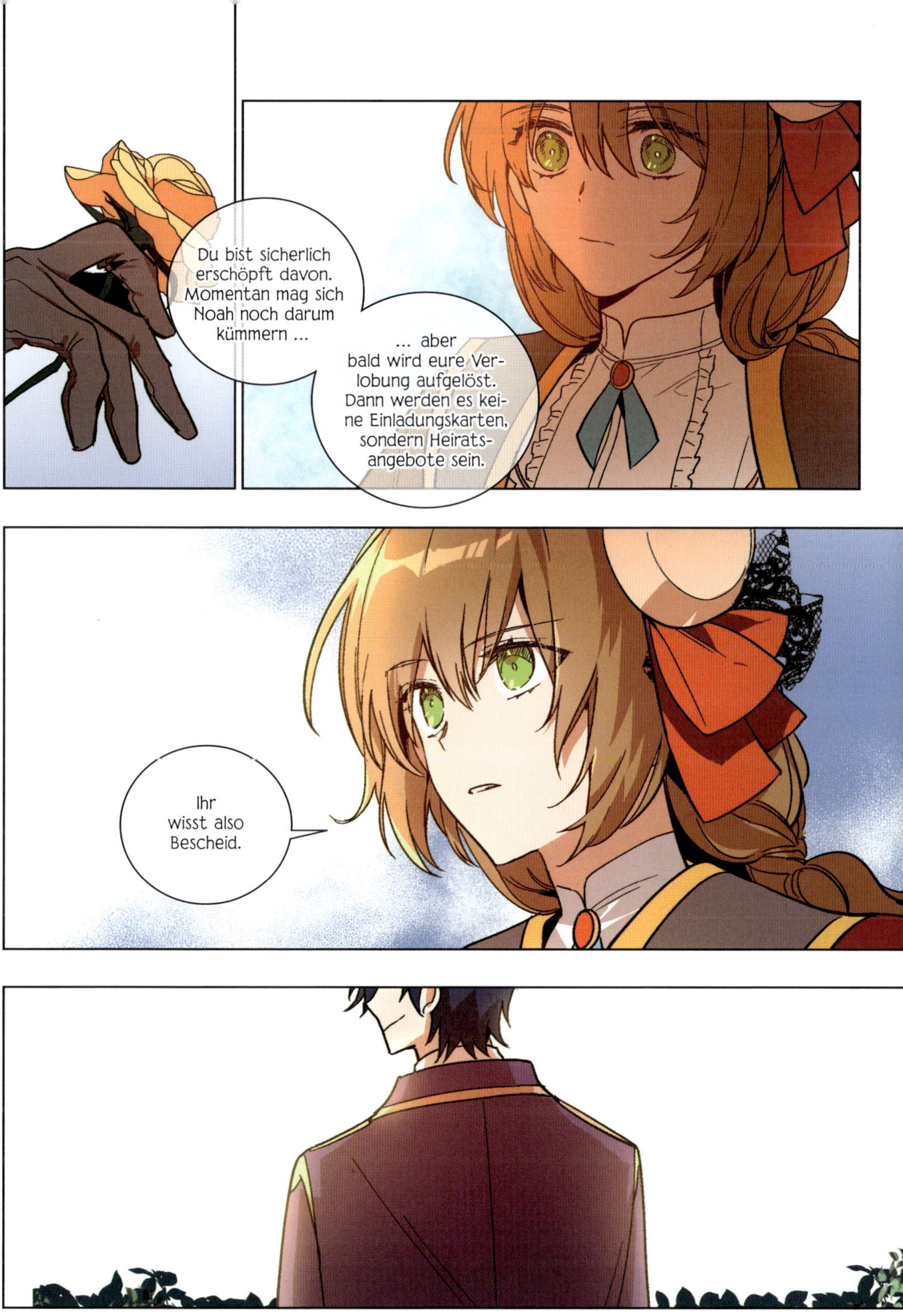
Du bist sicherlich erschöpft davon. Momentan mag sich Noah noch darum kümmern ...
... aber bald wird eure Verlobung aufgelöst. Dann werden es keine Einladungskarten, sondern Heiratsangebote sein.
Ihr wisst also Bescheid.

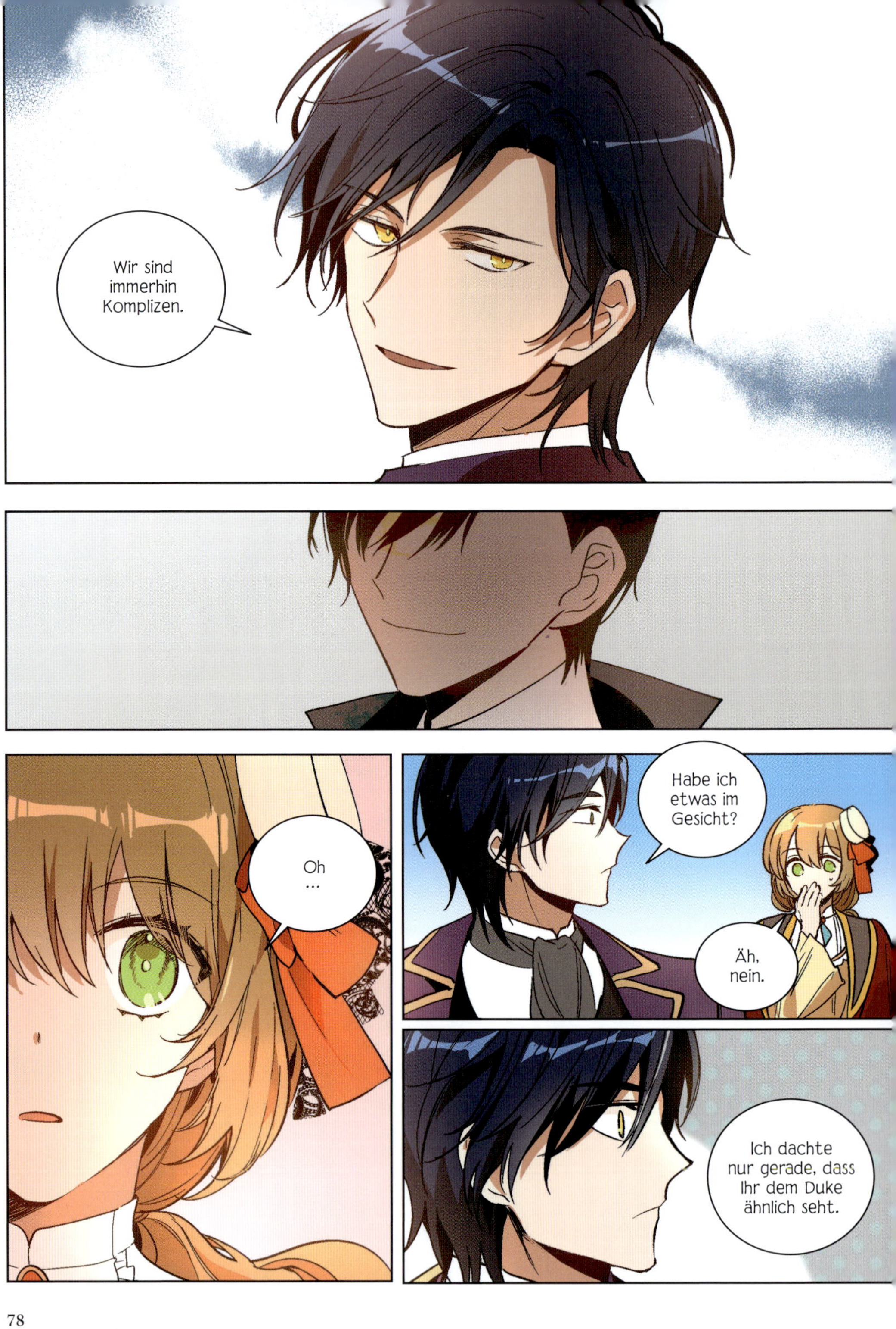
Wir sind immerhin Komplizen.
Oh ...
Habe ich etwas im Gesicht?
Äh, nein.
Ich dachte nur gerade, dass Ihr dem Duke ähnlich seht.

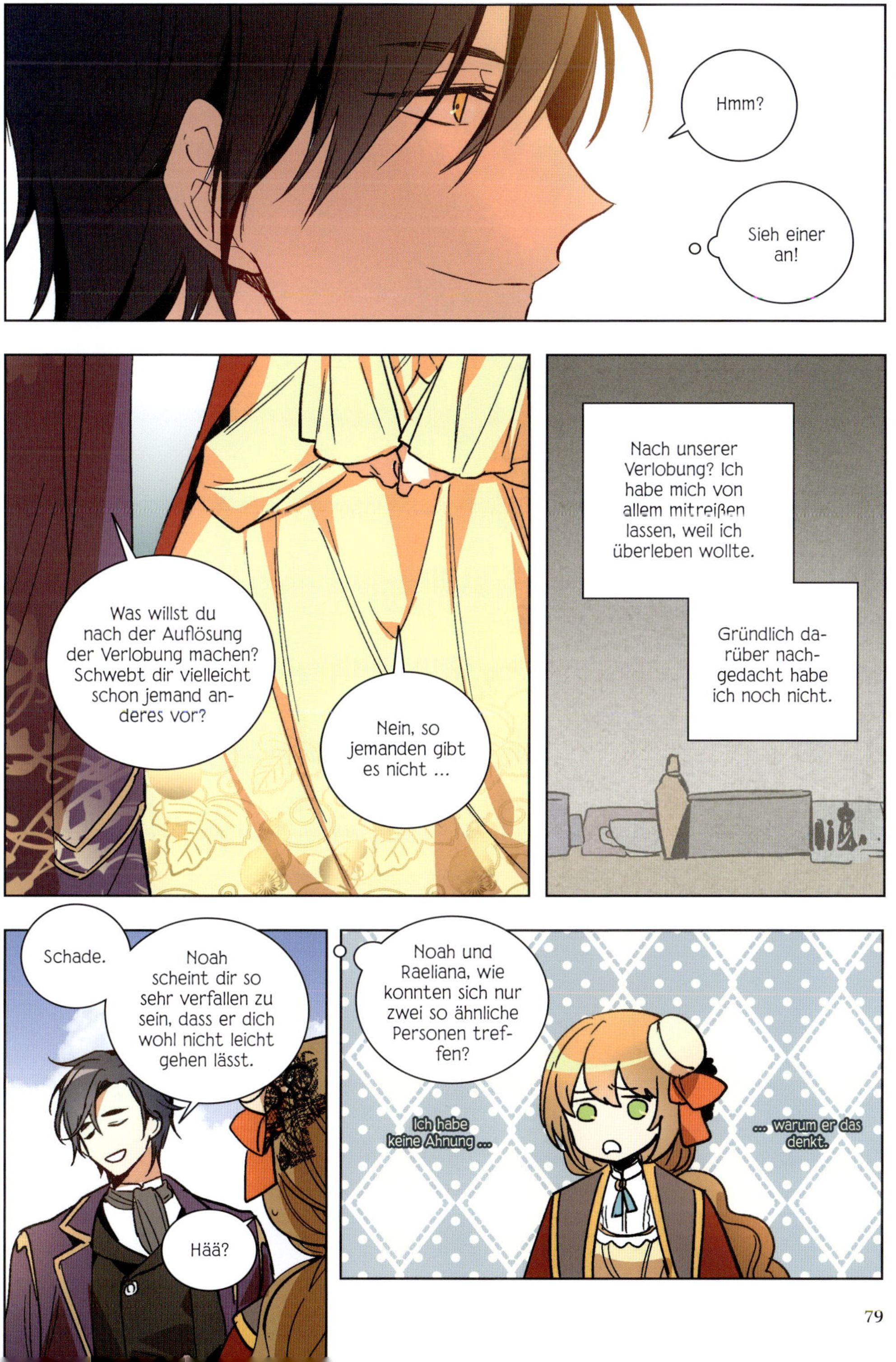
Hmm?
Sieh einer an!
Was willst du nach der Auflösung der Verlobung machen? Schwebt dir vielleicht schon jemand anderes vor?
Nein, so jemanden gibt es nicht …
Nach unserer Verlobung? Ich habe mich von allem mitreißen lassen, weil ich überleben wollte.
Gründlich darüber nachgedacht habe ich noch nicht.
Schade.
Noah scheint dir so sehr verfallen zu sein, dass er dich wohl nicht leicht gehen lässt.
Hää?
Noah und Raeliana, wie konnten sich nur zwei so ähnliche Personen treffen?
Ich habe keine Ahnung …
… warum er das denkt.

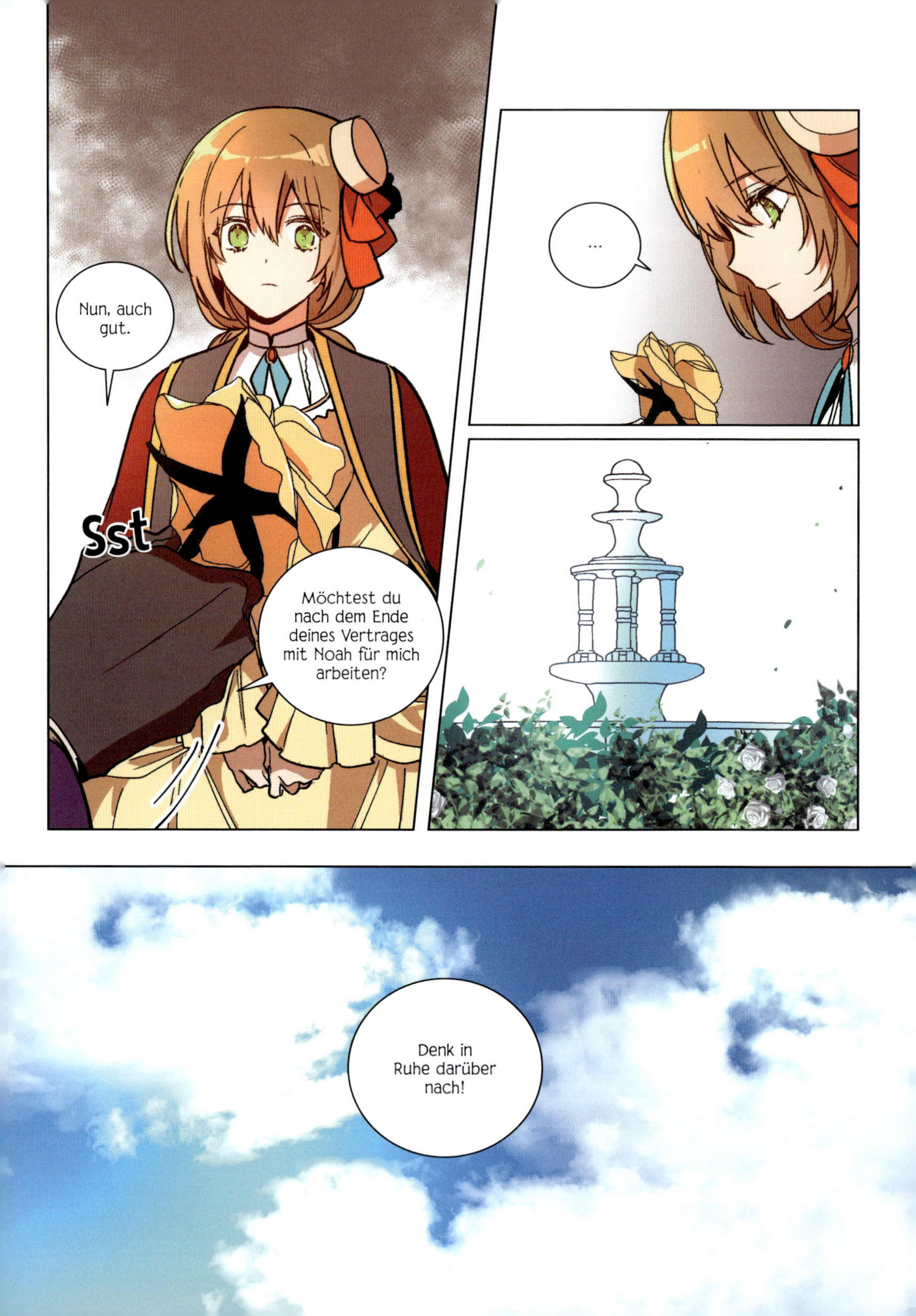
Nun, auch gut.
Sst
Möchtest du nach dem Ende deines Vertrages mit Noah für mich arbeiten?
...
Denk in Ruhe darüber nach!

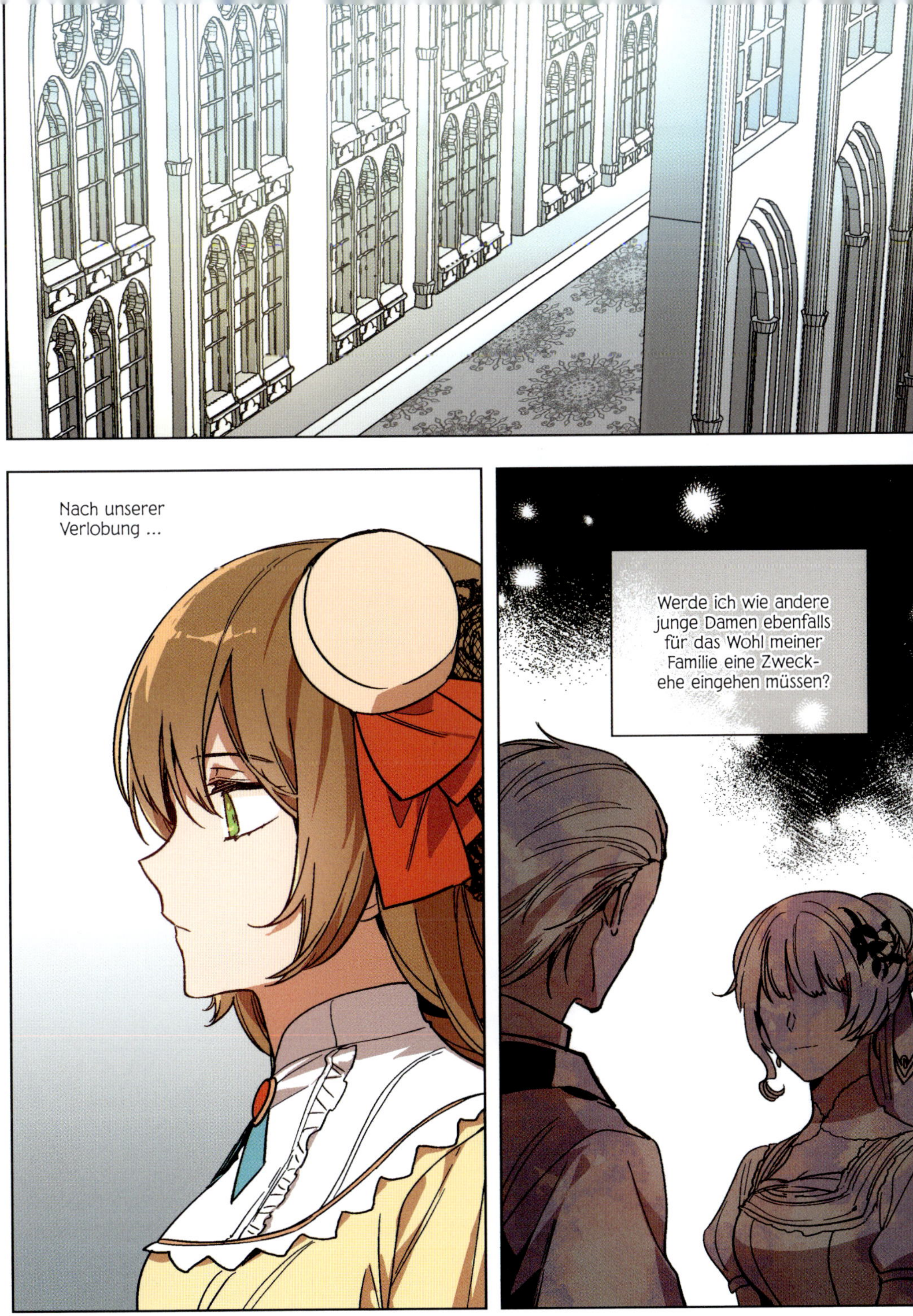

Nach unserer Verlobung ...
Werde ich wie andere junge Damen ebenfalls für das Wohl meiner Familie eine Zweckehe eingehen müssen?

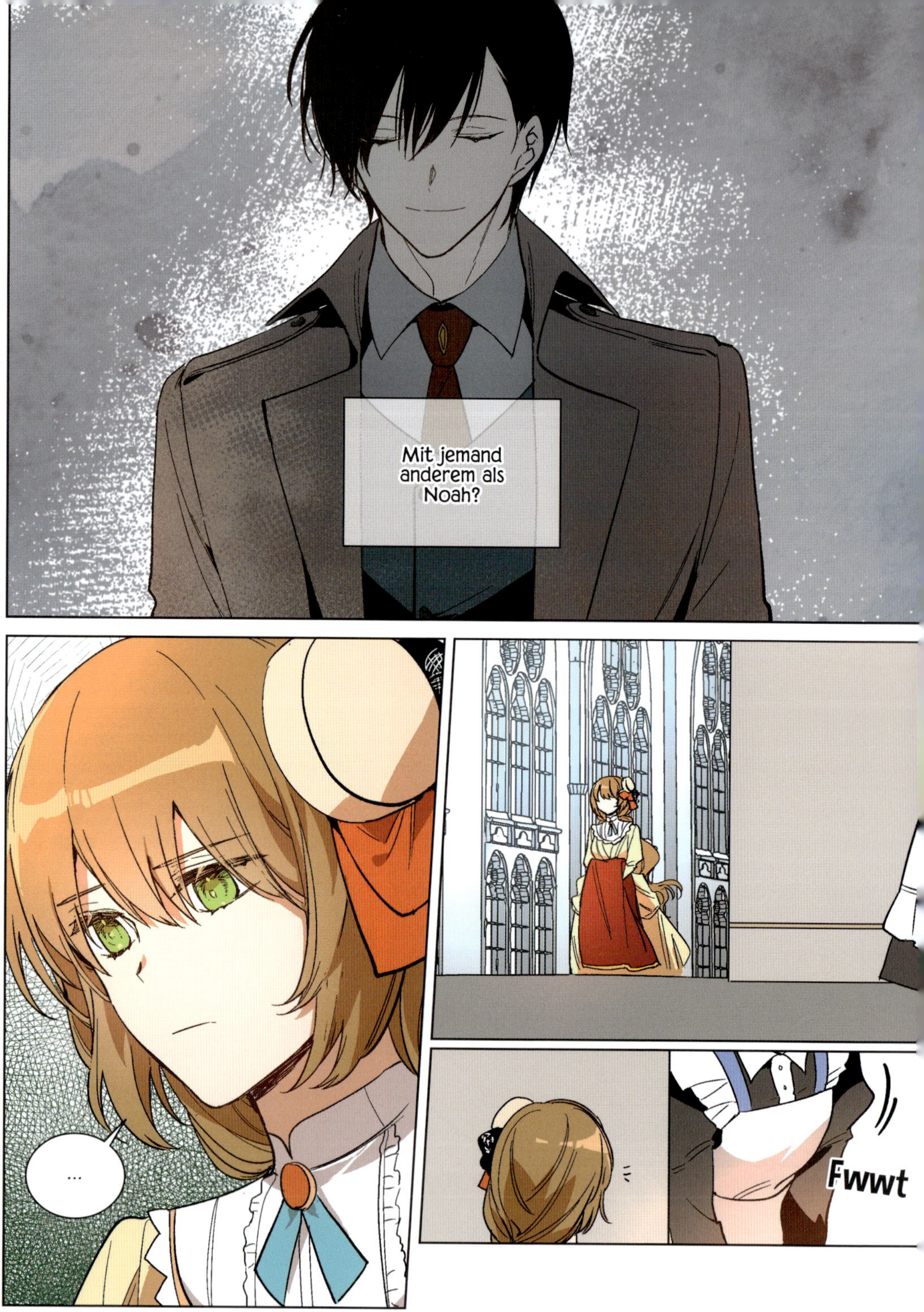
Mit jemand anderem als Noah?
...
Fwwt

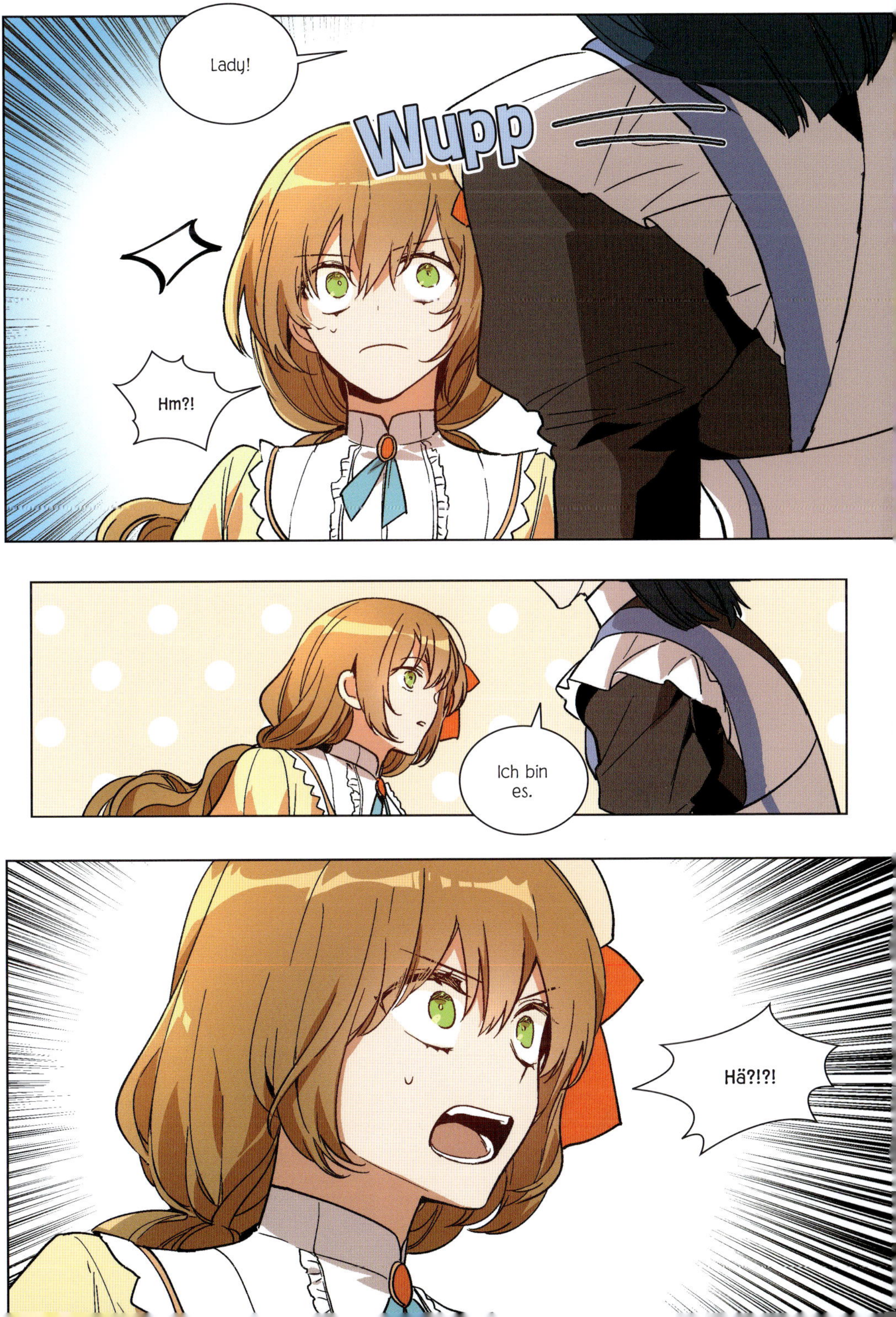
Lady!
Wupp
Hm?!
Ich bin es.
Hä?!?!

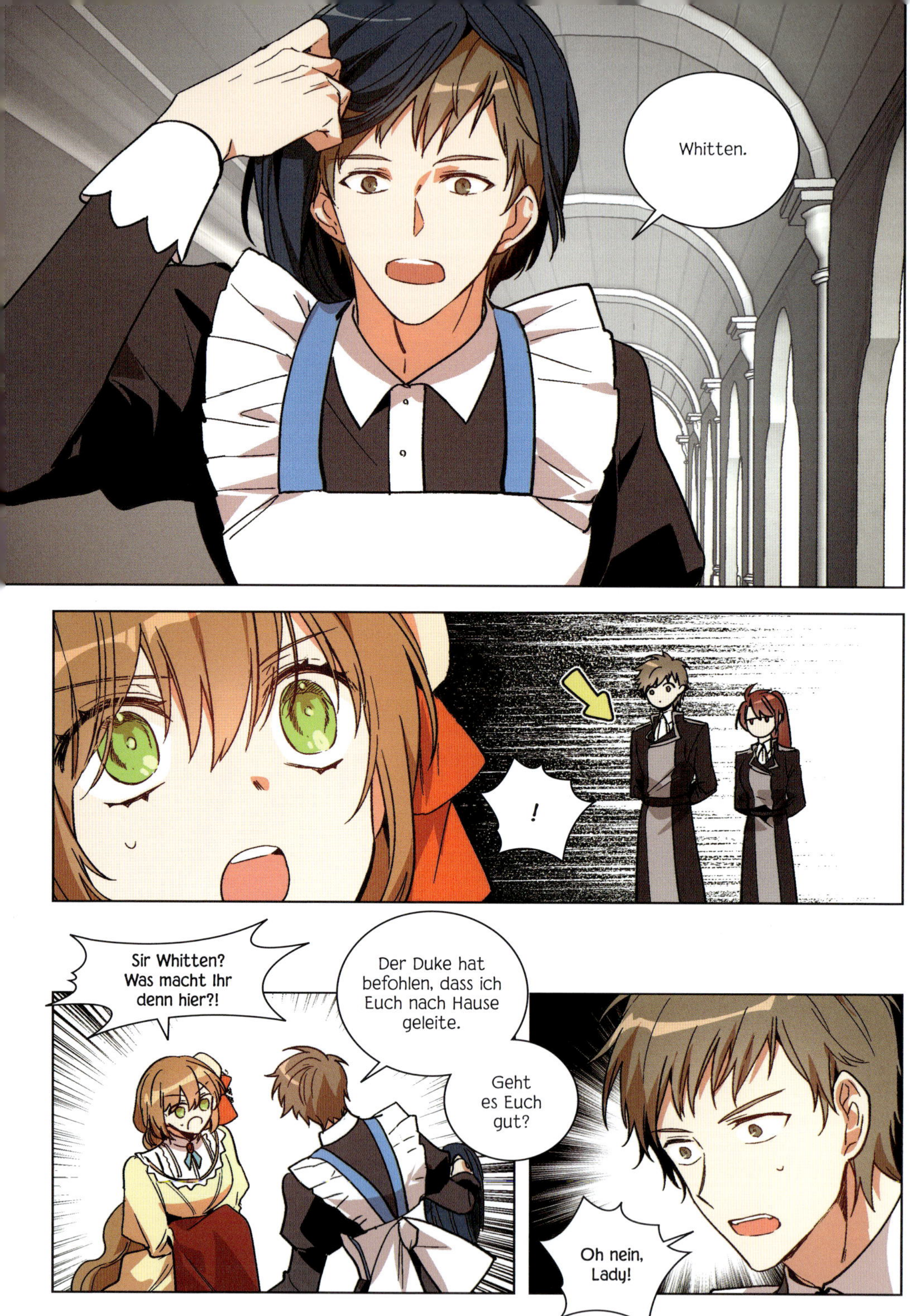
Whitten.
!
Sir Whitten? Was macht Ihr denn hier?!
Der Duke hat befohlen, dass ich Euch nach Hause geleite.
Geht es Euch gut?
Oh nein, Lady!

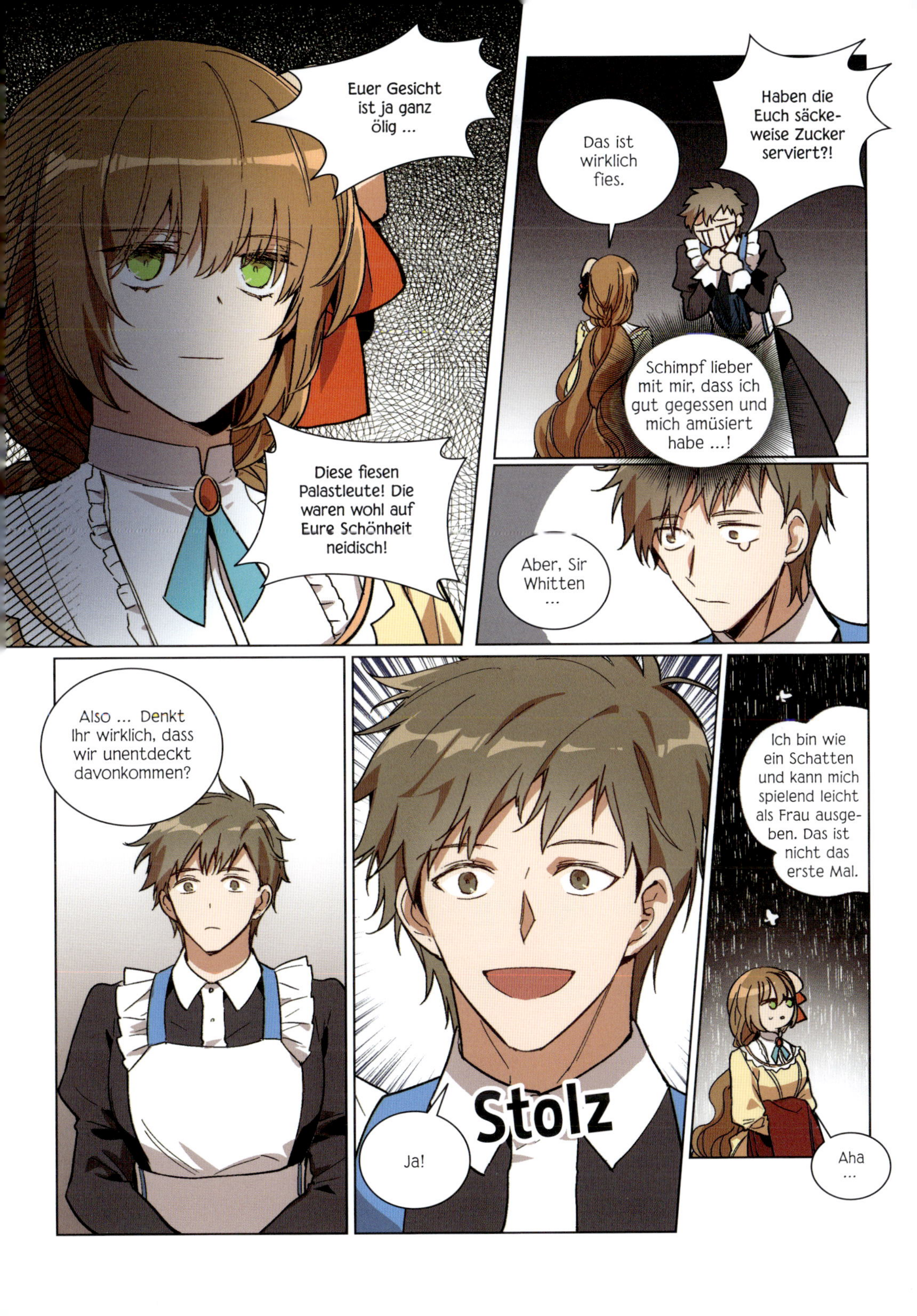
Euer Gesicht ist ja ganz ölig ...
Diese fiesen Palastleute! Die waren wohl auf Eure Schönheit neidisch!
Das ist wirklich fies.
Haben die Euch säckeweise Zucker serviert?!
Schimpf lieber mit mir, dass ich gut gegessen und mich amüsiert habe ...!
Aber, Sir Whitten ...
Also ... Denkt Ihr wirklich, dass wir unentdeckt davonkommen?
Stolz
Ja!
Ich bin wie ein Schatten und kann mich spielend leicht als Frau ausgeben. Das ist nicht das erste Mal.
Aha ...

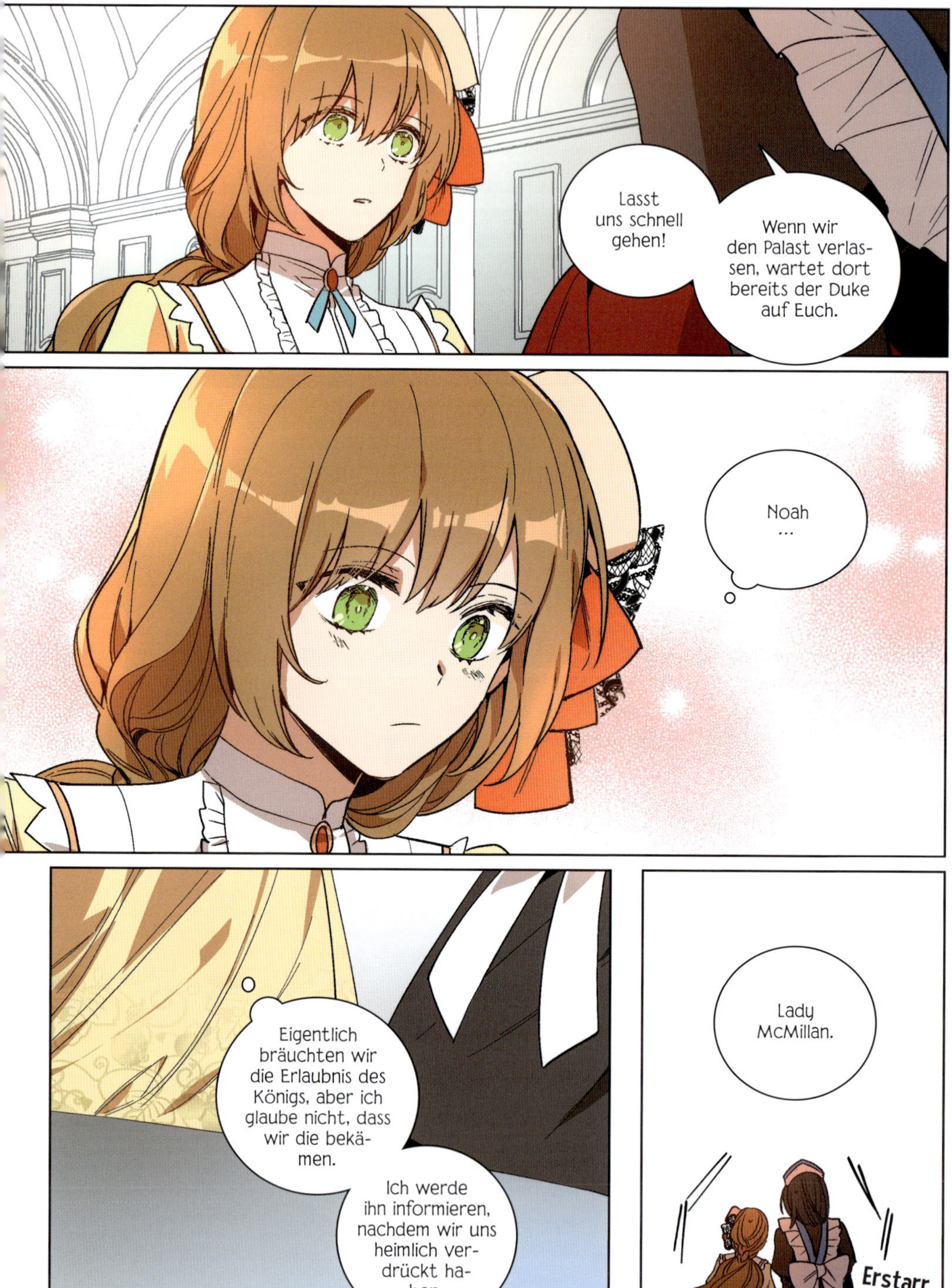
Lasst uns schnell gehen!
Wenn wir den Palast verlassen, wartet dort bereits der Duke auf Euch.
Noah …
Eigentlich bräuchten wir die Erlaubnis des Königs, aber ich glaube nicht, dass wir die bekämen.
Ich werde ihn informieren, nachdem wir uns heimlich verdrückt haben.
Lady McMillan.
Erstarr

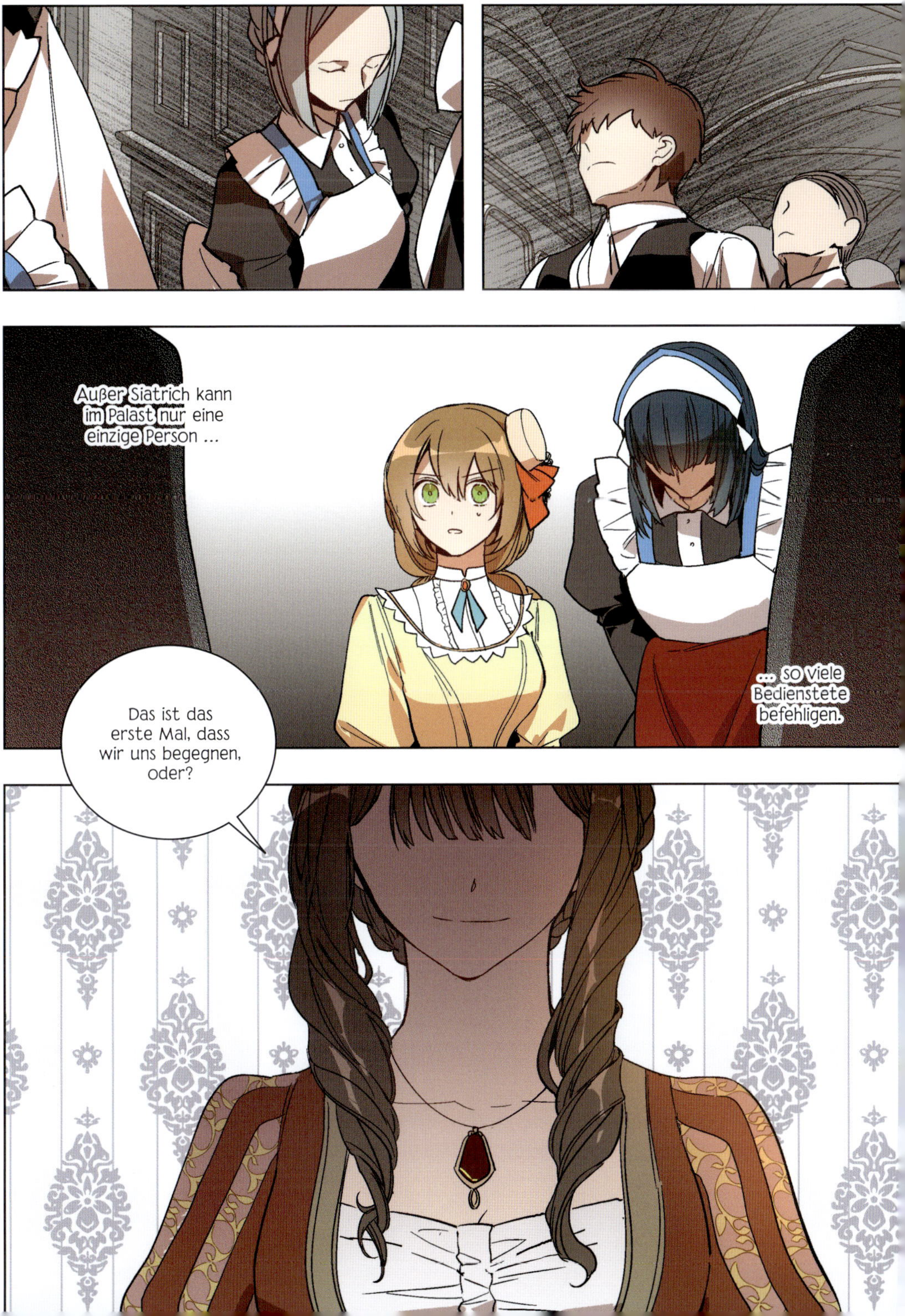
Außer Siatrich kann im Palast nur eine einzige Person ...
... so viele Bedienstete befehligen.
Das ist das erste Mal, dass wir uns begegnen, oder?

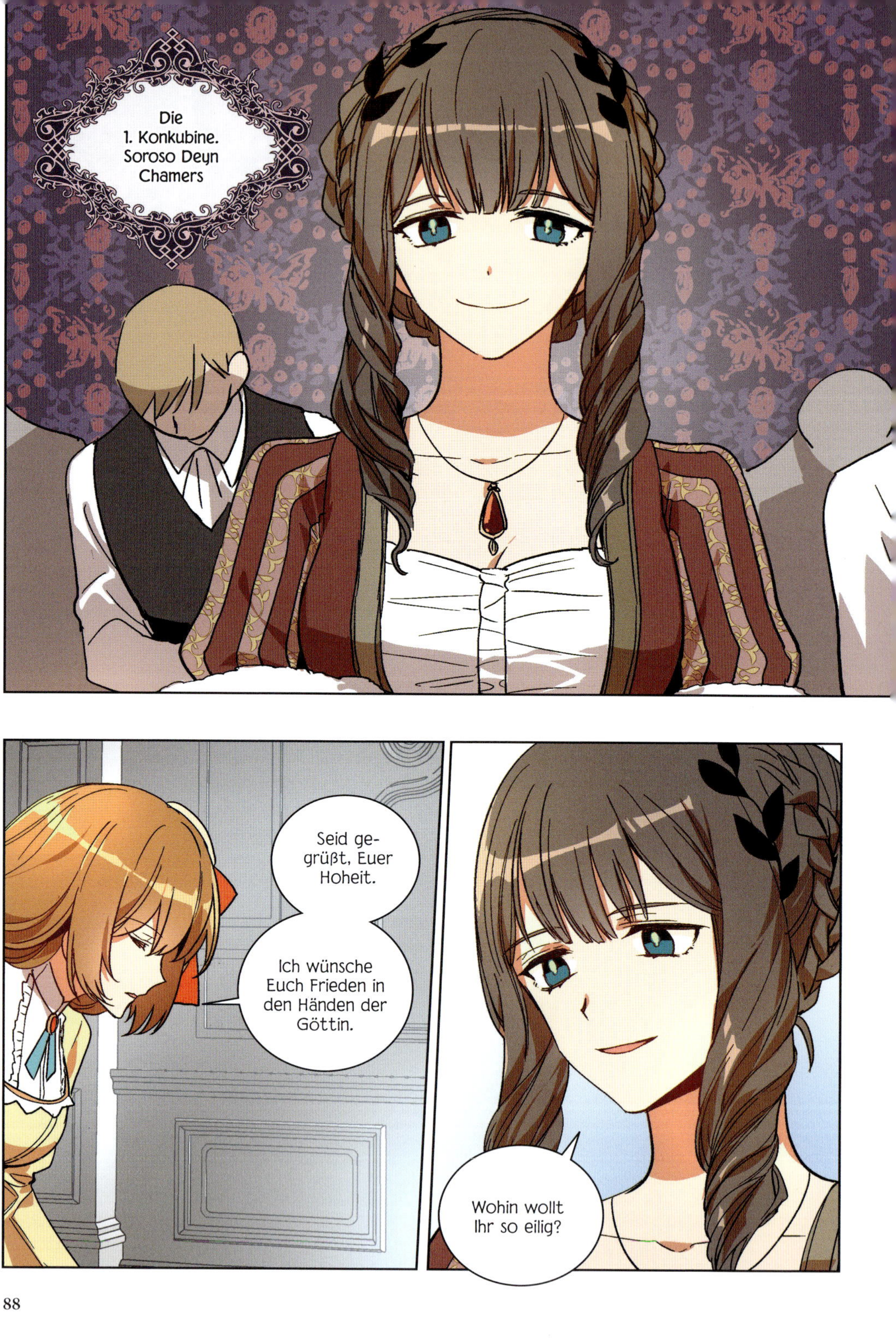
Die 1. Konkubine. Soroso Deyn Chamers
Seid gegrüßt, Euer Hoheit.
Ich wünsche Euch Frieden in den Händen der Göttin.
Wohin wollt Ihr so eilig?

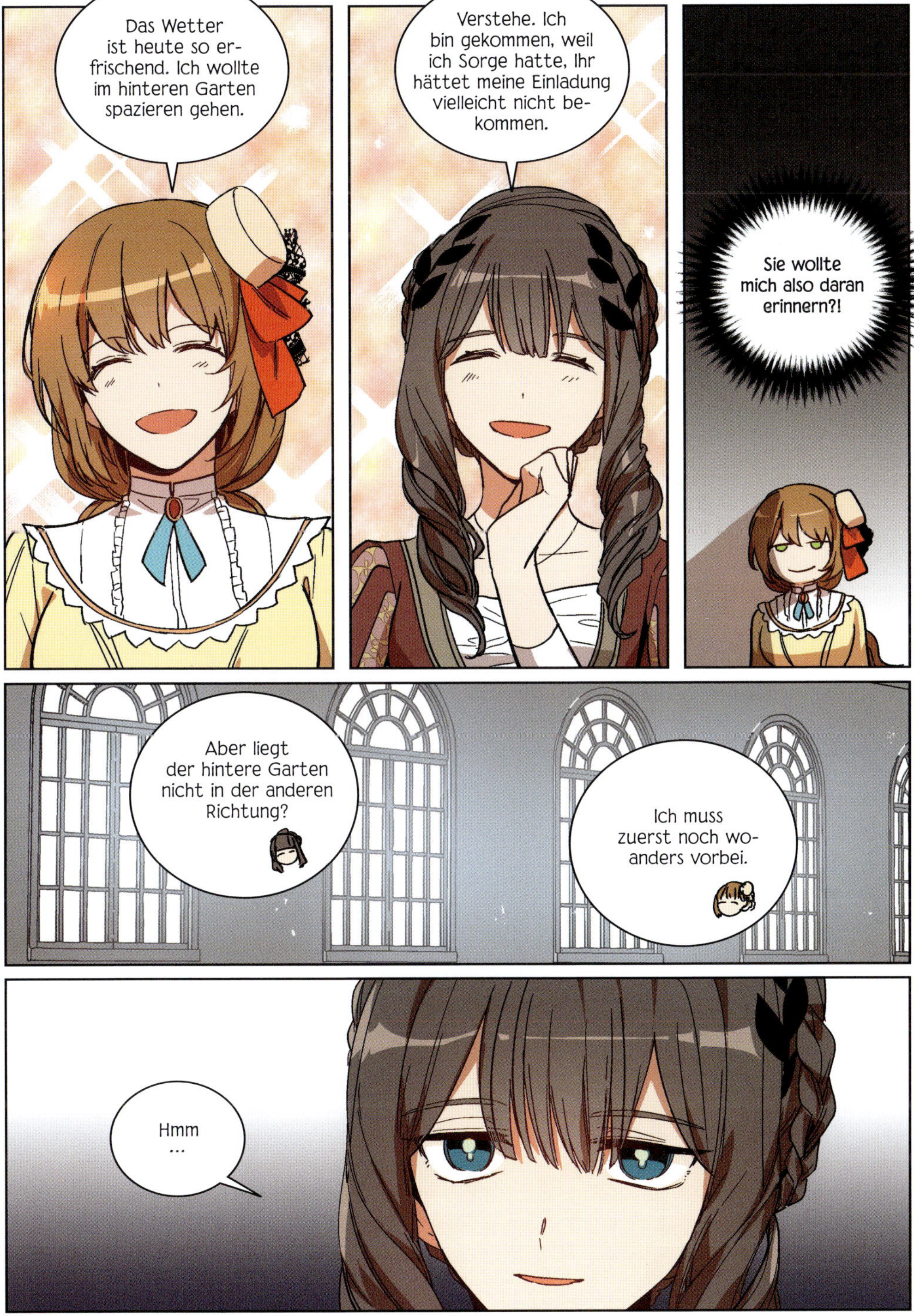
Das Wetter ist heute so erfrischend. Ich wollte im hinteren Garten spazieren gehen.
Verstehe. Ich bin gekommen, weil ich Sorge hatte, Ihr hättet meine Einladung vielleicht nicht bekommen.
Sie wollte mich also daran erinnern?!
Aber liegt der hintere Garten nicht in der anderen Richtung?
Ich muss zuerst noch woanders vorbei.
Hmm …

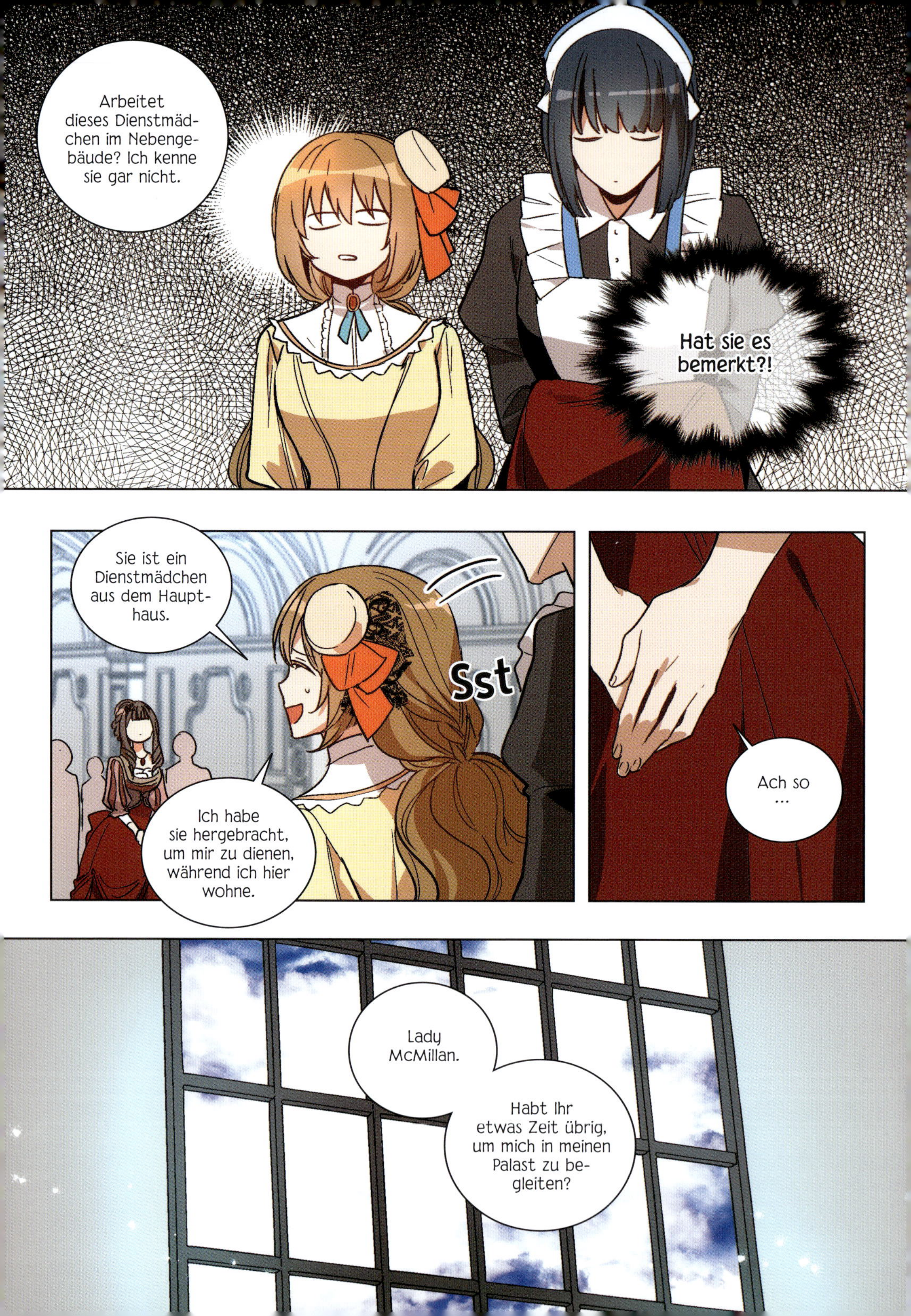

Arbeitet dieses Dienstmädchen im Nebengebäude? Ich kenne sie gar nicht.
Hat sie es bemerkt?!
Sie ist ein Dienstmädchen aus dem Haupthaus.
Sst
Ich habe sie hergebracht, um mir zu dienen, während ich hier wohne.
Ach so …
Lady McMillan.
Habt Ihr etwas Zeit übrig, um mich in meinen Palast zu begleiten?

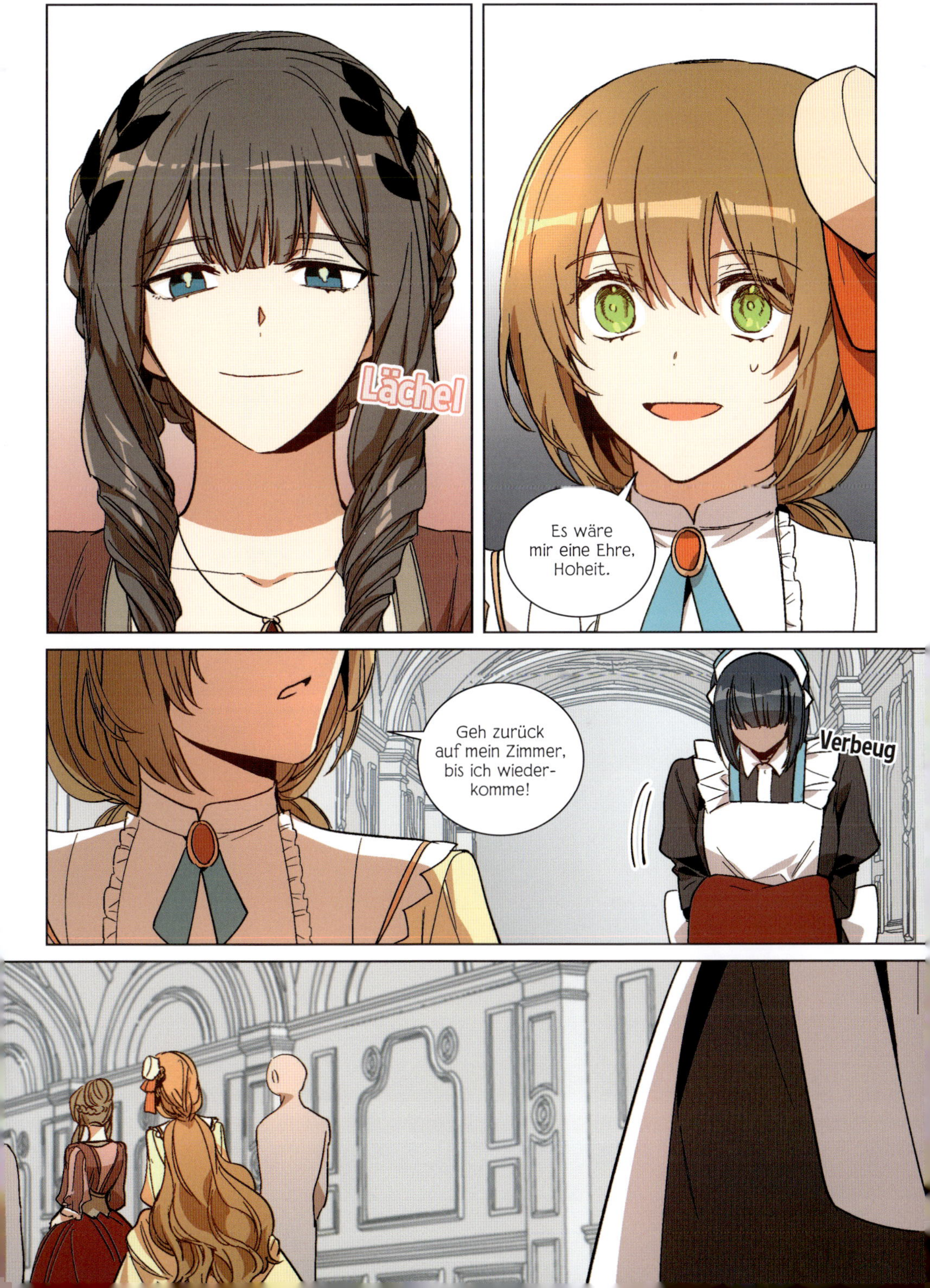
Lächel
Es wäre mir eine Ehre, Hoheit.
Geh zurück auf mein Zimmer, bis ich wiederkomme!
Verbeug

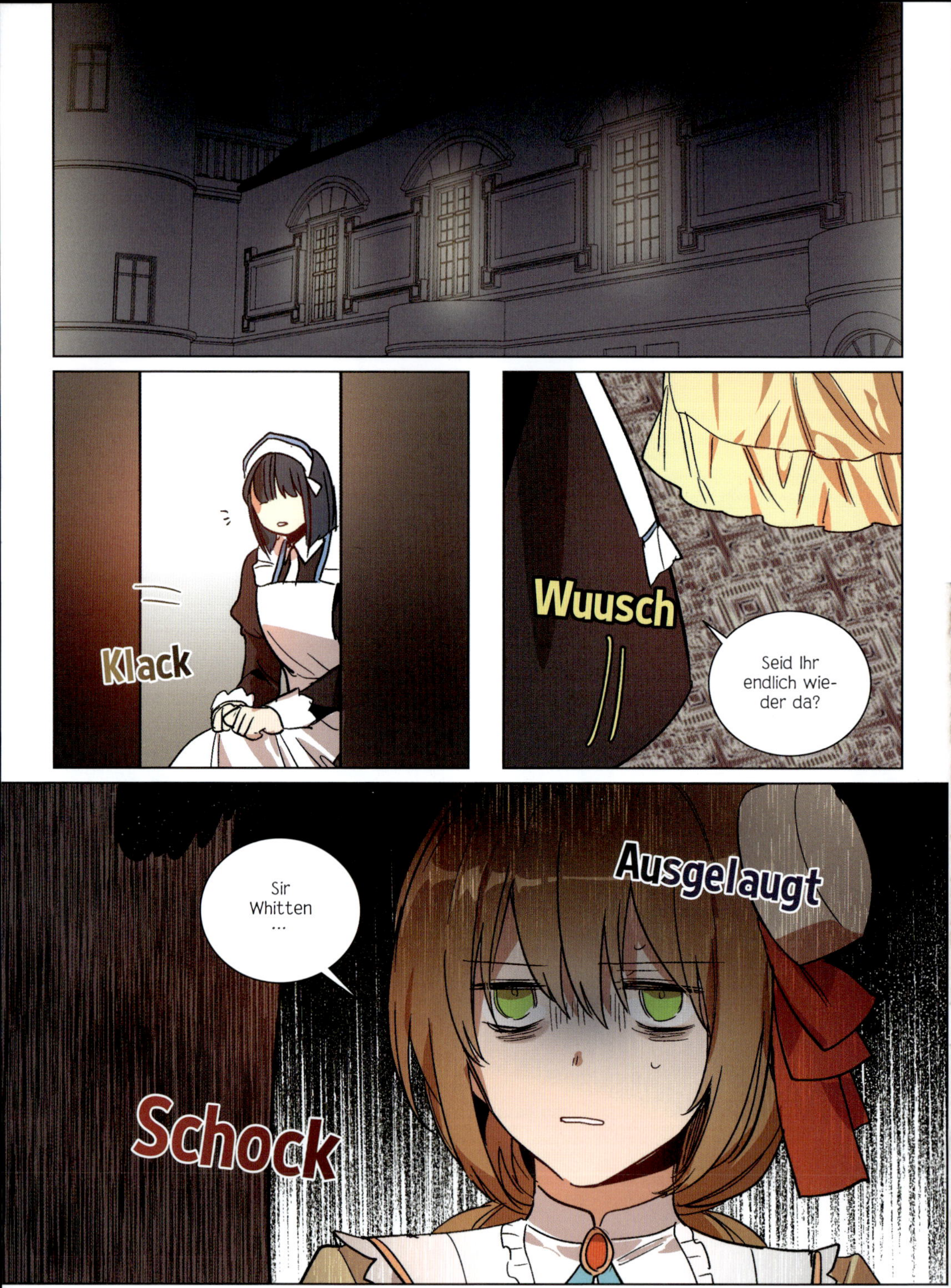
Klack
Wuusch
Seid Ihr endlich wieder da?
Sir Whitten …
Ausgelaugt
Schock

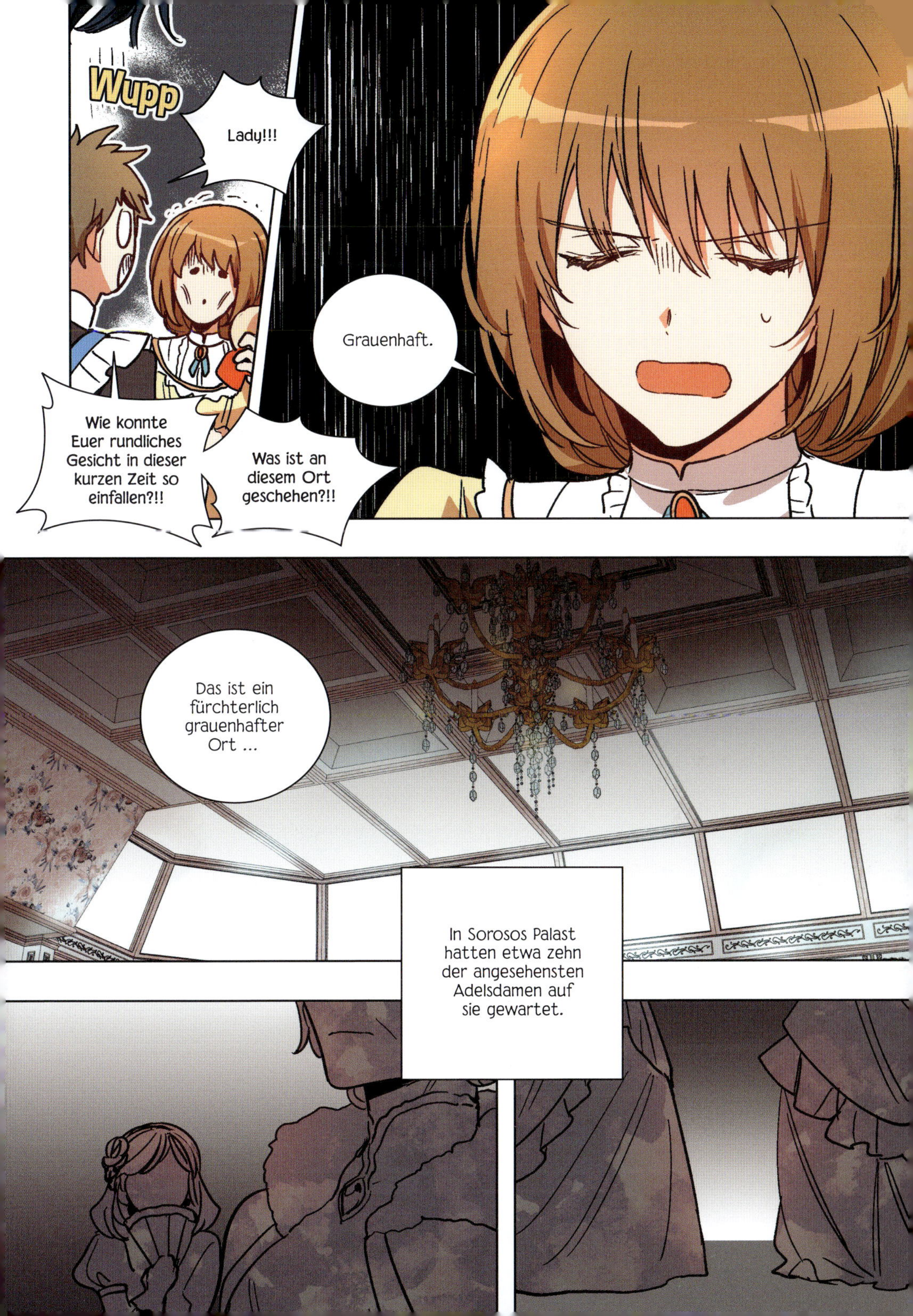
Wupp
Lady!!!
Grauenhaft.
Wie konnte Euer rundliches Gesicht in dieser kurzen Zeit so einfallen?!!
Was ist an diesem Ort geschehen?!!
Das ist ein fürchterlich grauenhafter Ort ...
In Sorosos Palast hatten etwa zehn der angesehensten Adelsdamen auf sie gewartet.

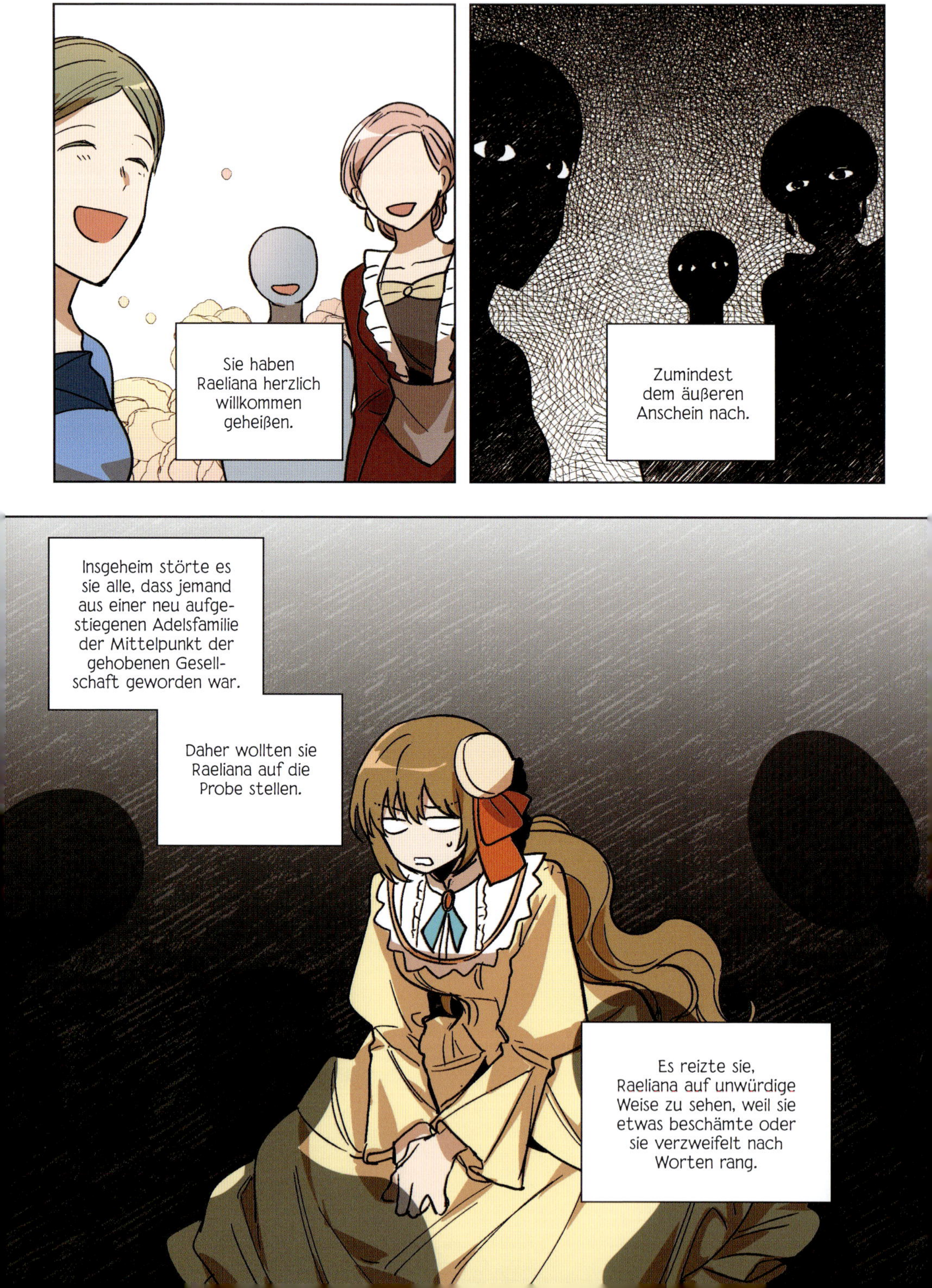
Sie haben Raeliana herzlich willkommen geheißen.
Zumindest dem äußeren Anschein nach.
Insgeheim störte es sie alle, dass jemand aus einer neu aufgestiegenen Adelsfamilie der Mittelpunkt der gehobenen Gesellschaft geworden war.
Daher wollten sie Raeliana auf die Probe stellen.
Es reizte sie, Raeliana auf unwürdige Weise zu sehen, weil sie etwas beschämte oder sie verzweifelt nach Worten rang.

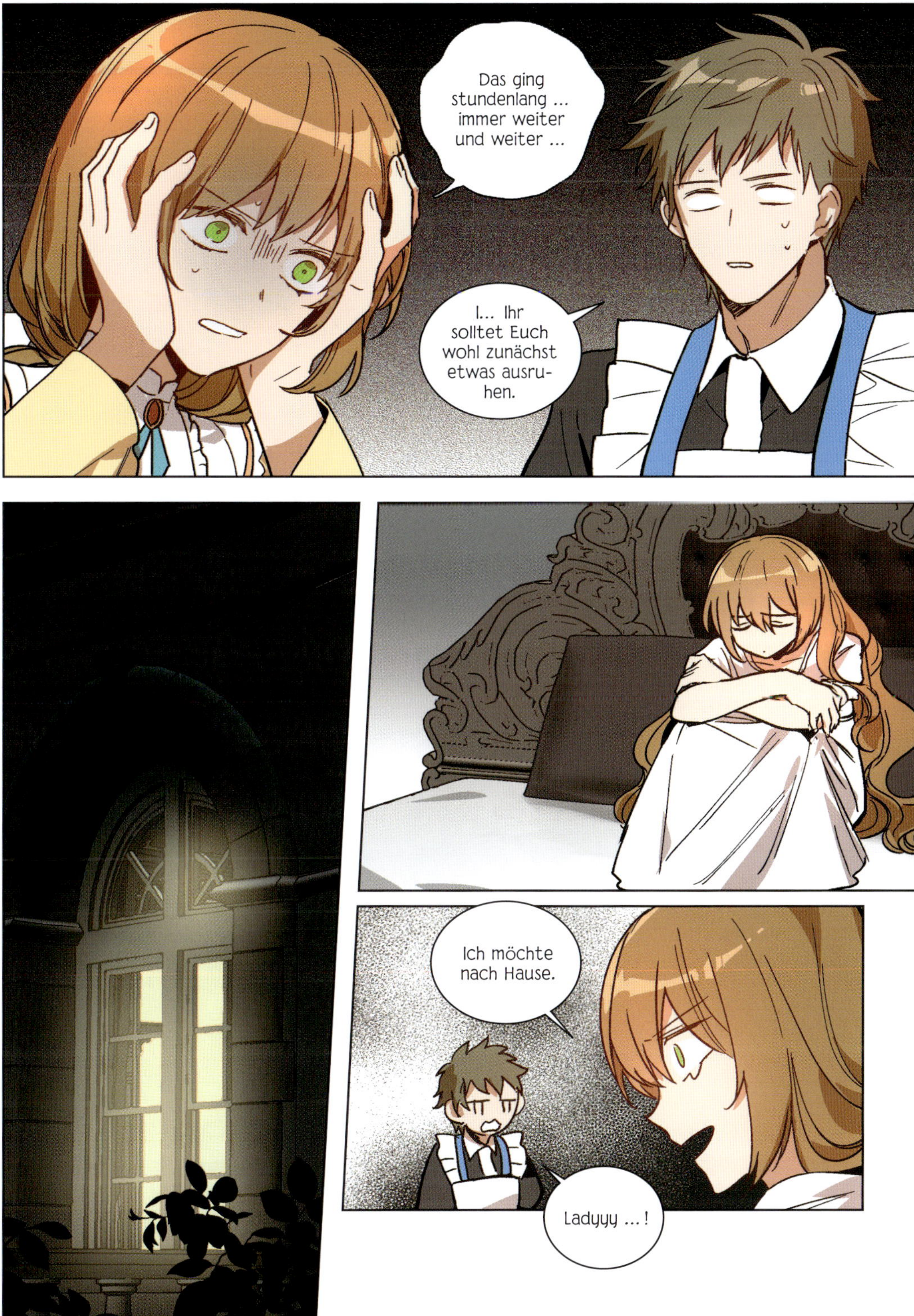
Das ging stundenlang ... immer weiter und weiter ...
I... Ihr solltet Euch wohl zunächst etwas ausruhen.
Ich möchte nach Hause.
Ladyyy ... !

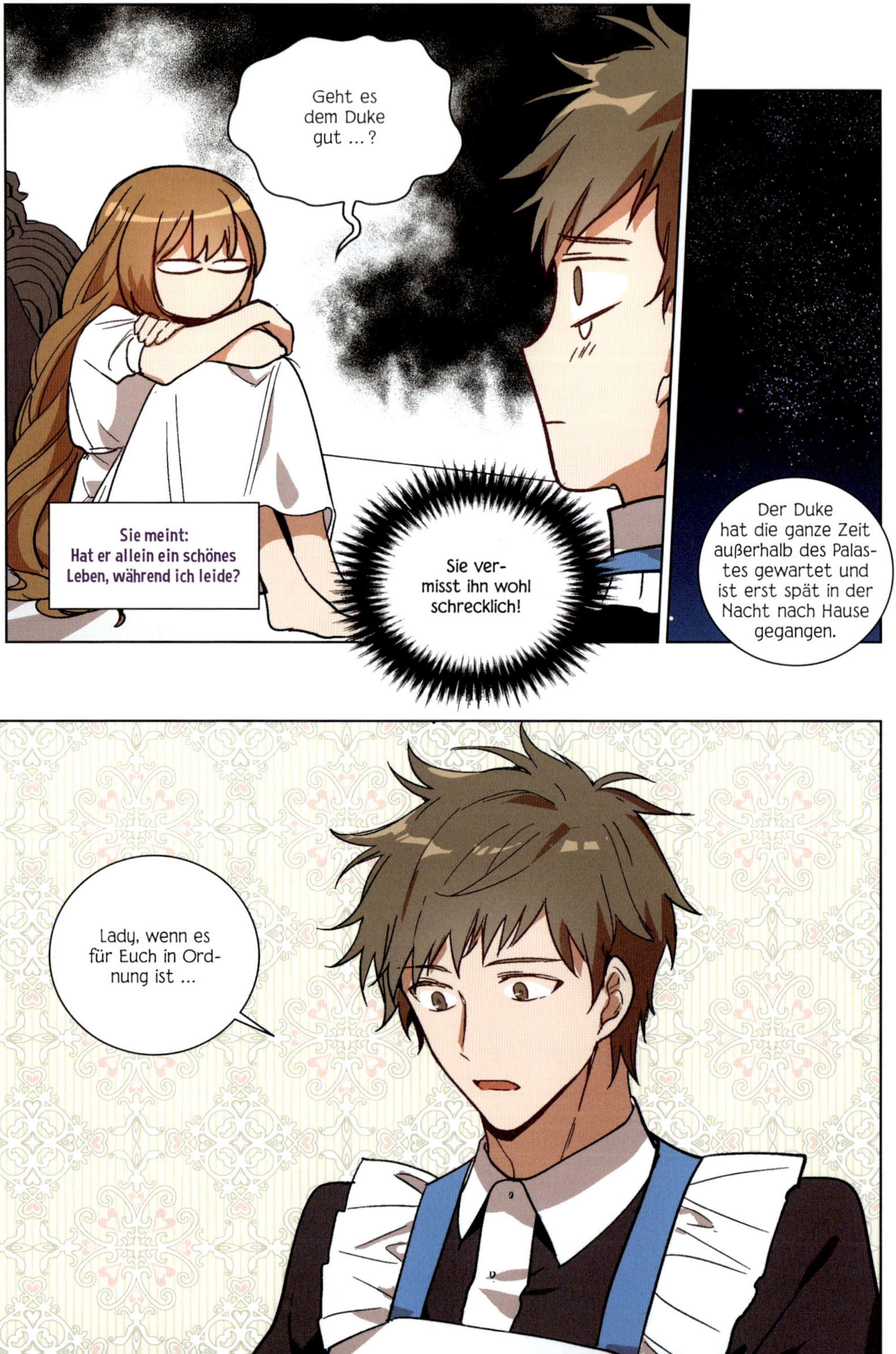
Geht es dem Duke gut ...?
Sie meint: Hat er allein ein schönes Leben, während ich leide?
Sie vermisst ihn wohl schrecklich!
Der Duke hat die ganze Zeit außerhalb des Palastes gewartet und ist erst spät in der Nacht nach Hause gegangen.
Lady, wenn es für Euch in Ordnung ist ...

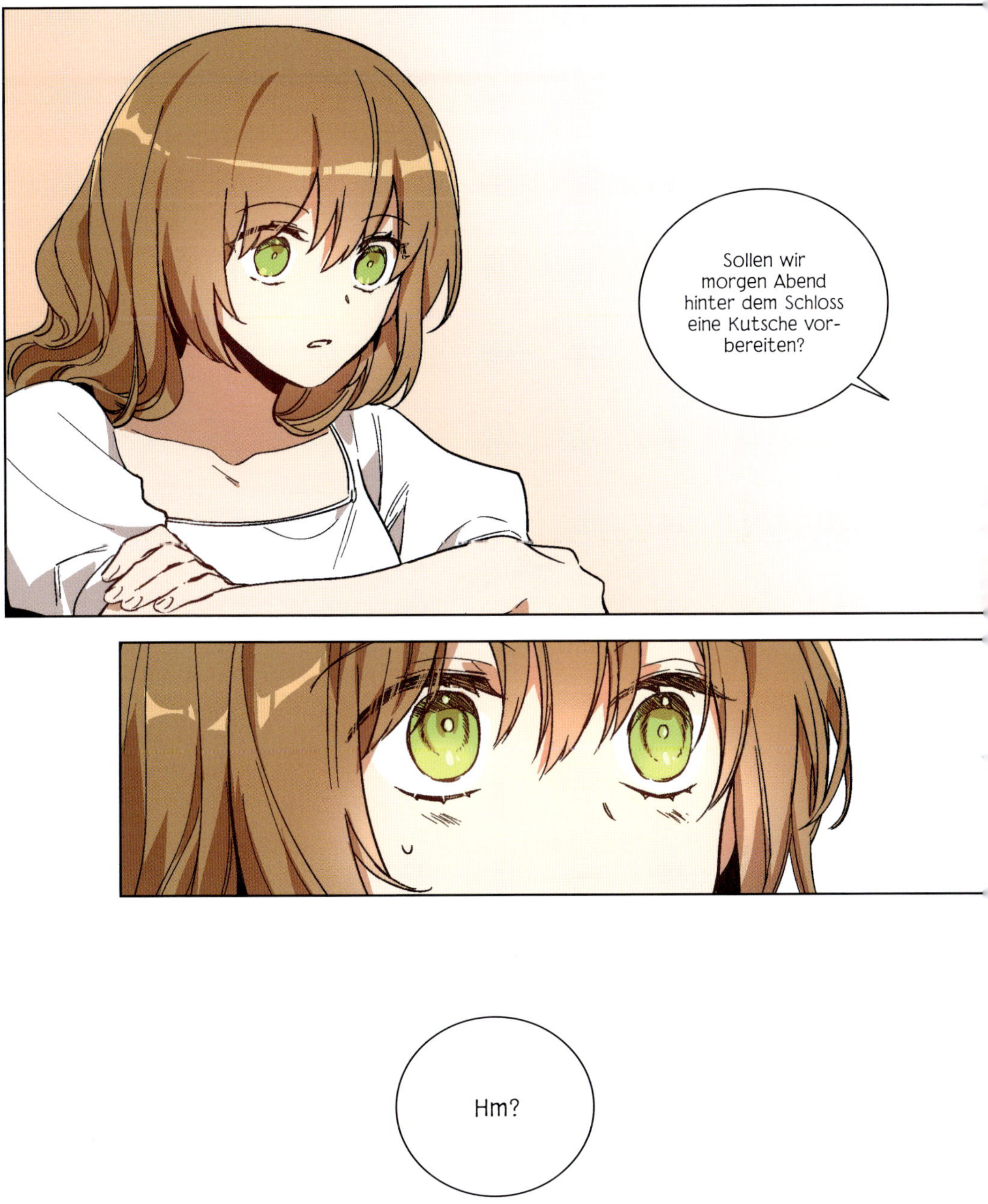
Sollen wir morgen Abend hinter dem Schloss eine Kutsche vorbereiten?
Hm?

Kapitel 10
Die Liebenden

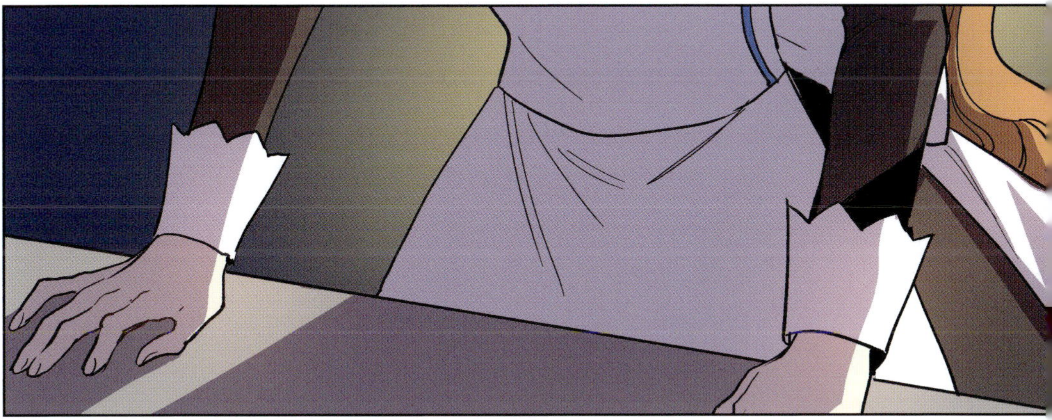

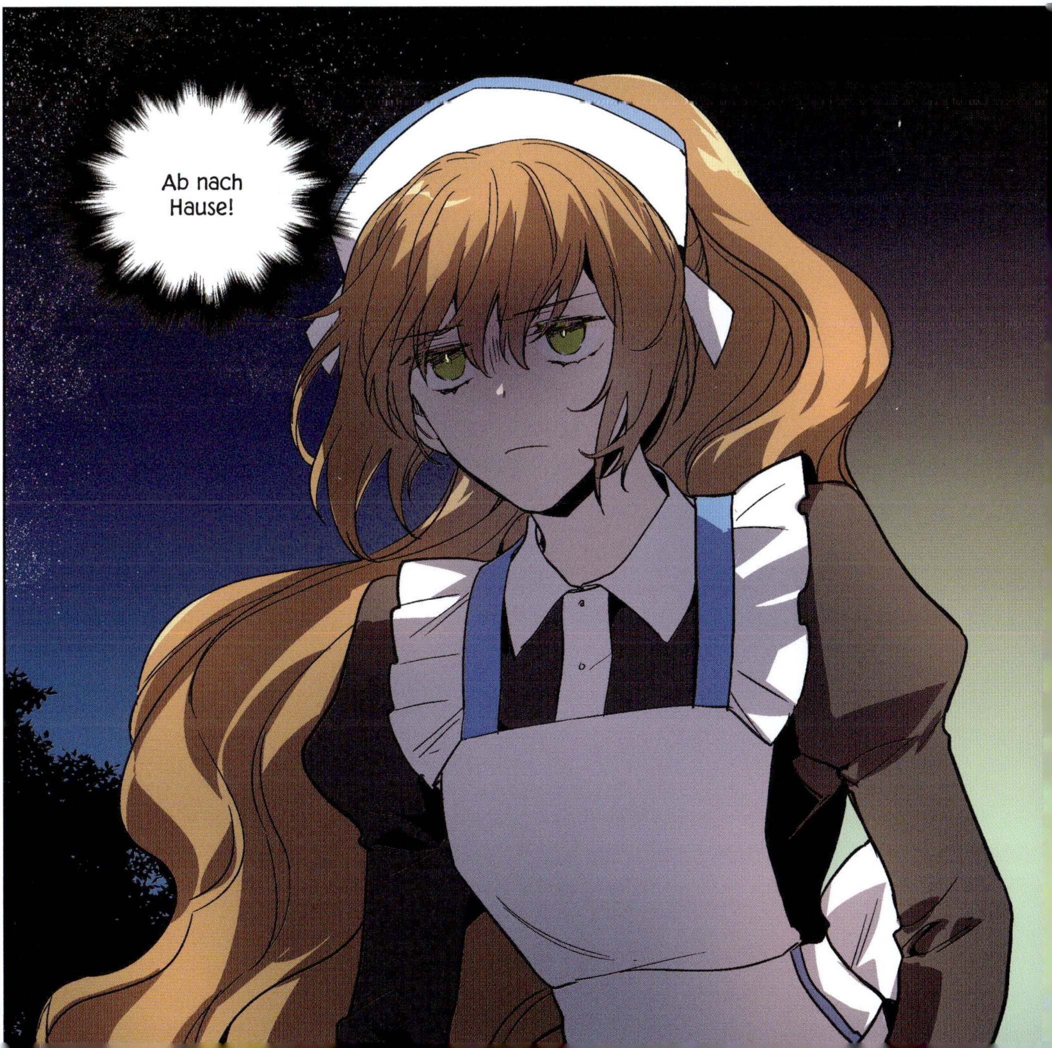
Ab nach
Hause!

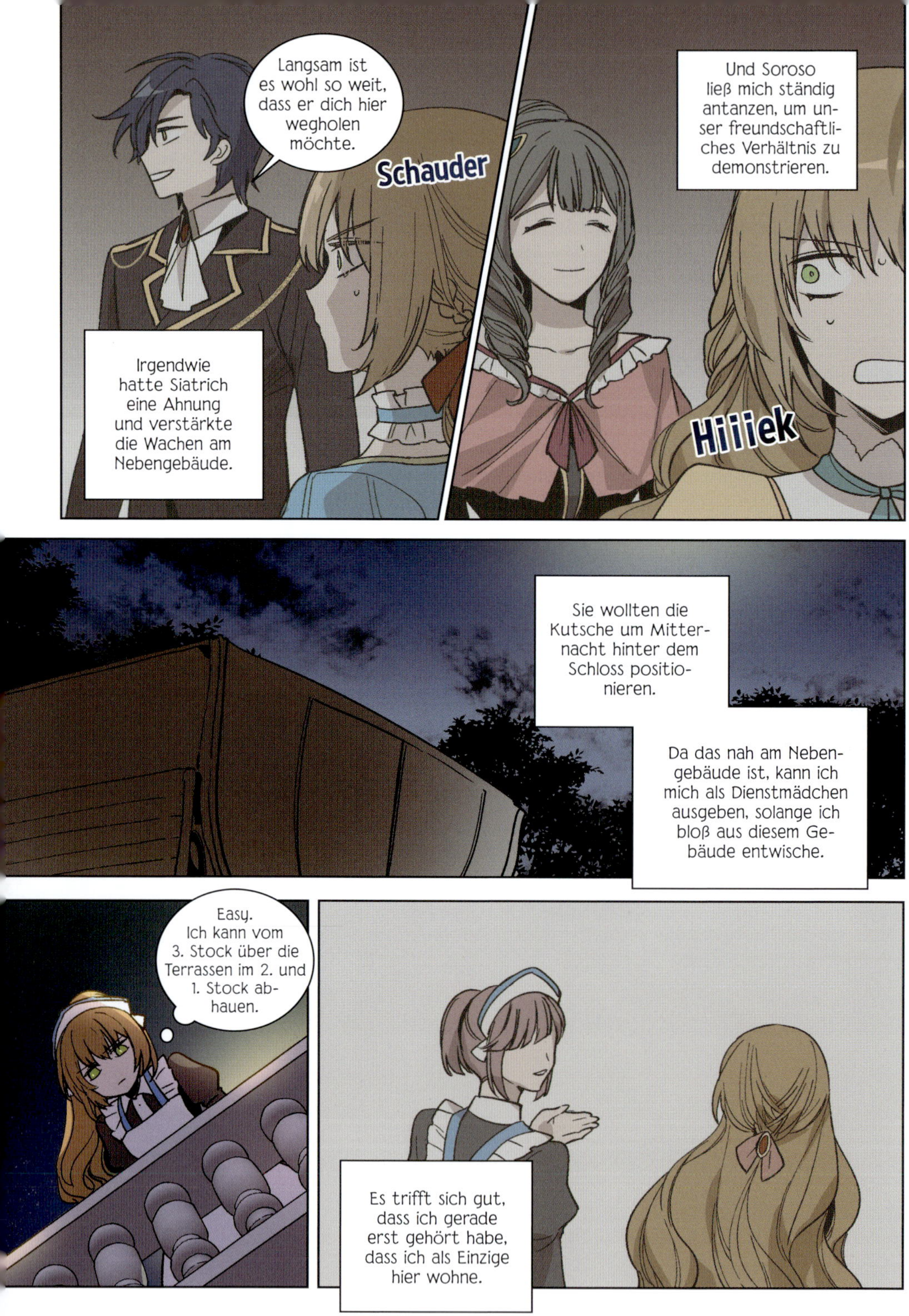
Langsam ist es wohl so weit, dass er dich hier wegholen möchte.
Schauder
Irgendwie hatte Siatrich eine Ahnung und verstärkte die Wachen am Nebengebäude.
Und Soroso ließ mich ständig antanzen, um unser freundschaftliches Verhältnis zu demonstrieren.
Hiiiek
Sie wollten die Kutsche um Mitternacht hinter dem Schloss positionieren.
Da das nah am Nebengebäude ist, kann ich mich als Dienstmädchen ausgeben, solange ich bloß aus diesem Gebäude entwische.
Easy.
Ich kann vom 3. Stock über die Terrassen im 2. und 1. Stock abhauen.
Es trifft sich gut, dass ich gerade erst gehört habe, dass ich als Einzige hier wohne.

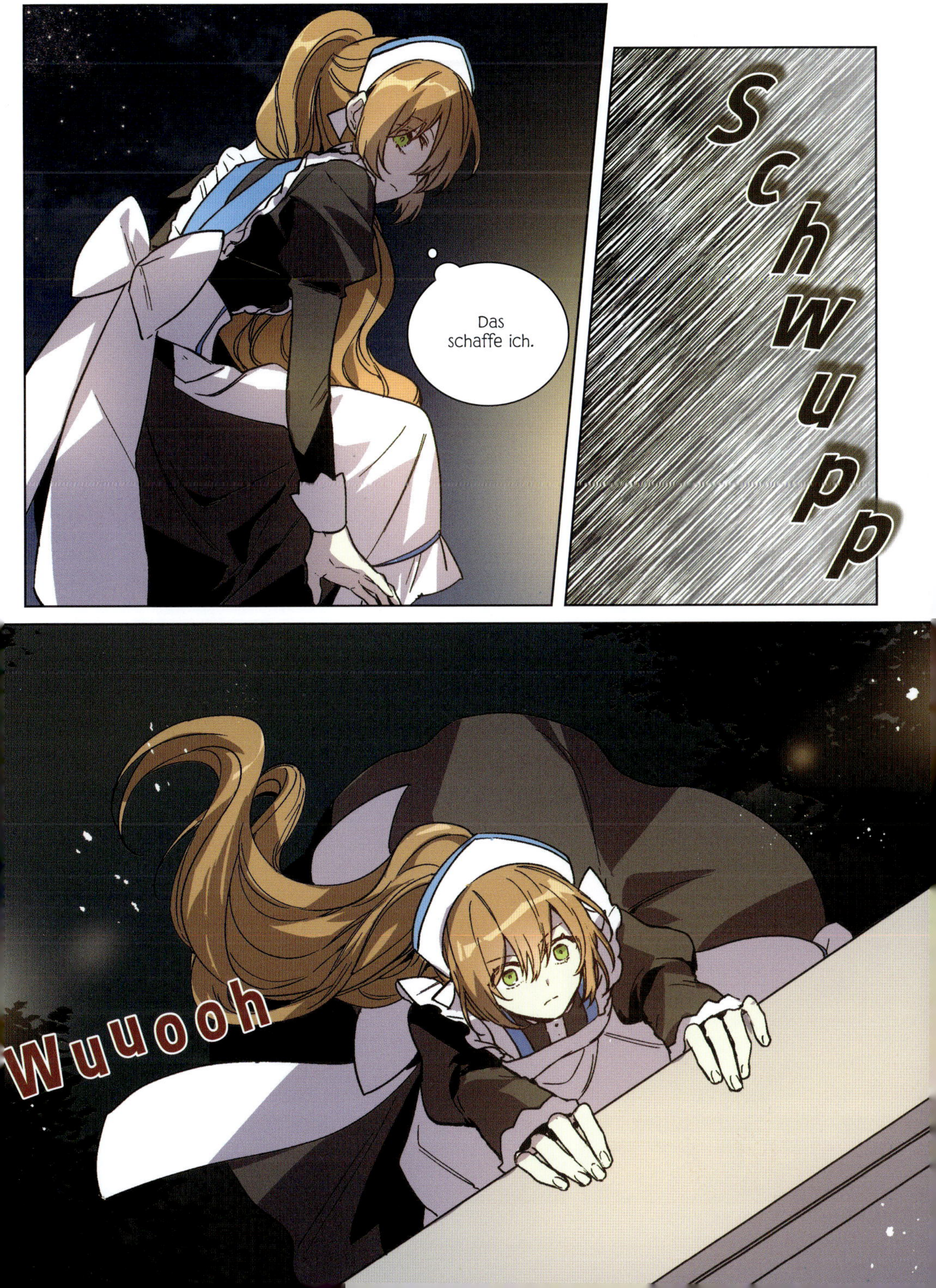

Das schaffe ich.
Schwupp
Wuuooh

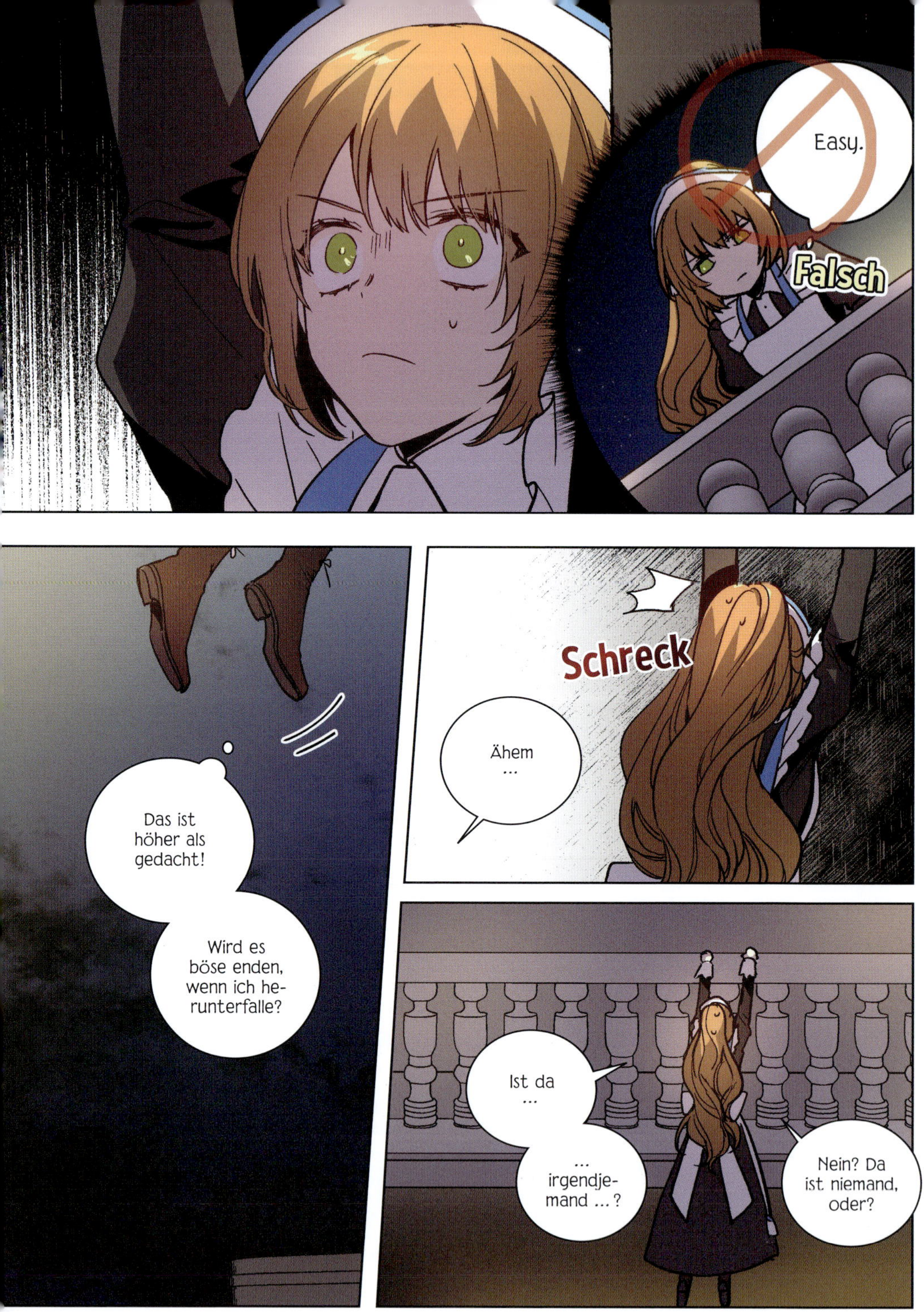
Easy.
Falsch
Das ist höher als gedacht!
Wird es böse enden, wenn ich herunterfalle?
Schreck
Ähem …
Ist da …
… irgendjemand … ?
Nein? Da ist niemand, oder?

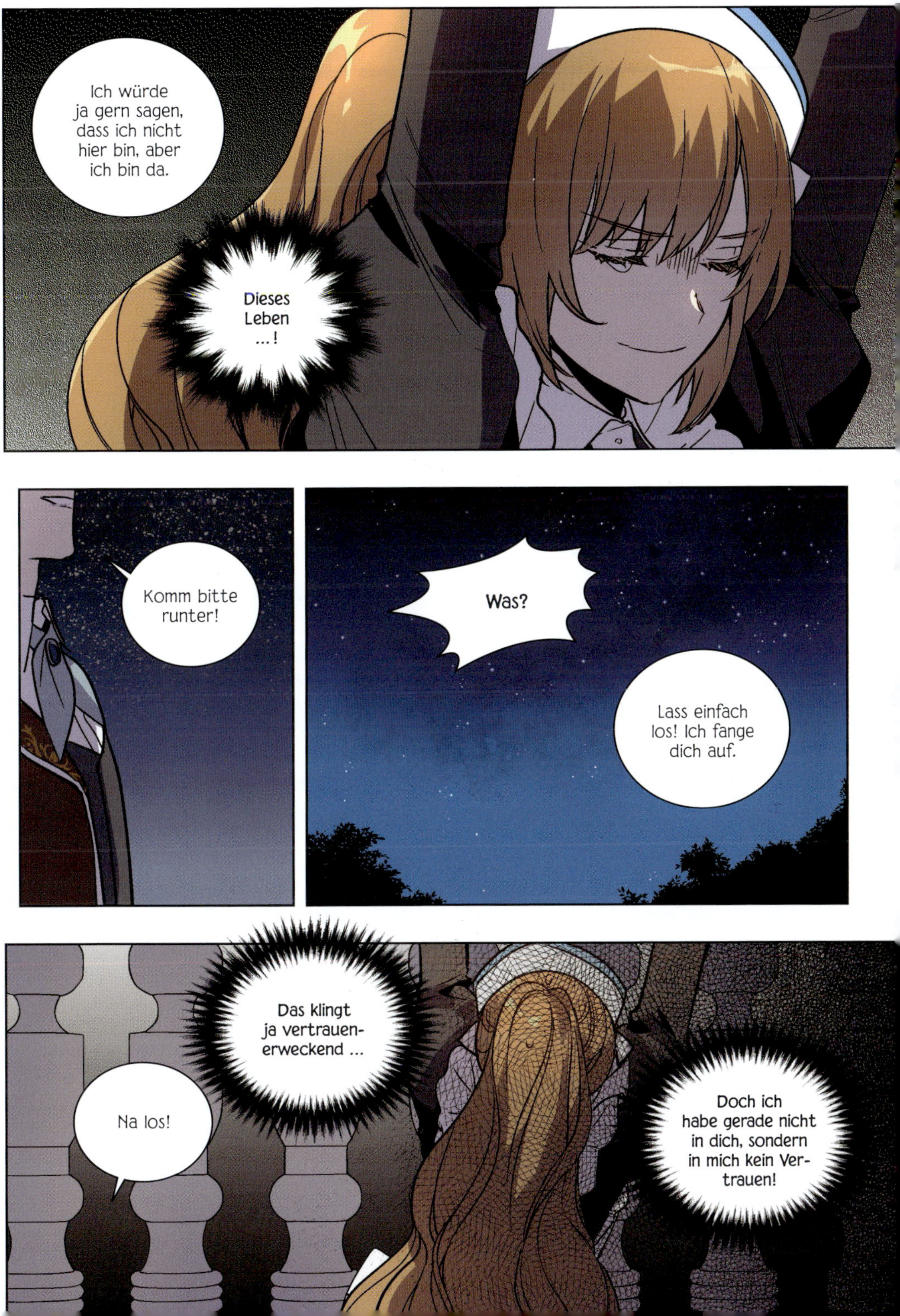
Ich würde ja gern sagen, dass ich nicht hier bin, aber ich bin da.
Dieses Leben ...!
Komm bitte runter!
Was?
Lass einfach los! Ich fange dich auf.
Das klingt ja vertrauenerweckend ...
Na los!
Doch ich habe gerade nicht in dich, sondern in mich kein Vertrauen!

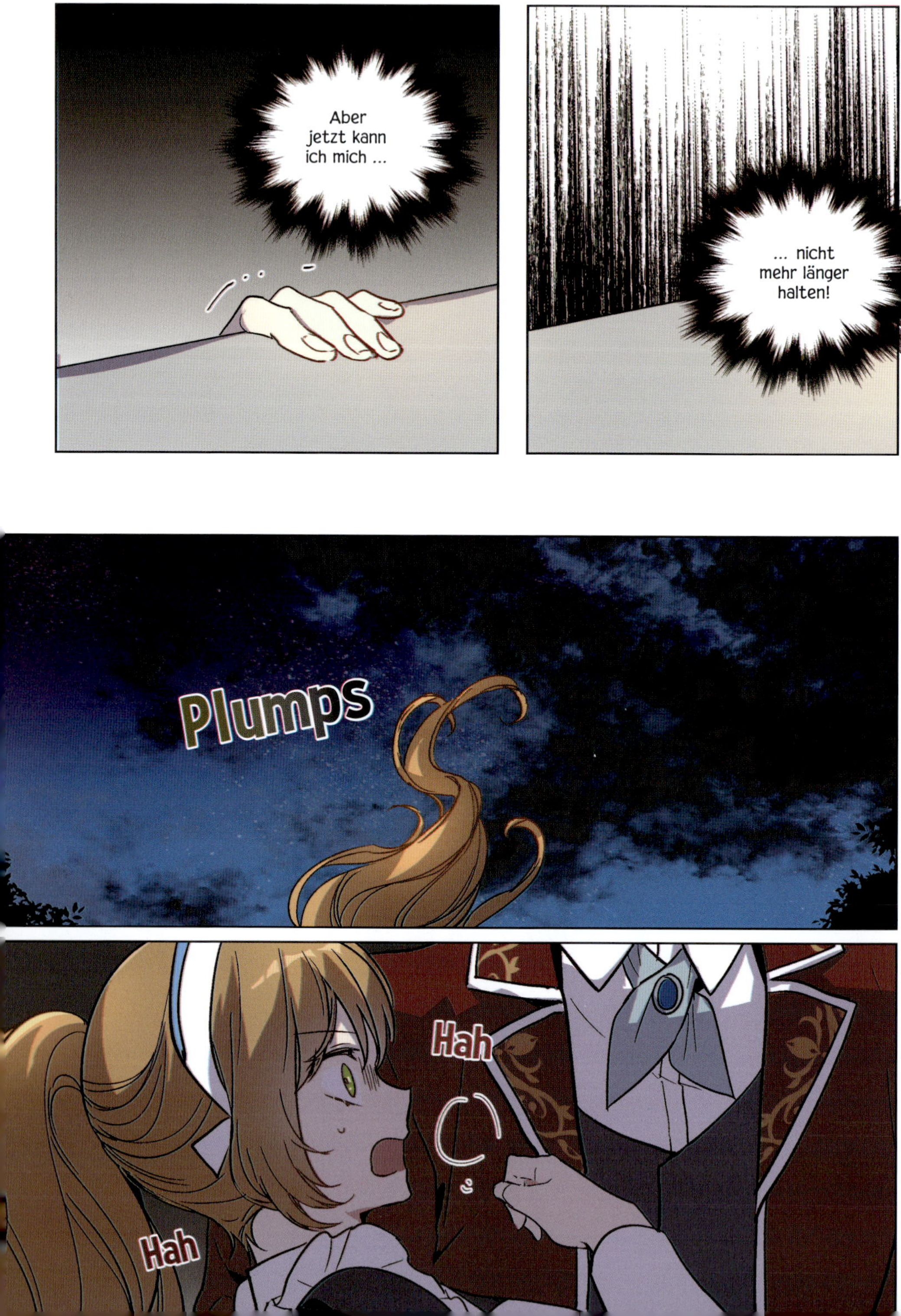

Aber jetzt kann ich mich ...
... nicht mehr länger halten!
Plumps
Hah
Hah

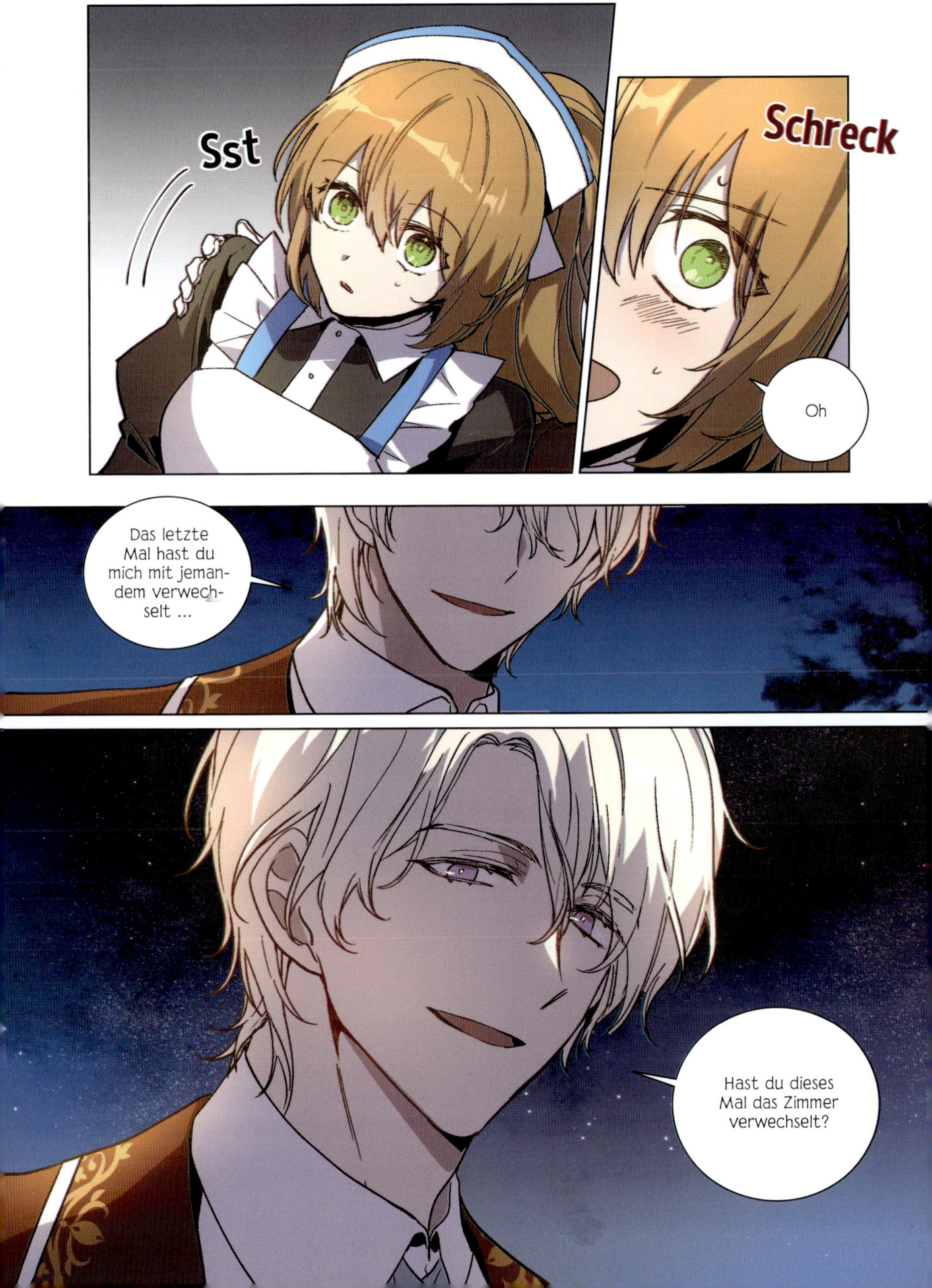
Sst
Schreck
Oh
Das letzte Mal hast du mich mit jemandem verwechselt ...
Hast du dieses Mal das Zimmer verwechselt?

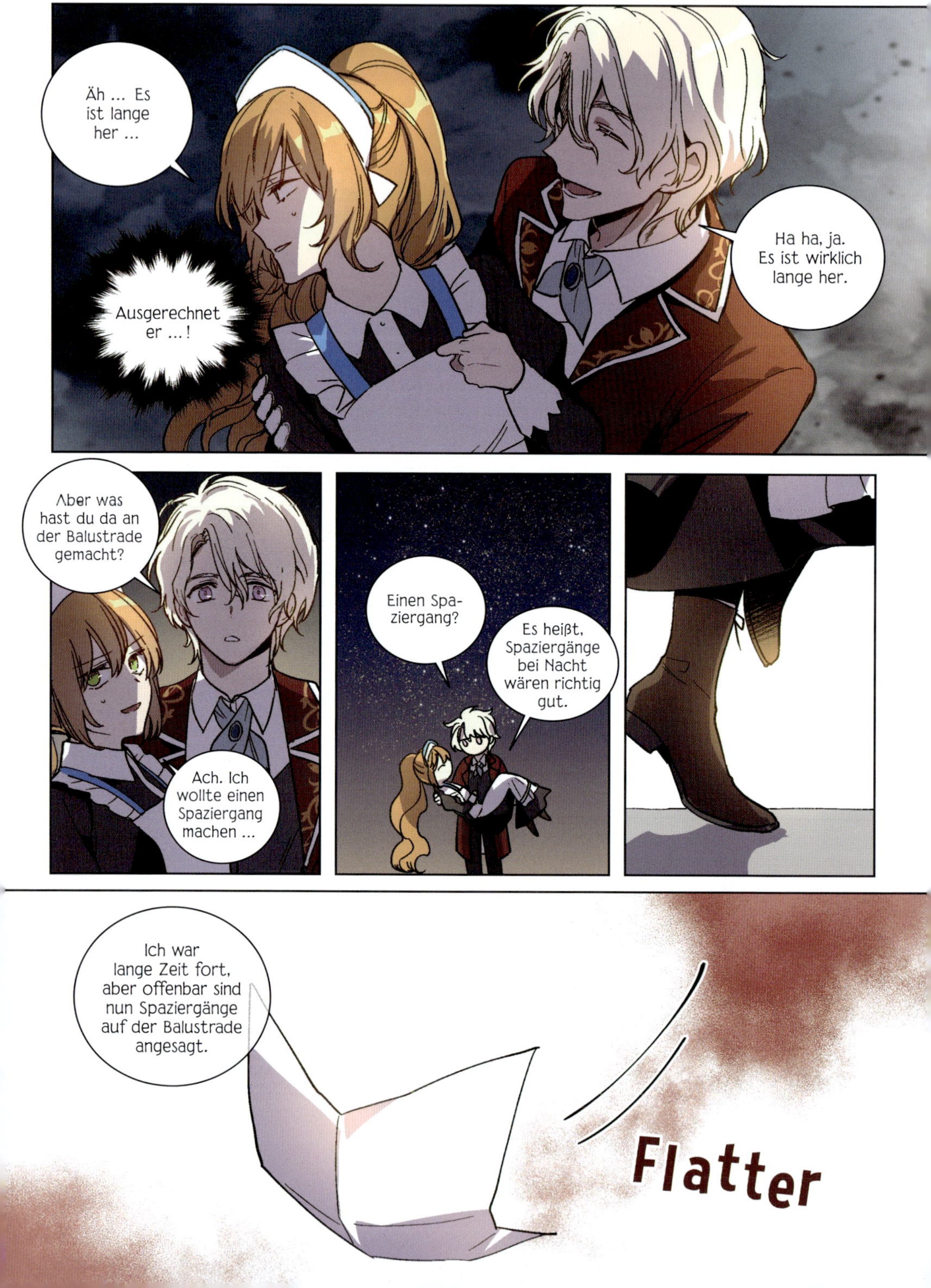
Äh ... Es ist lange her ...
Ha ha, ja. Es ist wirklich lange her.
Ausgerechnet er ...!
Aber was hast du da an der Balustrade gemacht?
Ach. Ich wollte einen Spaziergang machen ...
Einen Spaziergang?
Es heißt, Spaziergänge bei Nacht wären richtig gut.
Ich war lange Zeit fort, aber offenbar sind nun Spaziergänge auf der Balustrade angesagt.
Flatter

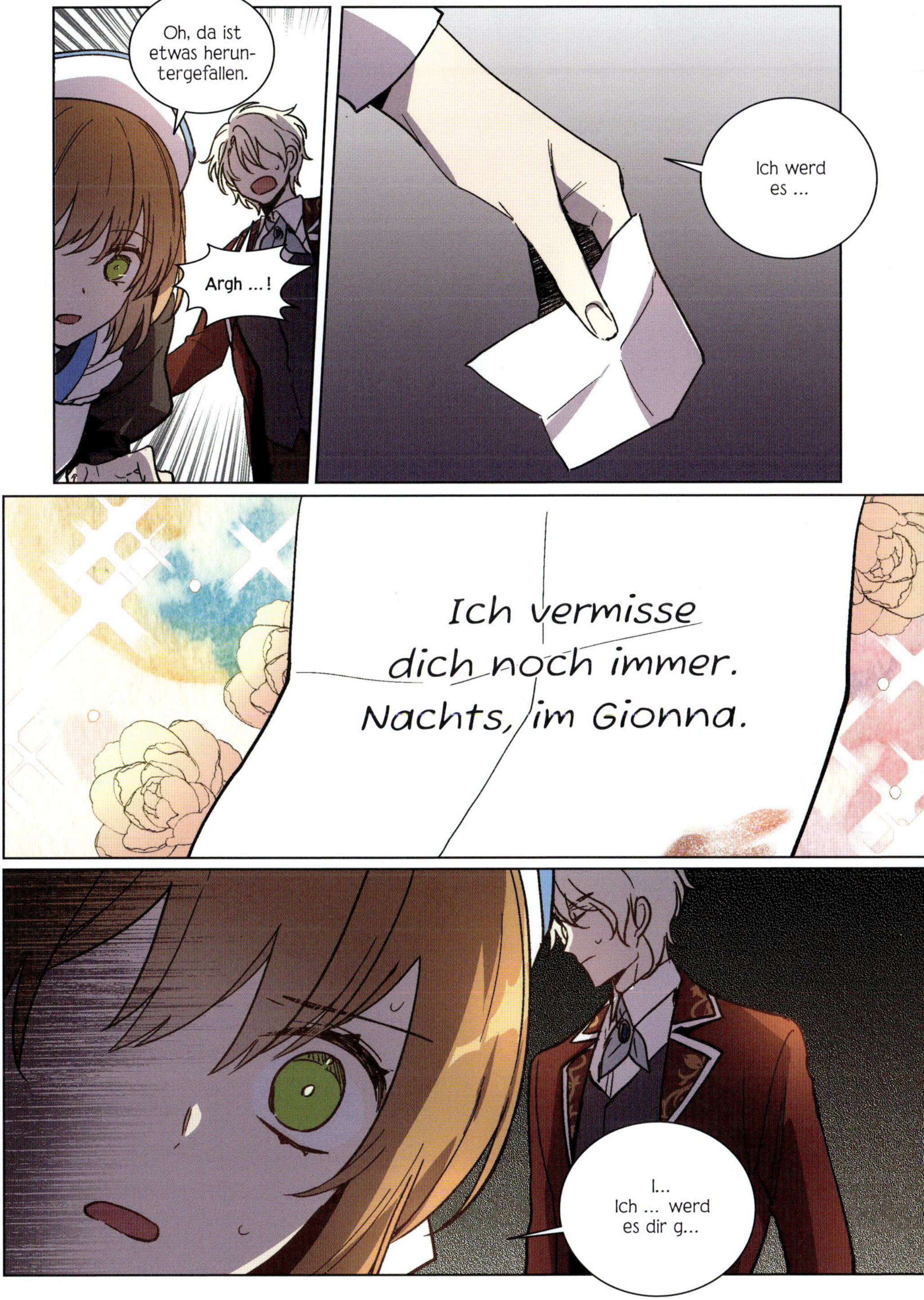
Oh, da ist etwas herun-tergefallen.
Argh ...!
Ich werd es ...
Ich vermisse dich noch immer. Nachts, im Gionna.
I...
Ich ... werd es dir g...

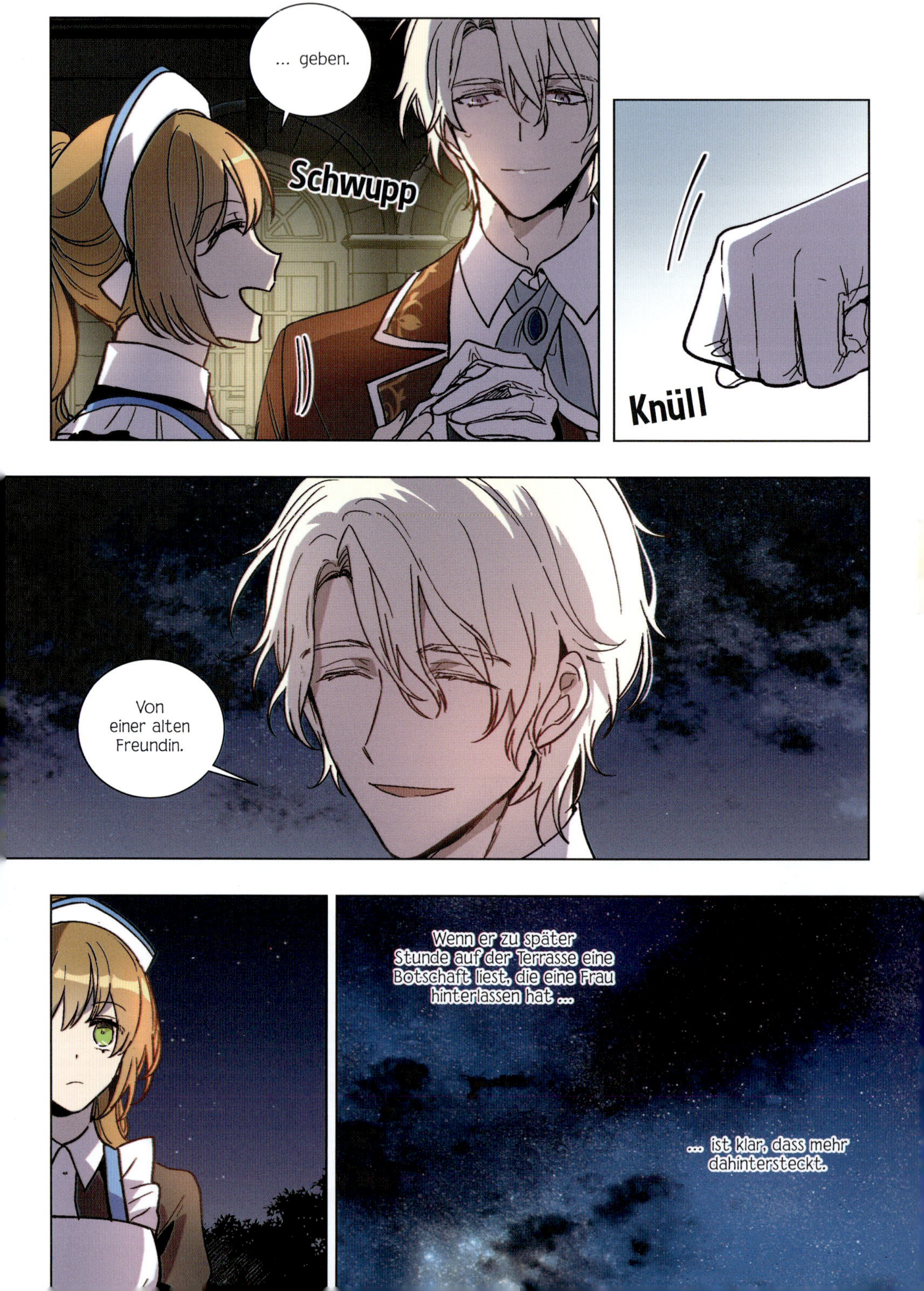

... geben.
Schwupp
Knüll
Von einer alten Freundin.
Wenn er zu später Stunde auf der Terrasse eine Botschaft liest, die eine Frau hinterlassen hat ...
... ist klar, dass mehr dahintersteckt.

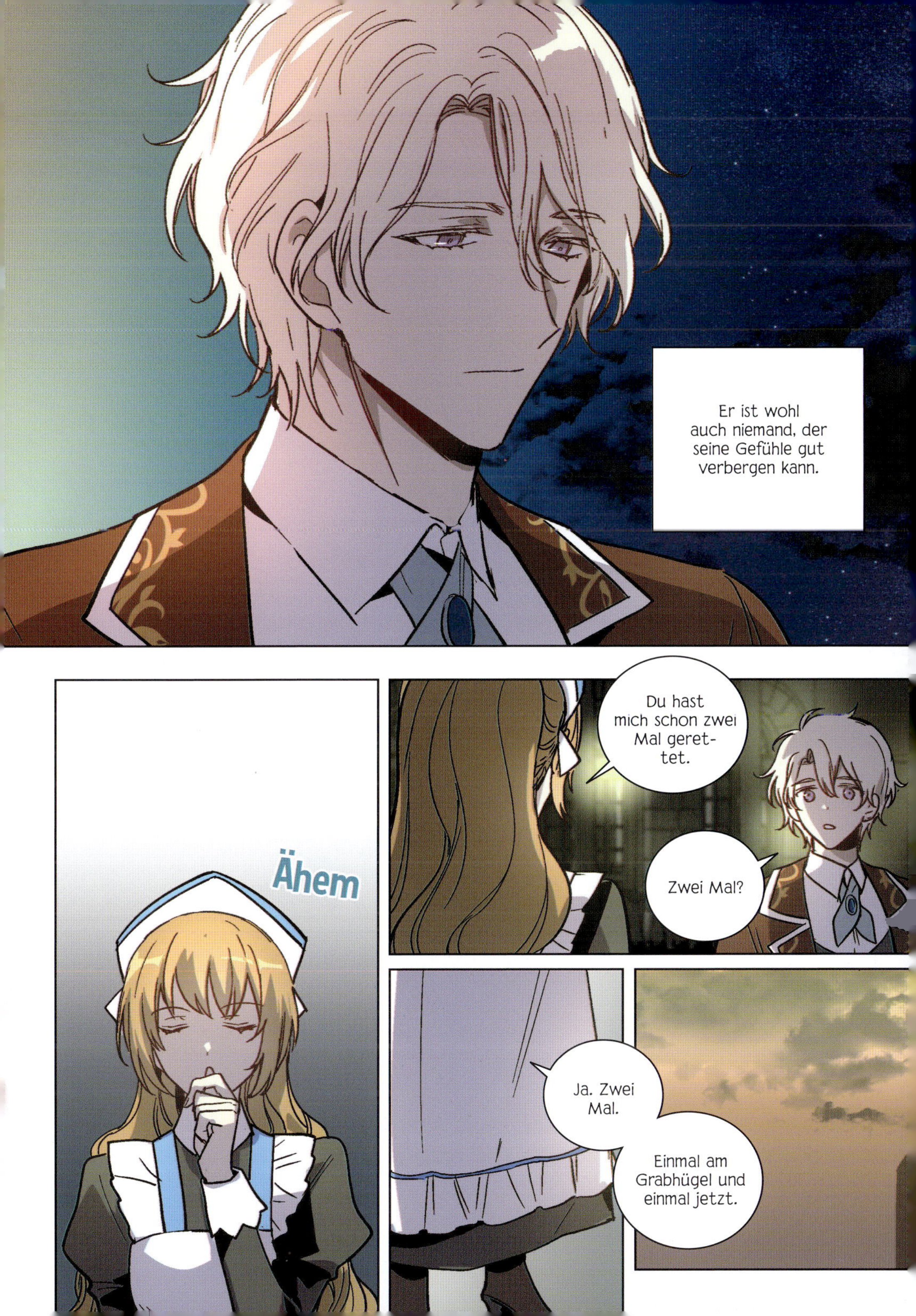
Er ist wohl auch niemand, der seine Gefühle gut verbergen kann.
Ähem
Du hast mich schon zwei Mal geret-tet.
Zwei Mal?
Ja. Zwei Mal.
Einmal am Grabhügel und einmal jetzt.

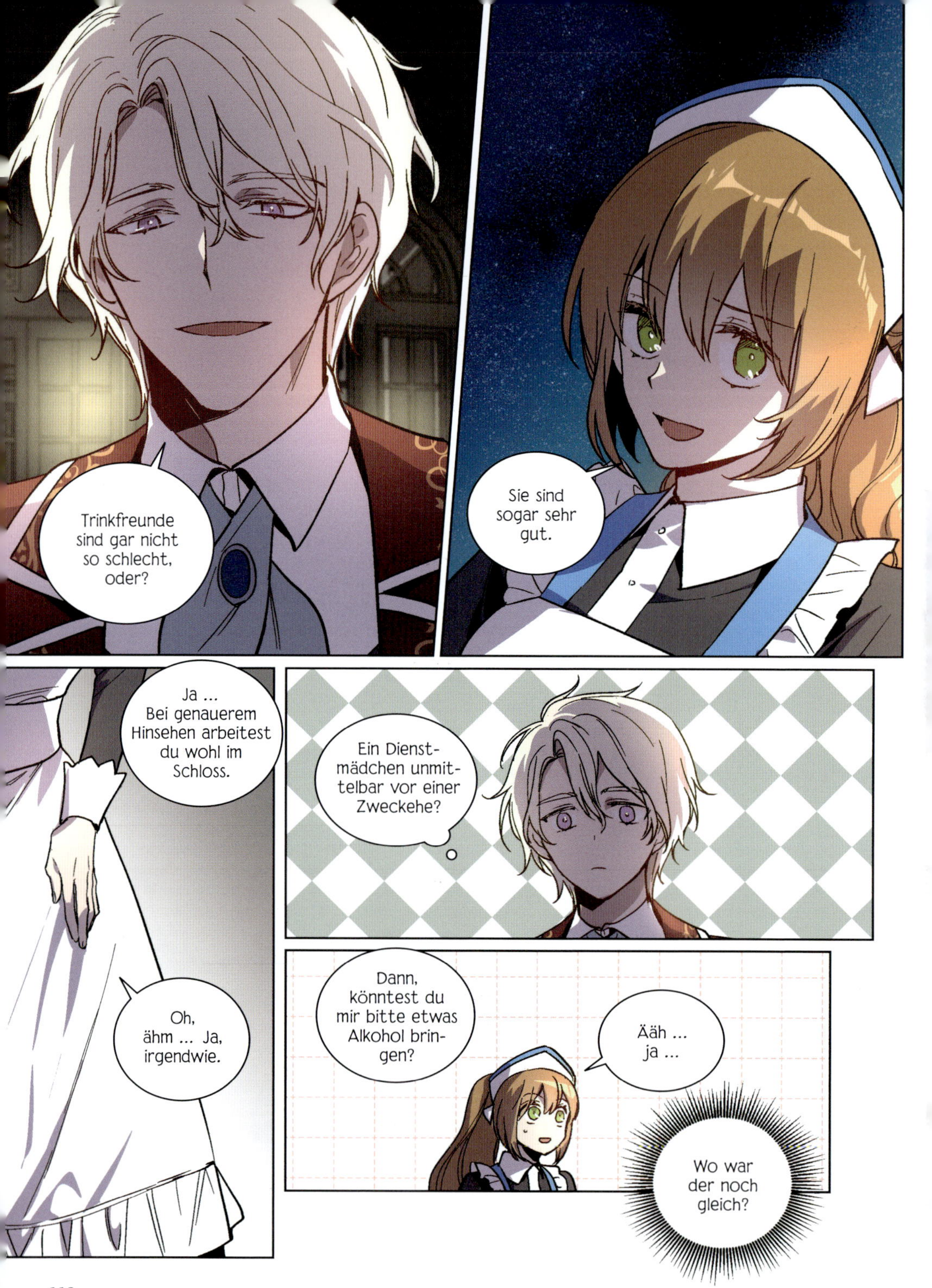
Trinkfreunde sind gar nicht so schlecht, oder?
Sie sind sogar sehr gut.
Ja ... Bei genauerem Hinsehen arbeitest du wohl im Schloss.
Oh, ähm ... Ja, irgendwie.
Ein Dienst-mädchen unmit-telbar vor einer Zweckehe?
Dann, könntest du mir bitte etwas Alkohol brin-gen?
Ääh ... ja ...
Wo war der noch gleich?

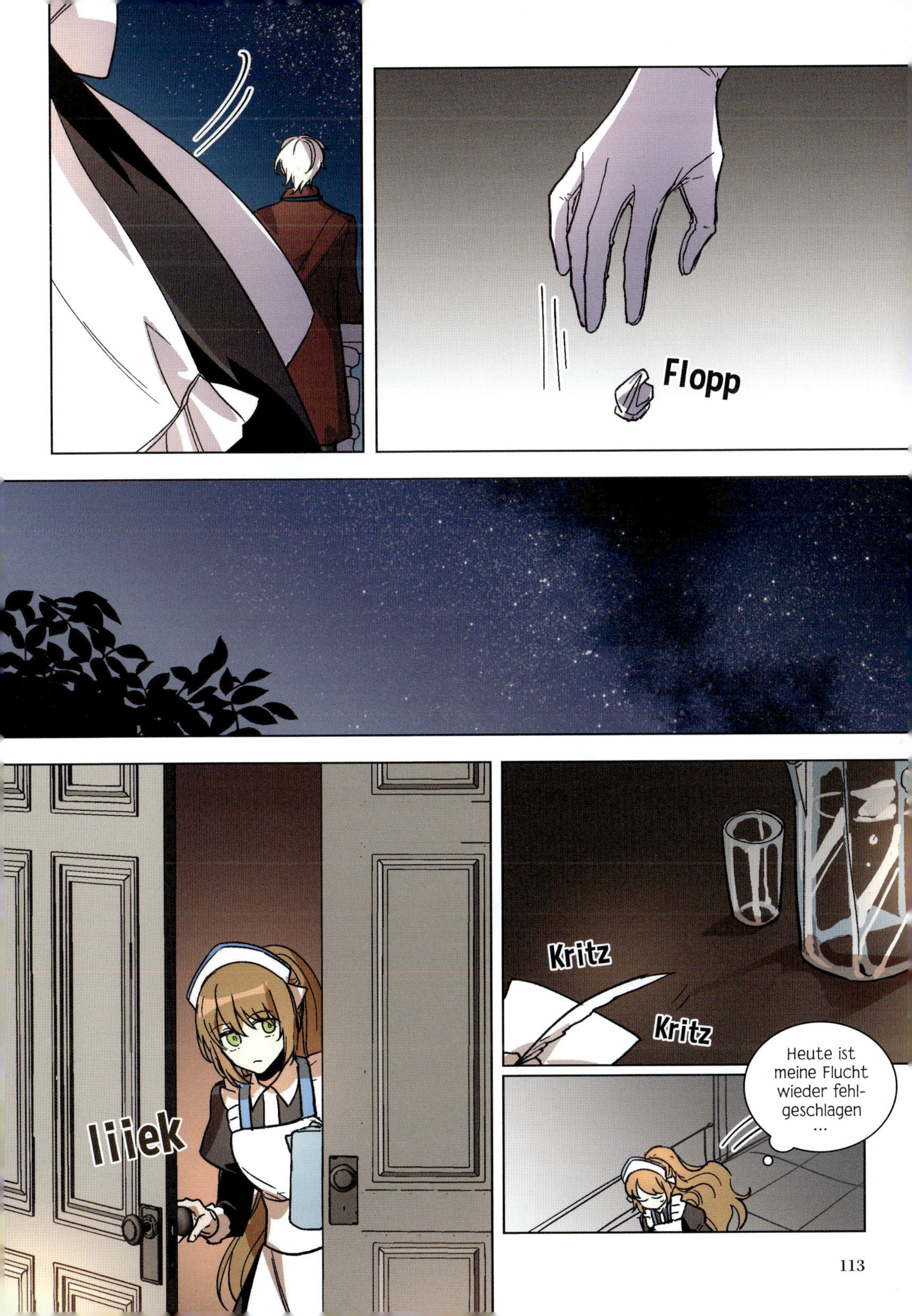
Flopp
Iiiek
Kritz
Kritz
Heute ist meine Flucht wieder fehl-geschlagen ...

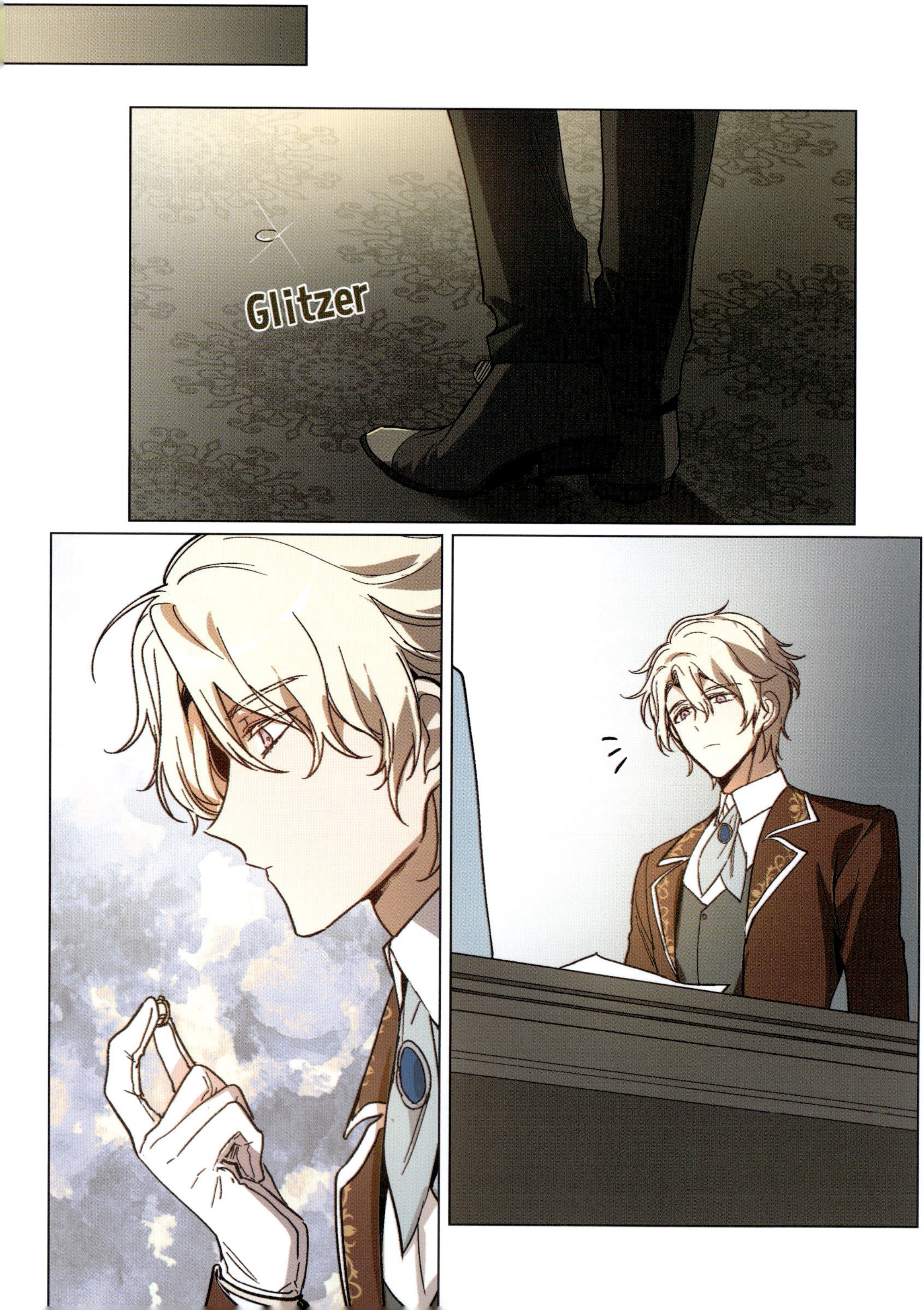
Glitzer

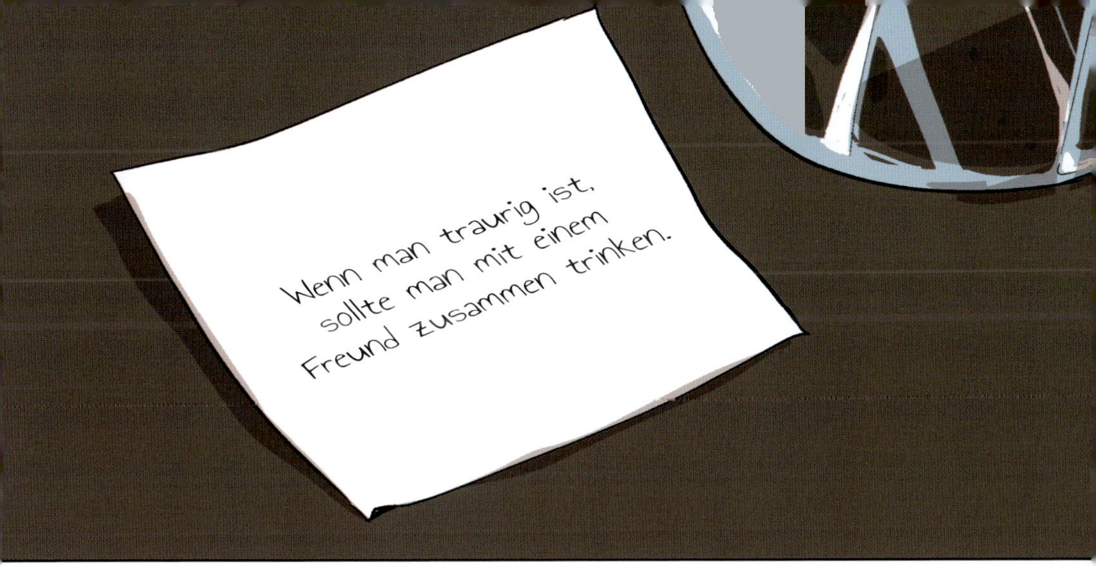
Wenn man traurig ist, sollte man mit einem Freund zusammen trinken.
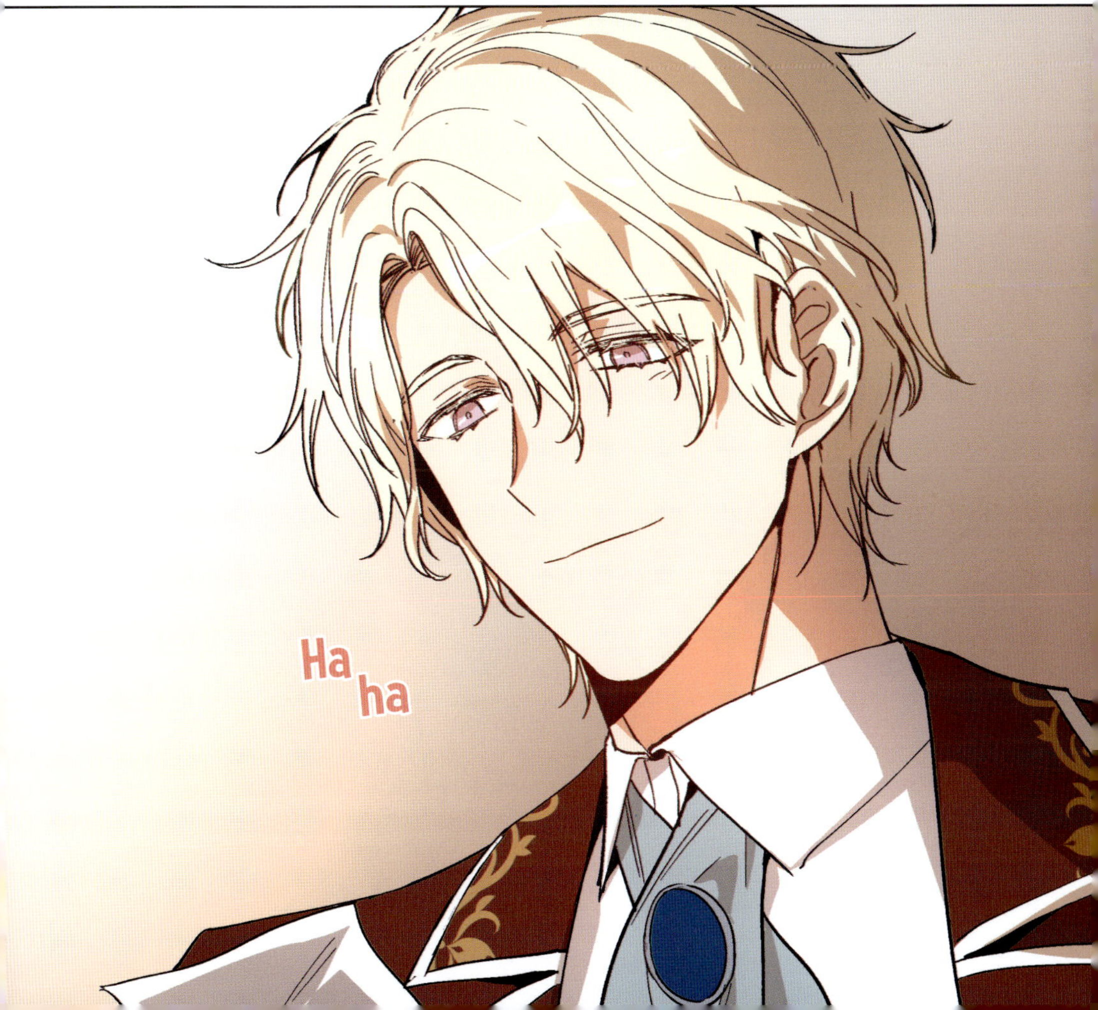
Ha
ha

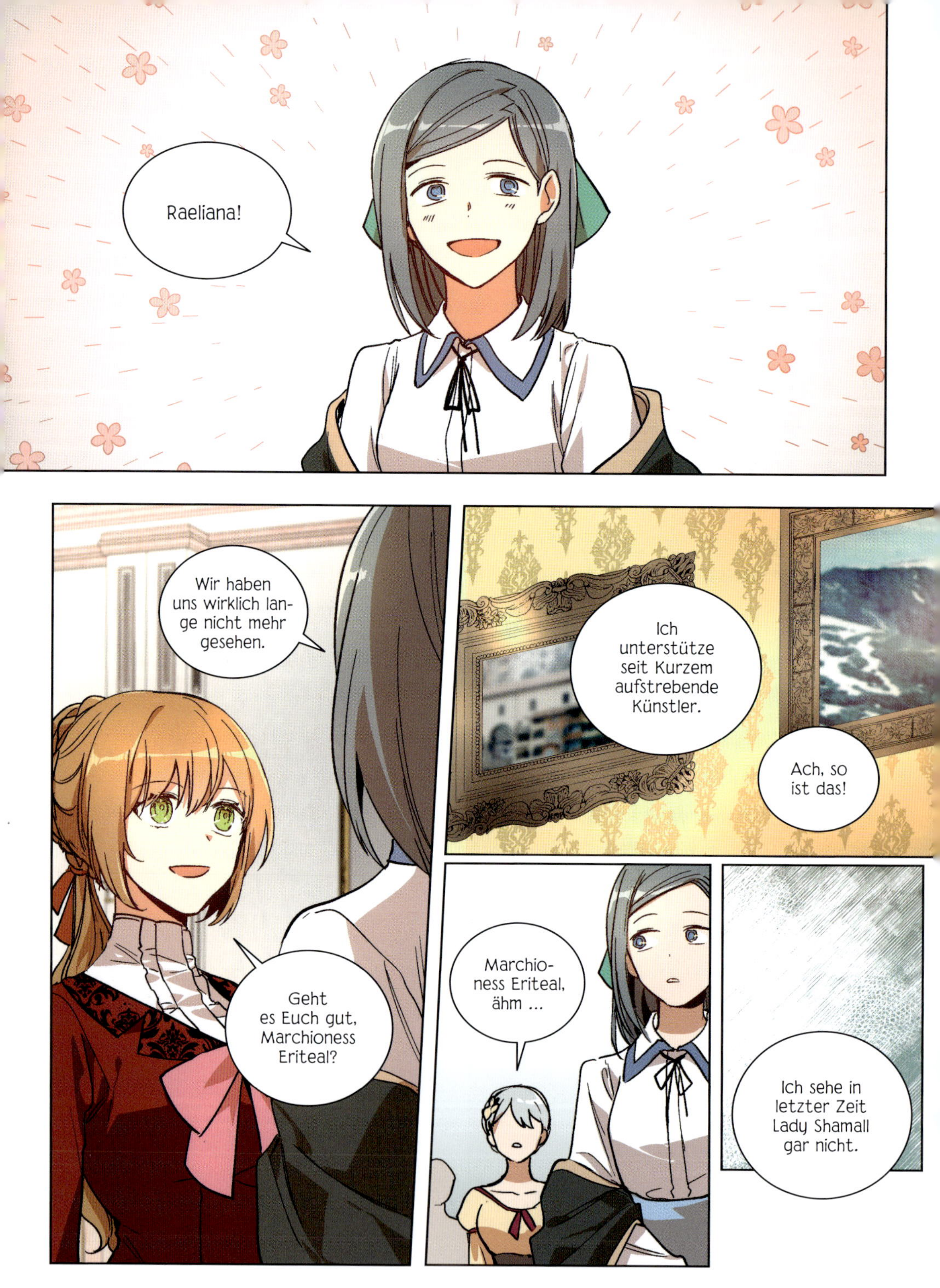
Raeliana!
Wir haben uns wirklich lange nicht mehr gesehen.
Geht es Euch gut, Marchioness Eriteal?
Ich unterstütze seit Kurzem aufstrebende Künstler.
Ach, so ist das!
Marchioness Eriteal, ähm ...
Ich sehe in letzter Zeit Lady Shamall gar nicht.

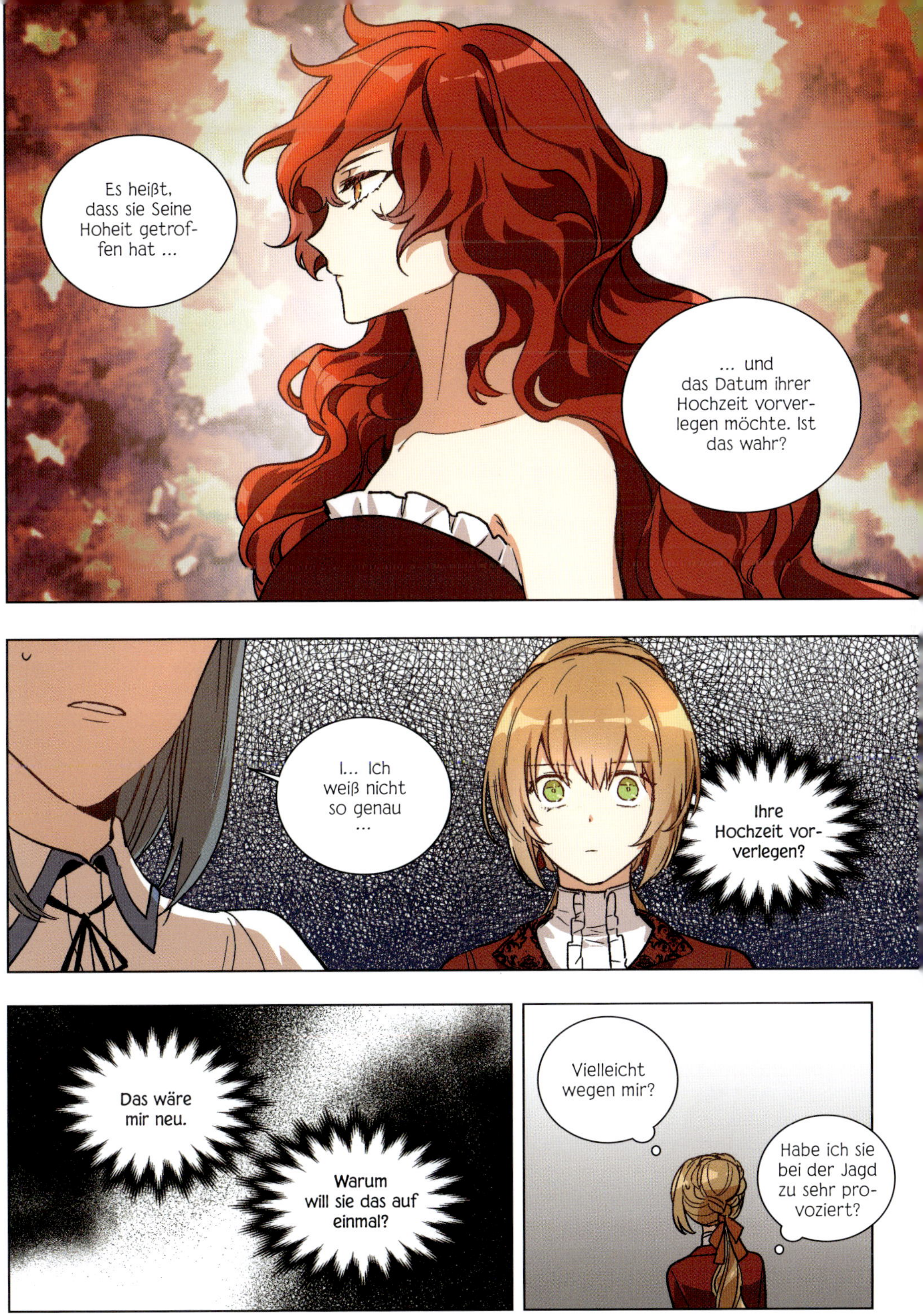

Es heißt, dass sie Seine Hoheit getroffen hat ...
... und das Datum ihrer Hochzeit vorverlegen möchte. Ist das wahr?
I... Ich weiß nicht so genau ...
Ihre Hochzeit vorverlegen?
Das wäre mir neu.
Warum will sie das auf einmal?
Vielleicht wegen mir?
Habe ich sie bei der Jagd zu sehr provoziert?

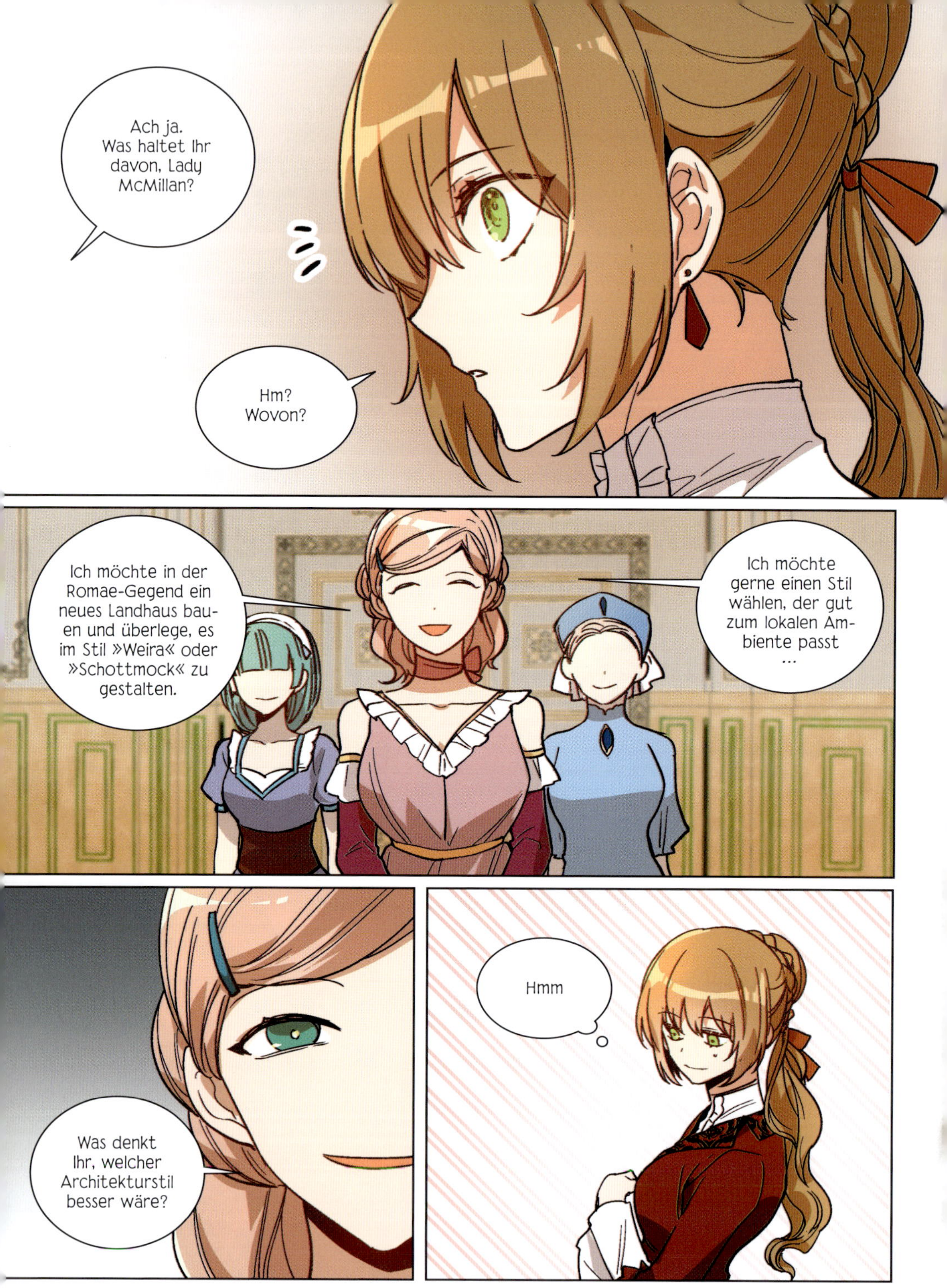

Ach ja. Was haltet Ihr davon, Lady McMillan?
Hm? Wovon?
Ich möchte in der Romae-Gegend ein neues Landhaus bau-en und überlege, es im Stil »Weira« oder »Schottmock« zu gestalten.
Ich möchte gerne einen Stil wählen, der gut zum lokalen Am-biente passt …
Was denkt Ihr, welcher Architekturstil besser wäre?
Hmm

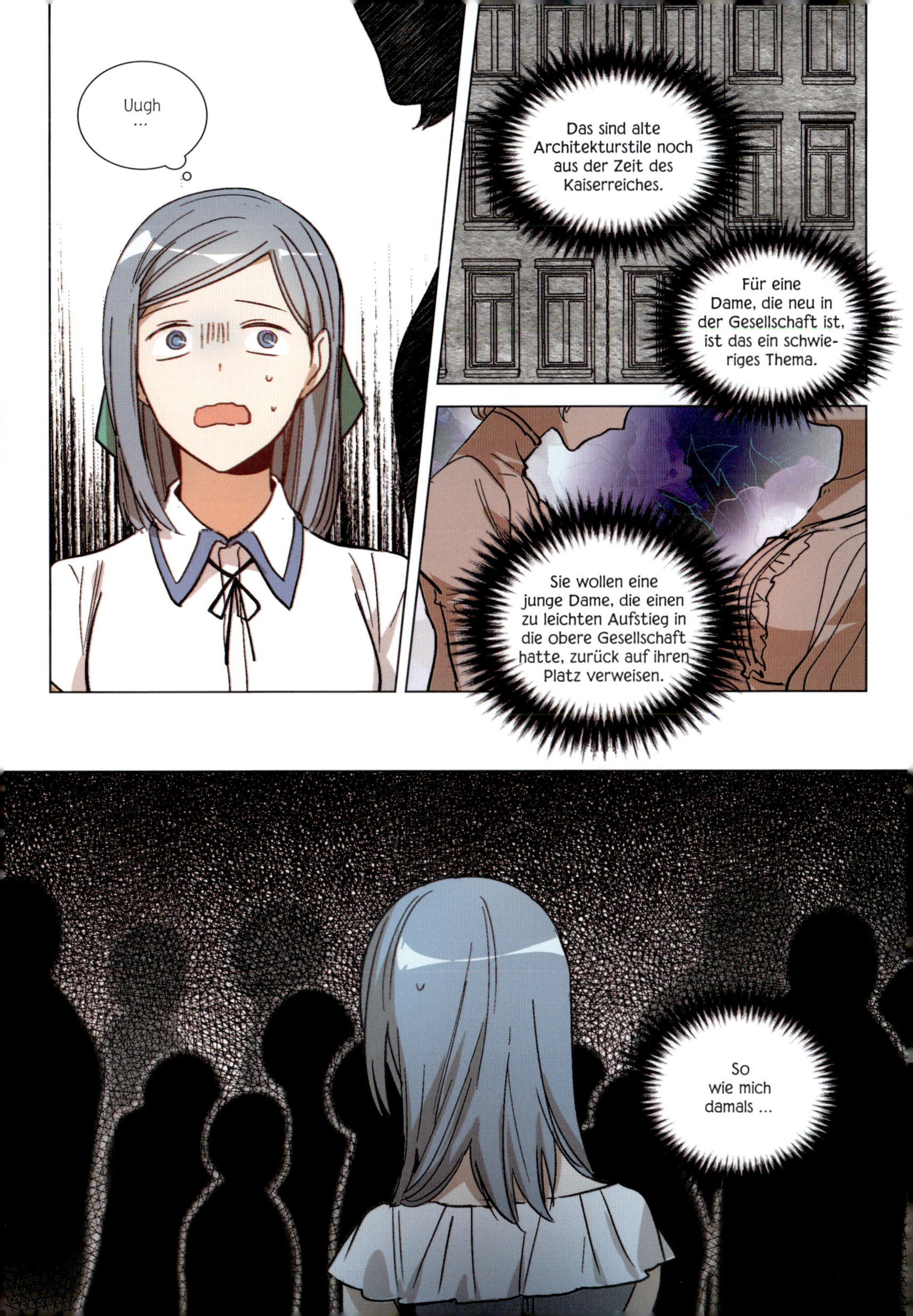
Uugh ...
Das sind alte Architekturstile noch aus der Zeit des Kaiserreiches.
Für eine Dame, die neu in der Gesellschaft ist, ist das ein schwieriges Thema.
Sie wollen eine junge Dame, die einen zu leichten Aufstieg in die obere Gesellschaft hatte, zurück auf ihren Platz verweisen.
So wie mich damals ...

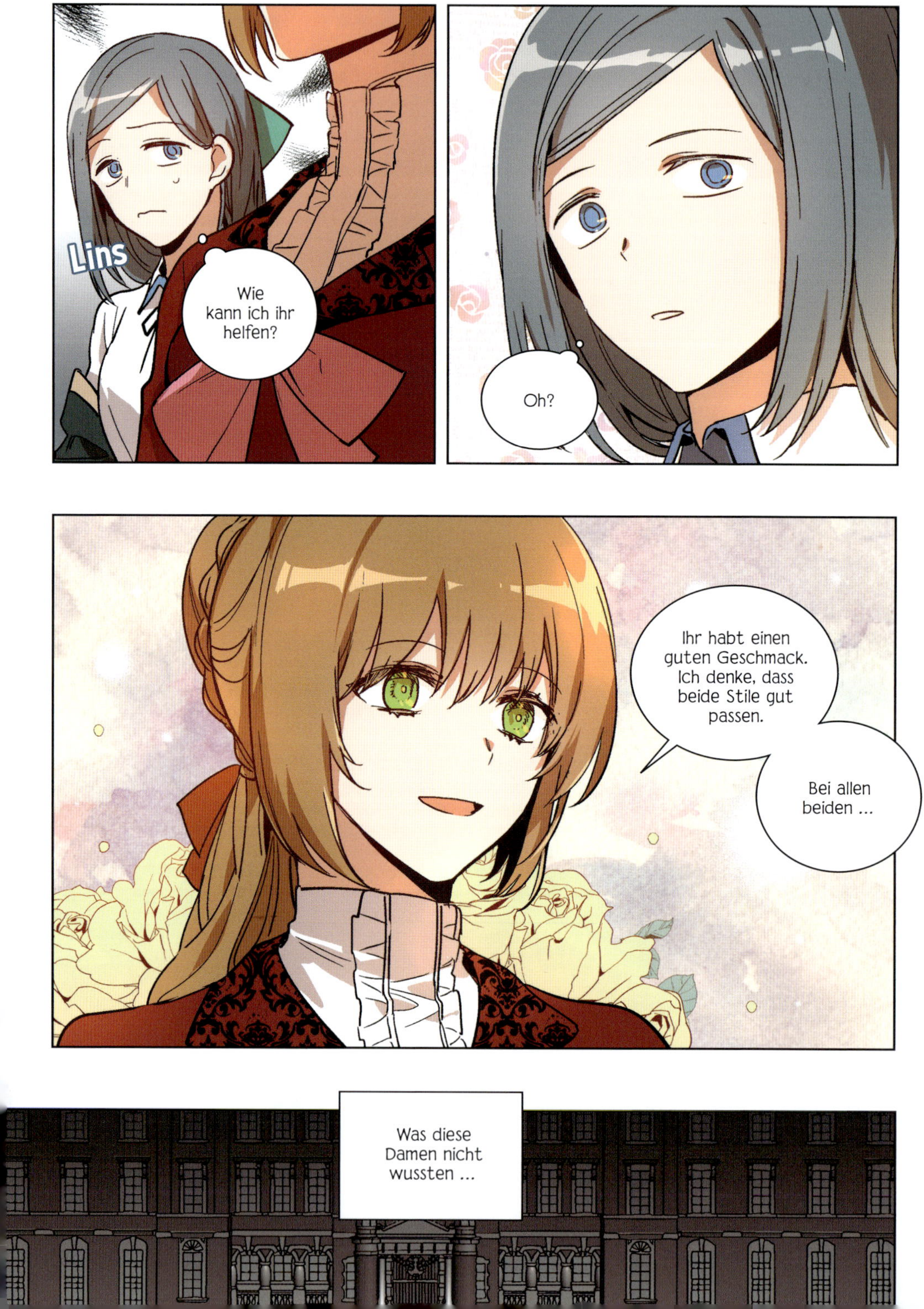
Lins
Wie kann ich ihr helfen?
Oh?
Ihr habt einen guten Geschmack. Ich denke, dass beide Stile gut passen.
Bei allen beiden ...
Was diese Damen nicht wussten ...

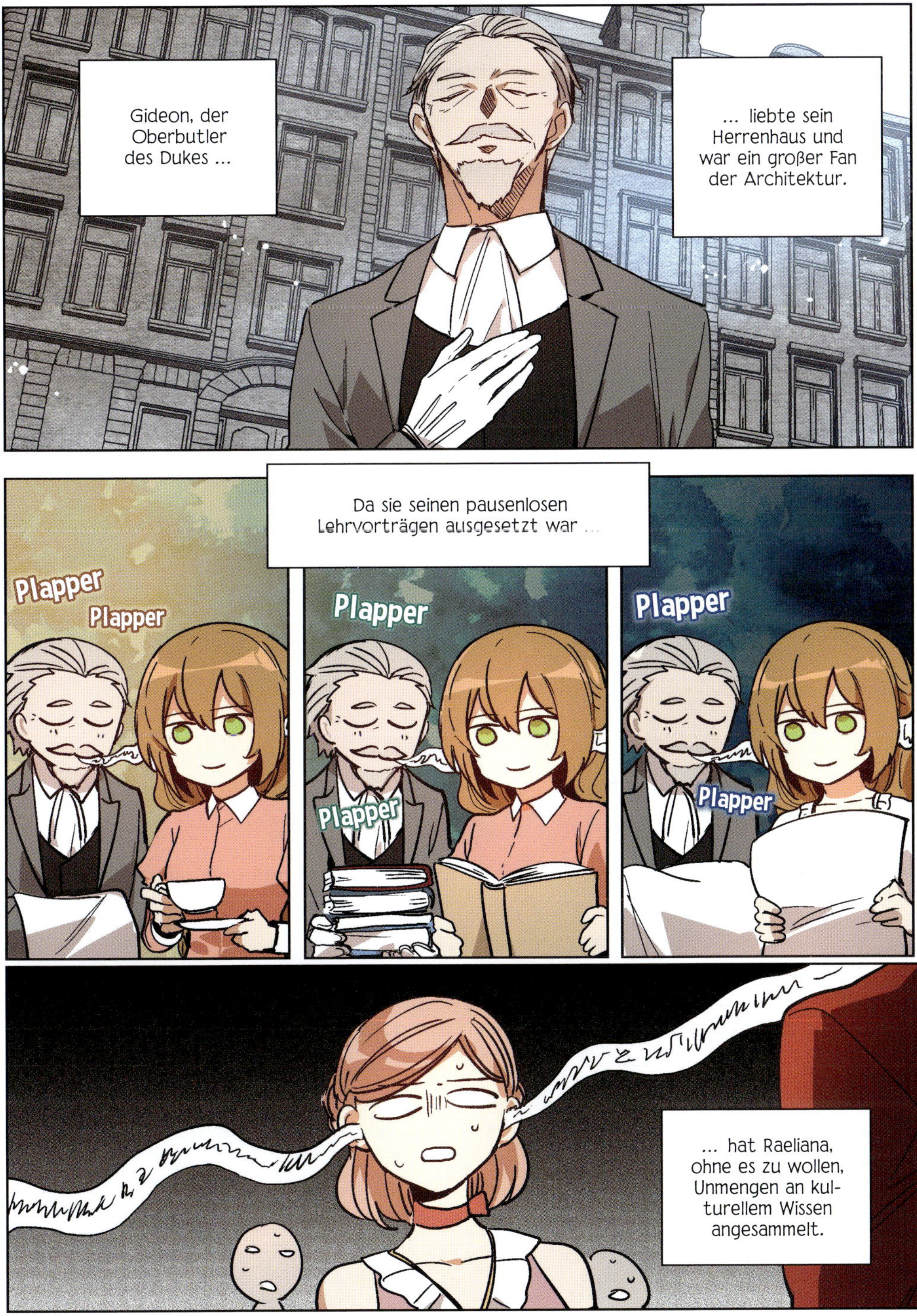

Gideon, der Oberbutler des Dukes ...
... liebte sein Herrenhaus und war ein großer Fan der Architektur.
Da sie seinen pausenlosen Lehrvorträgen ausgesetzt war ...
Plapper
Plapper
Plapper
Plapper
Plapper
Plapper
... hat Raeliana, ohne es zu wollen, Unmengen an kulturellem Wissen angesammelt.

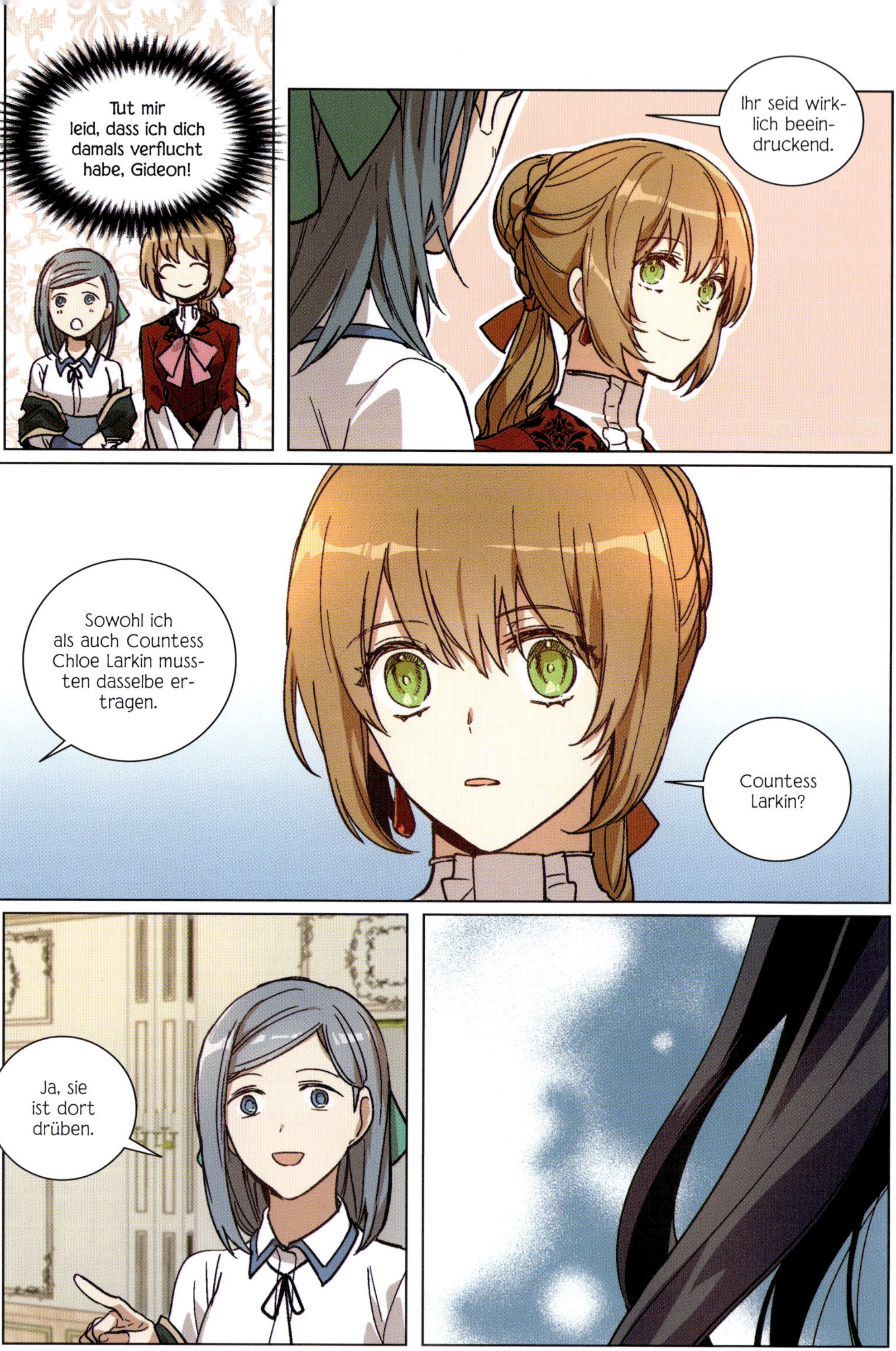
Tut mir leid, dass ich dich damals verflucht habe, Gideon!
Ihr seid wirklich beeindruckend.
Sowohl ich als auch Countess Chloe Larkin mussten dasselbe ertragen.
Countess Larkin?
Ja, sie ist dort drüben.

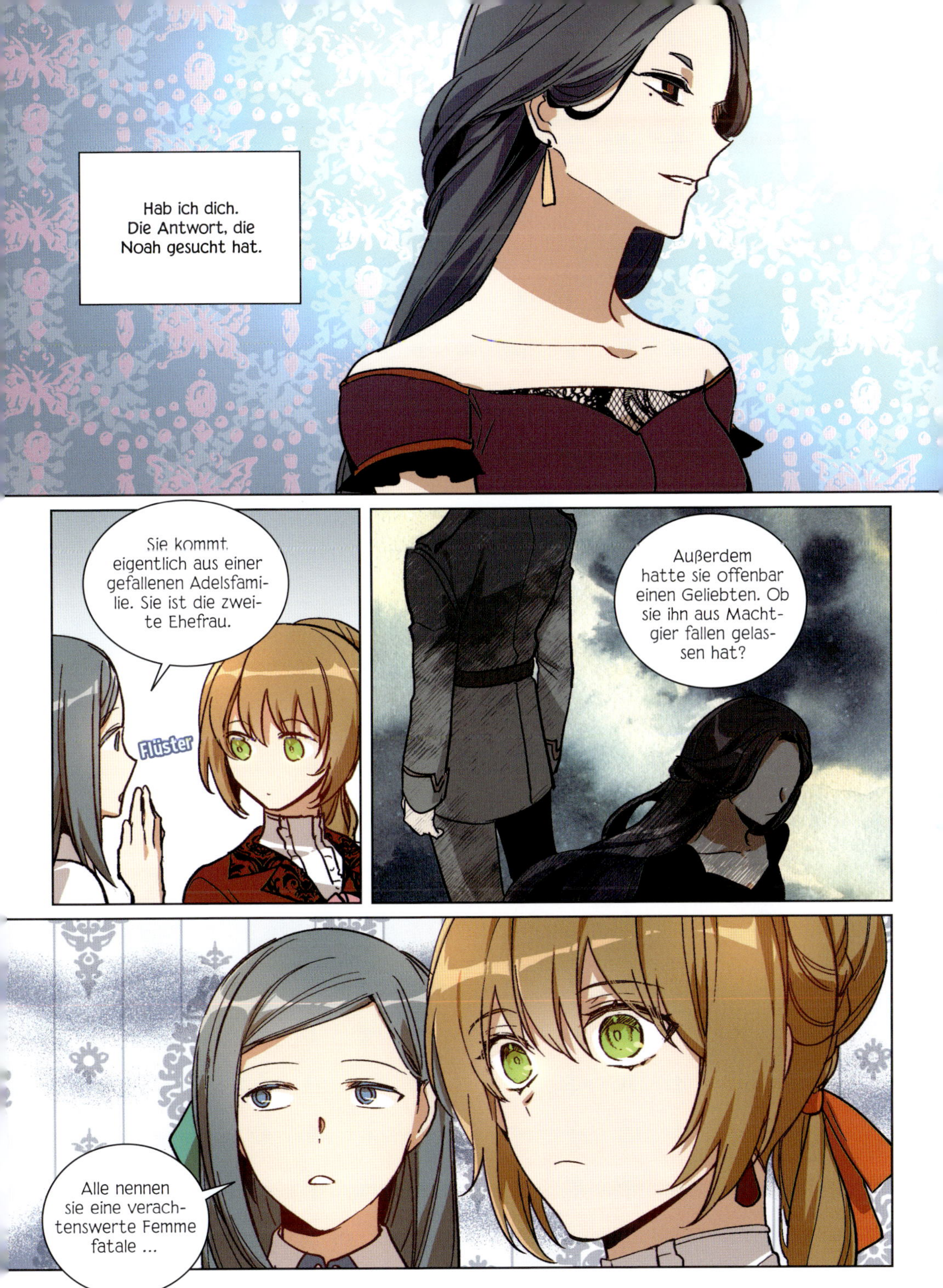
Hab ich dich. Die Antwort, die Noah gesucht hat.
Sie kommt eigentlich aus einer gefallenen Adelsfamilie. Sie ist die zweite Ehefrau.
Flüster
Außerdem hatte sie offenbar einen Geliebten. Ob sie ihn aus Machtgier fallen gelassen hat?
Alle nennen sie eine verachtenswerte Femme fatale ...

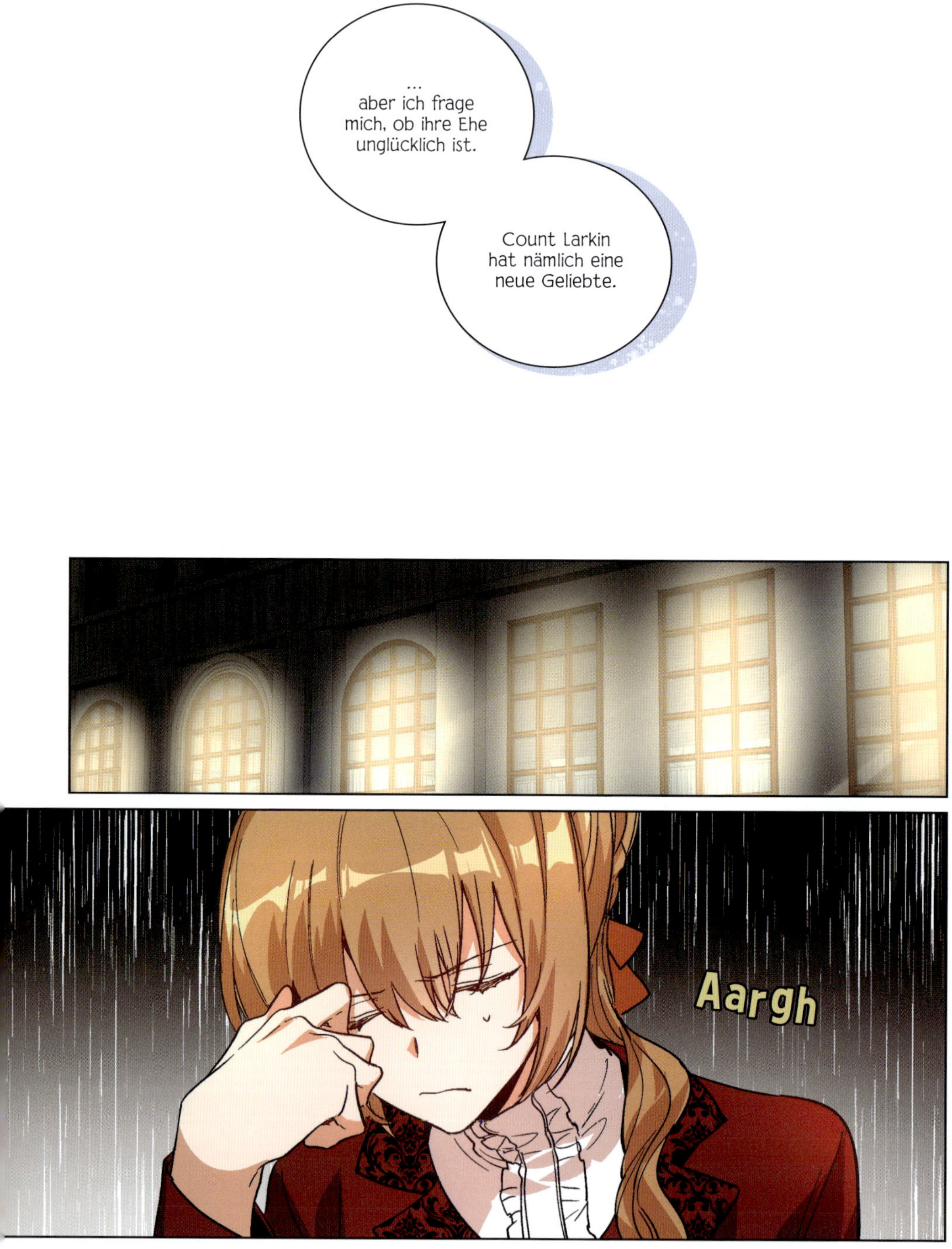
...
aber ich frage mich, ob ihre Ehe unglücklich ist.
Count Larkin hat nämlich eine neue Geliebte.
Aargh

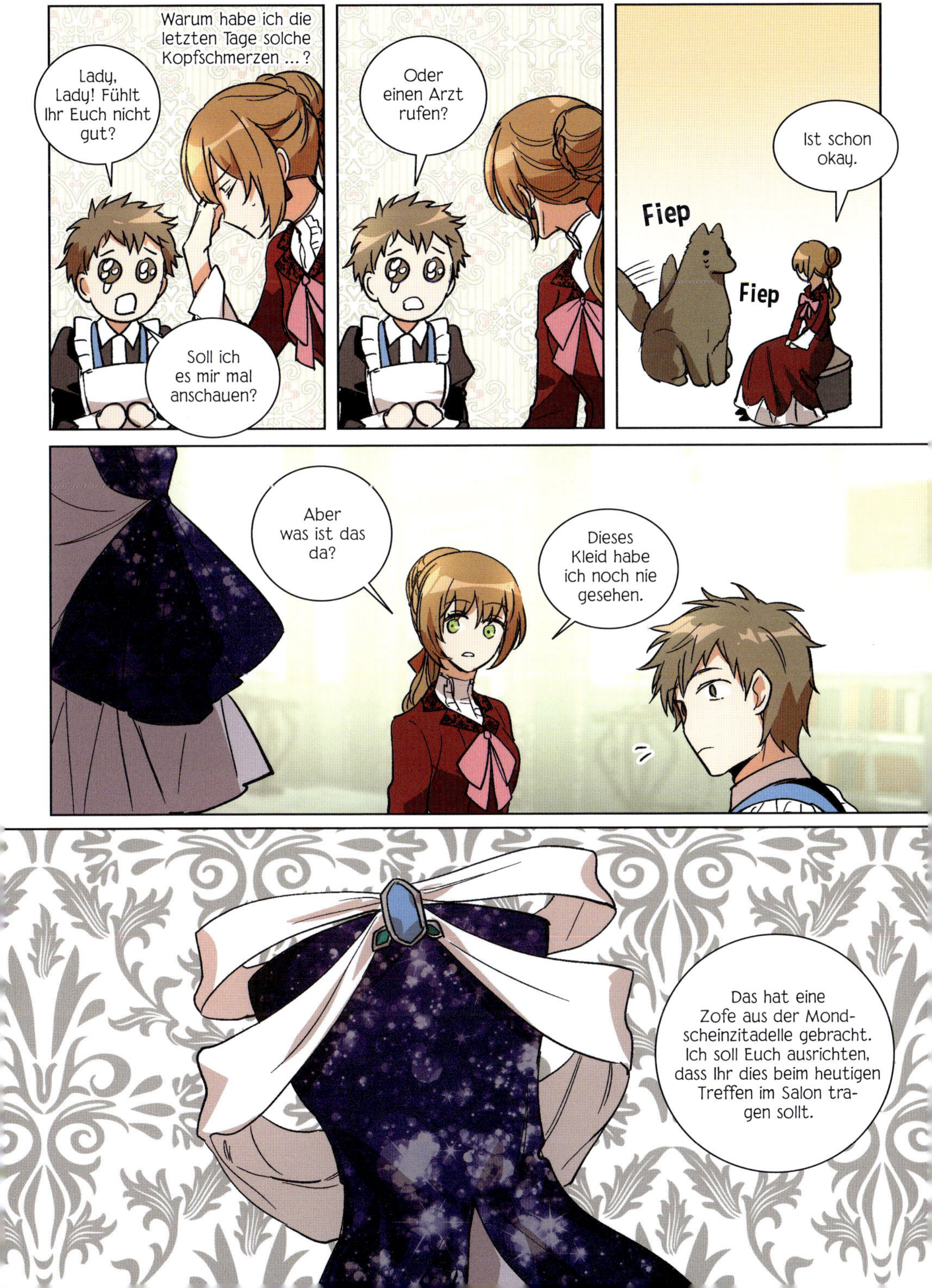
Warum habe ich die letzten Tage solche Kopfschmerzen ... ?
Lady, Lady! Fühlt Ihr Euch nicht gut?
Soll ich es mir mal anschauen?
Oder einen Arzt rufen?
Ist schon okay.
Fiep
Fiep
Aber was ist das da?
Dieses Kleid habe ich noch nie gesehen.
Das hat eine Zofe aus der Mond-scheinzitadelle gebracht. Ich soll Euch ausrichten, dass Ihr dies beim heutigen Treffen im Salon tra-gen sollt.

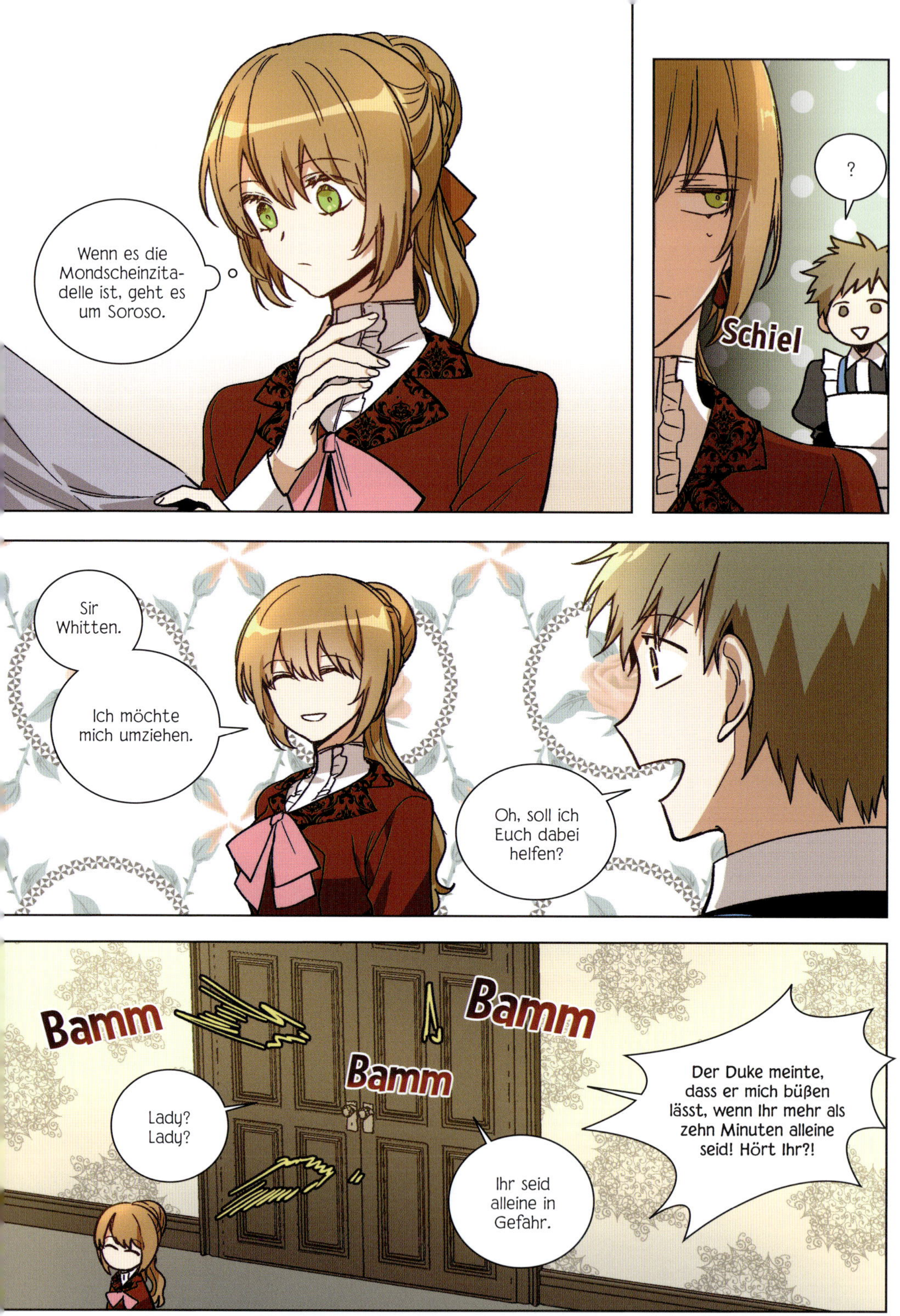

Wenn es die Mondscheinzitadelle ist, geht es um Soroso.
?
Schiel
Sir Whitten.
Ich möchte mich umziehen.
Oh, soll ich Euch dabei helfen?
Bamm
Bamm
Bamm
Der Duke meinte, dass er mich büßen lässt, wenn Ihr mehr als zehn Minuten alleine seid! Hört Ihr?!
Ihr seid alleine in Gefahr.
Lady? Lady?

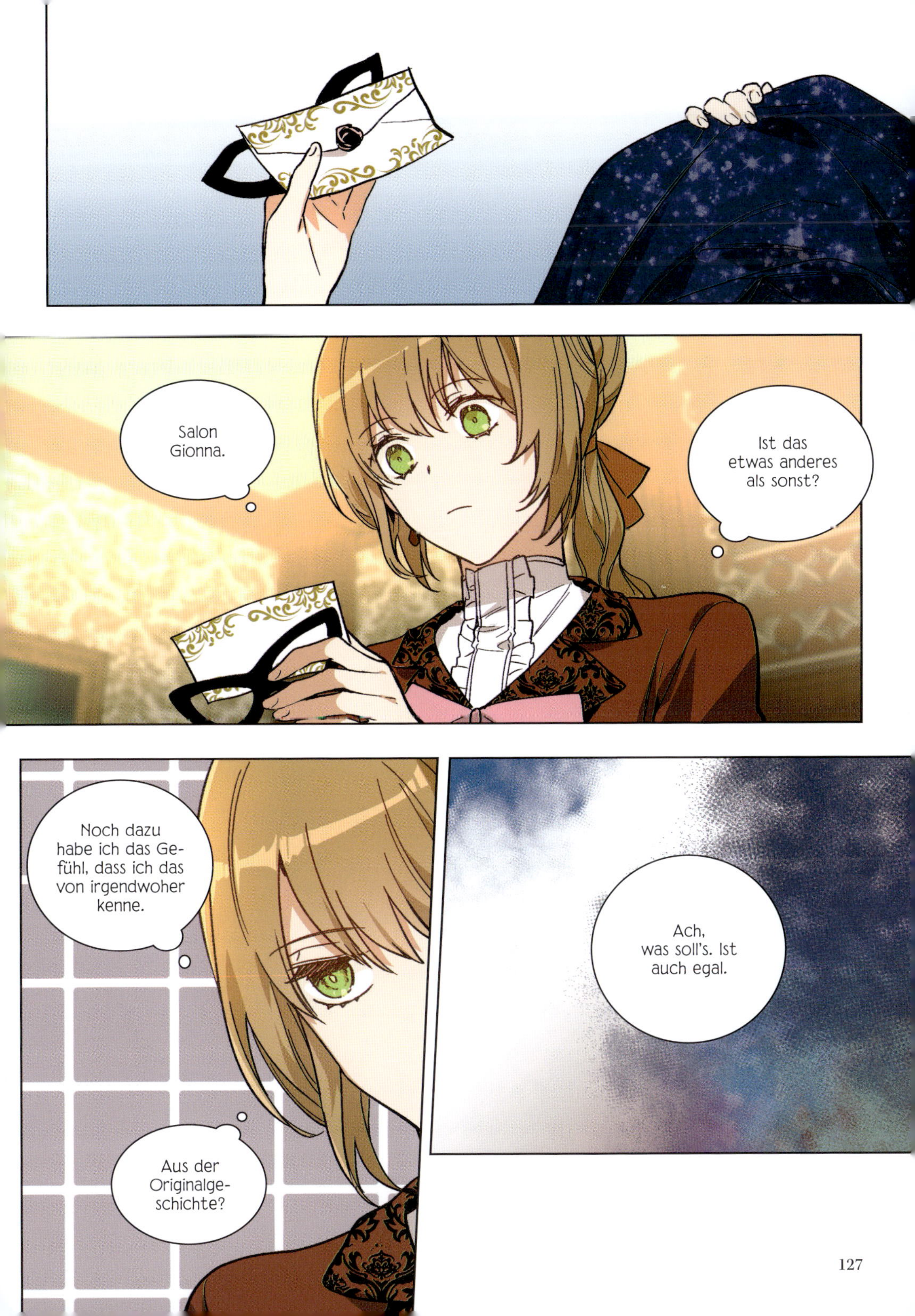
Salon Gionna.
Ist das etwas anderes als sonst?
Noch dazu habe ich das Gefühl, dass ich das von irgendwoher kenne.
Aus der Originalgeschichte?
Ach, was soll's. Ist auch egal.

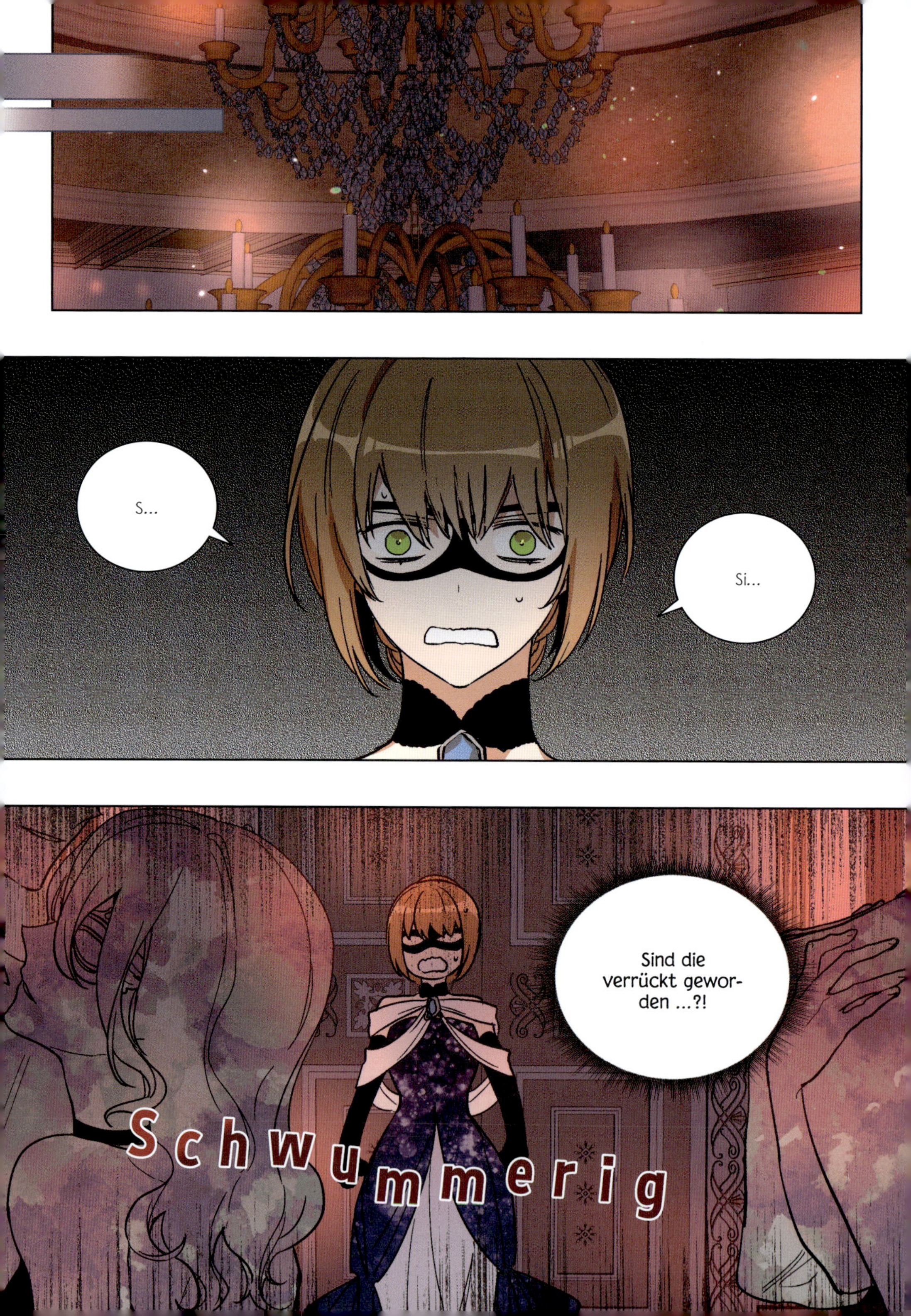
S...
Si...
Sind die verrückt geworden ...?!
Schwummerig

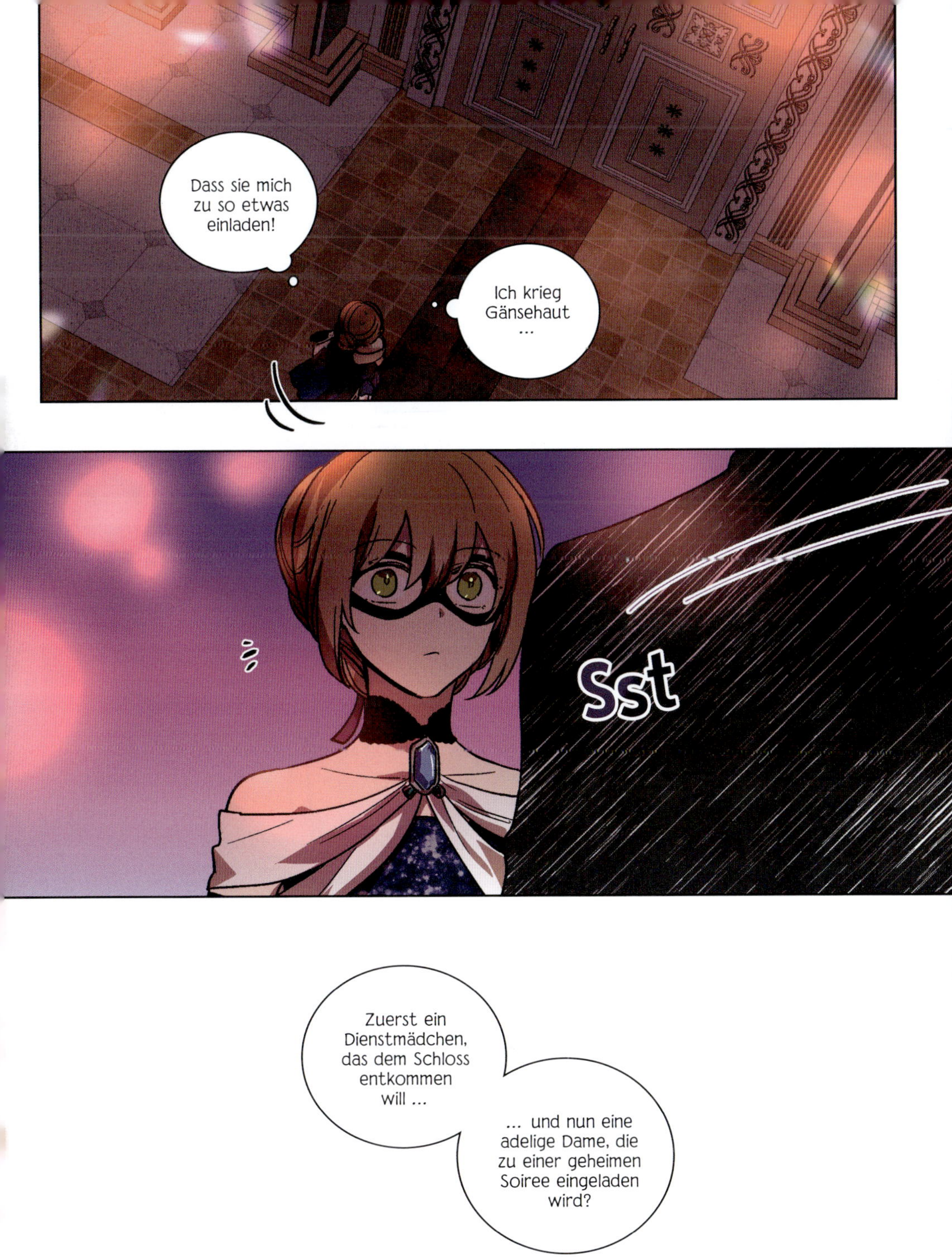
Dass sie mich zu so etwas einladen!
Ich krieg Gänsehaut ...
Sst
Zuerst ein Dienstmädchen, das dem Schloss entkommen will ...
... und nun eine adelige Dame, die zu einer geheimen Soiree eingeladen wird?

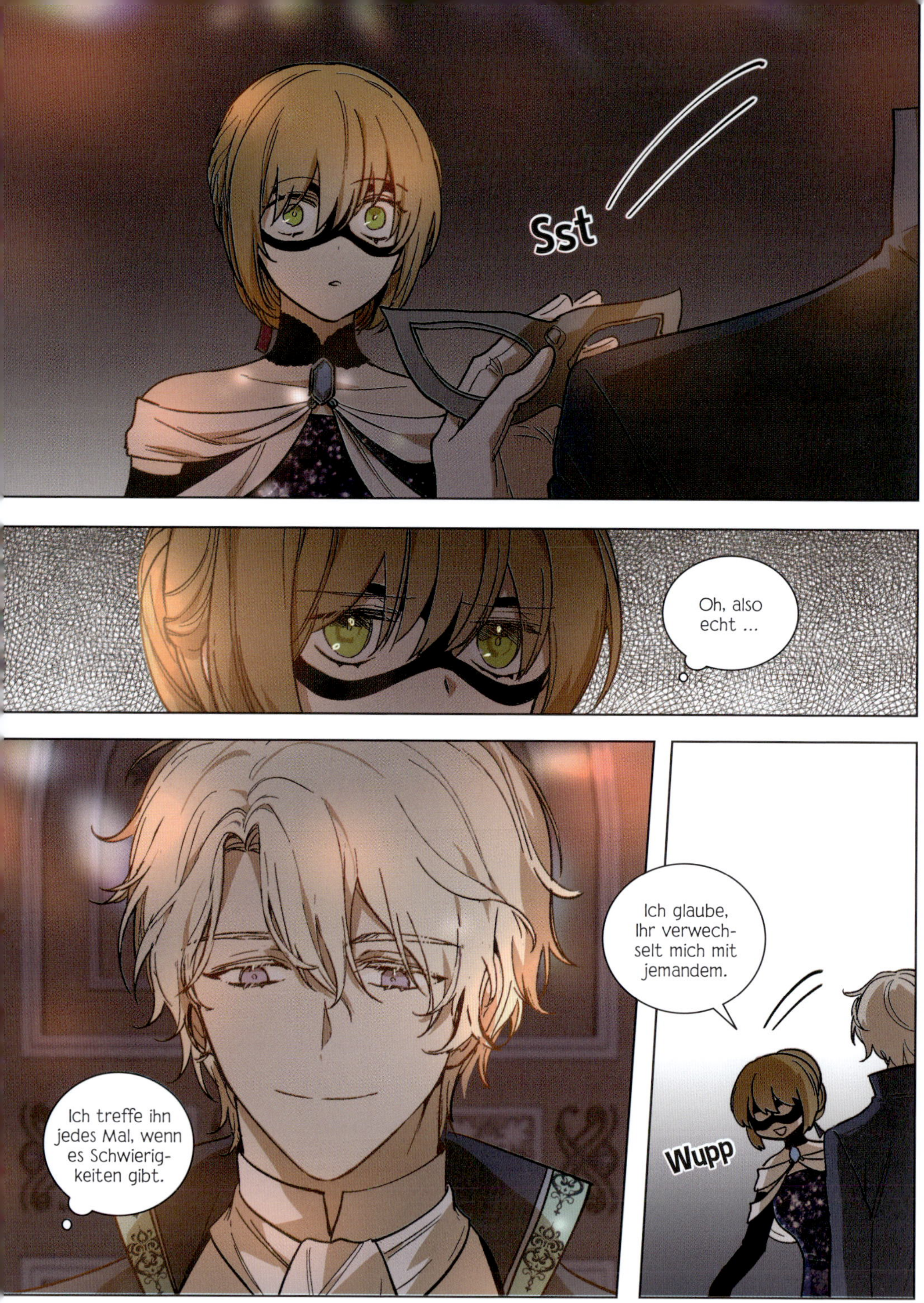

Sst
Oh, also echt ...
Ich treffe ihn jedes Mal, wenn es Schwierig-keiten gibt.
Ich glaube, Ihr verwech-selt mich mit jemandem.
Wupp

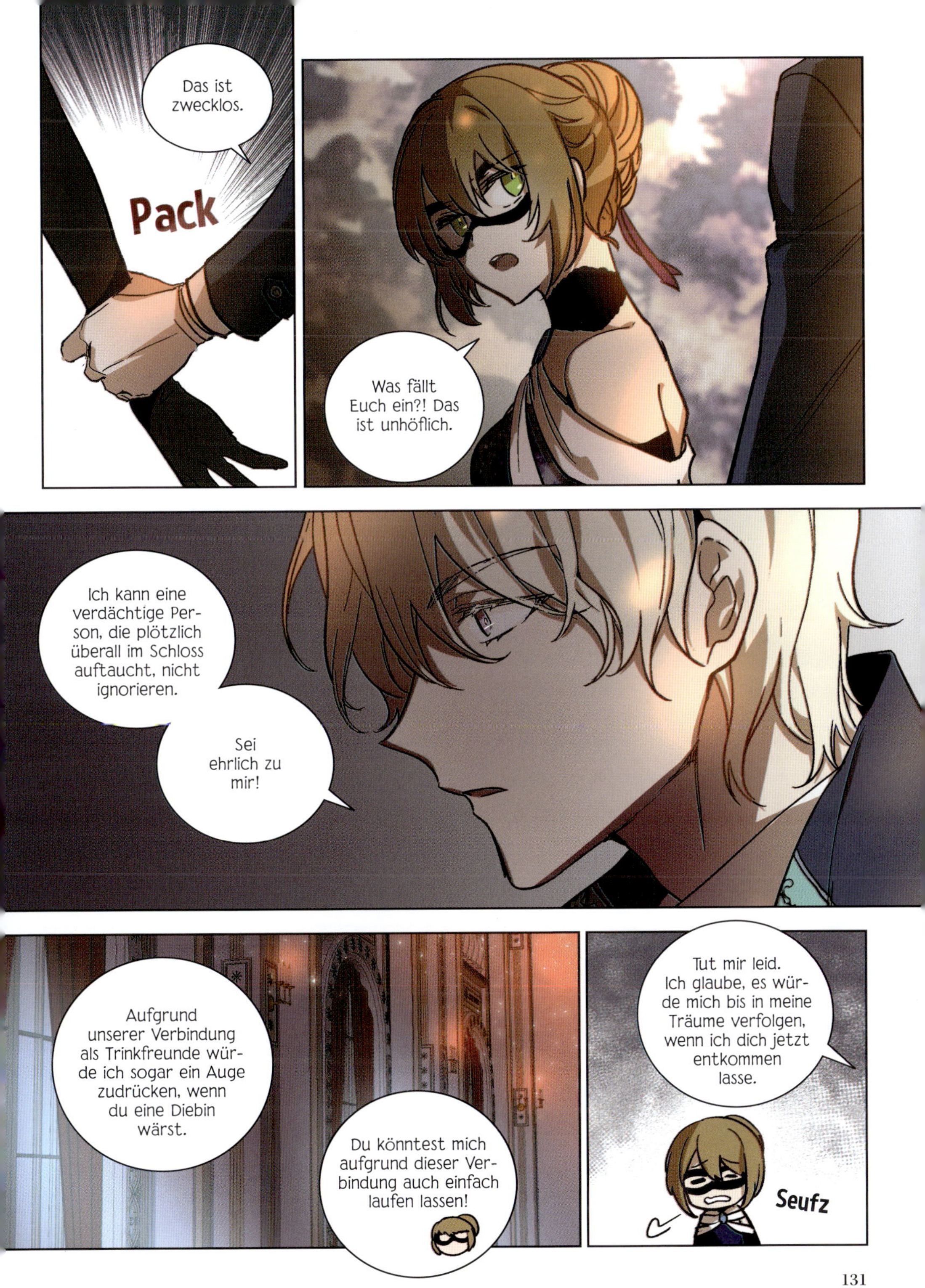
Das ist zwecklos.
Pack
Was fällt Euch ein?! Das ist unhöflich.
Ich kann eine verdächtige Person, die plötzlich überall im Schloss auftaucht, nicht ignorieren.
Sei ehrlich zu mir!
Aufgrund unserer Verbindung als Trinkfreunde würde ich sogar ein Auge zudrücken, wenn du eine Diebin wärst.
Du könntest mich aufgrund dieser Verbindung auch einfach laufen lassen!
Tut mir leid. Ich glaube, es würde mich bis in meine Träume verfolgen, wenn ich dich jetzt entkommen lasse.
Seufz

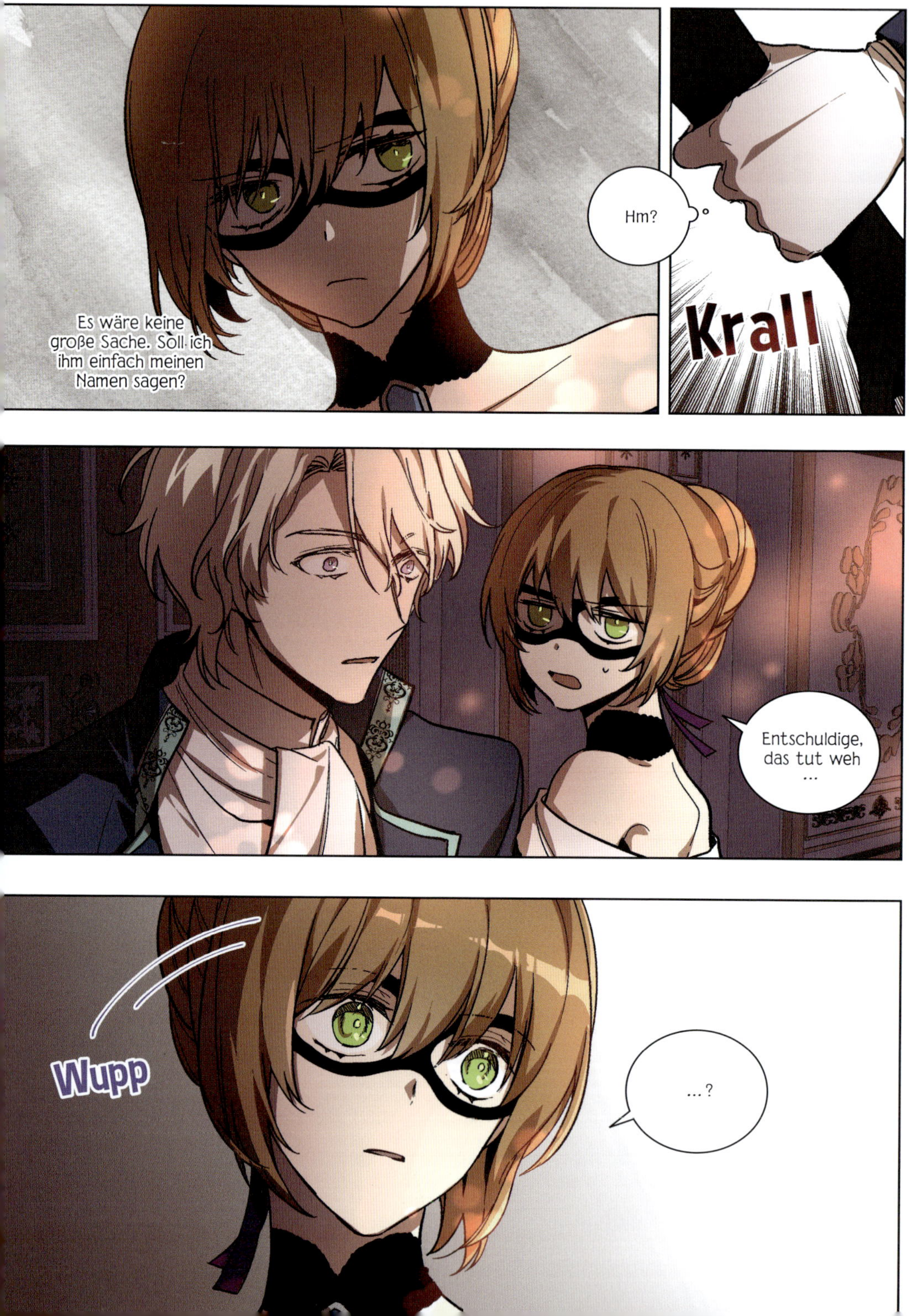
Es wäre keine große Sache. Soll ich ihm einfach meinen Namen sagen?
Hm?
Krall
Entschuldige, das tut weh …
Wupp
…?

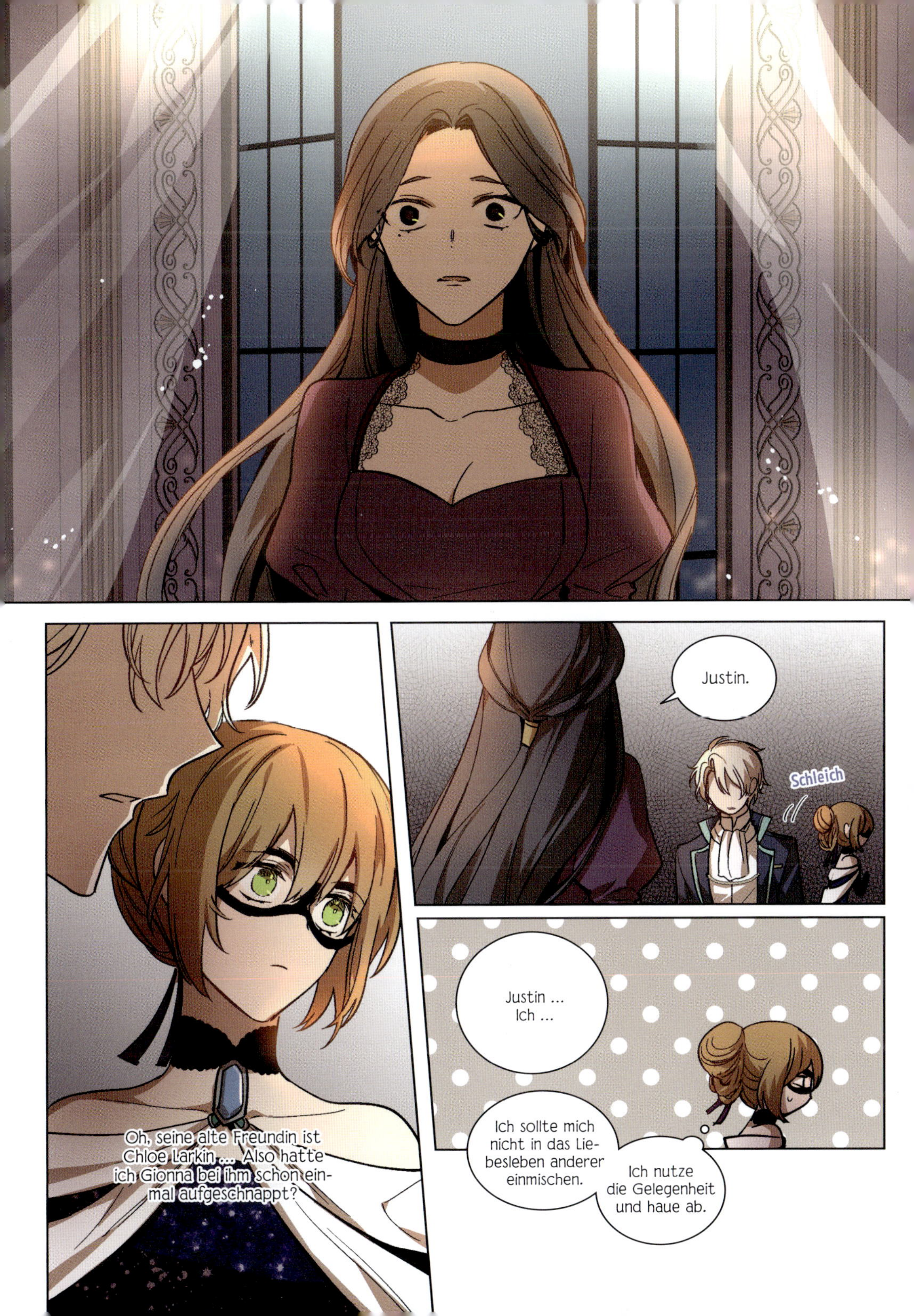
Oh, seine alte Freundin ist Chloe Larkin ... Also hatte ich Gionna bei ihm schon einmal aufgeschnappt?
Justin.
Schleich
Justin ... Ich ...
Ich sollte mich nicht in das Liebesleben anderer einmischen.
Ich nutze die Gelegenheit und haue ab.

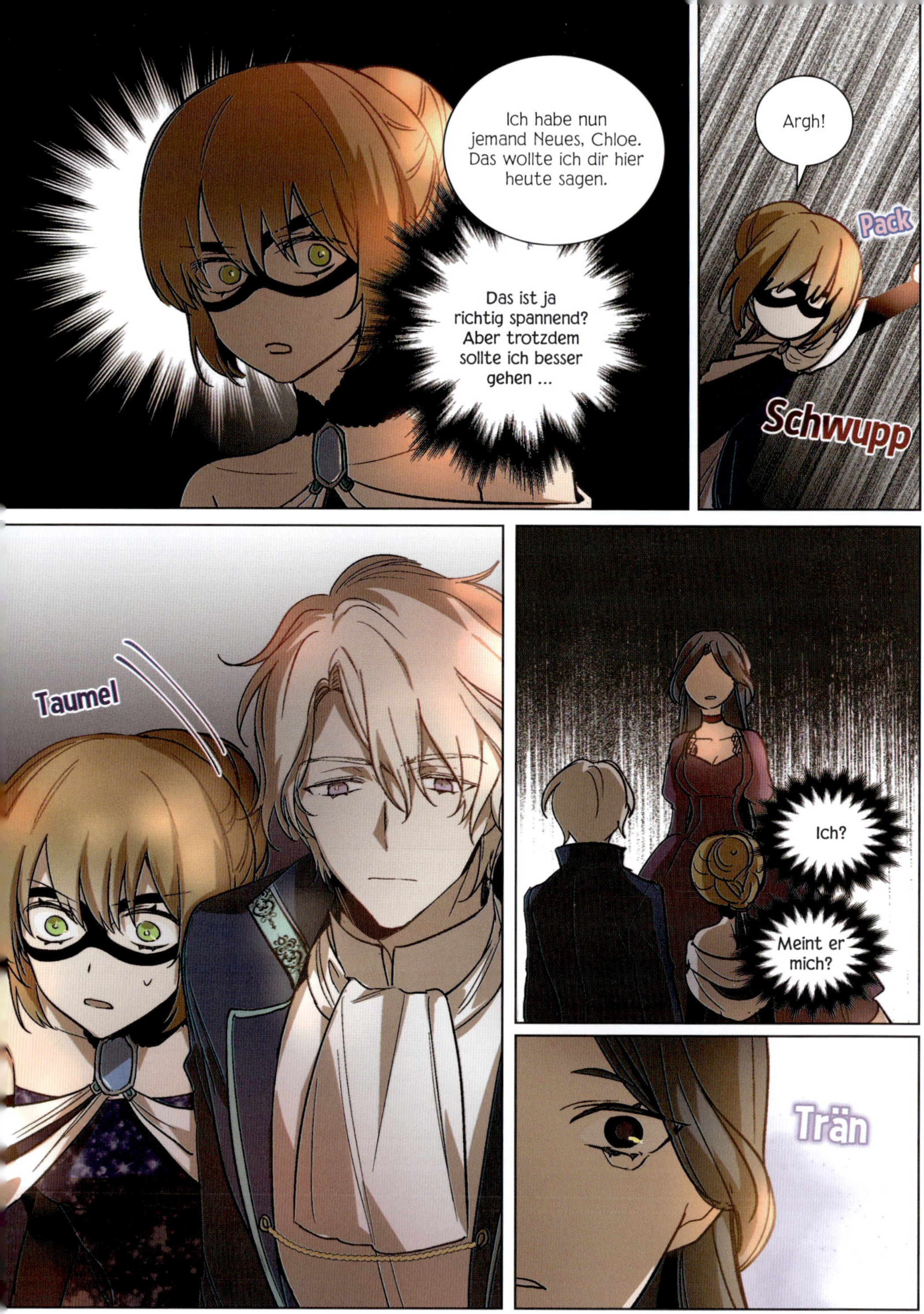

Ich habe nun jemand Neues, Chloe. Das wollte ich dir hier heute sagen.
Das ist ja richtig spannend? Aber trotzdem sollte ich besser gehen ...
Argh!
Pack
Schwupp
Taumel
Ich?
Meint er mich?
Trän

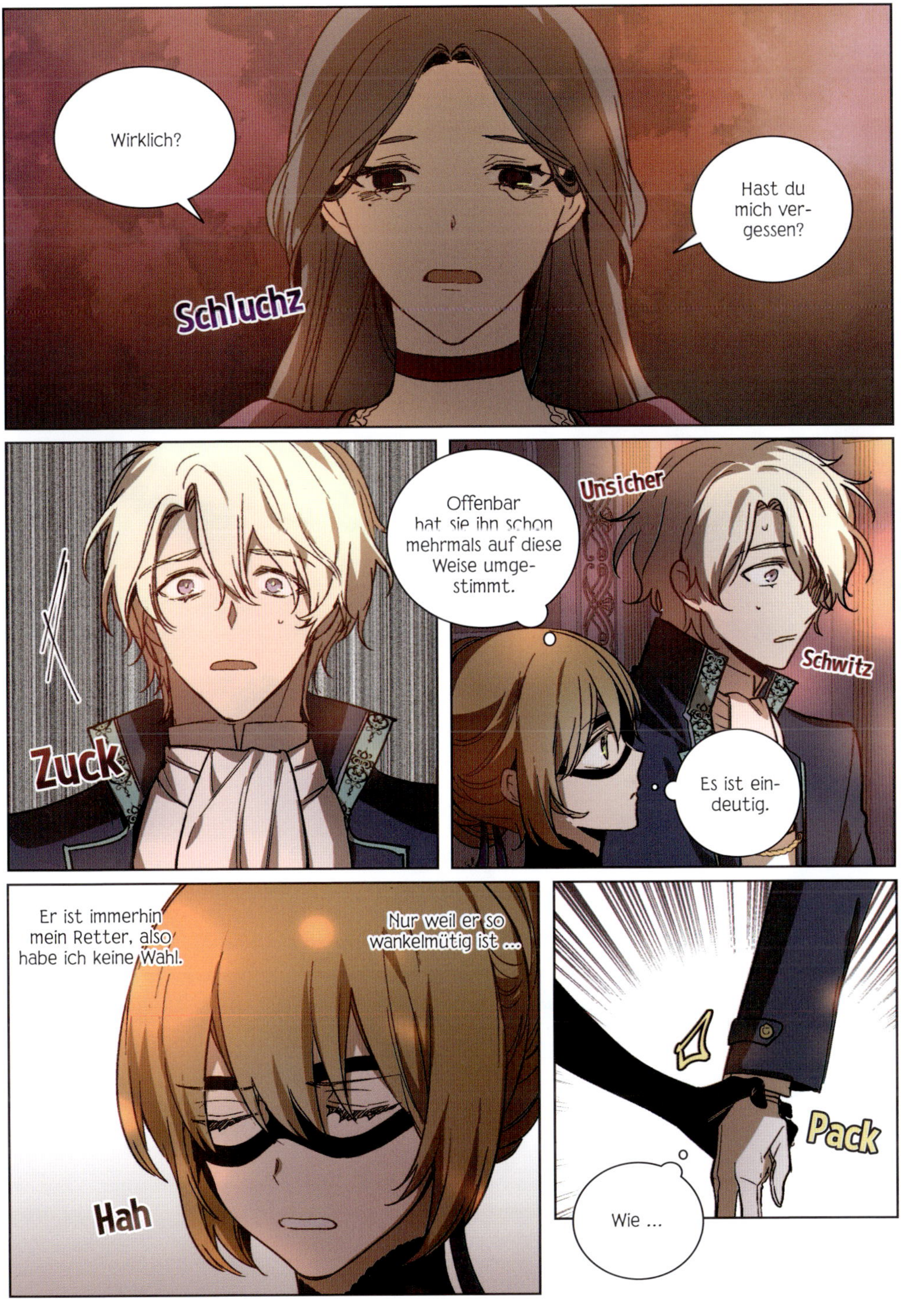
Wirklich?
Hast du mich vergessen?
Schluchz
Zuck
Unsicher
Offenbar hat sie ihn schon mehrmals auf diese Weise umgestimmt.
Schwitz
Es ist eindeutig.
Er ist immerhin mein Retter, also habe ich keine Wahl.
Nur weil er so wankelmütig ist …
Hah
Pack
Wie …

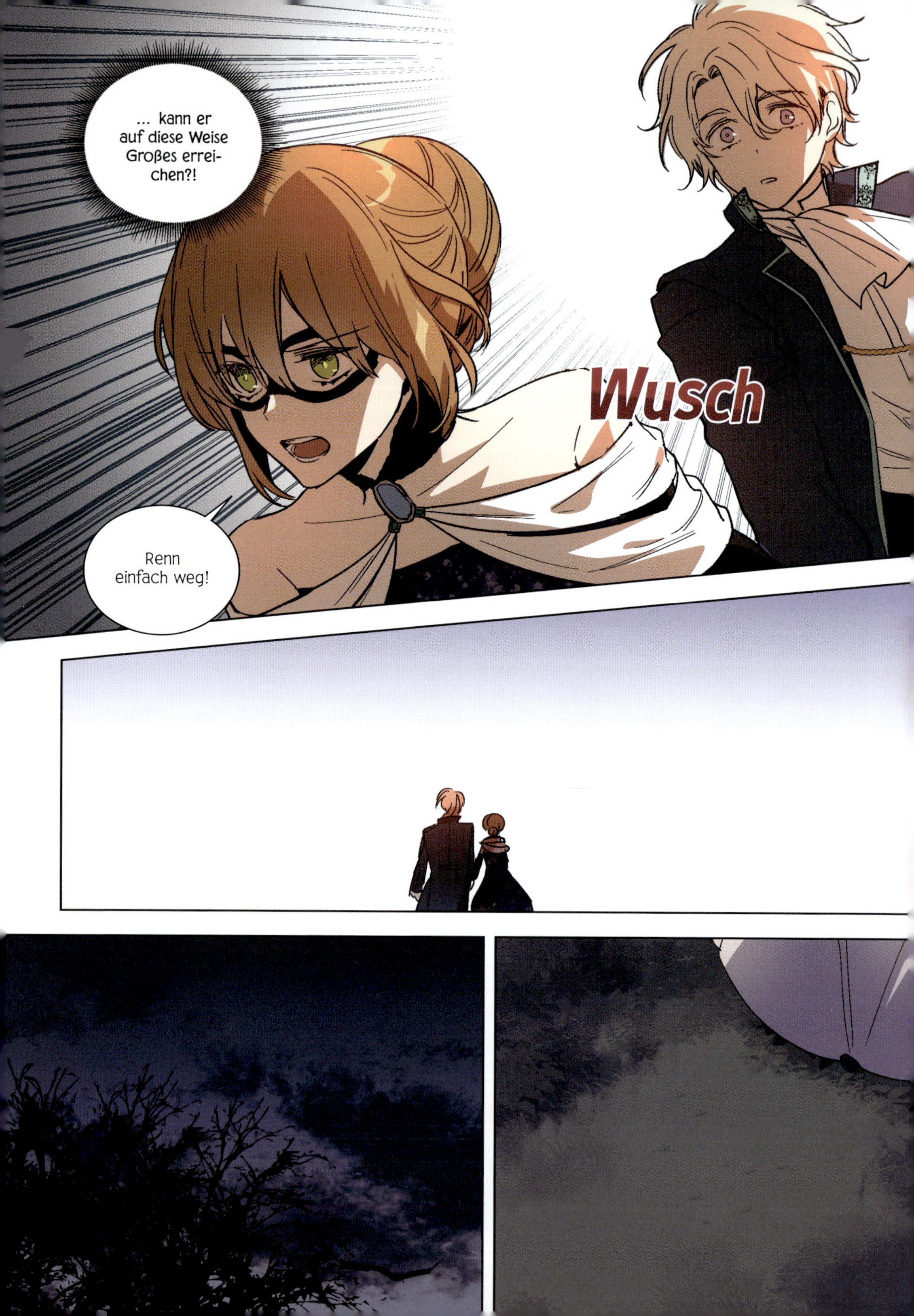
... kann er auf diese Weise Großes errei-chen?!
Wusch
Renn einfach weg!

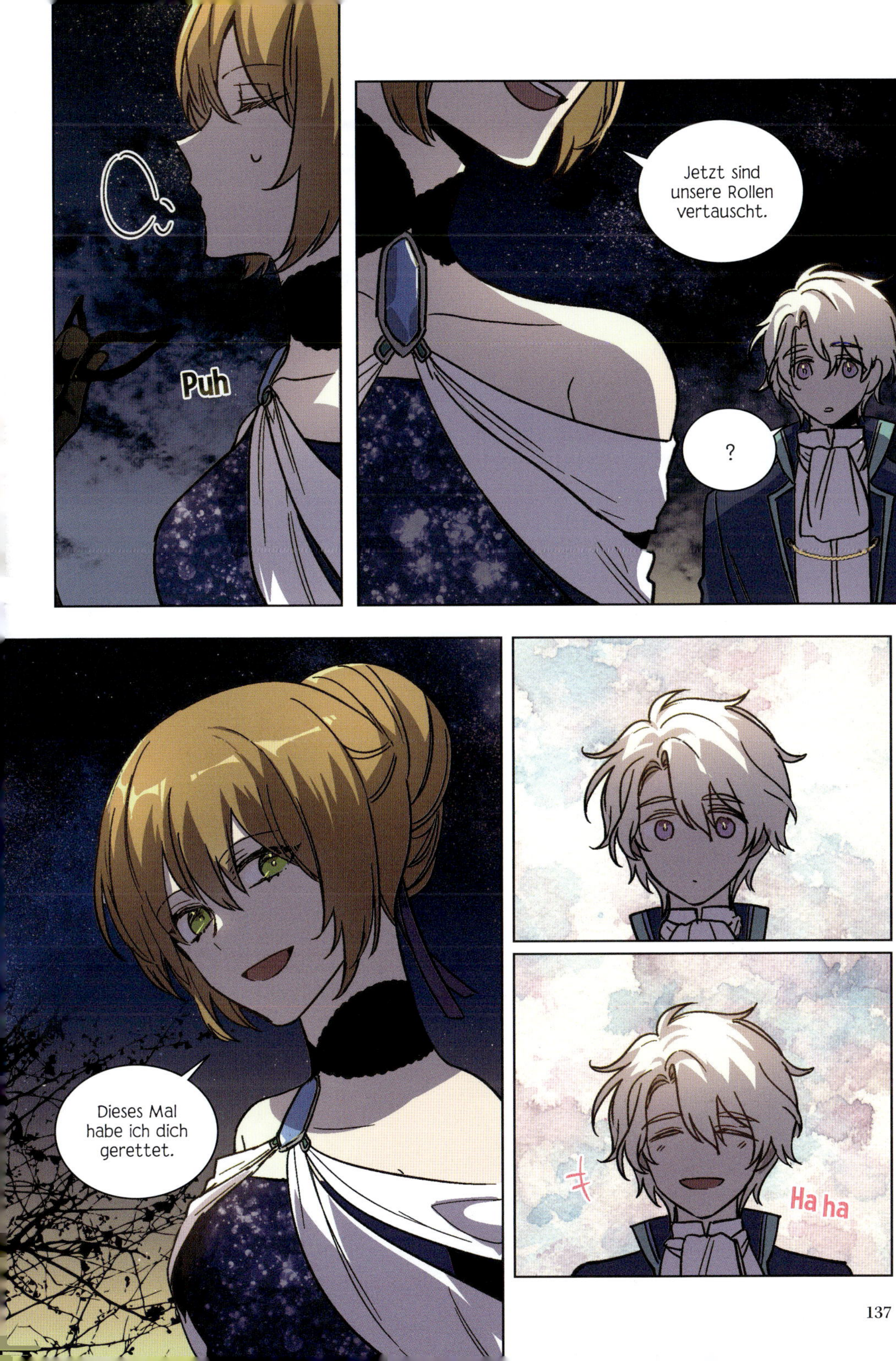
Puh
Jetzt sind unsere Rollen vertauscht.
?
Dieses Mal habe ich dich gerettet.
Ha ha

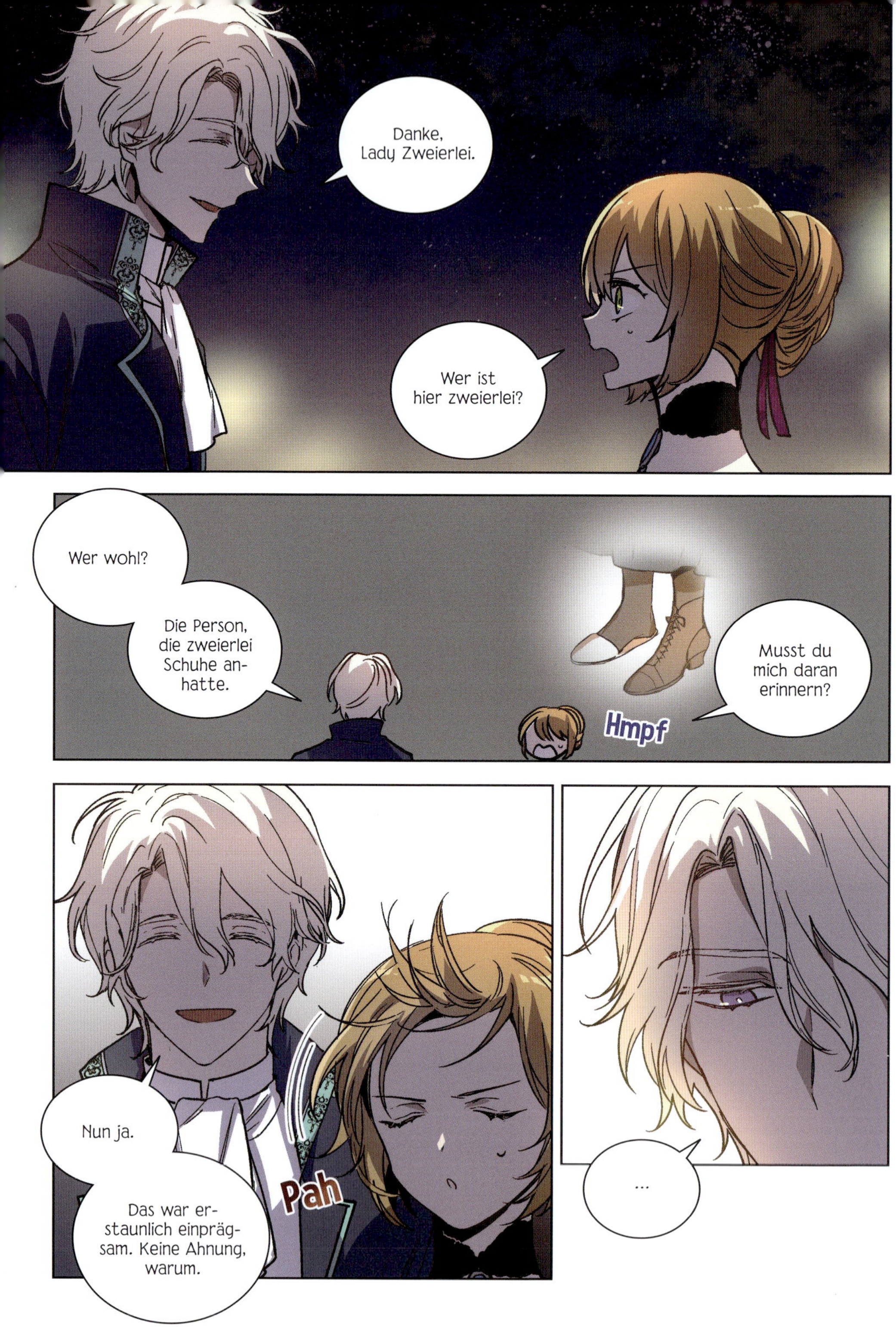
Danke, Lady Zweierlei.
Wer ist hier zweierlei?
Wer wohl?
Die Person, die zweierlei Schuhe an- hatte.
Musst du mich daran erinnern?
Hmpf
Nun ja.
Das war er- staunlich einpräg- sam. Keine Ahnung, warum.
Pah
...

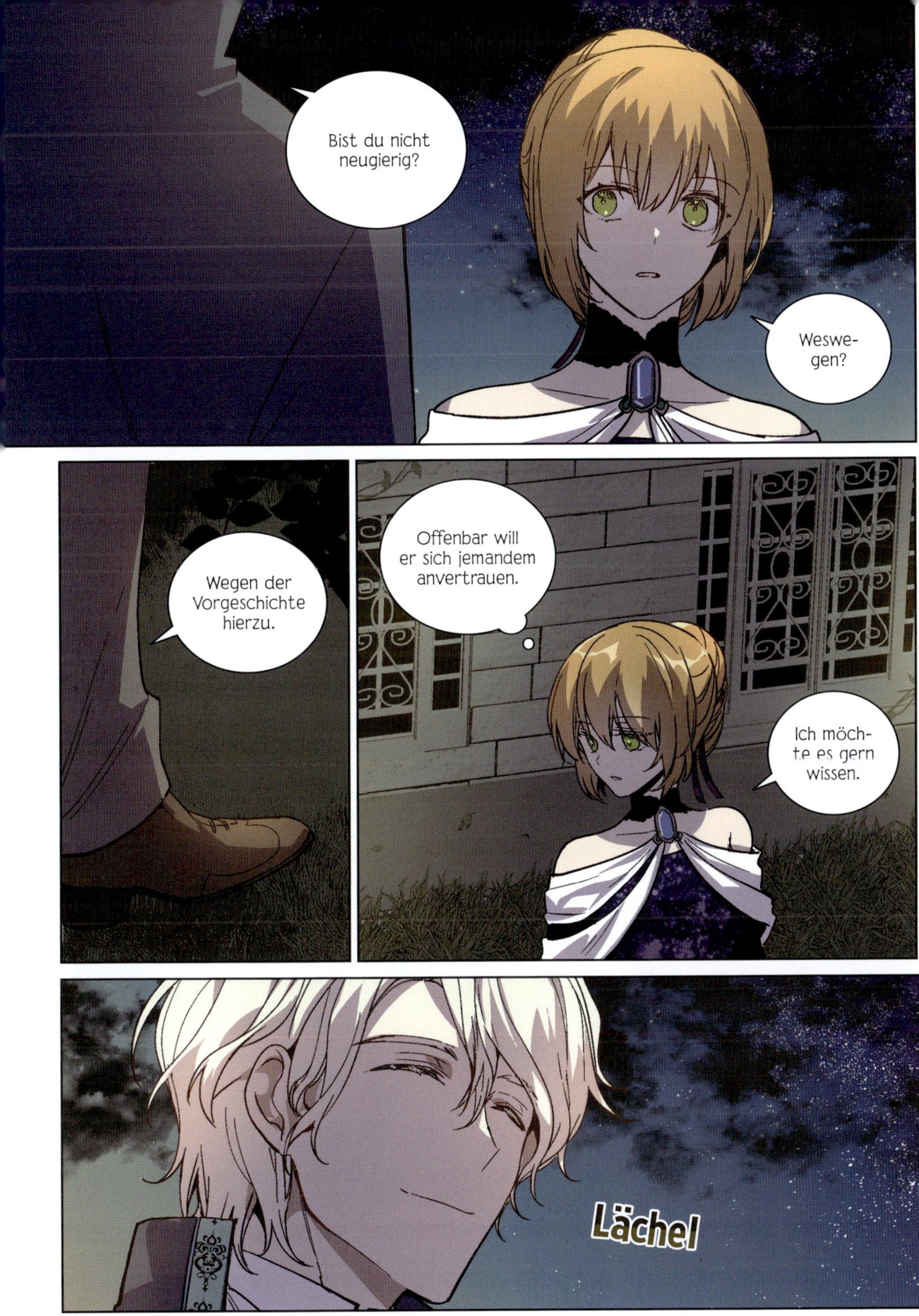
Bist du nicht neugierig?
Weswe-gen?
Wegen der Vorgeschichte hierzu.
Offenbar will er sich jemandem anvertrauen.
Ich möch-te es gern wissen.
Lächel

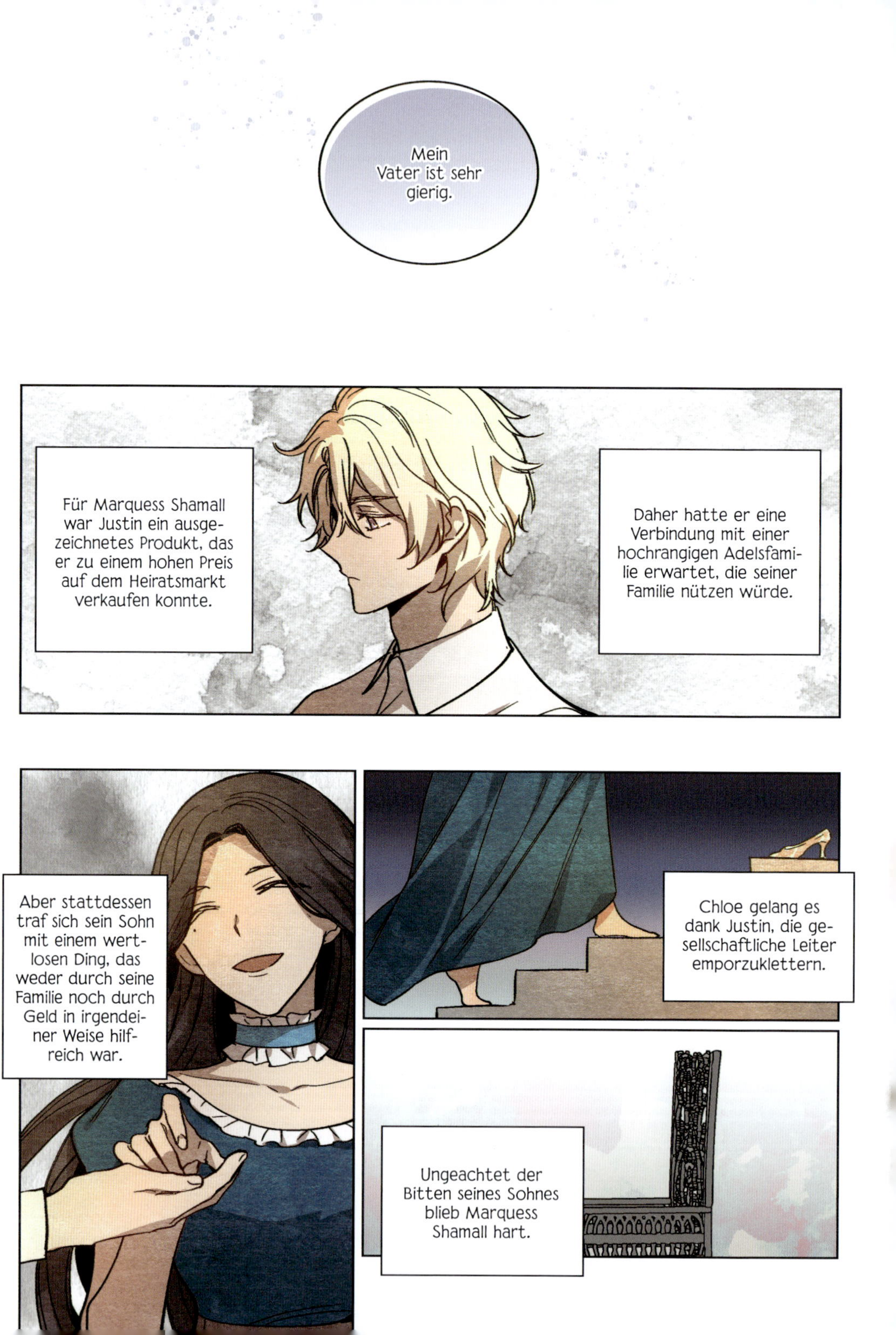
Mein Vater ist sehr gierig.
Für Marquess Shamall war Justin ein ausgezeichnetes Produkt, das er zu einem hohen Preis auf dem Heiratsmarkt verkaufen konnte.
Daher hatte er eine Verbindung mit einer hochrangigen Adelsfamilie erwartet, die seiner Familie nützen würde.
Aber stattdessen traf sich sein Sohn mit einem wertlosen Ding, das weder durch seine Familie noch durch Geld in irgendeiner Weise hilfreich war.
Chloe gelang es dank Justin, die gesellschaftliche Leiter emporzuklettern.
Ungeachtet der Bitten seines Sohnes blieb Marquess Shamall hart.

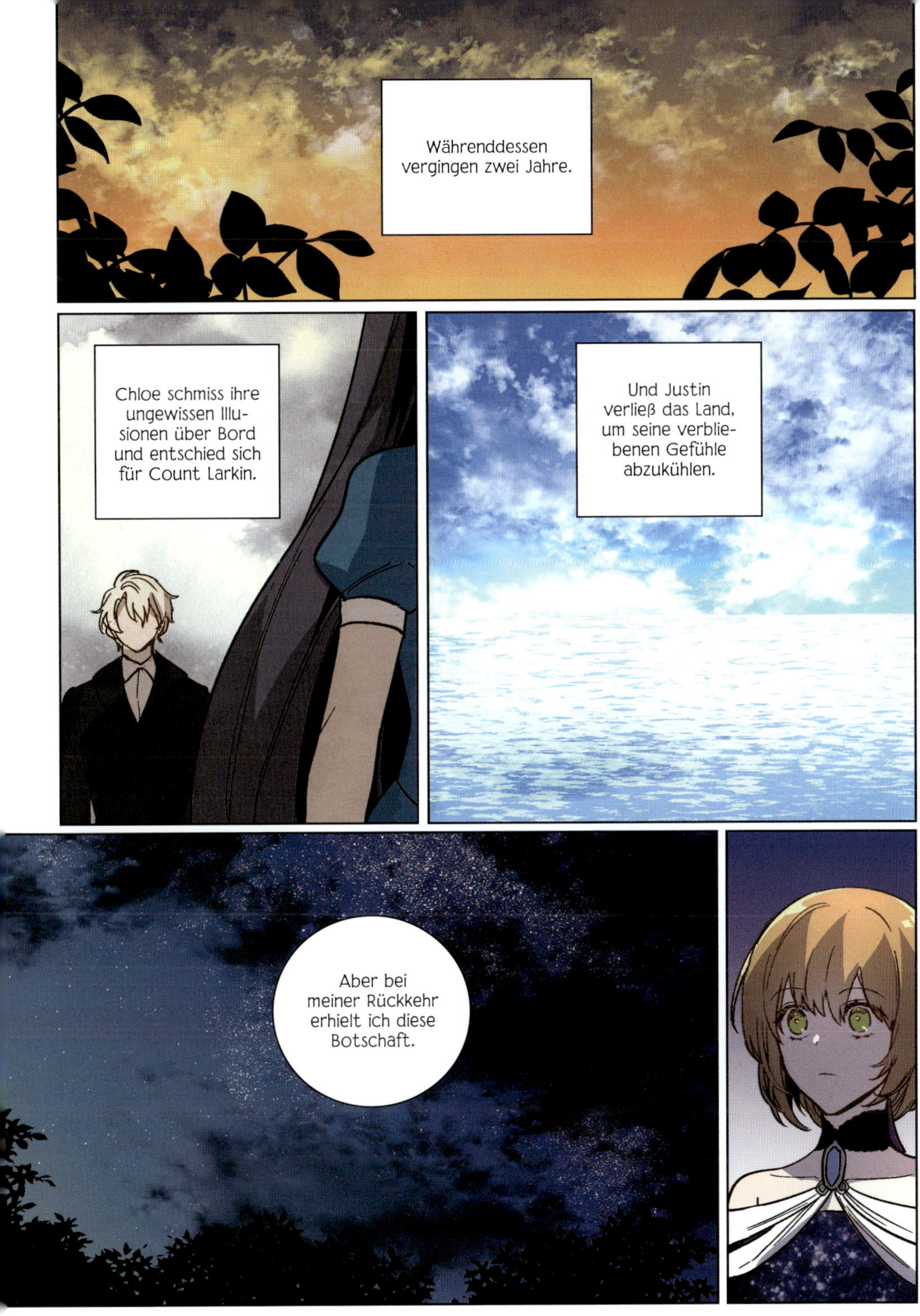
Währenddessen
vergingen zwei Jahre.
Chloe schmiss ihre ungewissen Illu-sionen über Bord und entschied sich für Count Larkin.
Und Justin verließ das Land, um seine verblie-benen Gefühle abzukühlen.
Aber bei meiner Rückkehr erhielt ich diese Botschaft.

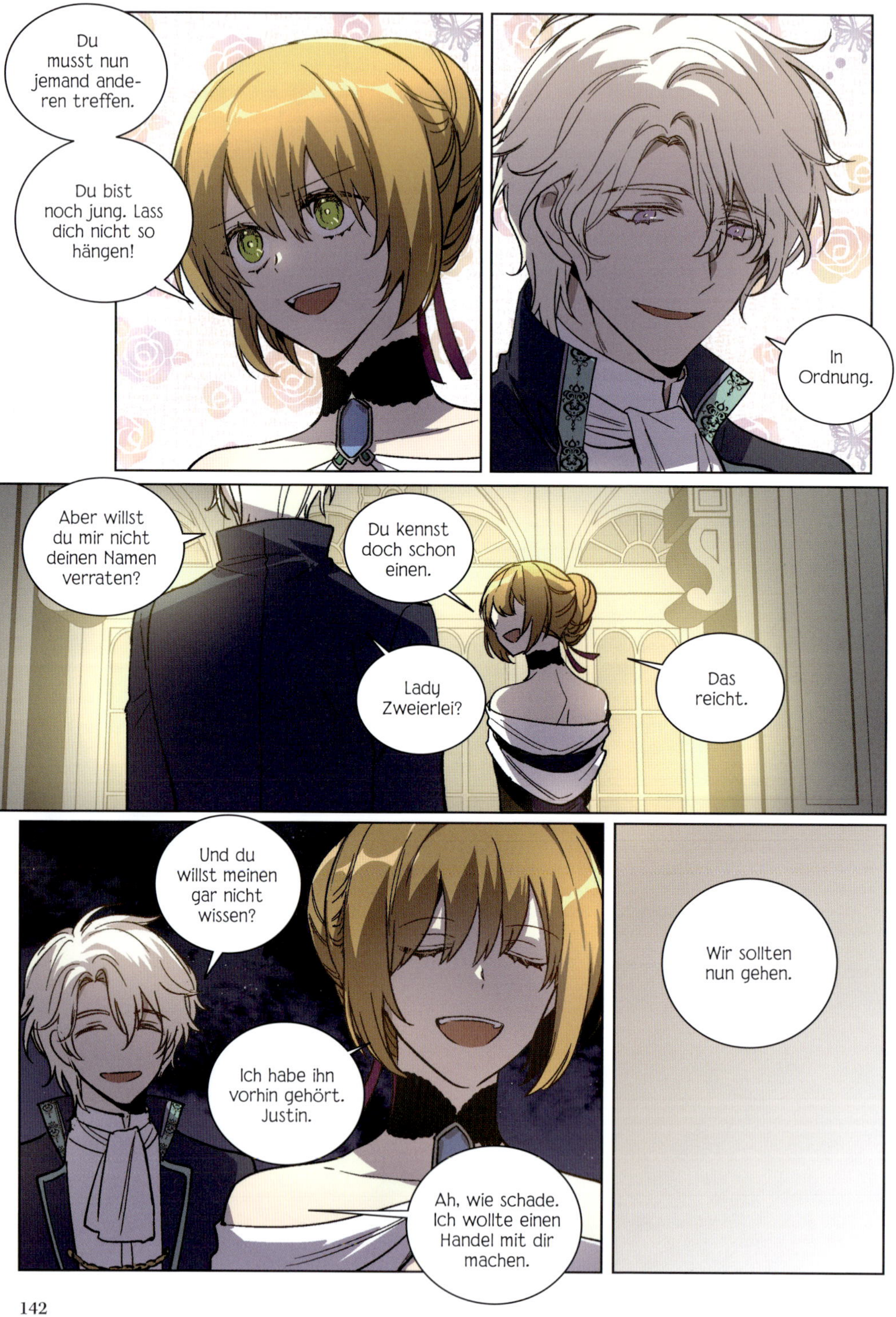
Du musst nun jemand anderen treffen.
Du bist noch jung. Lass dich nicht so hängen!
In Ordnung.
Aber willst du mir nicht deinen Namen verraten?
Du kennst doch schon einen.
Lady Zweierlei?
Das reicht.
Und du willst meinen gar nicht wissen?
Ich habe ihn vorhin gehört. Justin.
Ah, wie schade. Ich wollte einen Handel mit dir machen.
Wir sollten nun gehen.

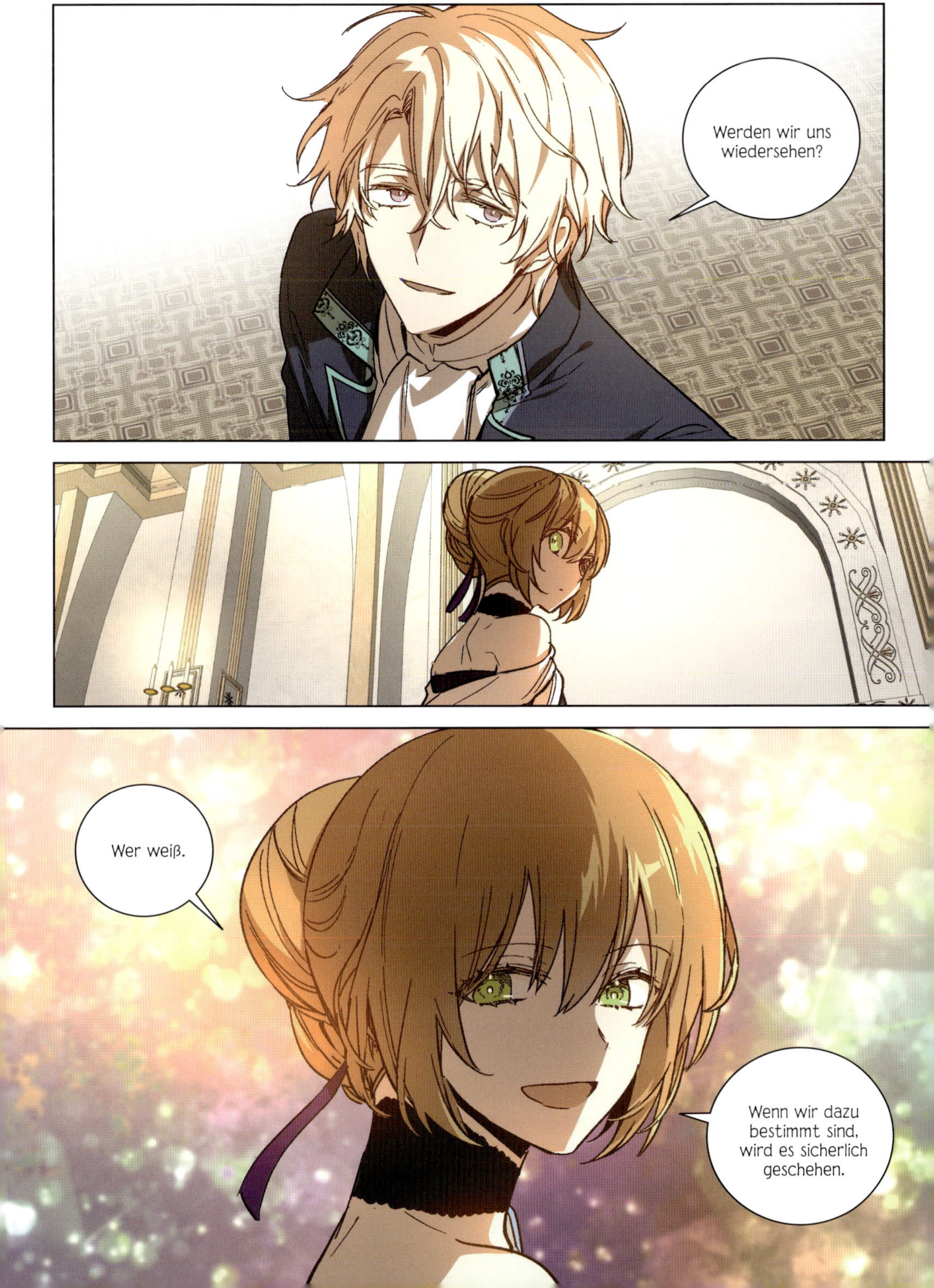
Werden wir uns wiedersehen?
Wer weiß.
Wenn wir dazu bestimmt sind, wird es sicherlich geschehen.

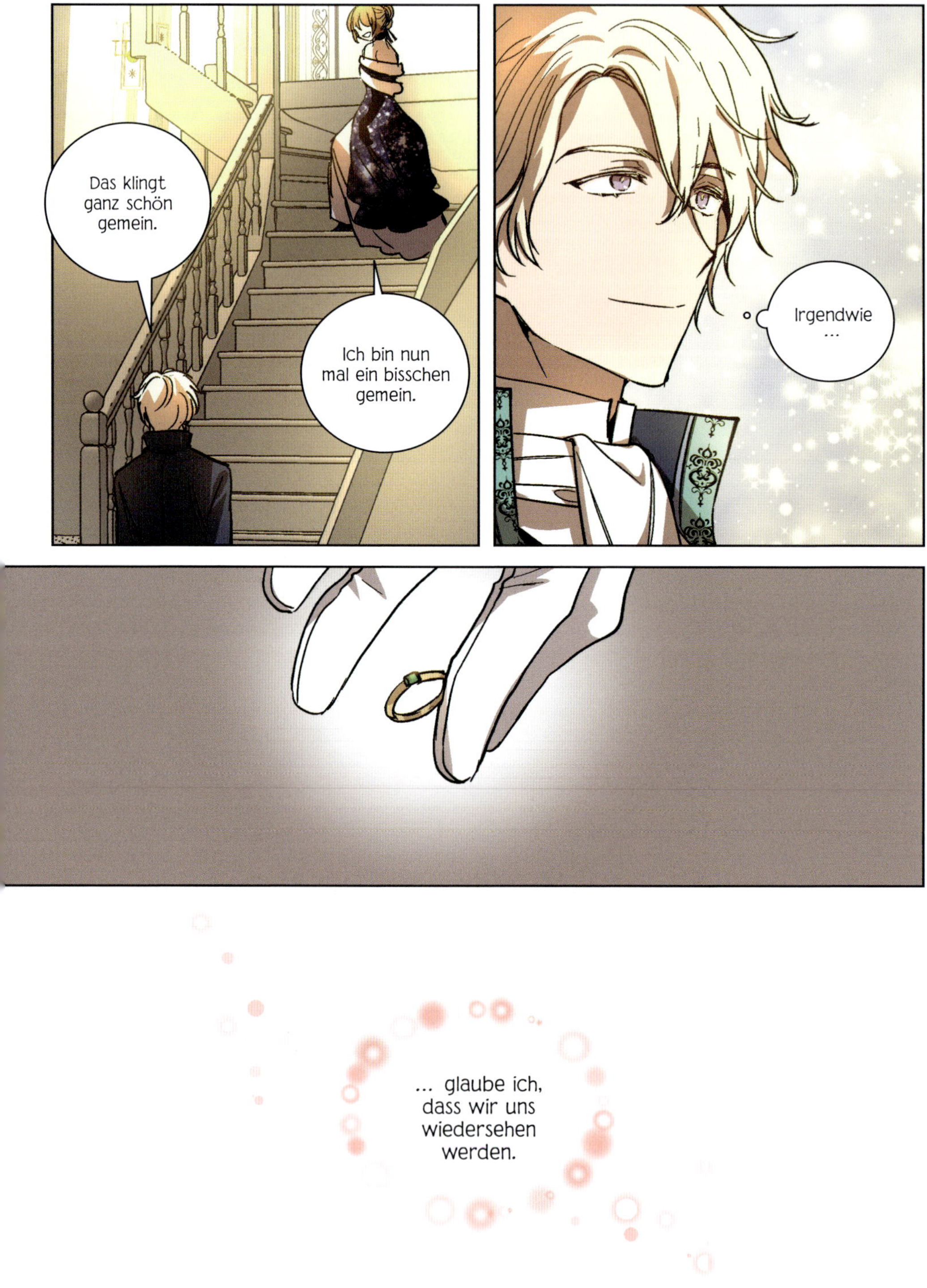
Das klingt ganz schön gemein.
Ich bin nun mal ein bisschen gemein.
Irgendwie ...
... glaube ich, dass wir uns wiedersehen werden.

RAELIANA

Warum sie die Verlobte des Dukes wurde

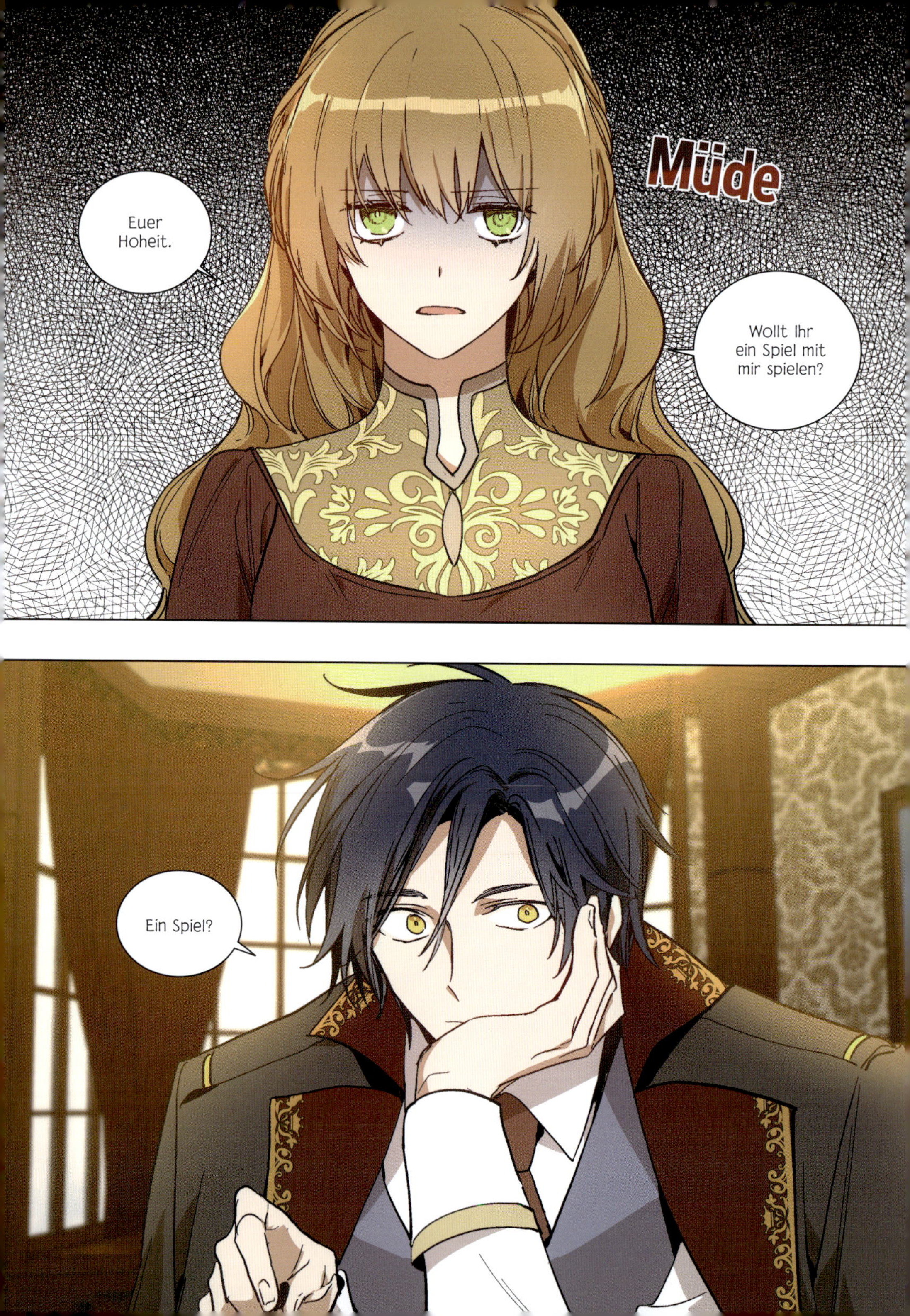
Müde
Euer Hoheit.
Wollt Ihr ein Spiel mit mir spielen?
Ein Spiel?

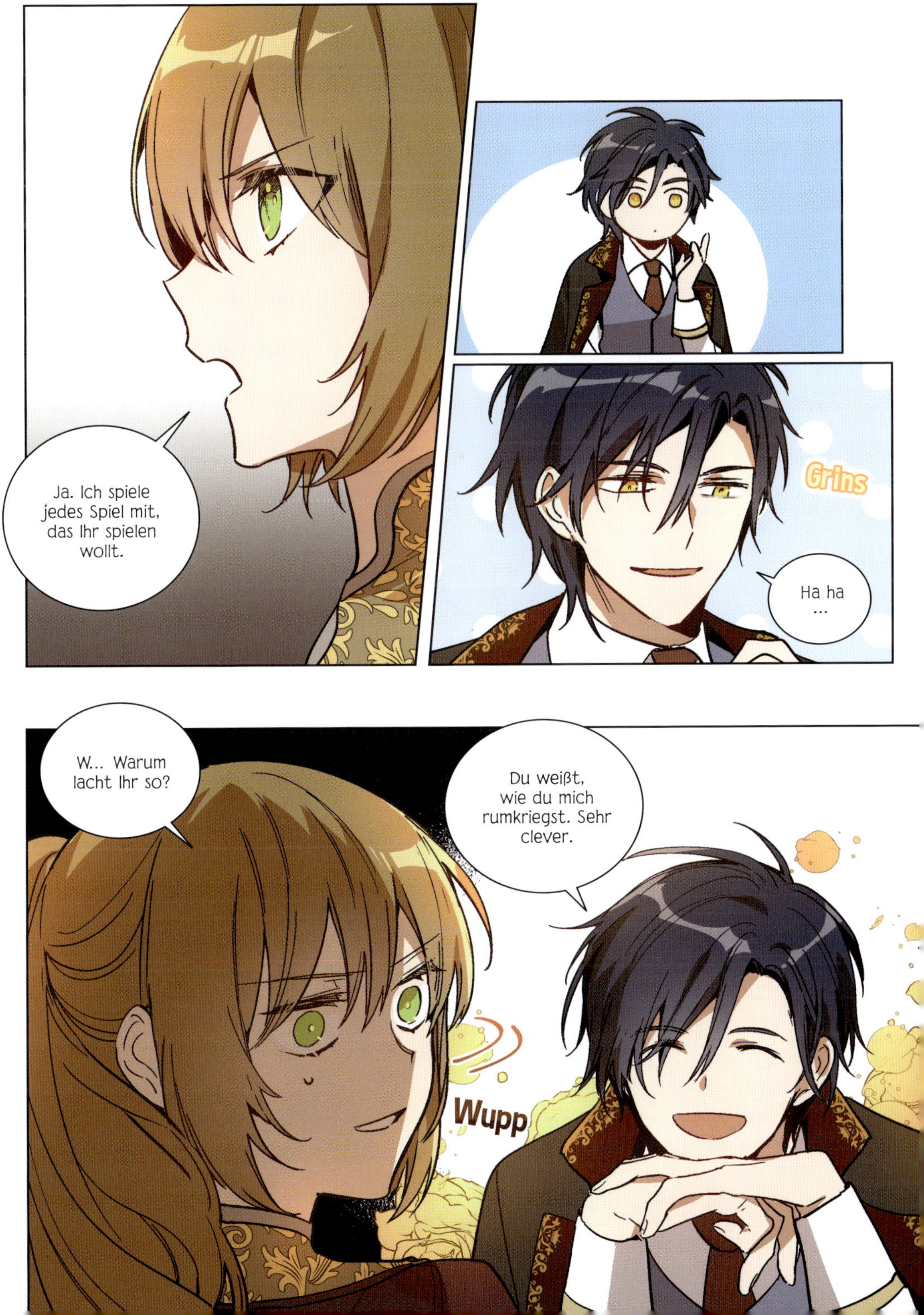
Ja. Ich spiele jedes Spiel mit, das Ihr spielen wollt.
Grins
Ha ha …
W… Warum lacht Ihr so?
Du weißt, wie du mich rumkriegst. Sehr clever.
Wupp

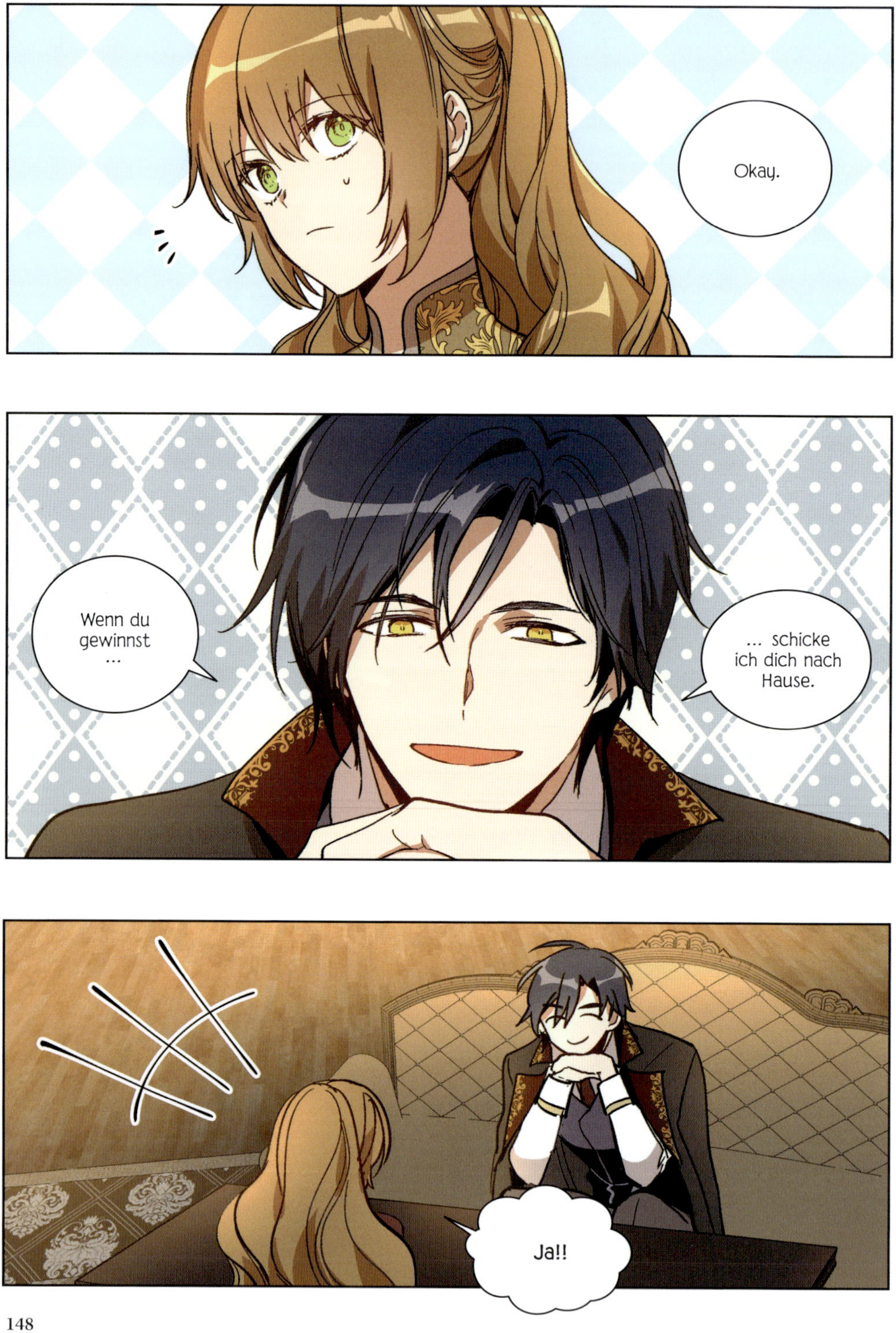
Okay.
Wenn du gewinnst ...
... schicke ich dich nach Hause.
Ja!!

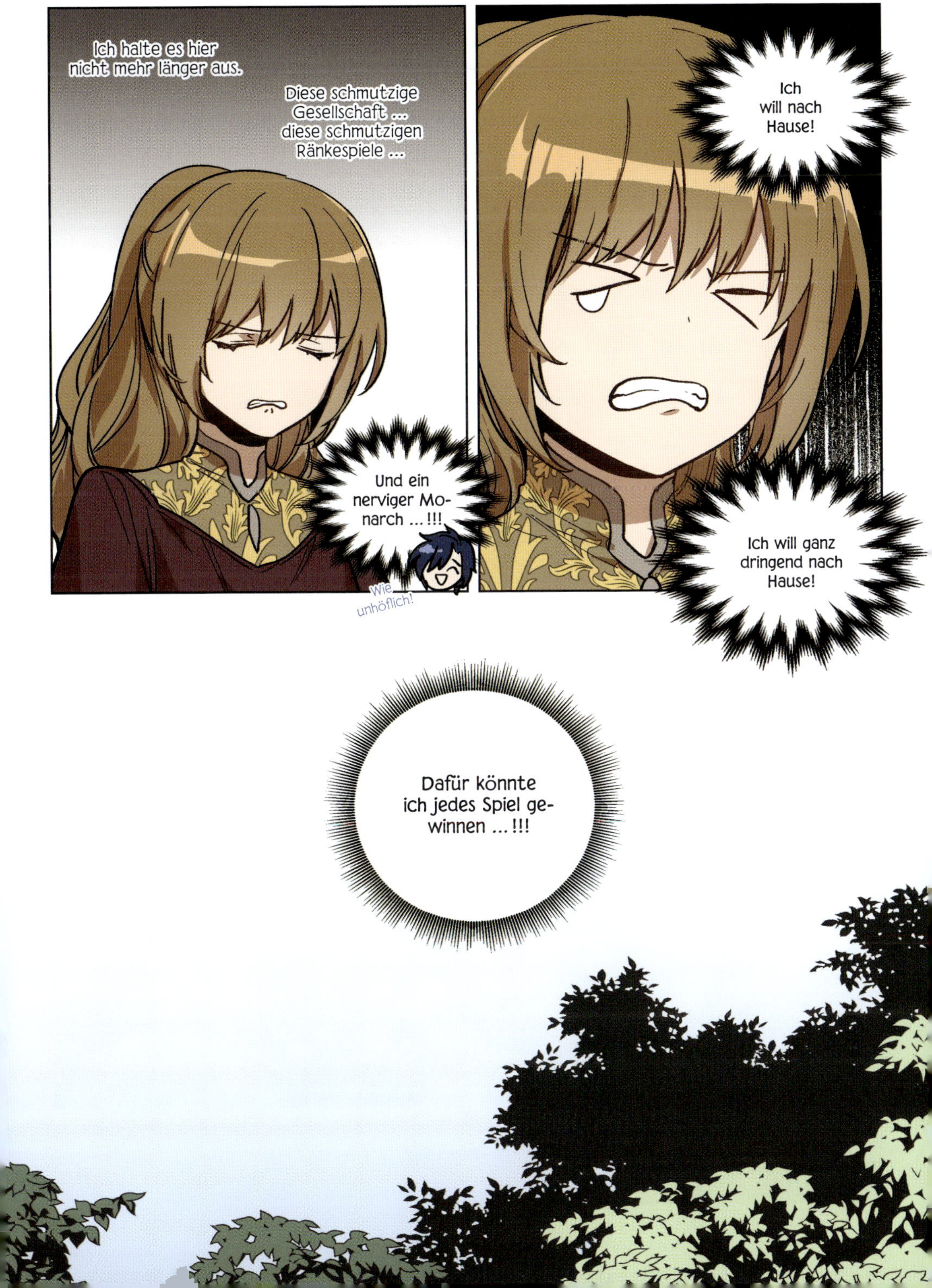
Ich halte es hier nicht mehr länger aus.
Diese schmutzige Gesellschaft … diese schmutzigen Ränkespiele …
Und ein nerviger Monarch …!!!
Wie unhöflich!
Ich will nach Hause!
Ich will ganz dringend nach Hause!
Dafür könnte ich jedes Spiel gewinnen …!!!

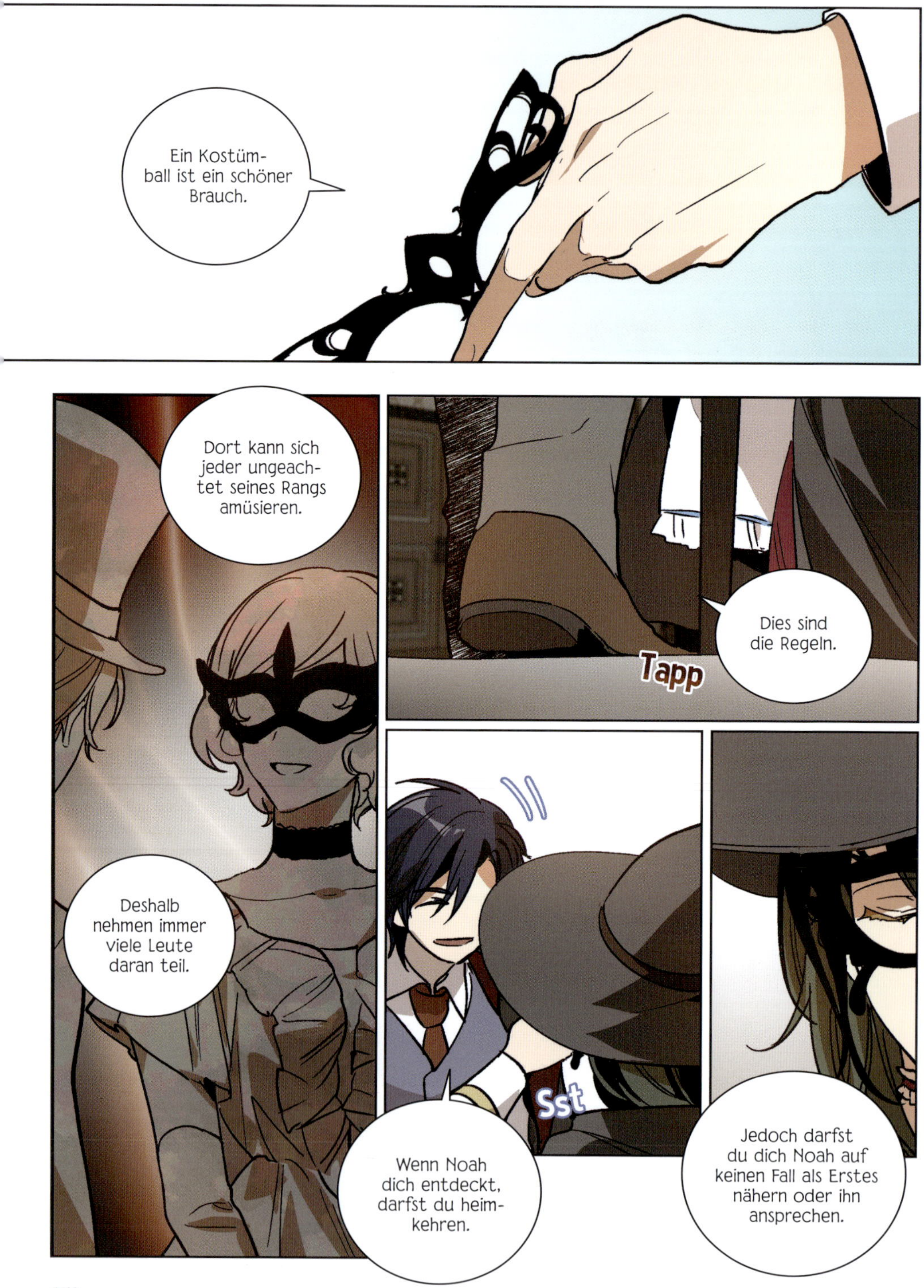
Ein Kostümball ist ein schöner Brauch.
Dort kann sich jeder ungeachtet seines Rangs amüsieren.
Deshalb nehmen immer viele Leute daran teil.
Dies sind die Regeln.
Tapp
Sst
Wenn Noah dich entdeckt, darfst du heimkehren.
Jedoch darfst du dich Noah auf keinen Fall als Erstes nähern oder ihn ansprechen.

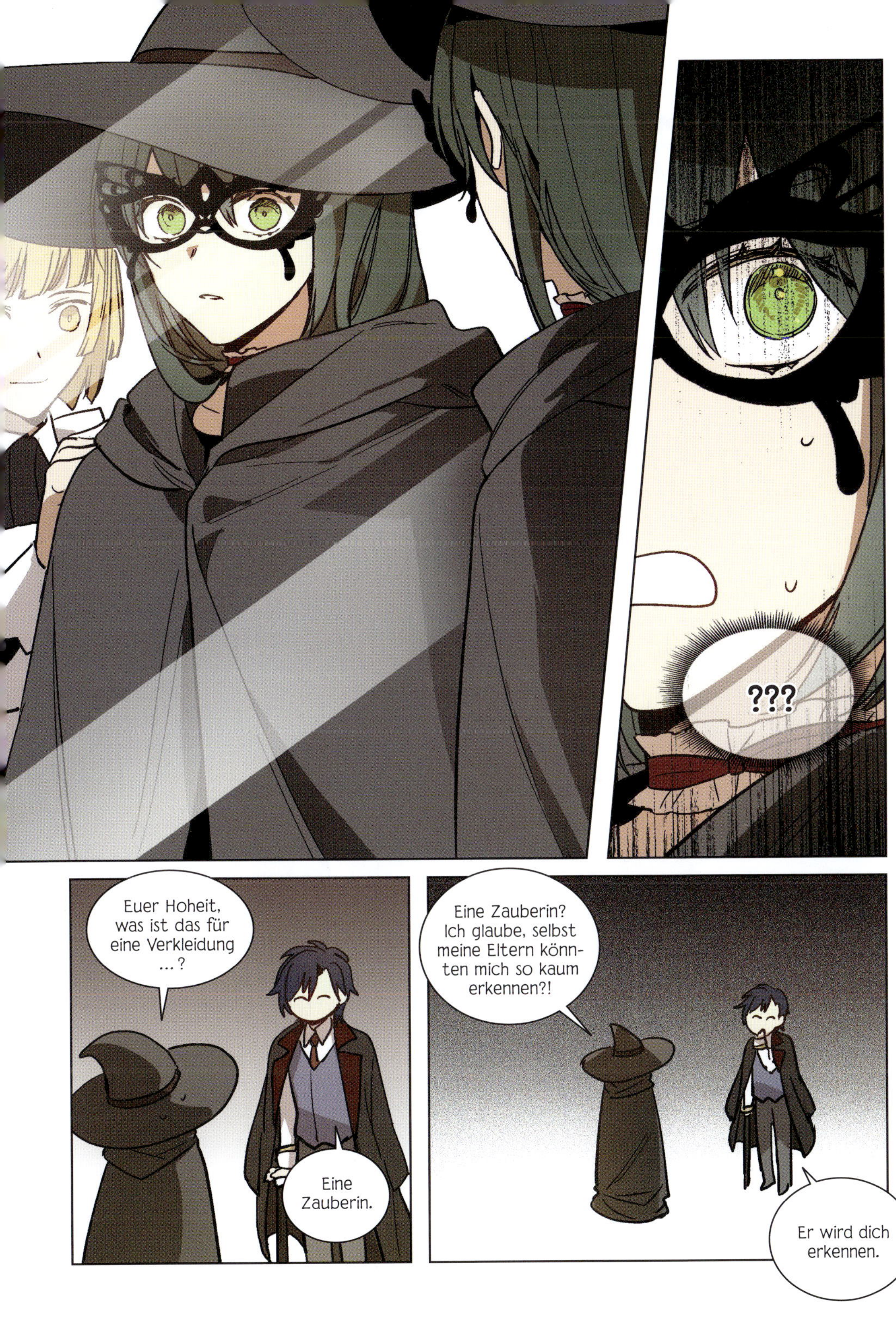
???
Euer Hoheit, was ist das für eine Verkleidung …?
Eine Zauberin.
Eine Zauberin? Ich glaube, selbst meine Eltern könnten mich so kaum erkennen?!
Er wird dich erkennen.

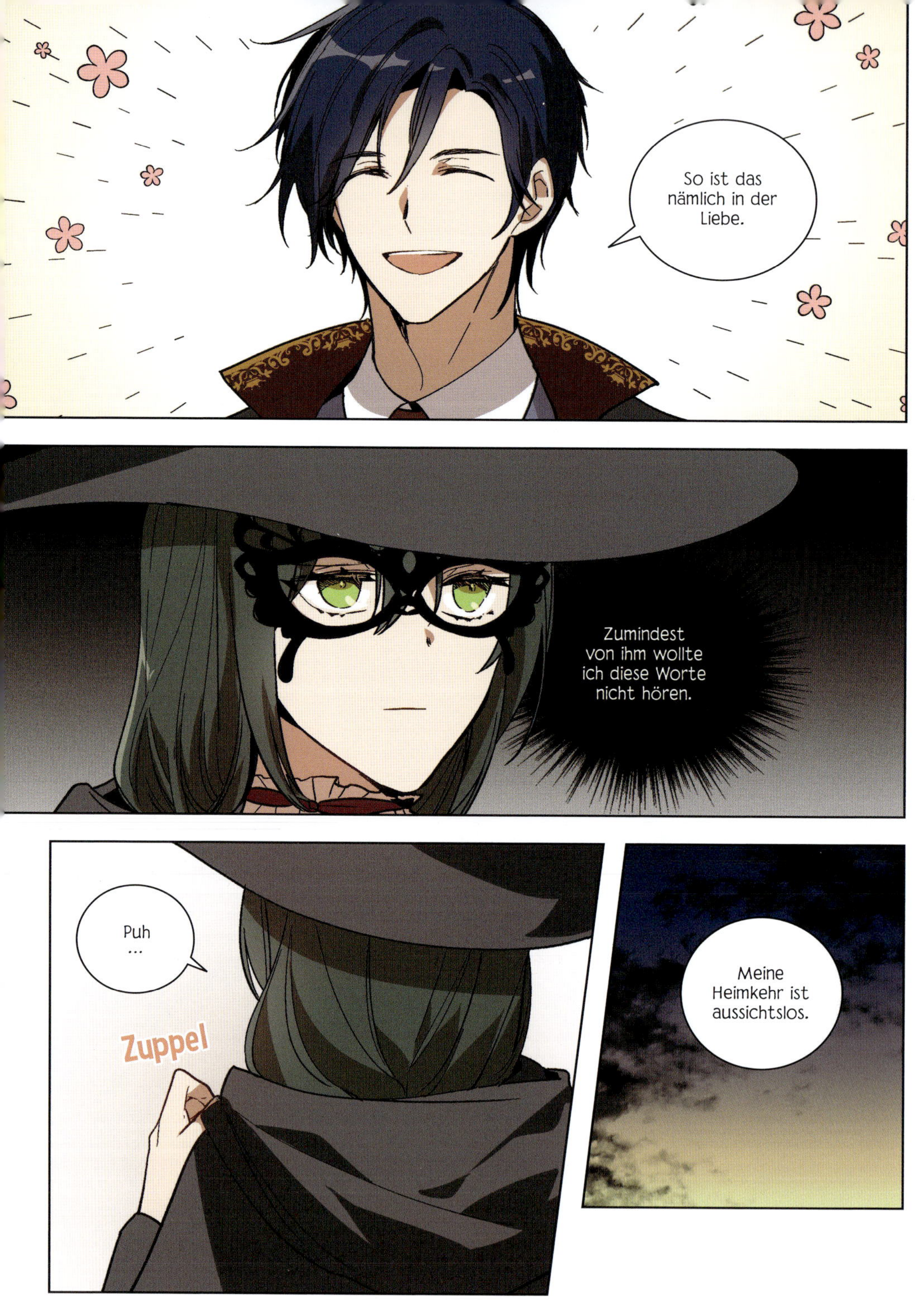

So ist das nämlich in der Liebe.
Zumindest von ihm wollte ich diese Worte nicht hören.
Puh ...
Zuppel
Meine Heimkehr ist aussichtslos.

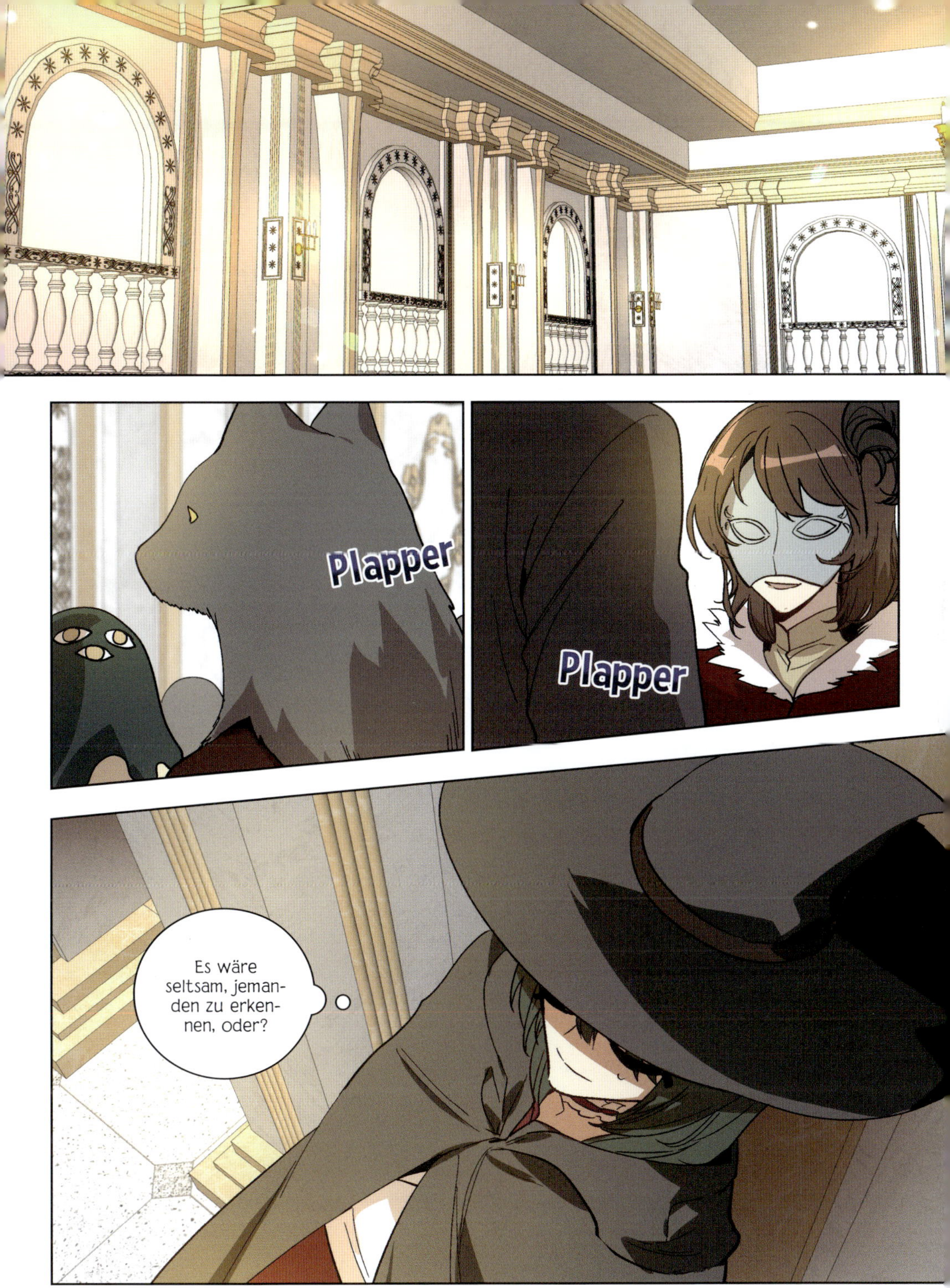
Plapper
Plapper
Es wäre seltsam, jemanden zu erkennen, oder?

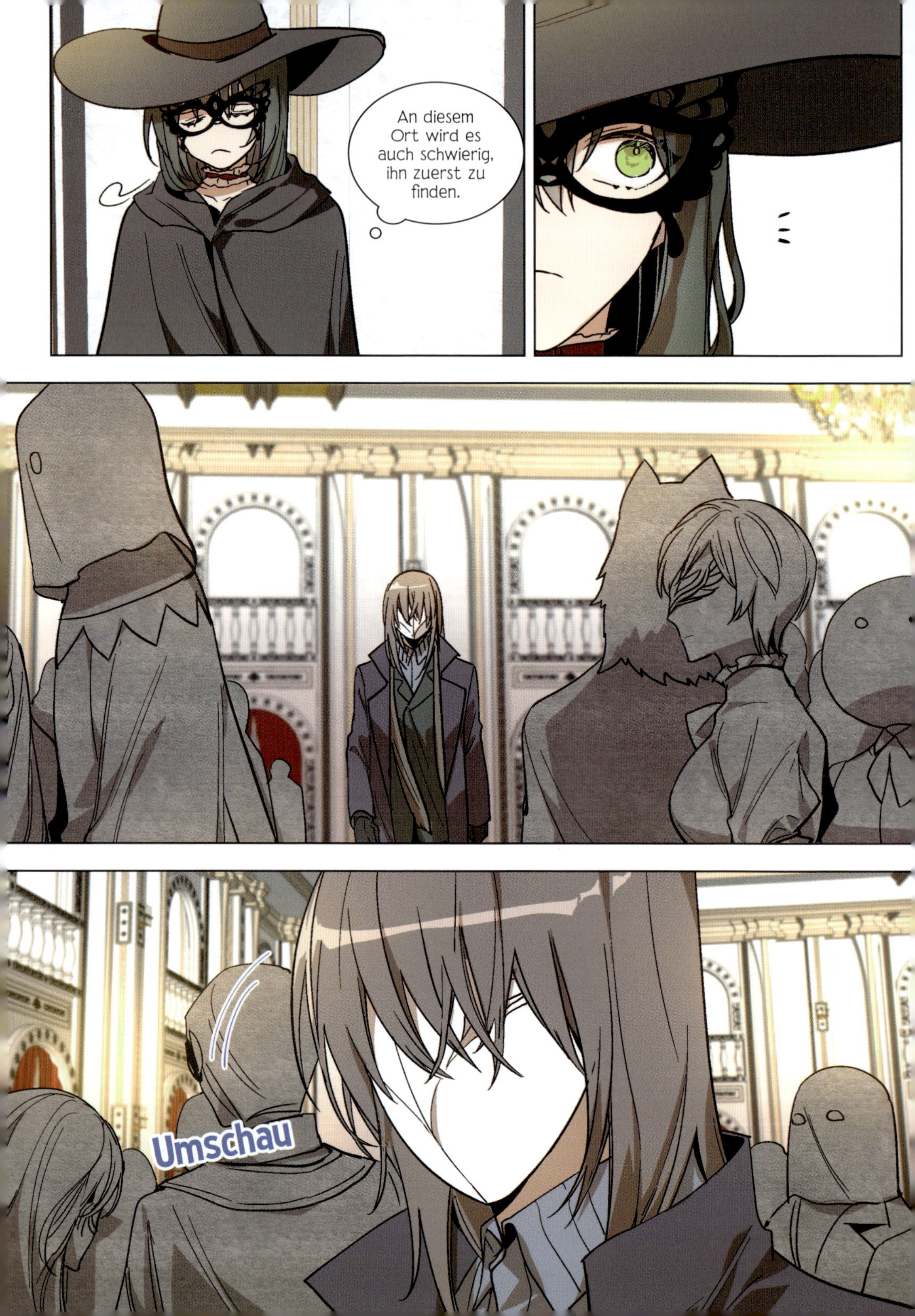
An diesem Ort wird es auch schwierig, ihn zuerst zu finden.
Umschau

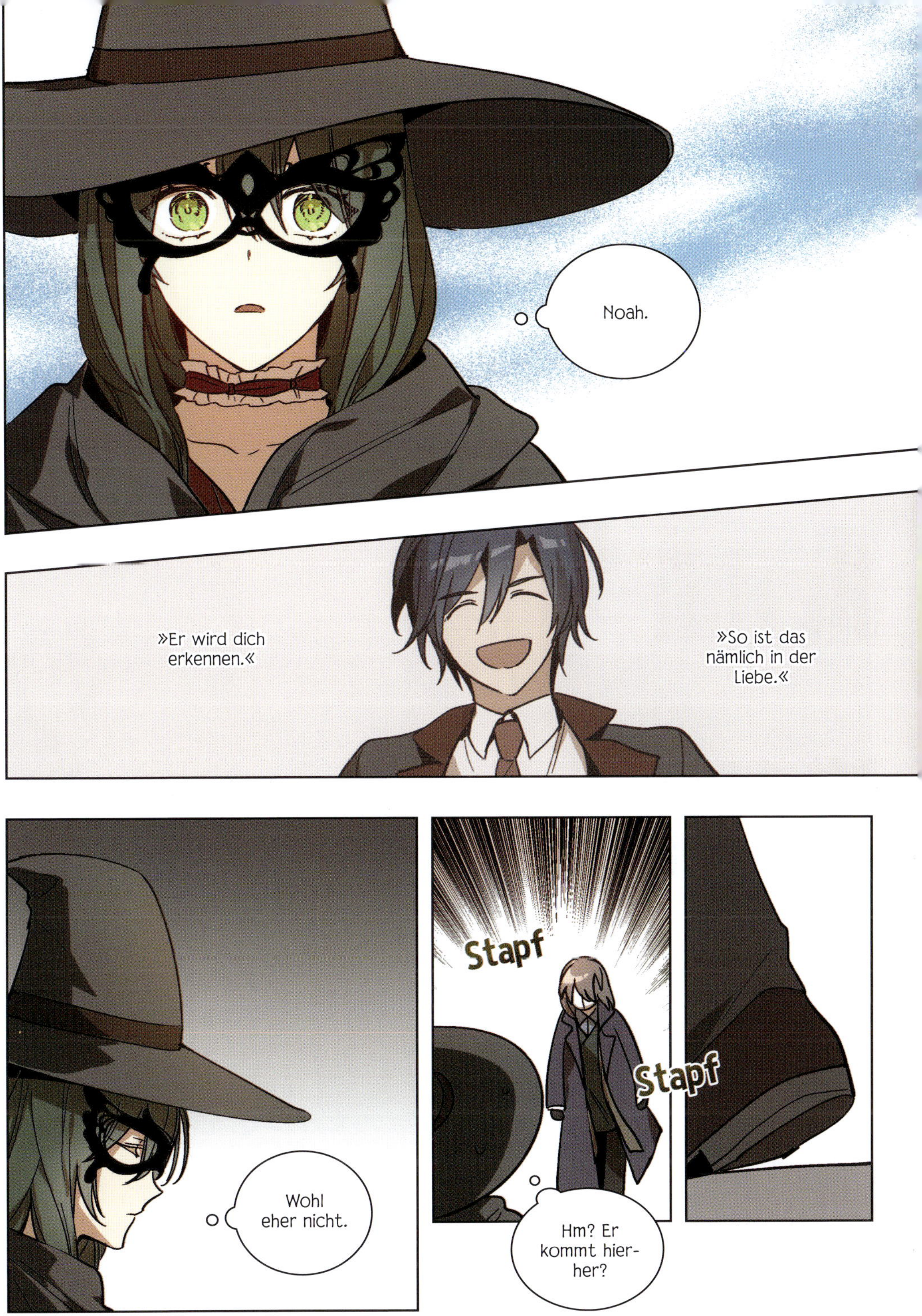
Noah.
»Er wird dich erkennen.«
»So ist das nämlich in der Liebe.«
Wohl eher nicht.
Stapf
Stapf
Hm? Er kommt hierher?

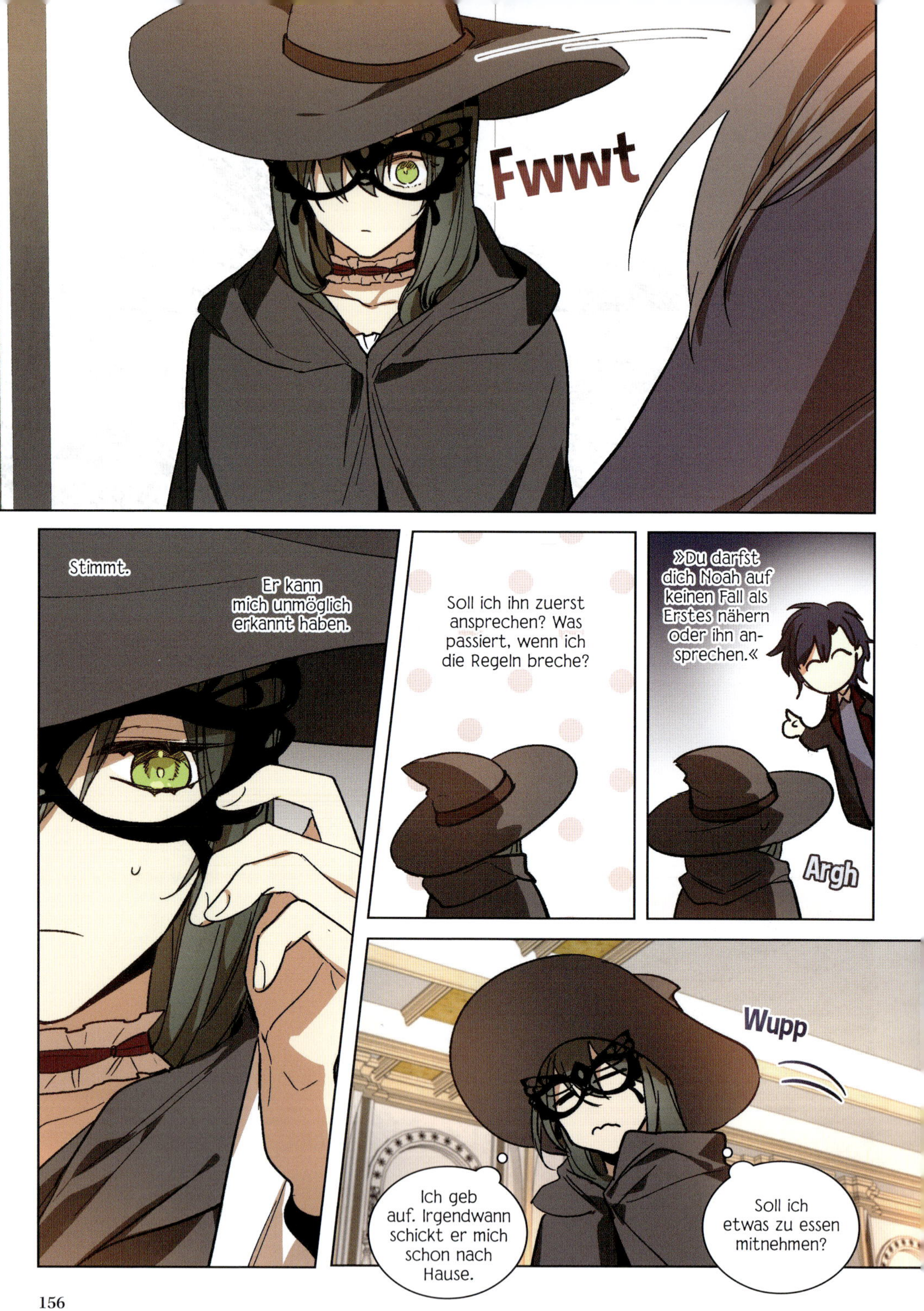
Fwwt
Stimmt.
Er kann mich unmöglich erkannt haben.
Soll ich ihn zuerst ansprechen? Was passiert, wenn ich die Regeln breche?
»Du darfst dich Noah auf keinen Fall als Erstes nähern oder ihn ansprechen.«
Argh
Wupp
Soll ich etwas zu essen mitnehmen?
Ich geb auf. Irgendwann schickt er mich schon nach Hause.

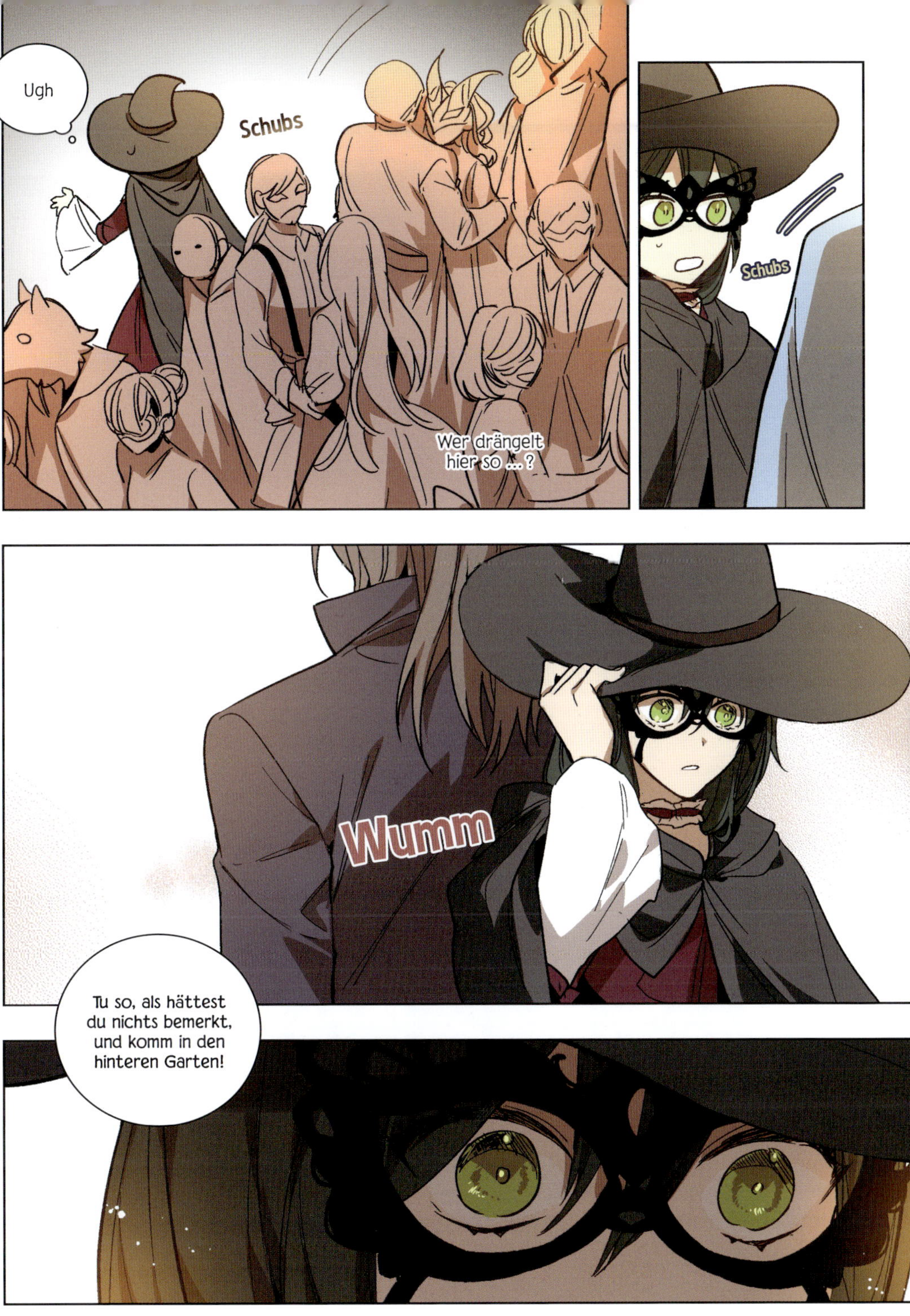
Ugh
Schubs
Wer drängelt hier so … ?
Schubs
Wumm
Tu so, als hättest du nichts bemerkt, und komm in den hinteren Garten!

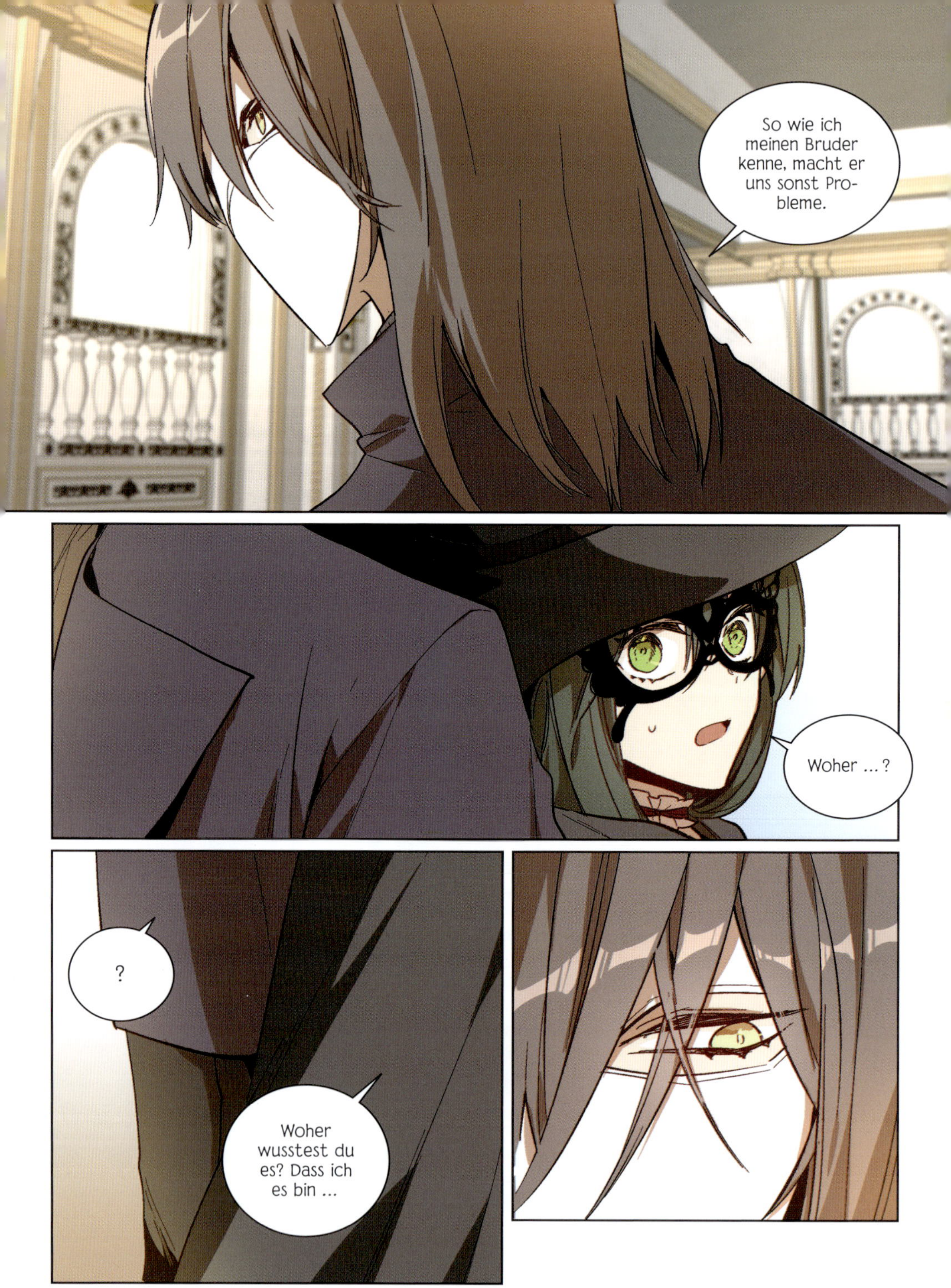

So wie ich meinen Bruder kenne, macht er uns sonst Probleme.
Woher ...?
?
Woher wusstest du es? Dass ich es bin ...

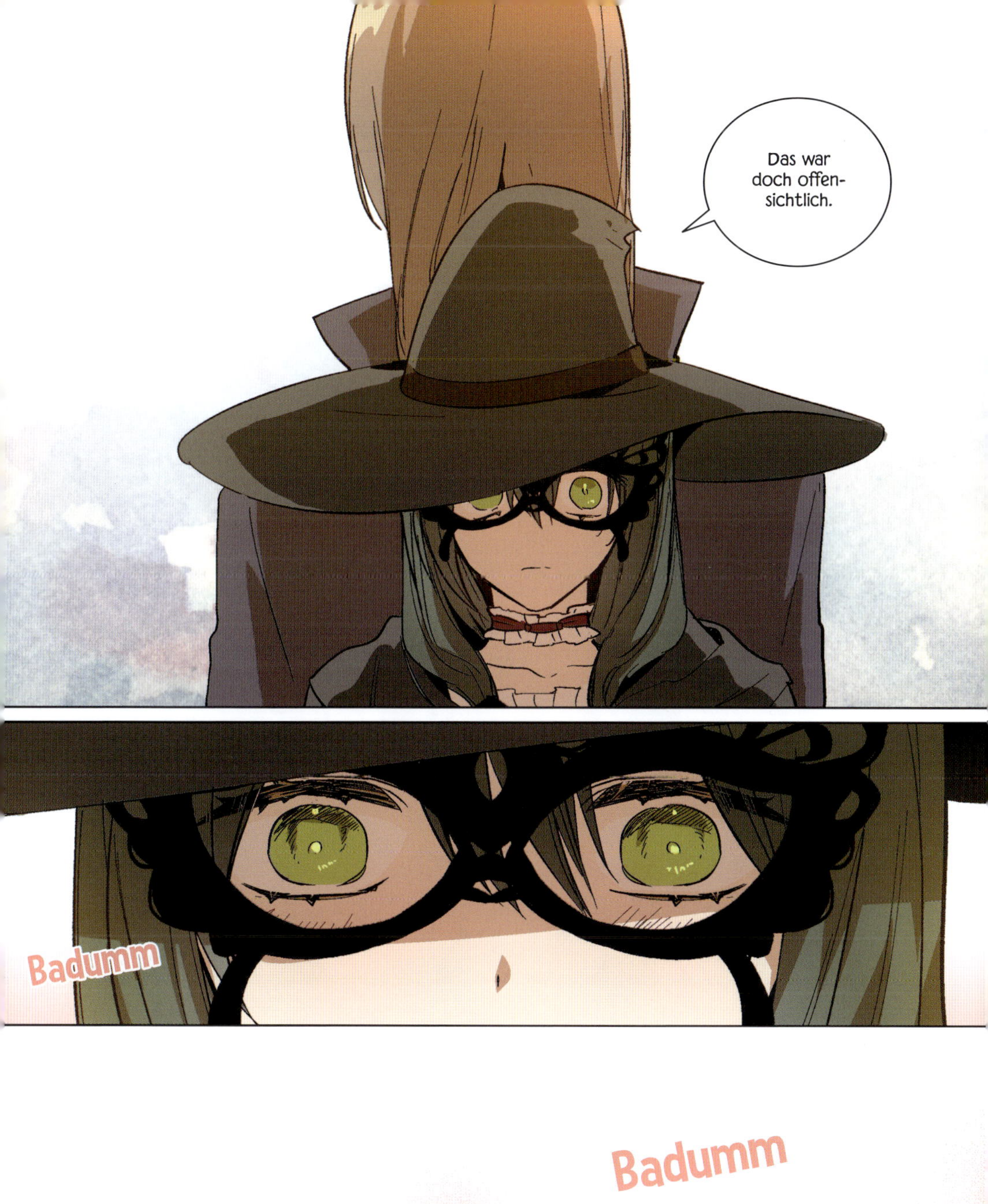
Das war doch offen-sichtlich.
Badumm
Badumm

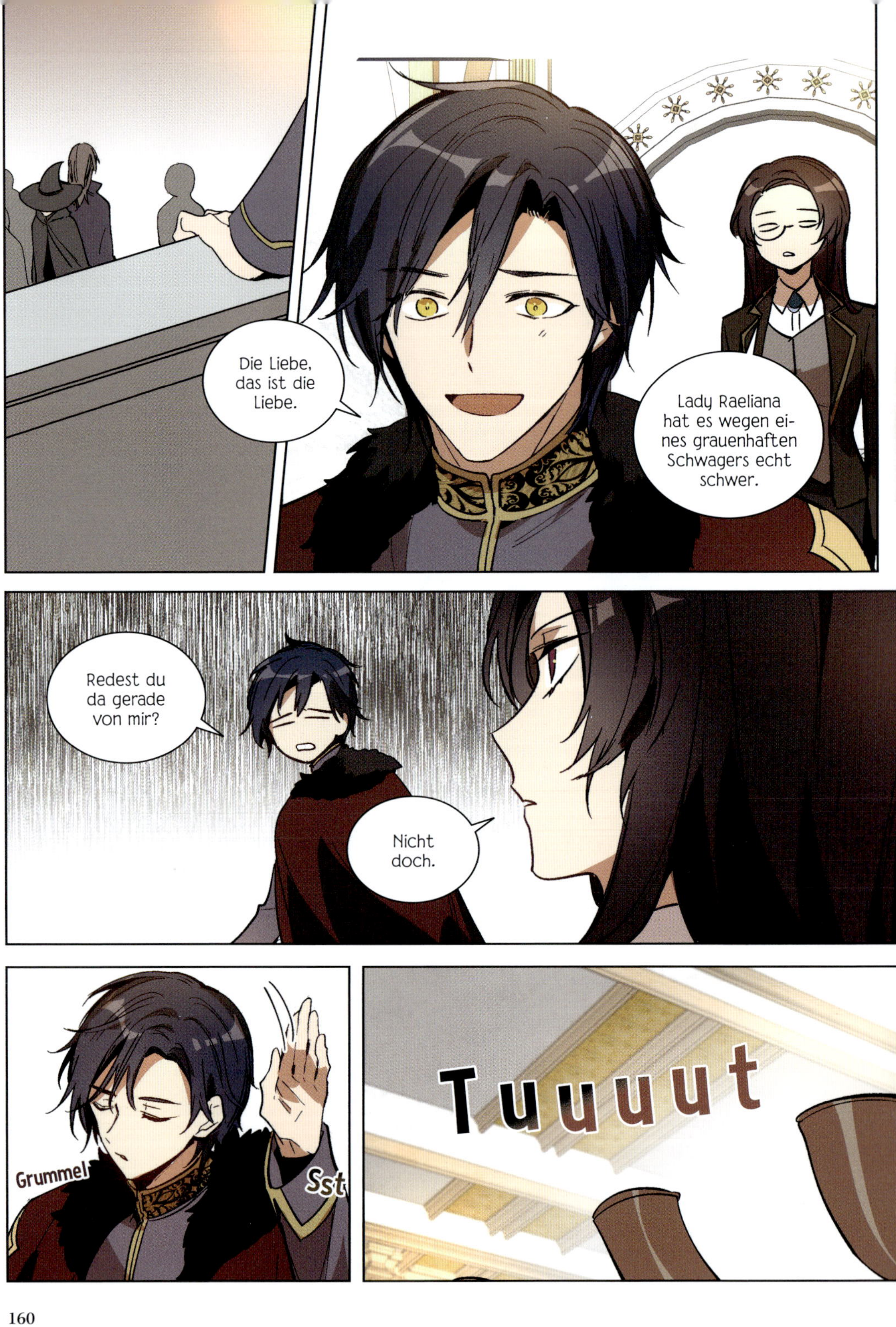
Die Liebe, das ist die Liebe.
Lady Raeliana hat es wegen eines grauenhaften Schwagers echt schwer.
Redest du da gerade von mir?
Nicht doch.
Grummel
Sst
Tuuuut

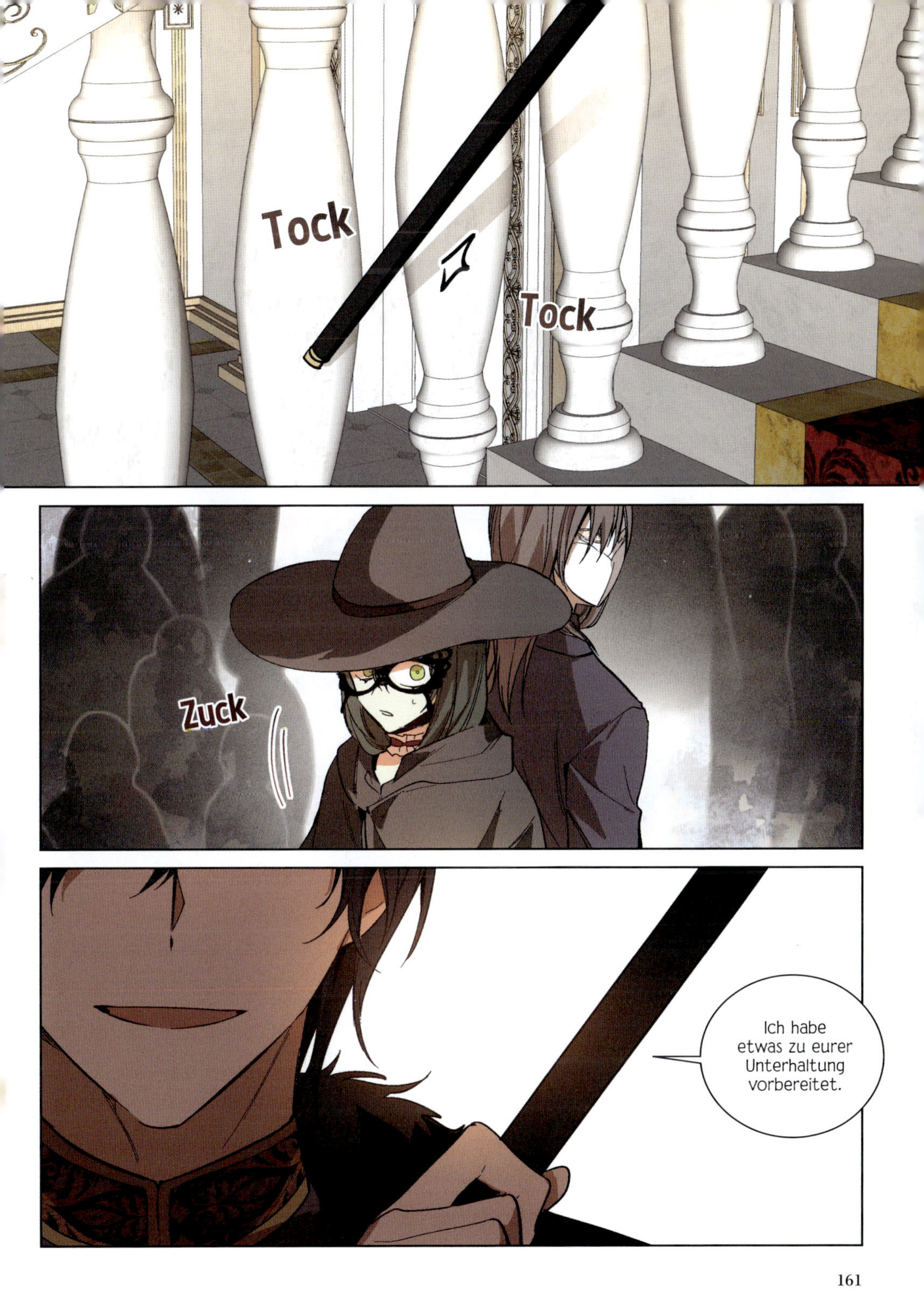
Tock
Tock
Zuck
Ich habe etwas zu eurer Unterhaltung vorbereitet.

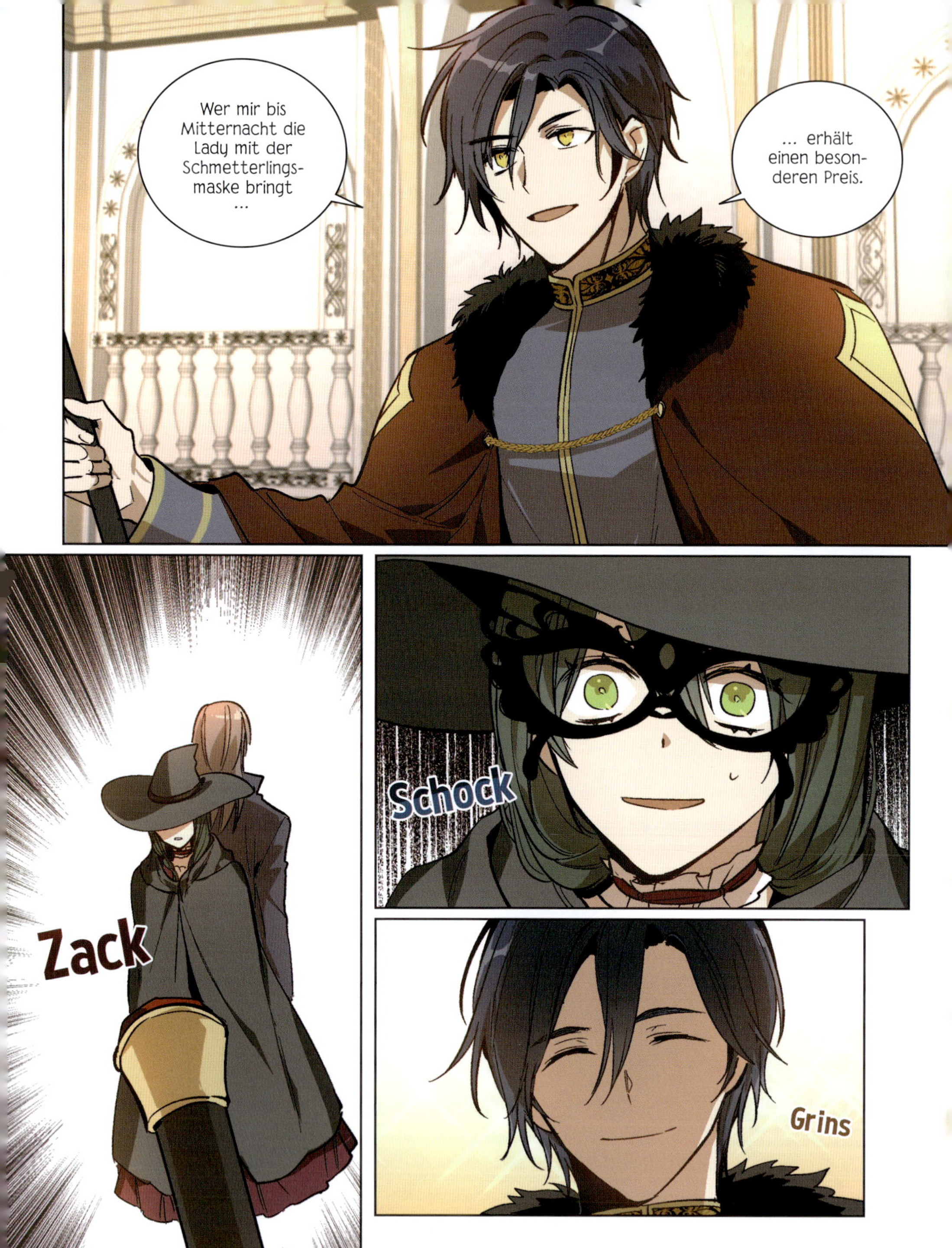
Wer mir bis Mitternacht die Lady mit der Schmetterlings-maske bringt ...
... erhält einen beson-deren Preis.
Zack
Schock
Grins

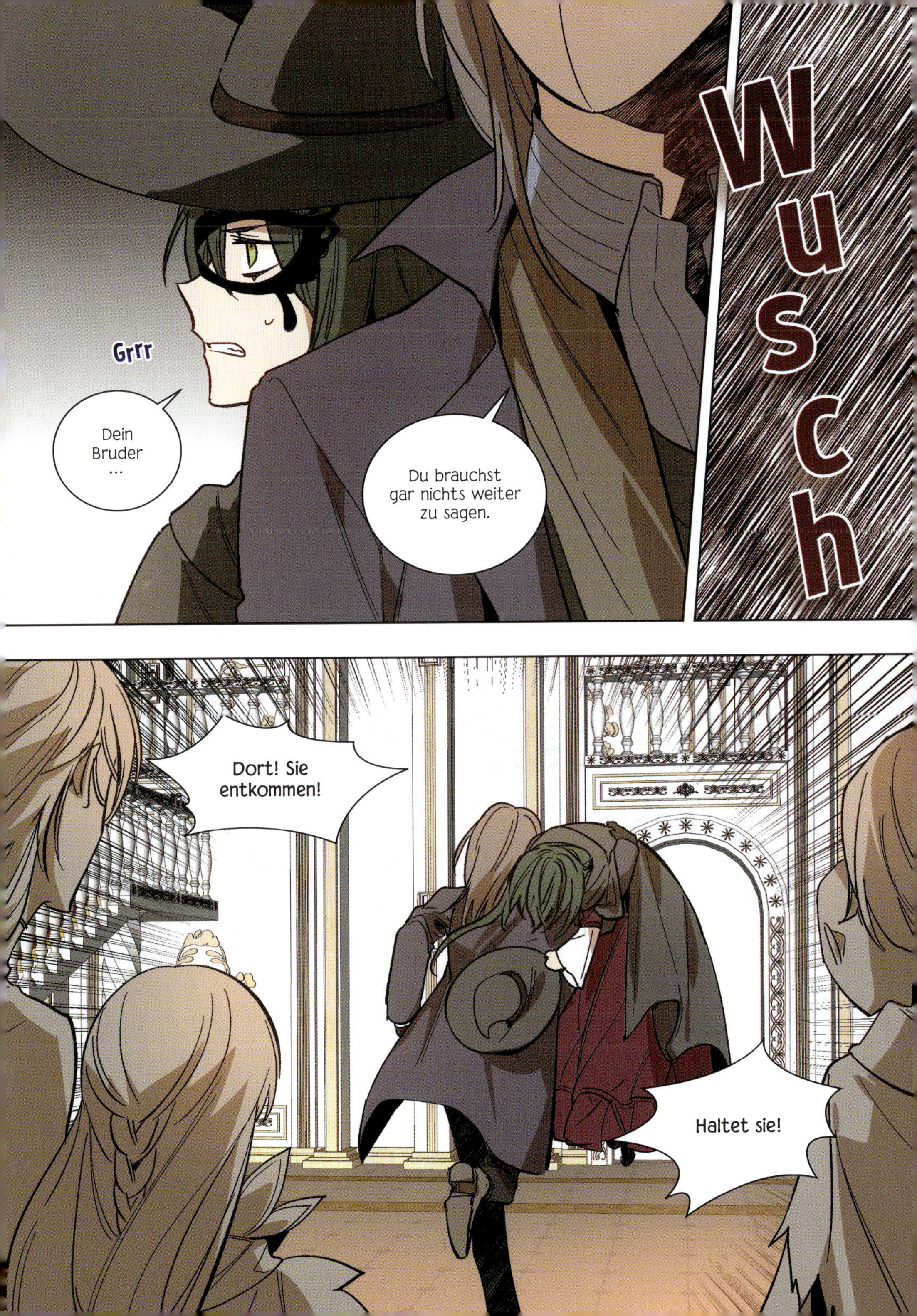
Wusch
Grrr
Dein Bruder …
Du brauchst gar nichts weiter zu sagen.
Dort! Sie entkommen!
Haltet sie!

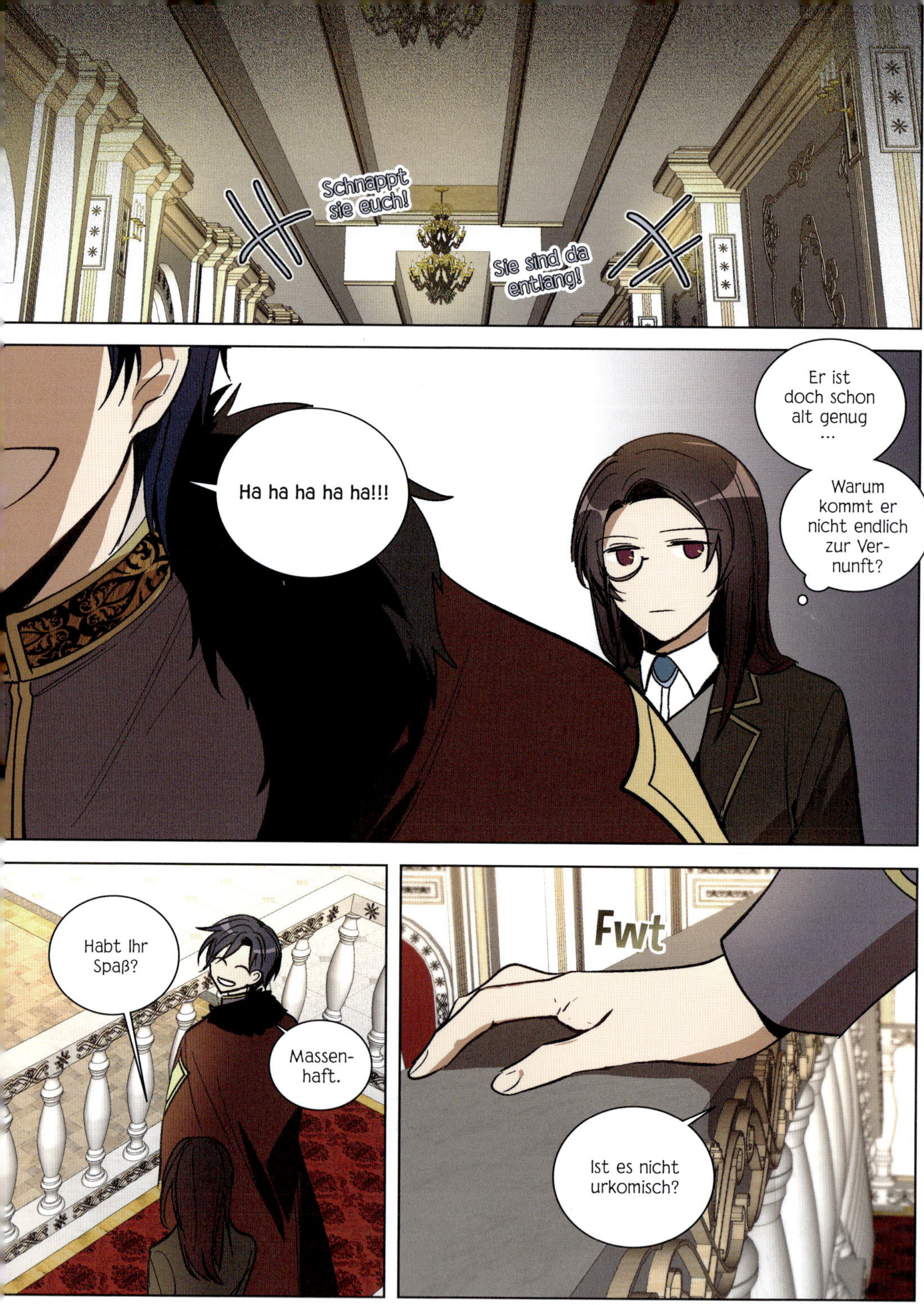
Schnappt sie euch!
Sie sind da entlang!
Ha ha ha ha ha!!!
Er ist doch schon alt genug ...
Warum kommt er nicht endlich zur Vernunft?
Habt Ihr Spaß?
Massenhaft.
Fwt
Ist es nicht urkomisch?

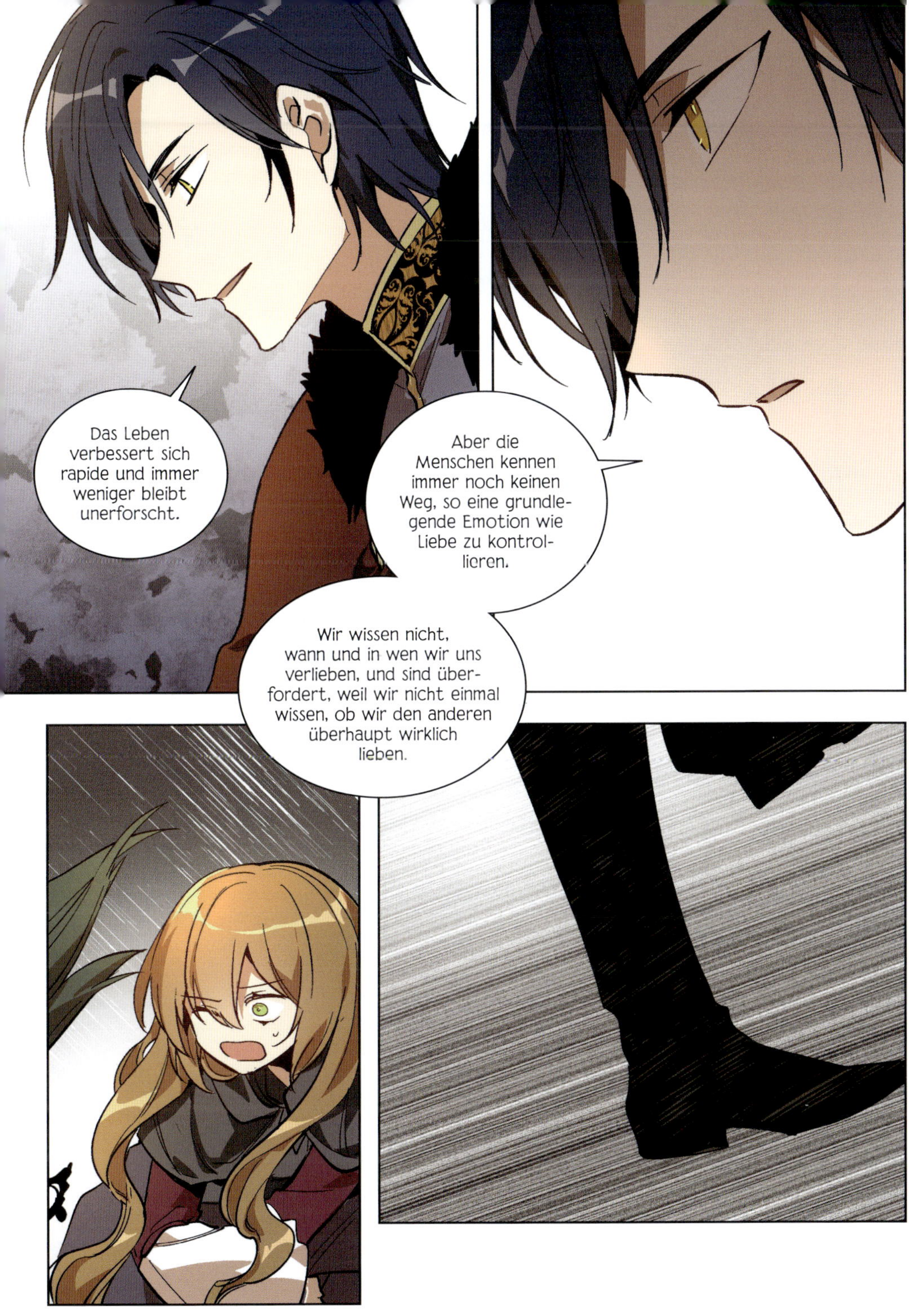
Das Leben verbessert sich rapide und immer weniger bleibt unerforscht.
Aber die Menschen kennen immer noch keinen Weg, so eine grundlegende Emotion wie Liebe zu kontrollieren.
Wir wissen nicht, wann und in wen wir uns verlieben, und sind überfordert, weil wir nicht einmal wissen, ob wir den anderen überhaupt wirklich lieben.

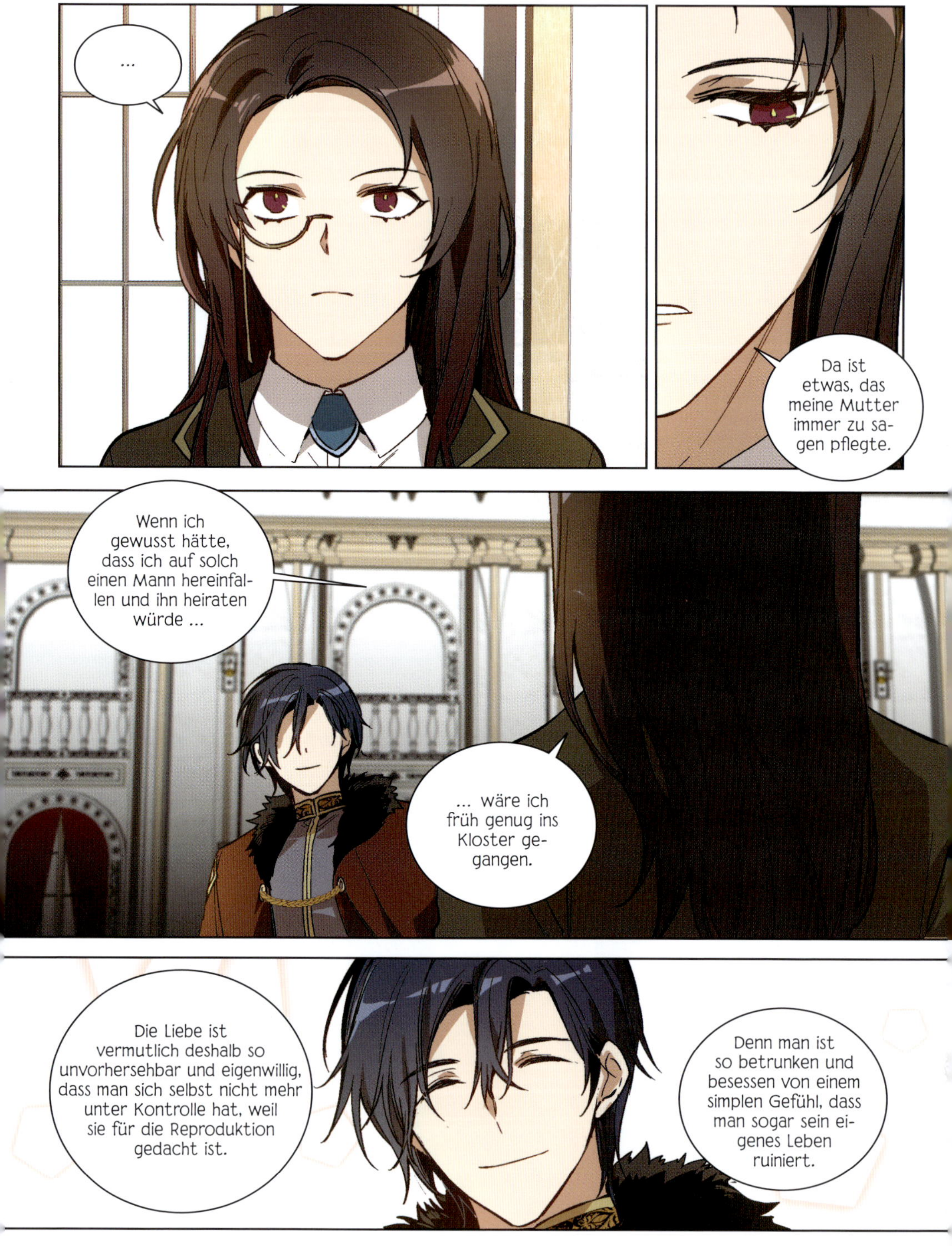
...
Da ist etwas, das meine Mutter immer zu sagen pflegte.
Wenn ich gewusst hätte, dass ich auf solch einen Mann hereinfallen und ihn heiraten würde ...
... wäre ich früh genug ins Kloster gegangen.
Die Liebe ist vermutlich deshalb so unvorhersehbar und eigenwillig, dass man sich selbst nicht mehr unter Kontrolle hat, weil sie für die Reproduktion gedacht ist.
Denn man ist so betrunken und besessen von einem simplen Gefühl, dass man sogar sein eigenes Leben ruiniert.

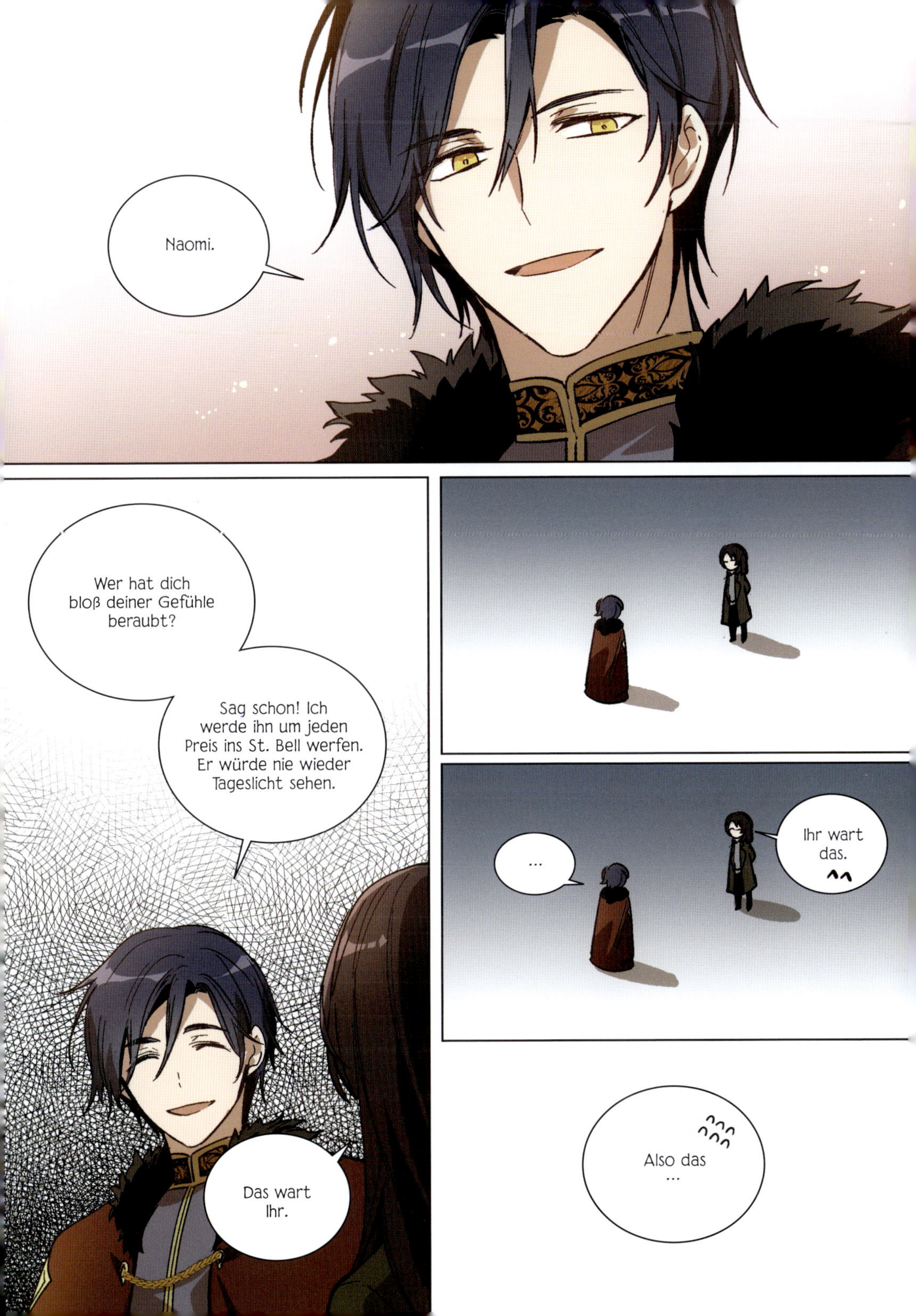
Naomi.
Wer hat dich bloß deiner Gefühle beraubt?
Sag schon! Ich werde ihn um jeden Preis ins St. Bell werfen. Er würde nie wieder Tageslicht sehen.
Ihr wart das.
...
Das wart Ihr.
Also das ...

RAELIANA

Warum sie die Verlobte des Dukes wurde

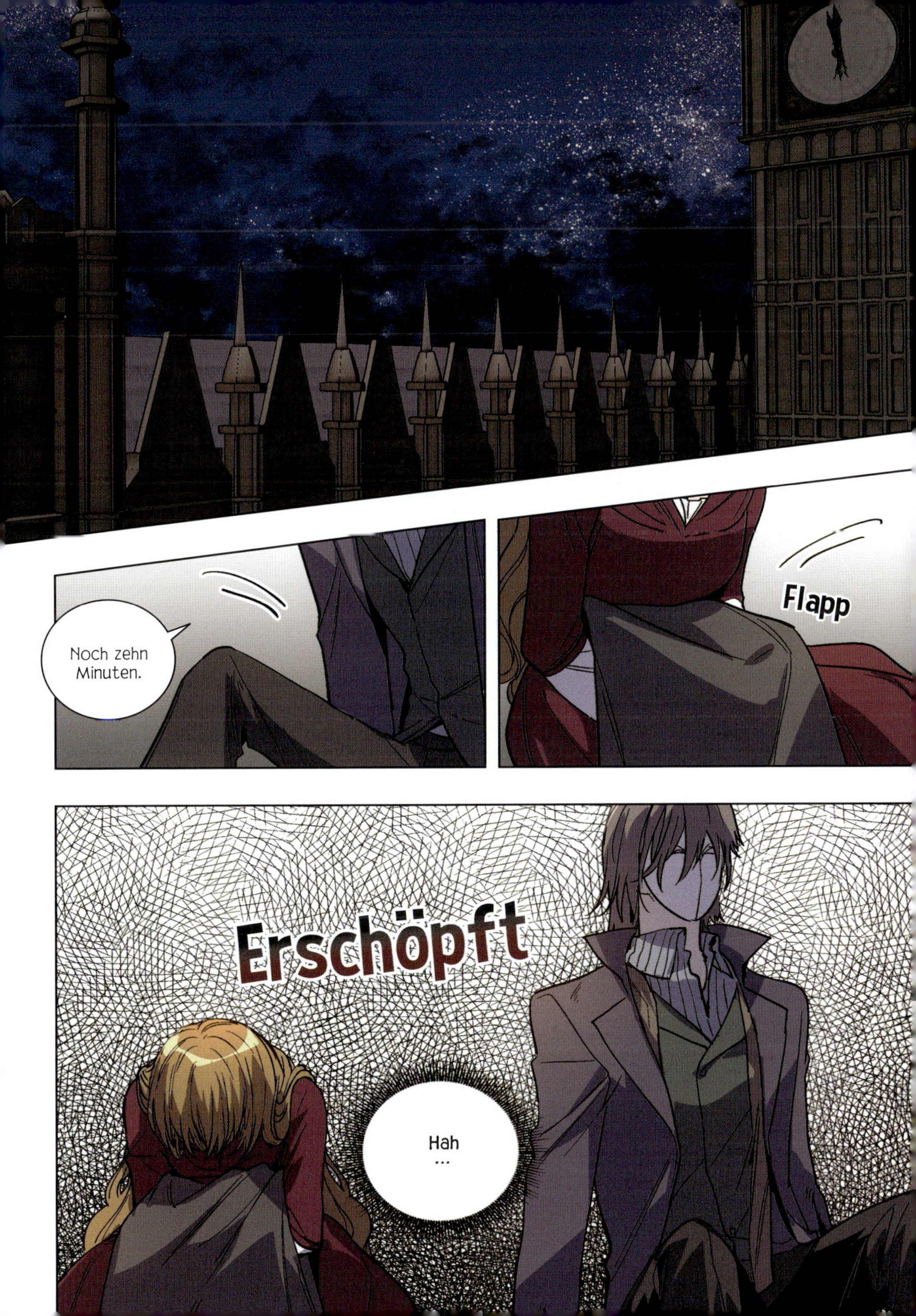
Noch zehn Minuten.
Flapp
Erschöpft
Hah
...

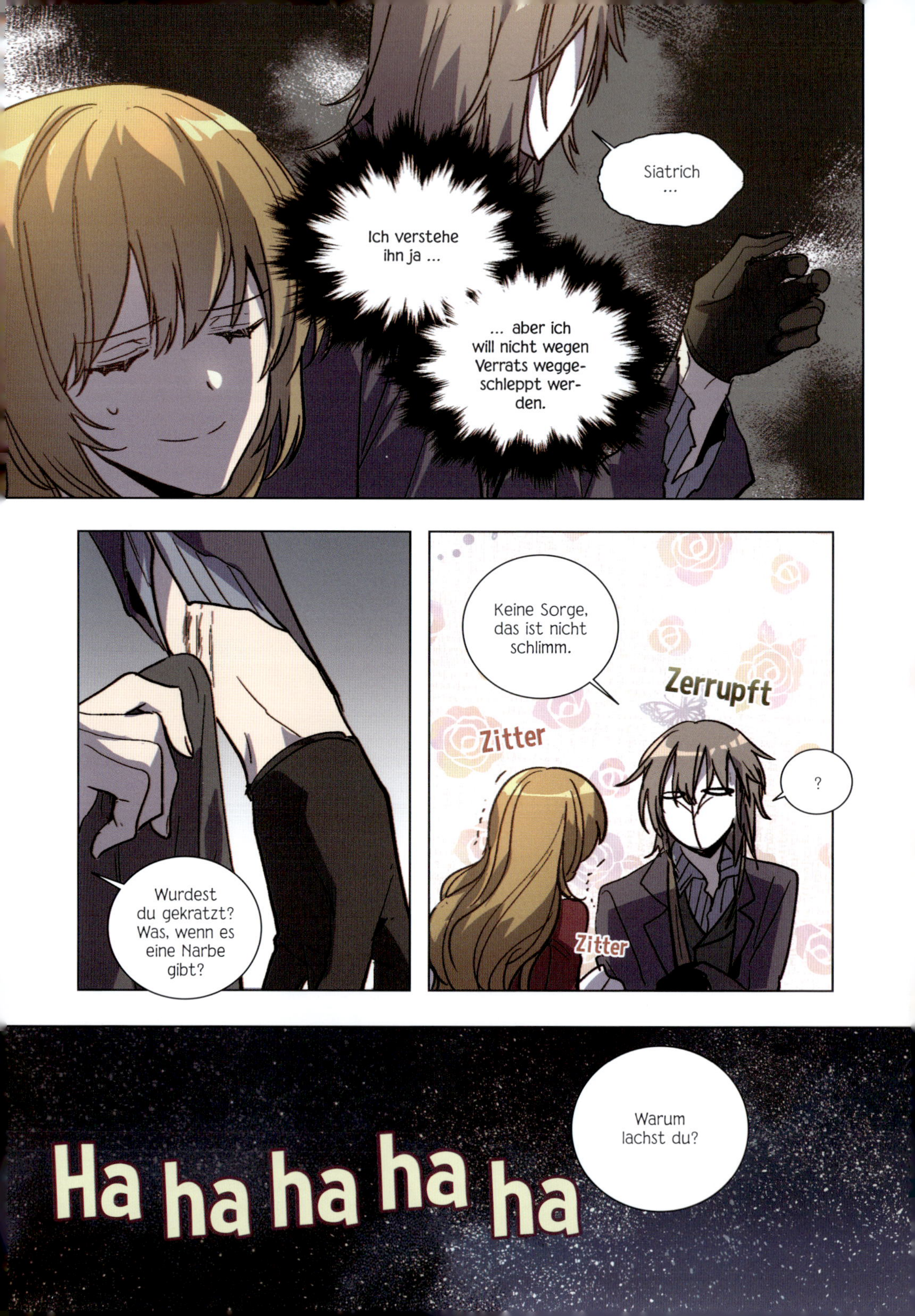
Siatrich …
Ich verstehe ihn ja …
… aber ich will nicht wegen Verrats wegge-schleppt wer-den.
Wurdest du gekratzt? Was, wenn es eine Narbe gibt?
Keine Sorge, das ist nicht schlimm.
Zerrupft
Zitter
?
Zitter
Warum lachst du?
Ha ha ha ha ha ha

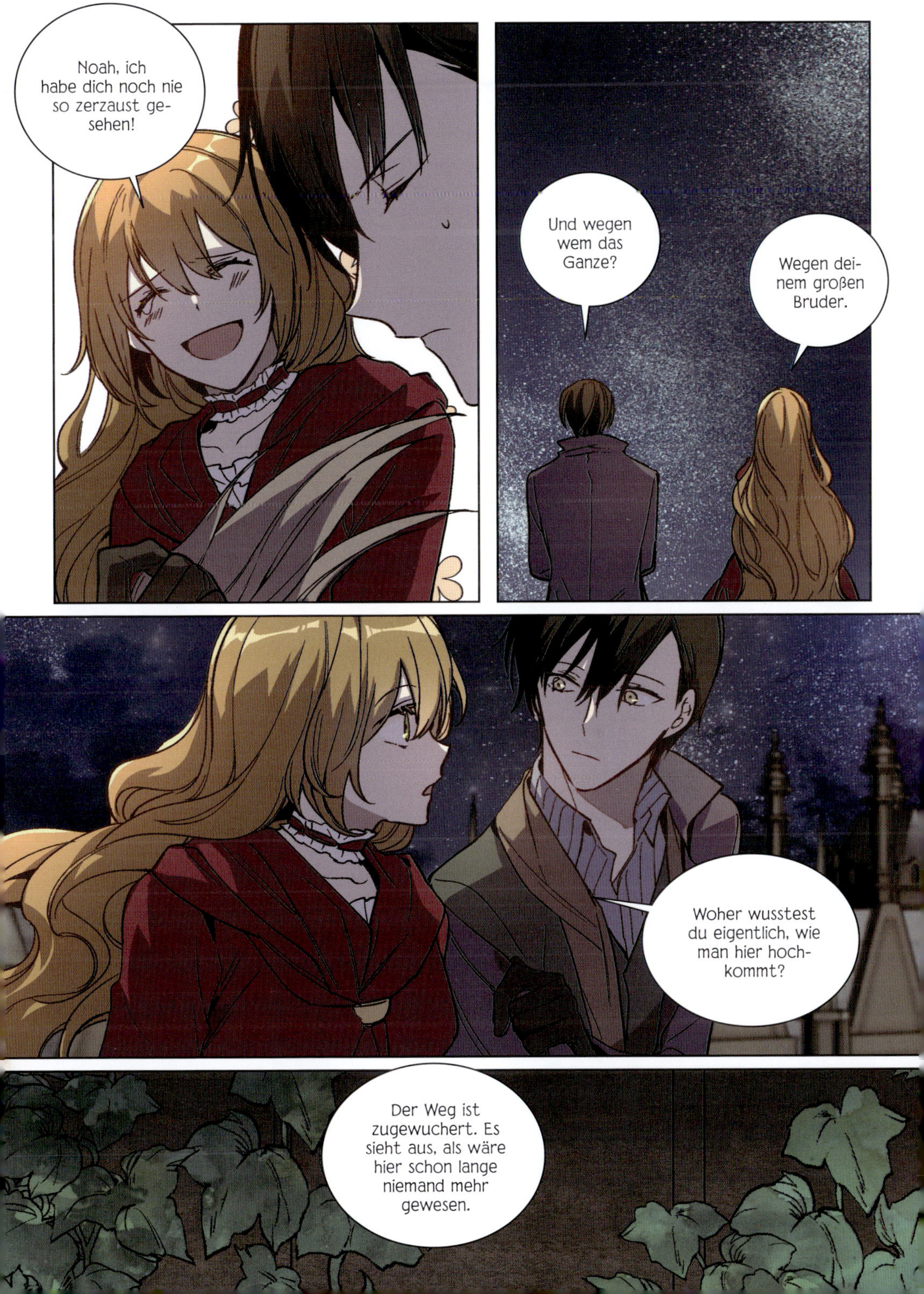
Noah, ich habe dich noch nie so zerzaust gesehen!
Und wegen wem das Ganze?
Wegen deinem großen Bruder.
Woher wusstest du eigentlich, wie man hier hochkommt?
Der Weg ist zugewuchert. Es sieht aus, als wäre hier schon lange niemand mehr gewesen.

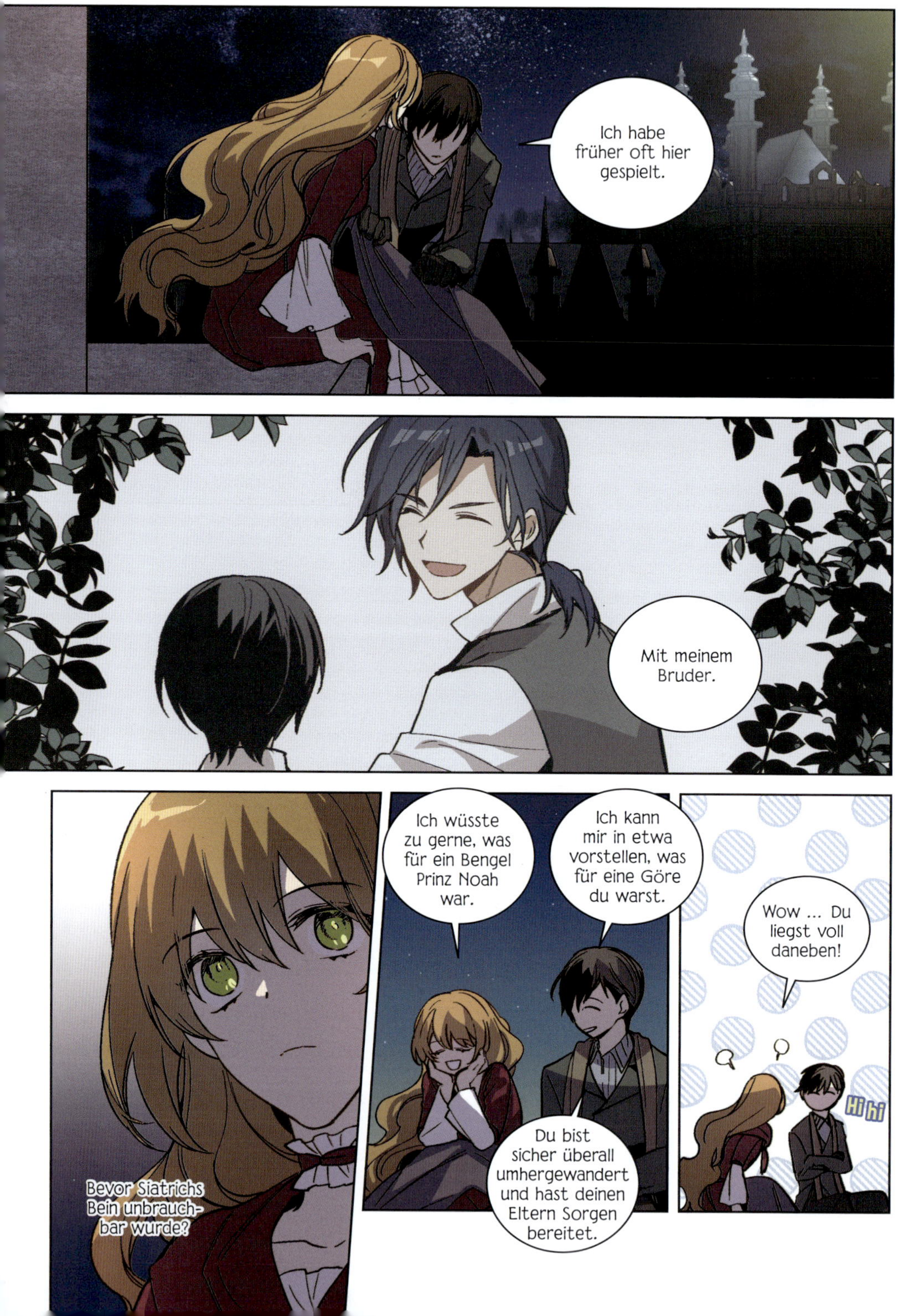
Ich habe früher oft hier gespielt.
Mit meinem Bruder.
Bevor Siatrichs Bein unbrauch-bar wurde?
Ich wüsste zu gerne, was für ein Bengel Prinz Noah war.
Ich kann mir in etwa vorstellen, was für eine Göre du warst.
Du bist sicher überall umhergewandert und hast deinen Eltern Sorgen bereitet.
Wow ... Du liegst voll daneben!
Hi hi

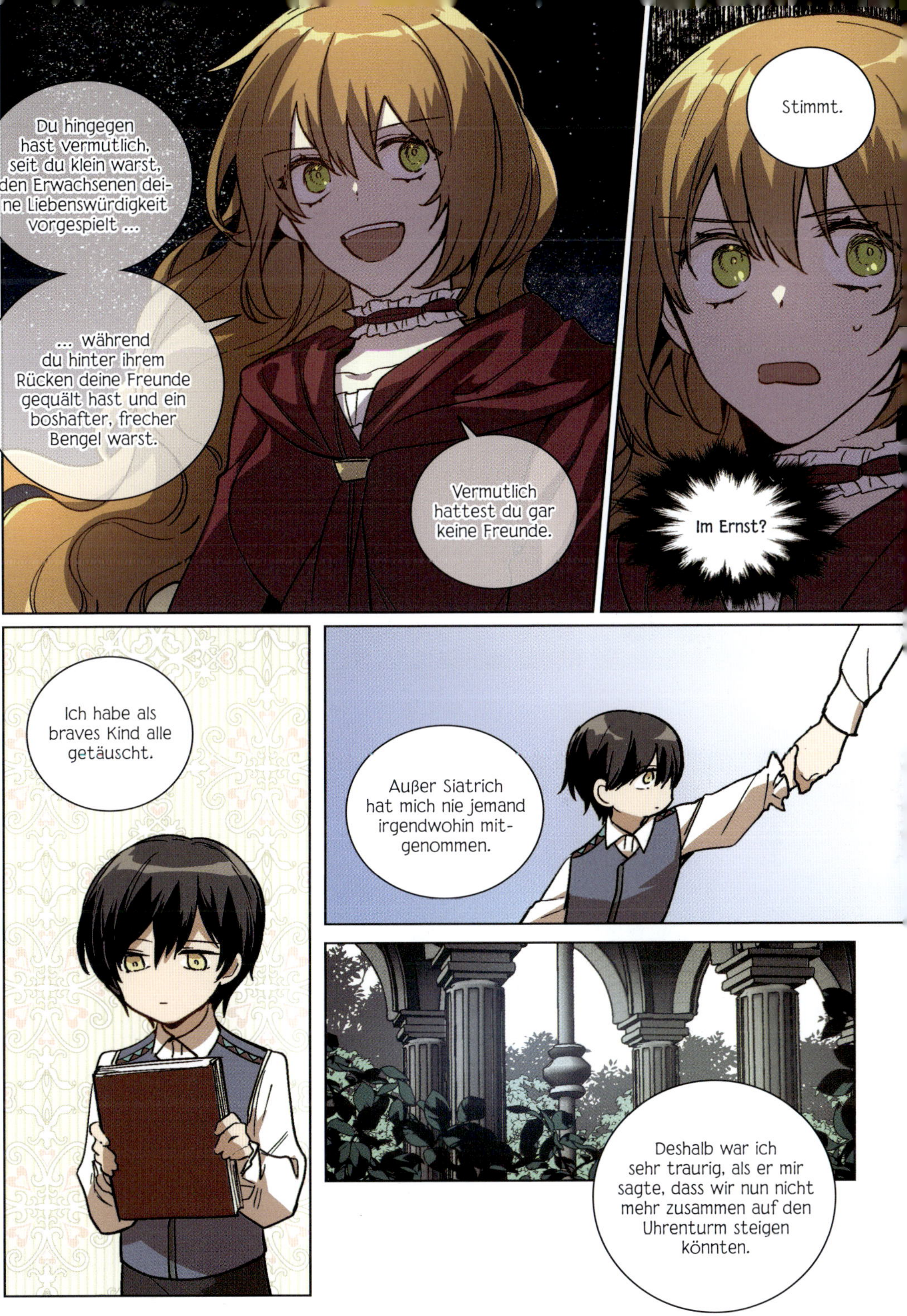
Du hingegen hast vermutlich, seit du klein warst, den Erwachsenen deine Liebenswürdigkeit vorgespielt ...
... während du hinter ihrem Rücken deine Freunde gequält hast und ein boshafter, frecher Bengel warst.
Vermutlich hattest du gar keine Freunde.
Stimmt.
Im Ernst?
Ich habe als braves Kind alle getäuscht.
Außer Siatrich hat mich nie jemand irgendwohin mitgenommen.
Deshalb war ich sehr traurig, als er mir sagte, dass wir nun nicht mehr zusammen auf den Uhrenturm steigen könnten.

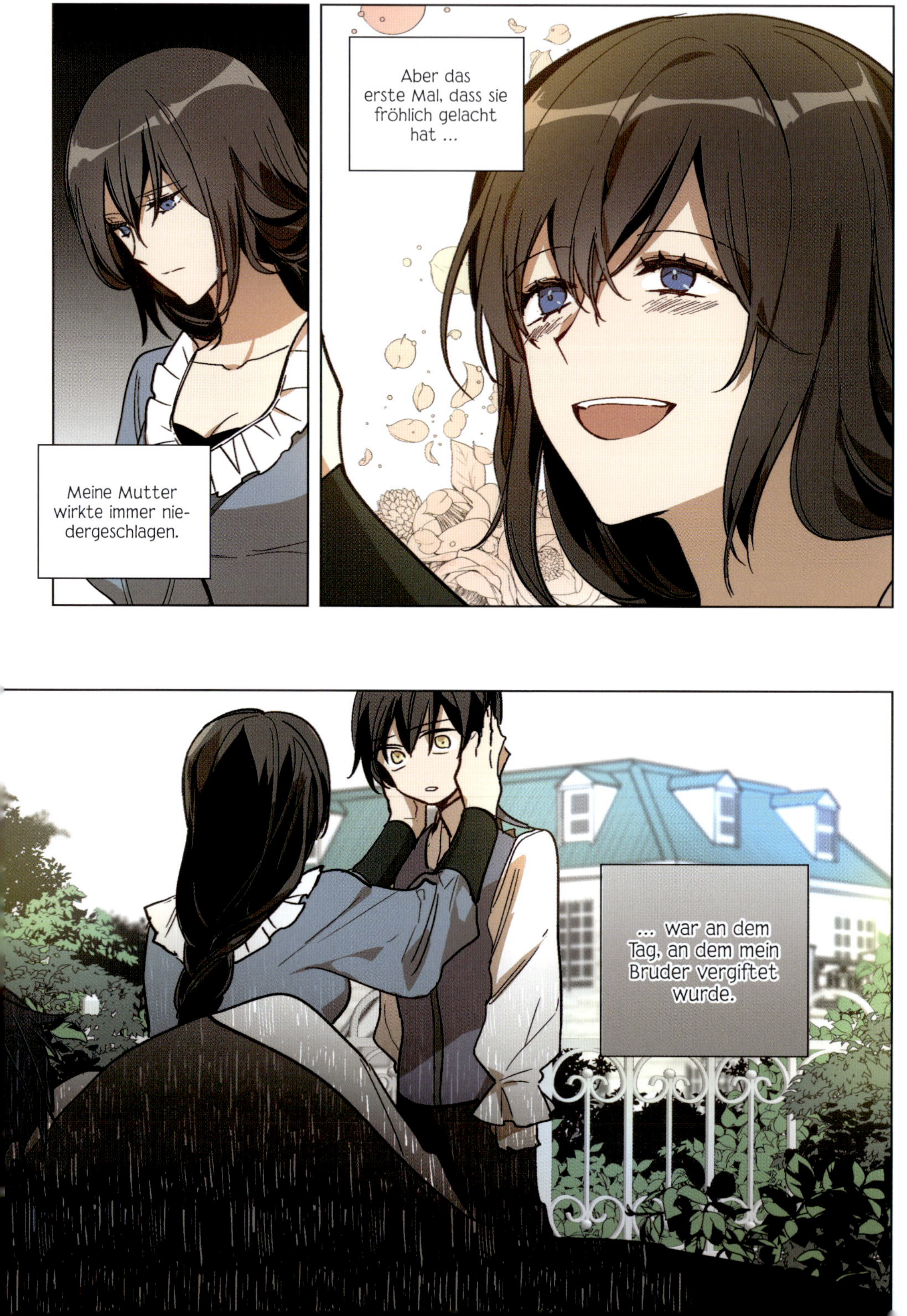
Meine Mutter wirkte immer niedergeschlagen.
Aber das erste Mal, dass sie fröhlich gelacht hat ...
... war an dem Tag, an dem mein Bruder vergiftet wurde.

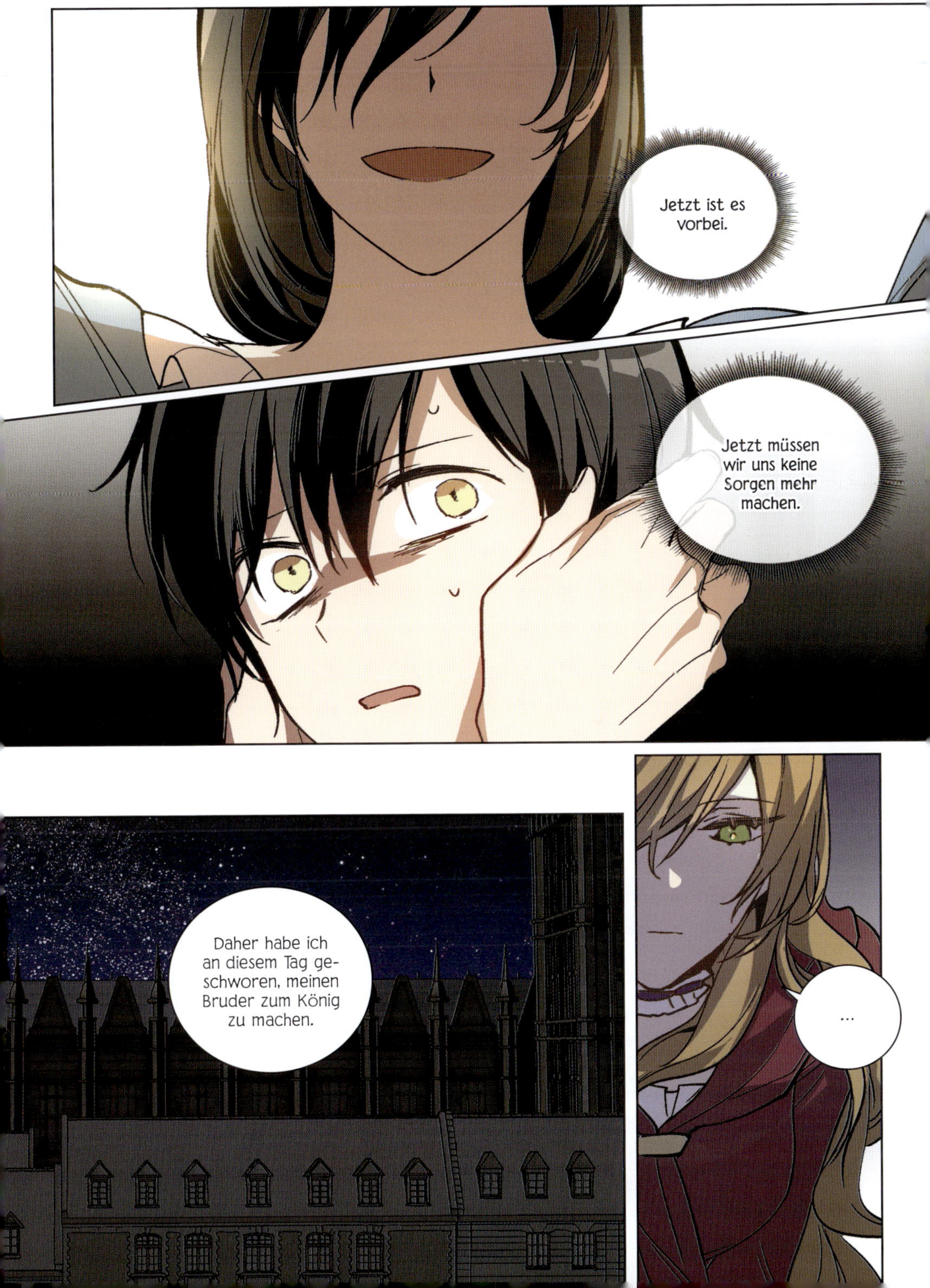
Jetzt ist es vorbei.
Jetzt müssen wir uns keine Sorgen mehr machen.
Daher habe ich an diesem Tag geschworen, meinen Bruder zum König zu machen.
...

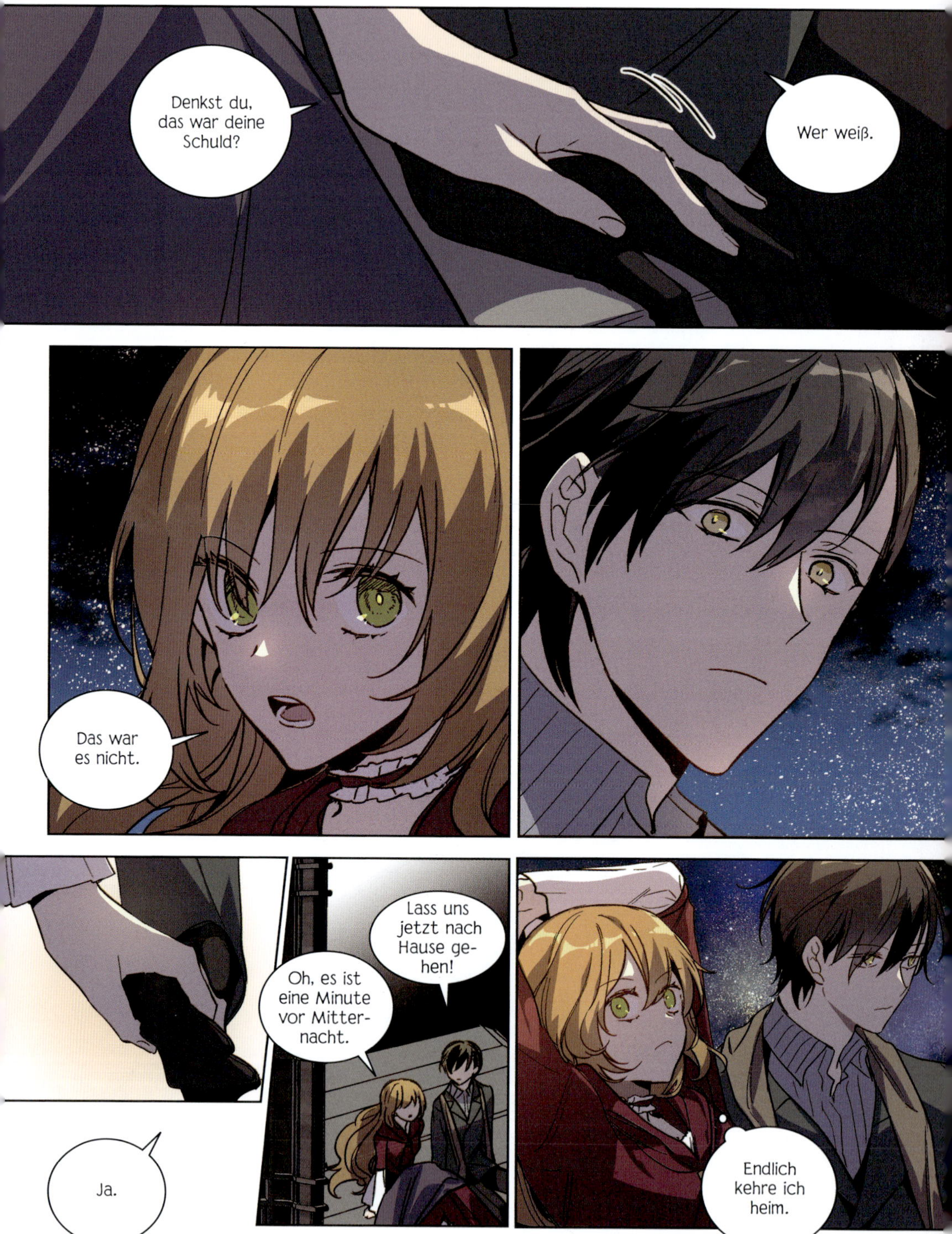
Denkst du, das war deine Schuld?
Wer weiß.
Das war es nicht.
Ja.
Lass uns jetzt nach Hause gehen!
Oh, es ist eine Minute vor Mitternacht.
Endlich kehre ich heim.

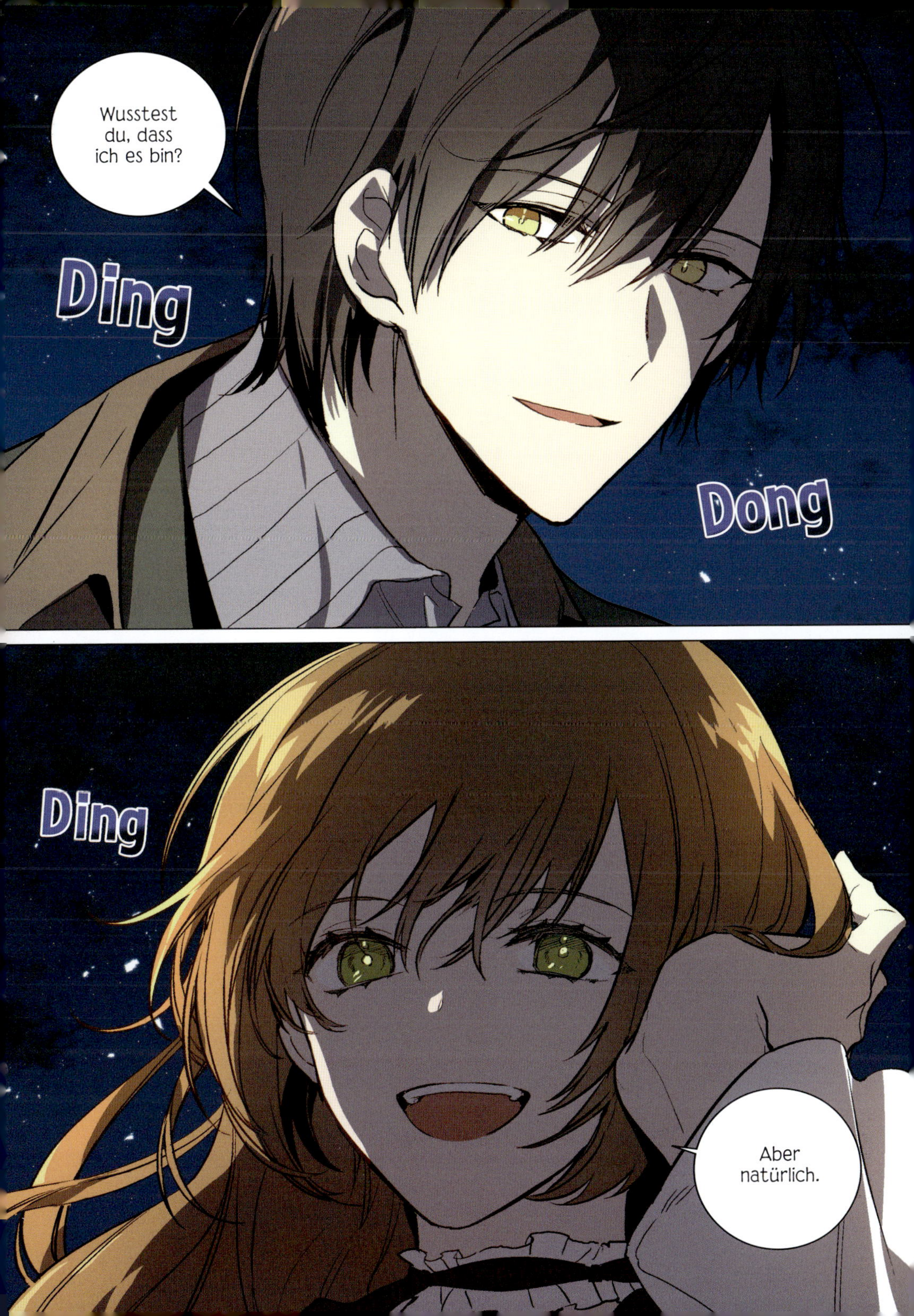
Wusstest du, dass ich es bin?
Ding
Dong
Ding
Aber natürlich.

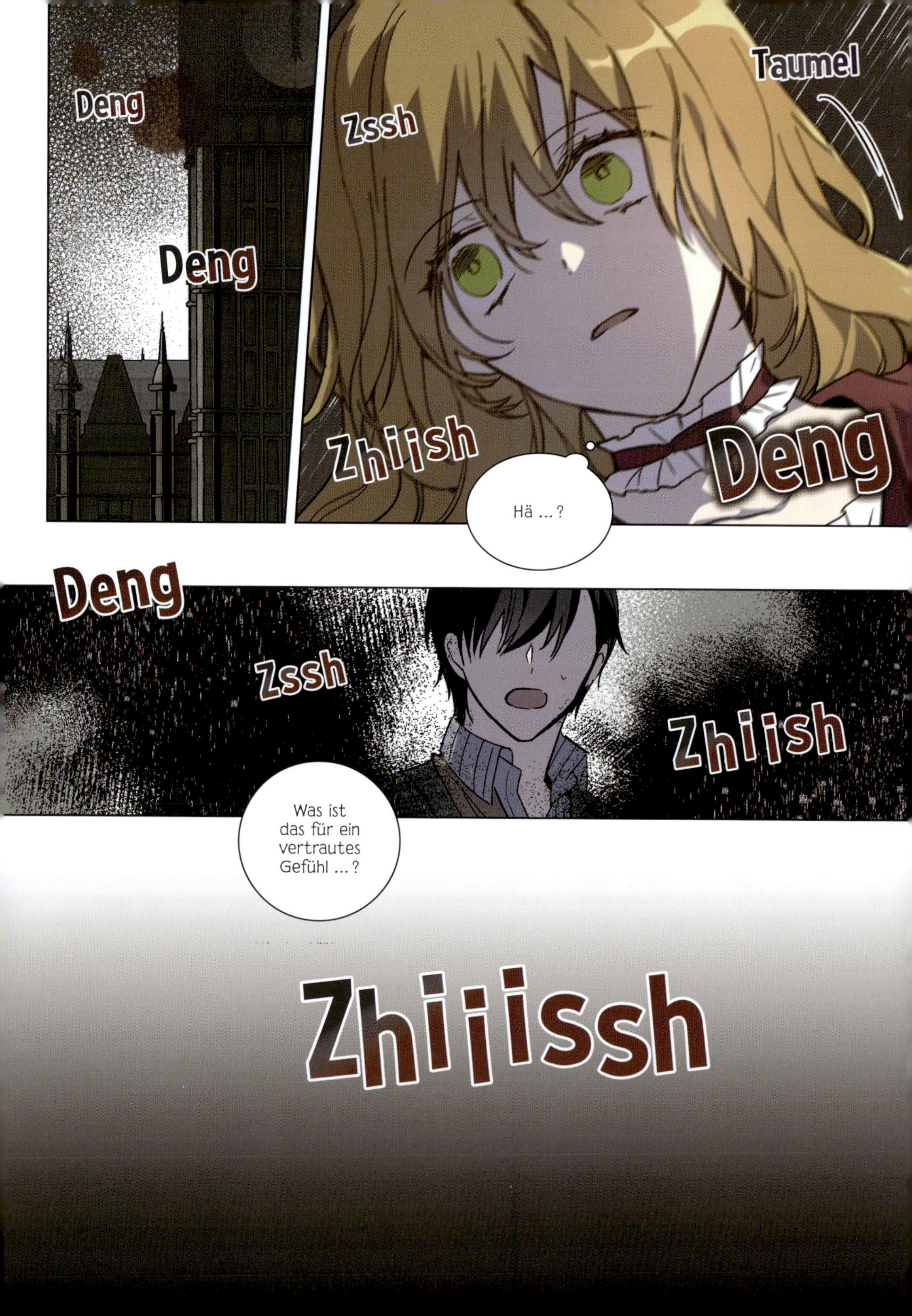
Deng
Deng
Zssh
Taumel
Zhiish
Deng
Hä ...?
Deng
Zssh
Zhiish
Was ist das für ein vertrautes Gefühl ...?
Zhiiissh

Kapitel 11

Körper und Geist

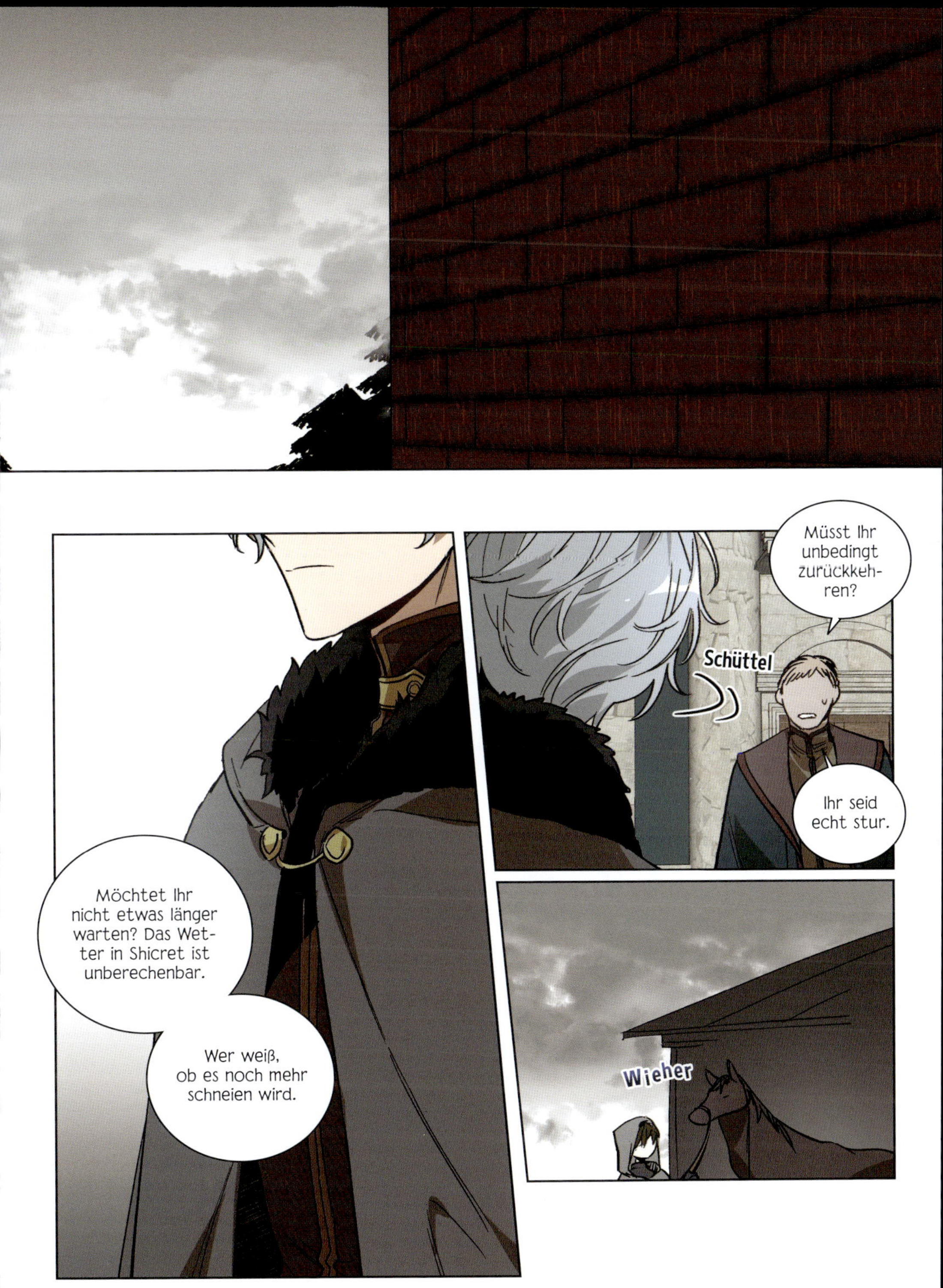
Müsst Ihr unbedingt zurückkehren?
Schüttel
Ihr seid echt stur.
Möchtet Ihr nicht etwas länger warten? Das Wetter in Shicret ist unberechenbar.
Wer weiß, ob es noch mehr schneien wird.
Wieher

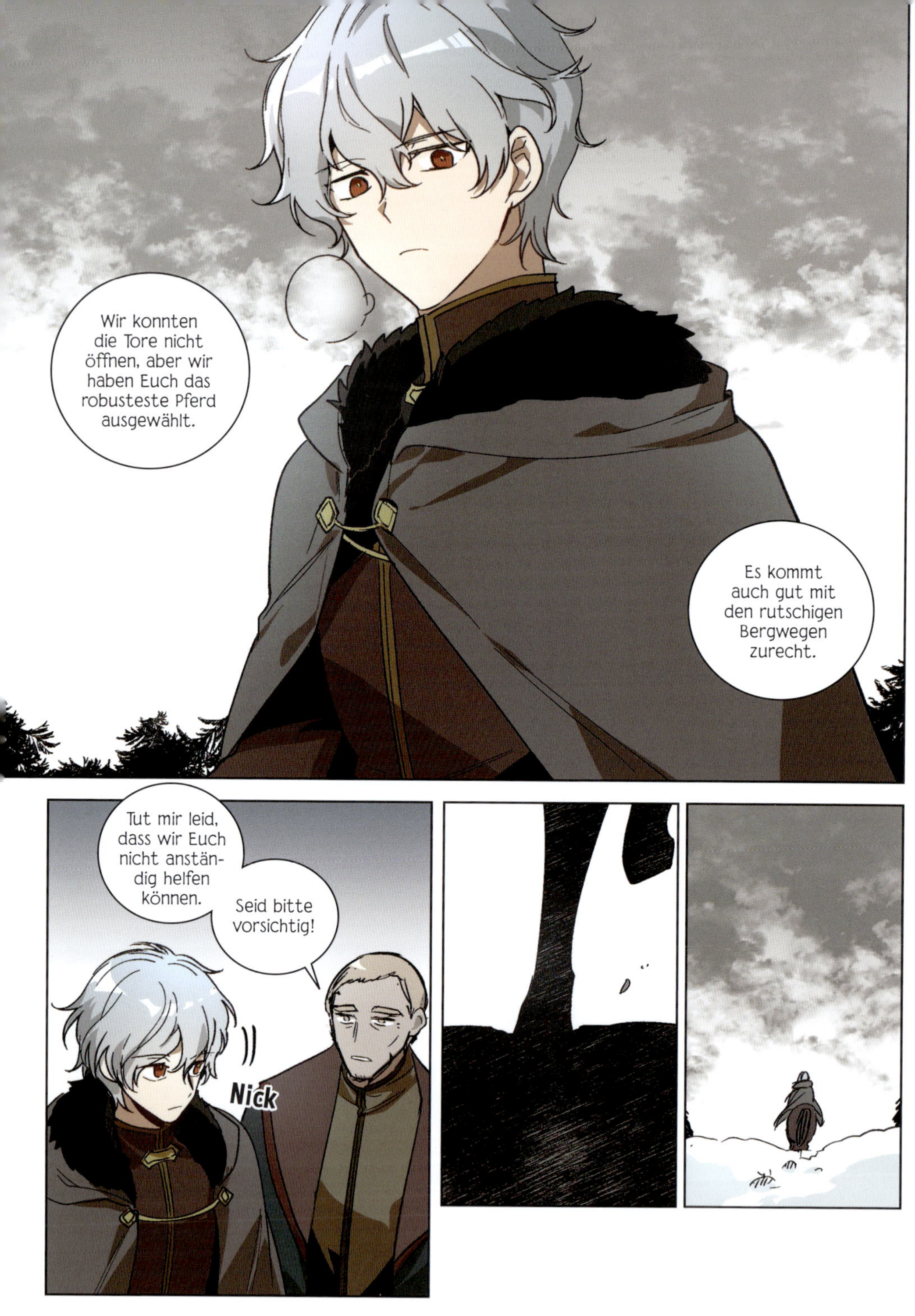
Wir konnten die Tore nicht öffnen, aber wir haben Euch das robusteste Pferd ausgewählt.
Es kommt auch gut mit den rutschigen Bergwegen zurecht.
Tut mir leid, dass wir Euch nicht anständig helfen können.
Seid bitte vorsichtig!
Nick

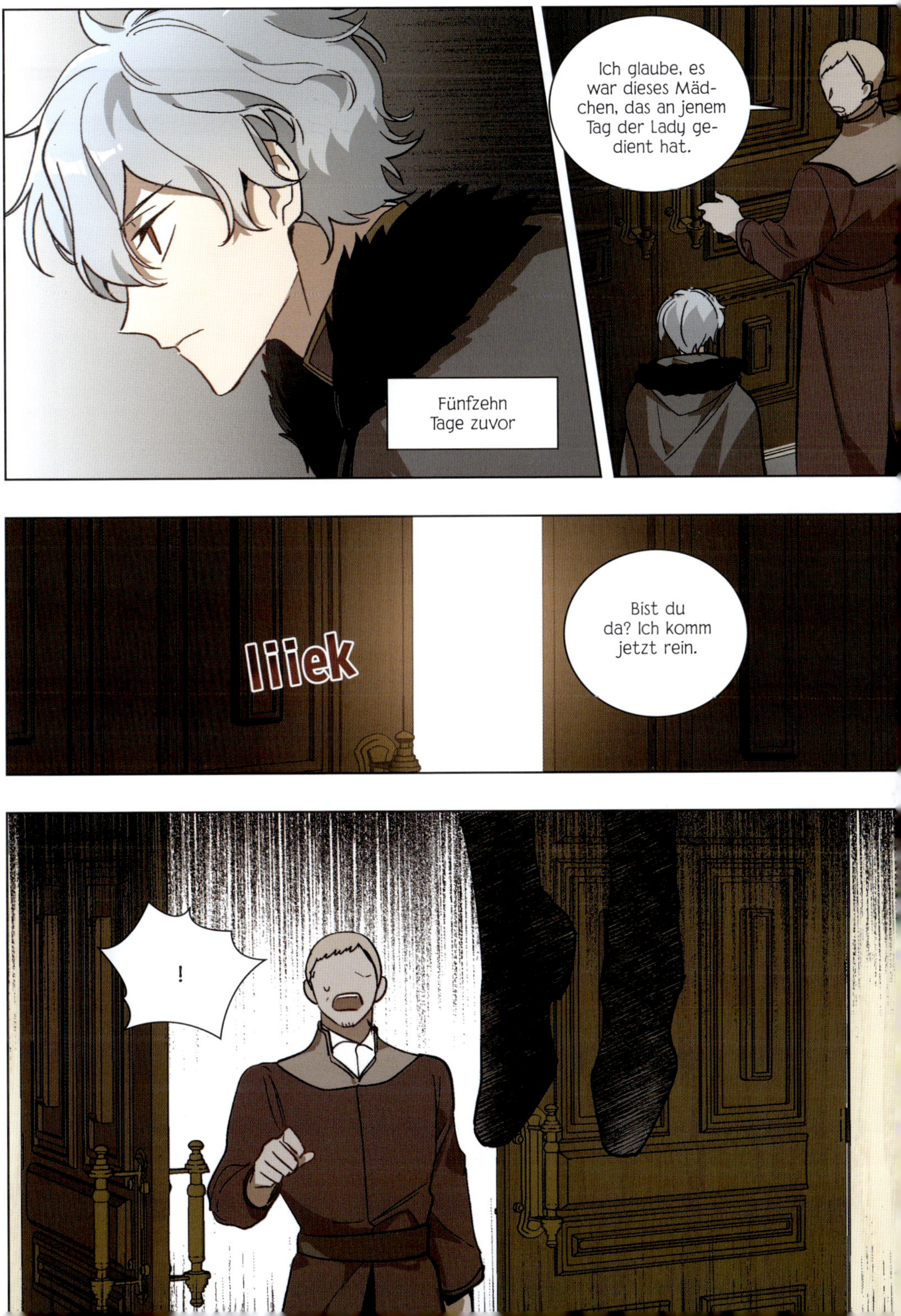
Fünfzehn Tage zuvor
Ich glaube, es war dieses Mädchen, das an jenem Tag der Lady gedient hat.
Iiiek
Bist du da? Ich komm jetzt rein.
!

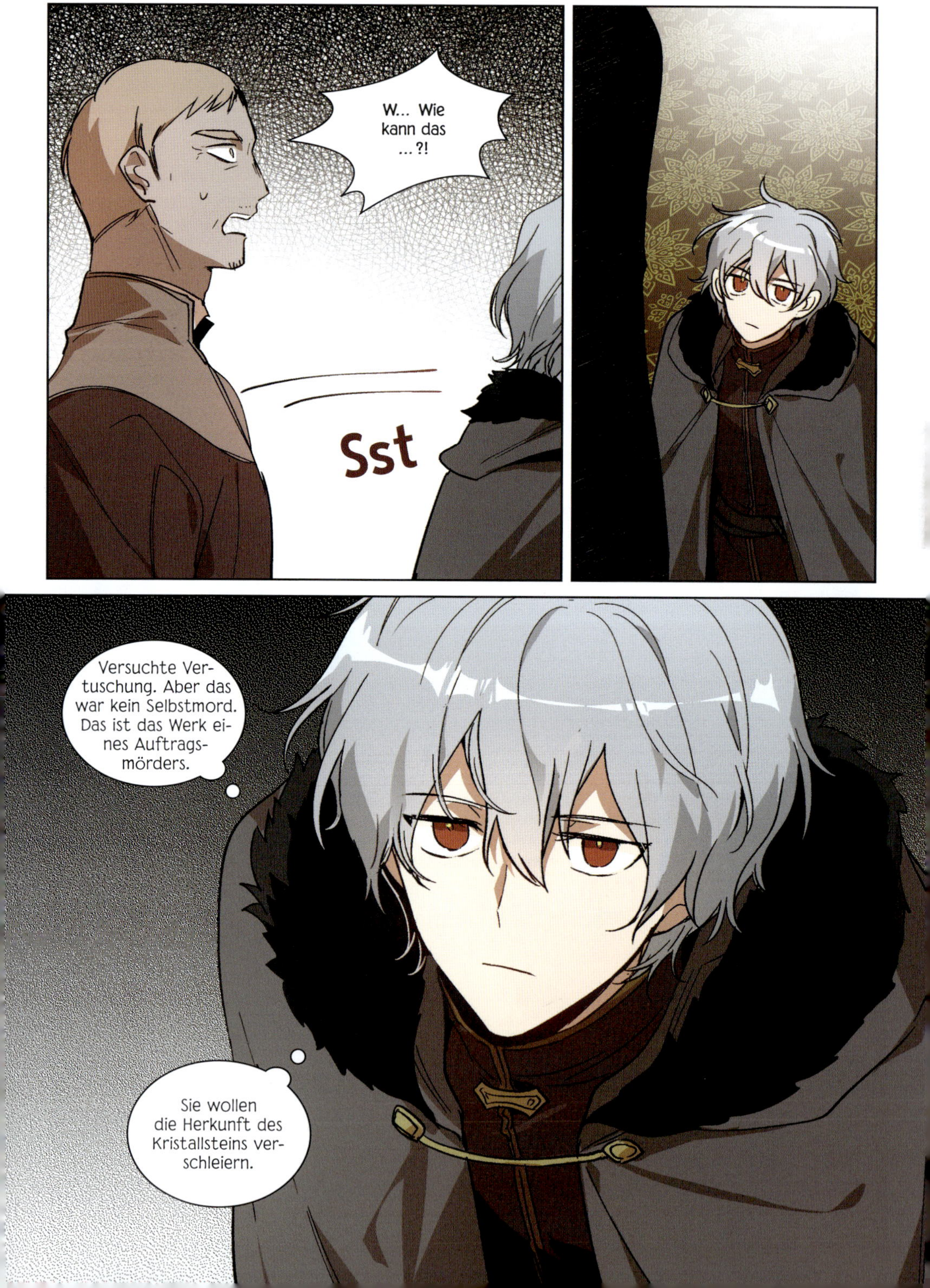
W... Wie kann das ...?!
Sst
Versuchte Vertuschung. Aber das war kein Selbstmord. Das ist das Werk eines Auftragsmörders.
Sie wollen die Herkunft des Kristallsteins verschleiern.

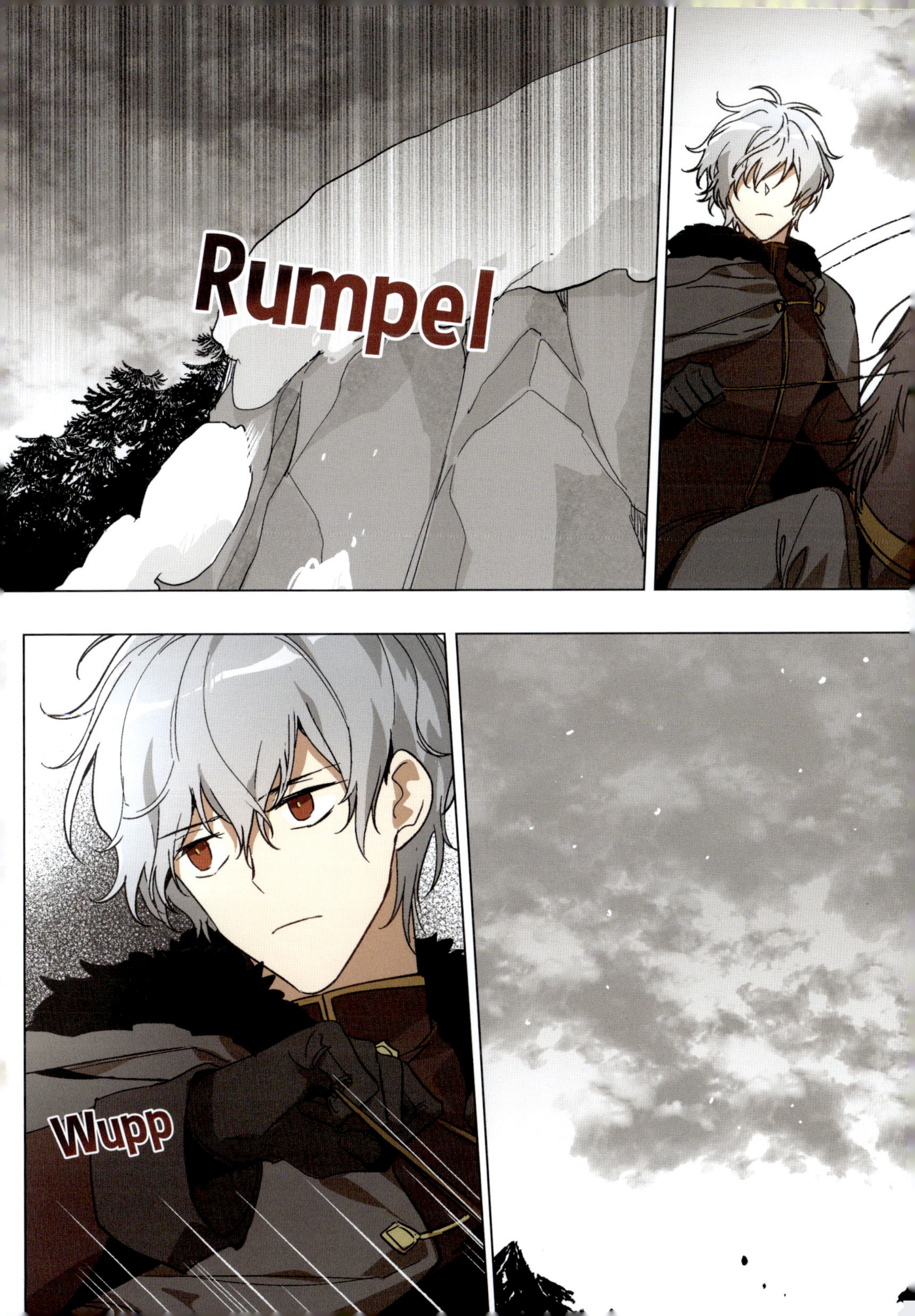
Rumpel
Wupp

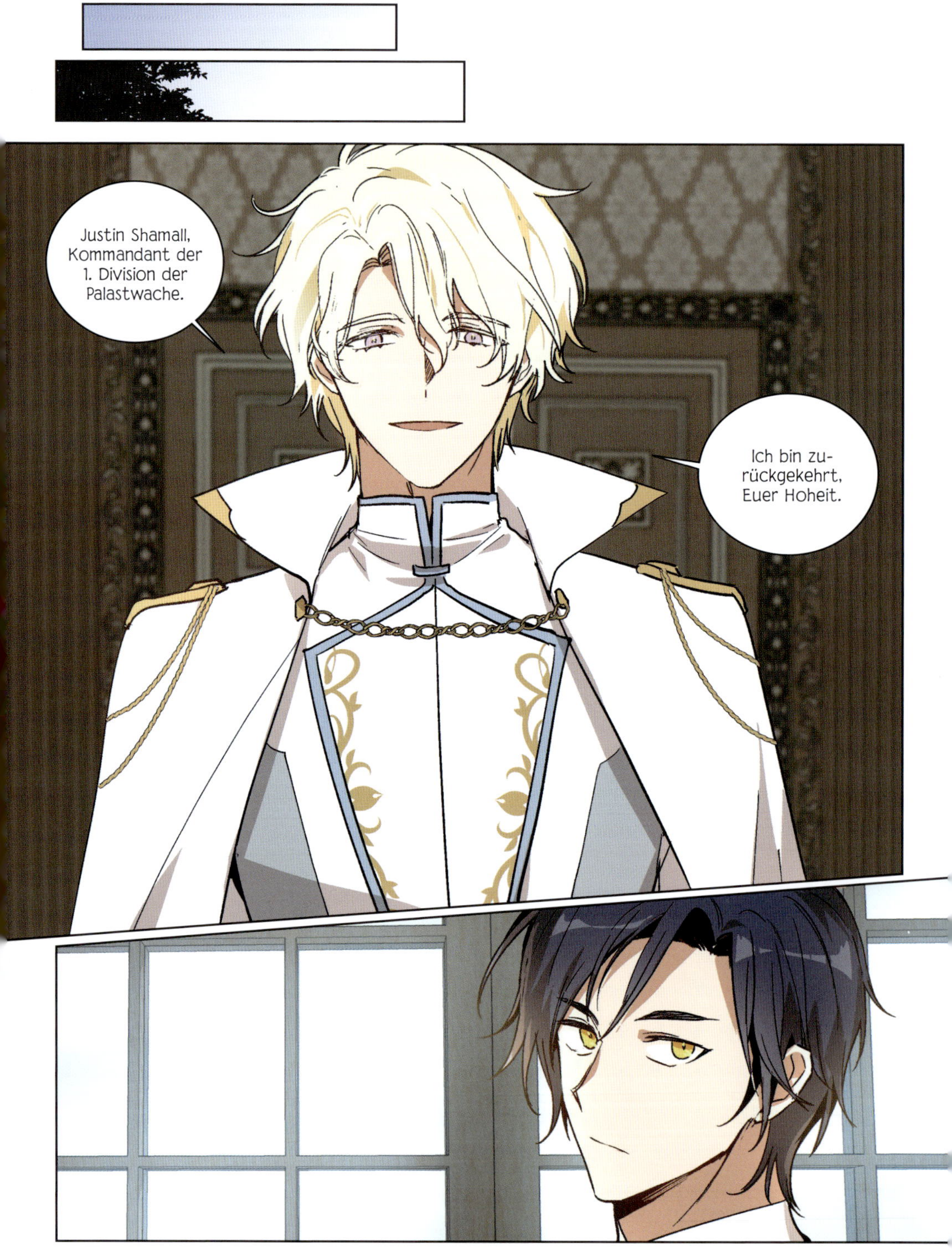
Justin Shamall, Kommandant der 1. Division der Palastwache.
Ich bin zurückgekehrt, Euer Hoheit.

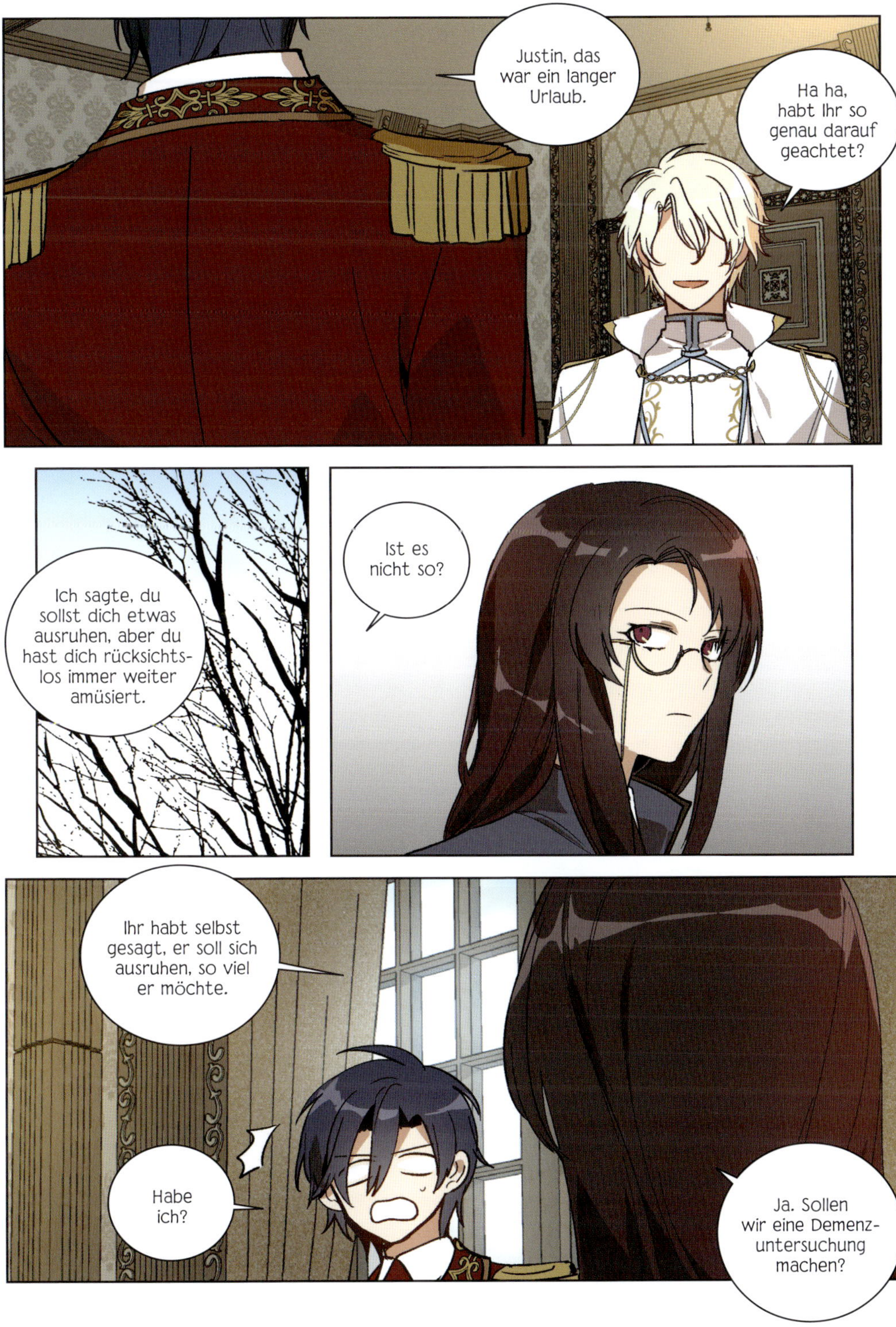
Justin, das war ein langer Urlaub.
Ha ha, habt Ihr so genau darauf geachtet?
Ich sagte, du sollst dich etwas ausruhen, aber du hast dich rücksichtslos immer weiter amüsiert.
Ist es nicht so?
Ihr habt selbst gesagt, er soll sich ausruhen, so viel er möchte.
Habe ich?
Ja. Sollen wir eine Demenzuntersuchung machen?

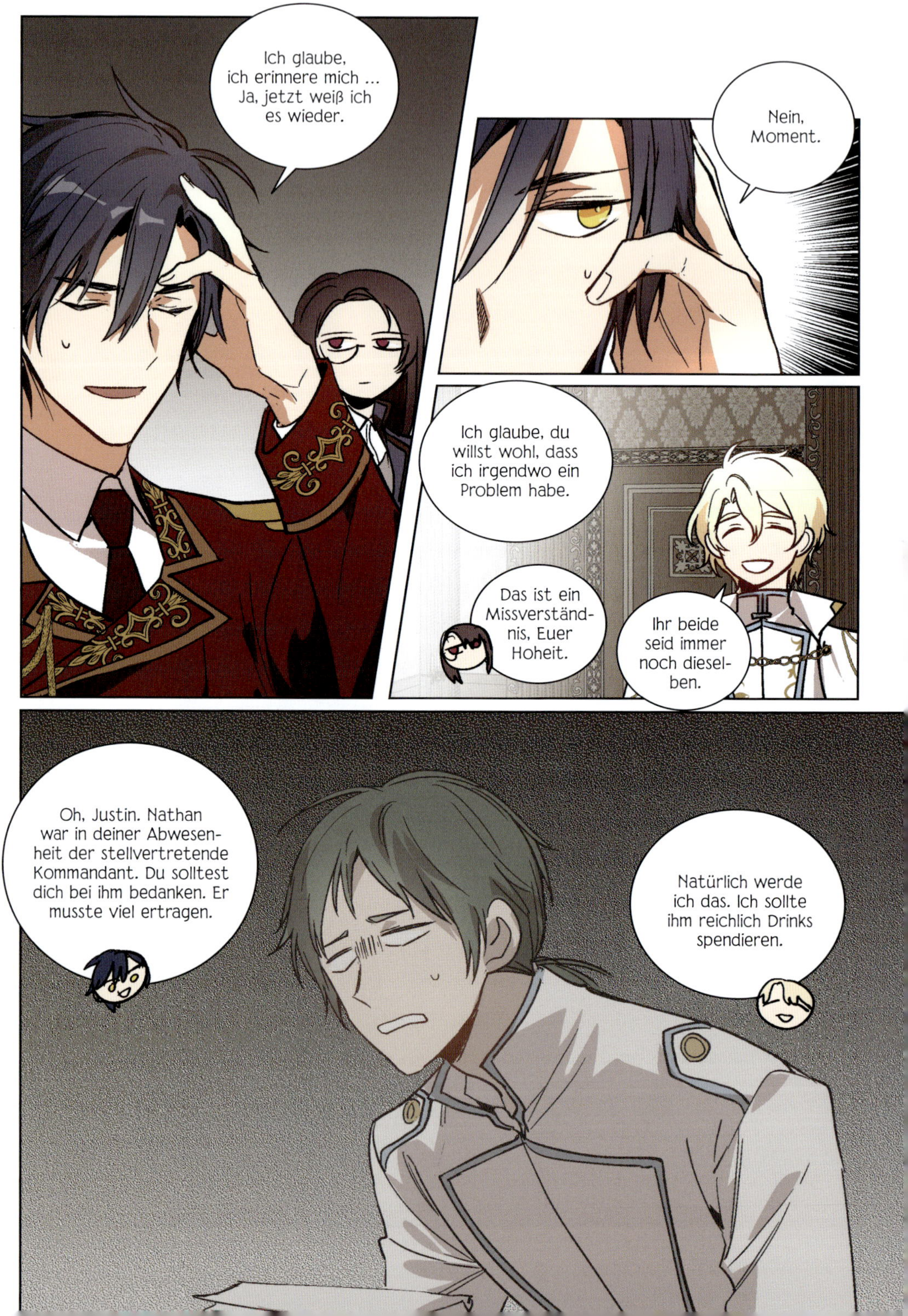
Ich glaube, ich erinnere mich ... Ja, jetzt weiß ich es wieder.
Nein, Moment.
Ich glaube, du willst wohl, dass ich irgendwo ein Problem habe.
Das ist ein Missverständnis, Euer Hoheit.
Ihr beide seid immer noch dieselben.
Oh, Justin. Nathan war in deiner Abwesenheit der stellvertretende Kommandant. Du solltest dich bei ihm bedanken. Er musste viel ertragen.
Natürlich werde ich das. Ich sollte ihm reichlich Drinks spendieren.

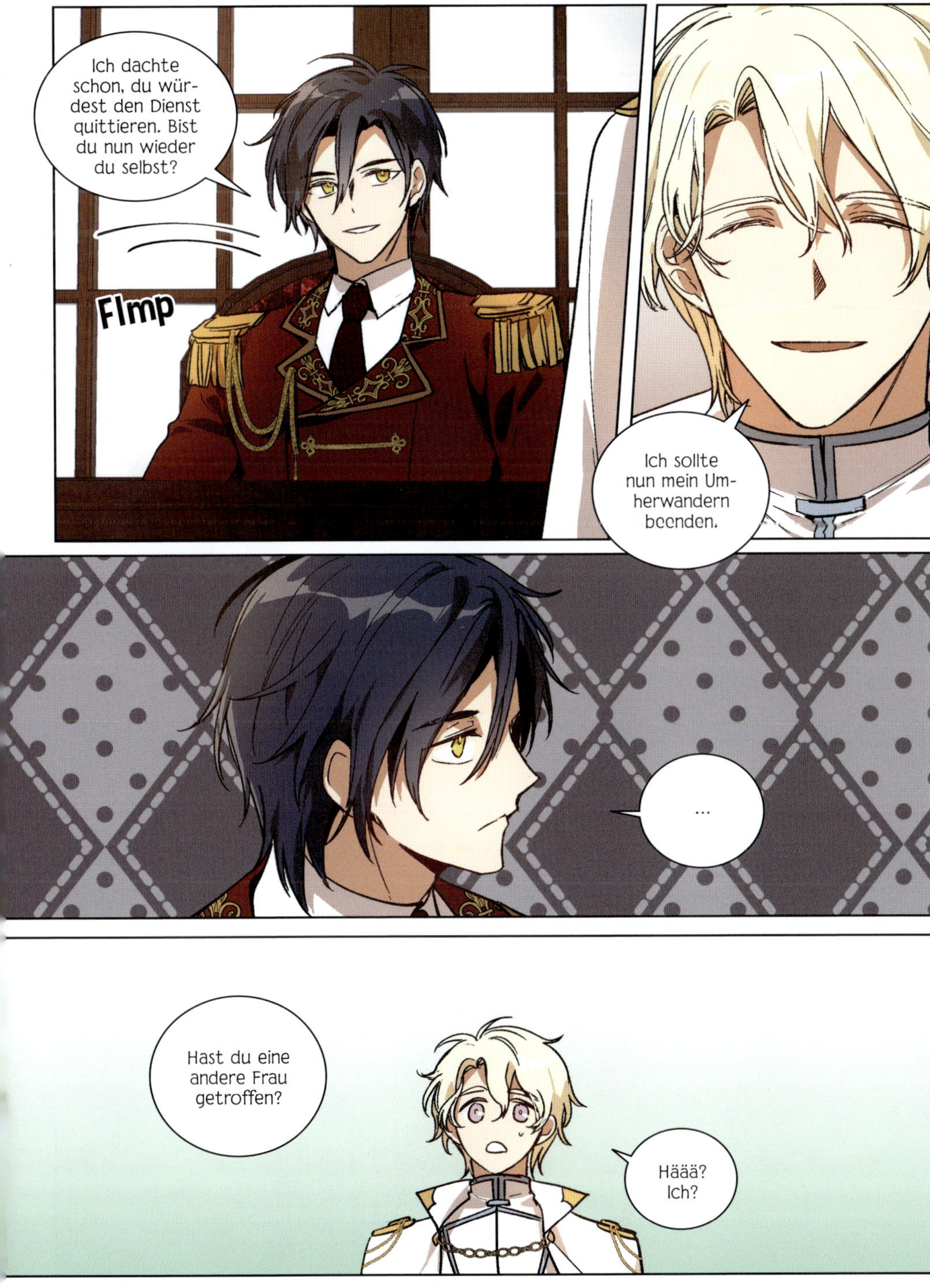
Ich dachte schon, du würdest den Dienst quittieren. Bist du nun wieder du selbst?
Flmp
Ich sollte nun mein Umherwandern beenden.
...
Hast du eine andere Frau getroffen?
Hääá? Ich?

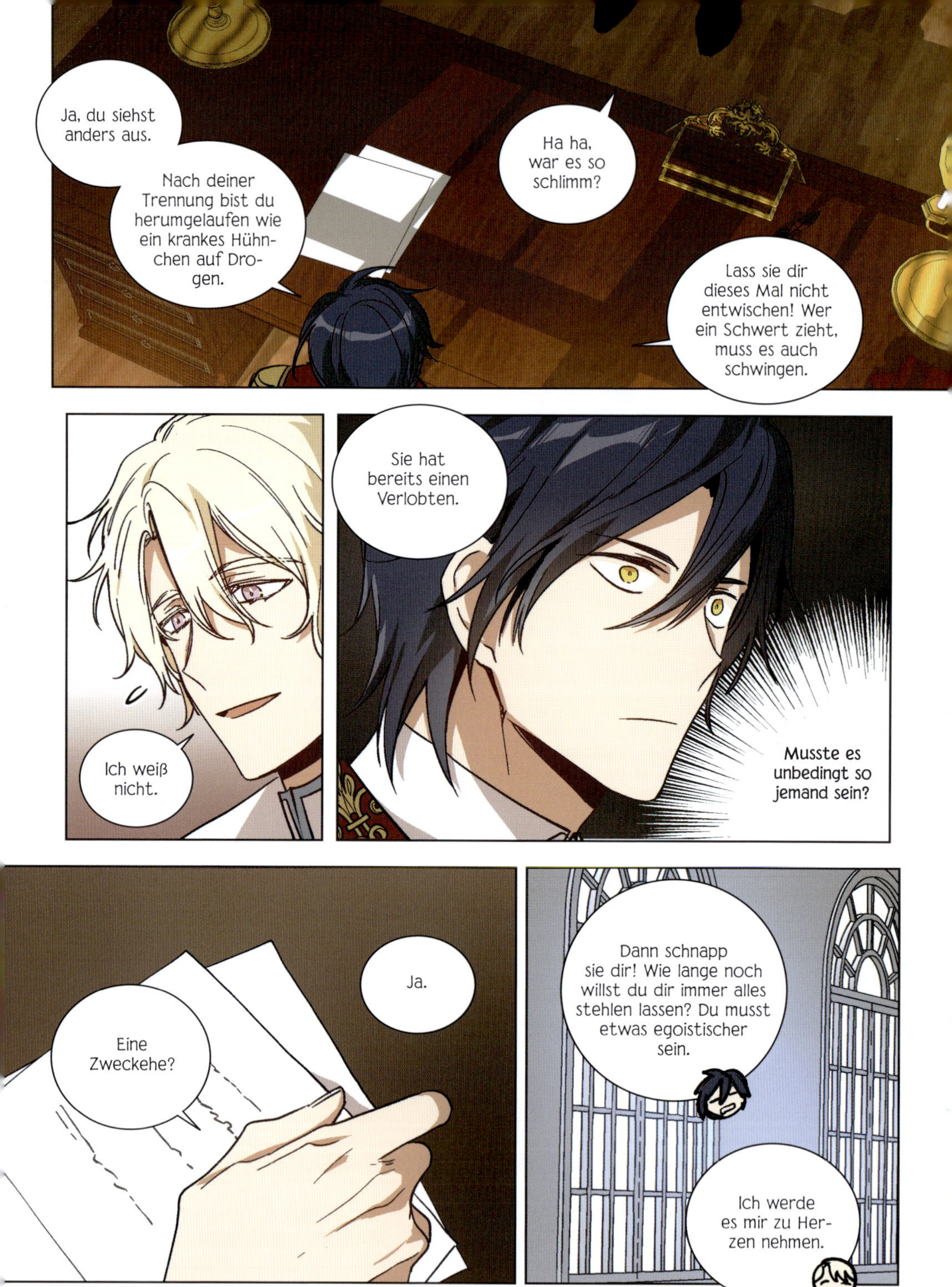

Ja, du siehst anders aus.
Nach deiner Trennung bist du herumgelaufen wie ein krankes Hühnchen auf Drogen.
Ha ha, war es so schlimm?
Lass sie dir dieses Mal nicht entwischen! Wer ein Schwert zieht, muss es auch schwingen.
Sie hat bereits einen Verlobten.
Musste es unbedingt so jemand sein?
Ich weiß nicht.
Eine Zweckehe?
Ja.
Dann schnapp sie dir! Wie lange noch willst du dir immer alles stehlen lassen? Du musst etwas egoistischer sein.
Ich werde es mir zu Herzen nehmen.

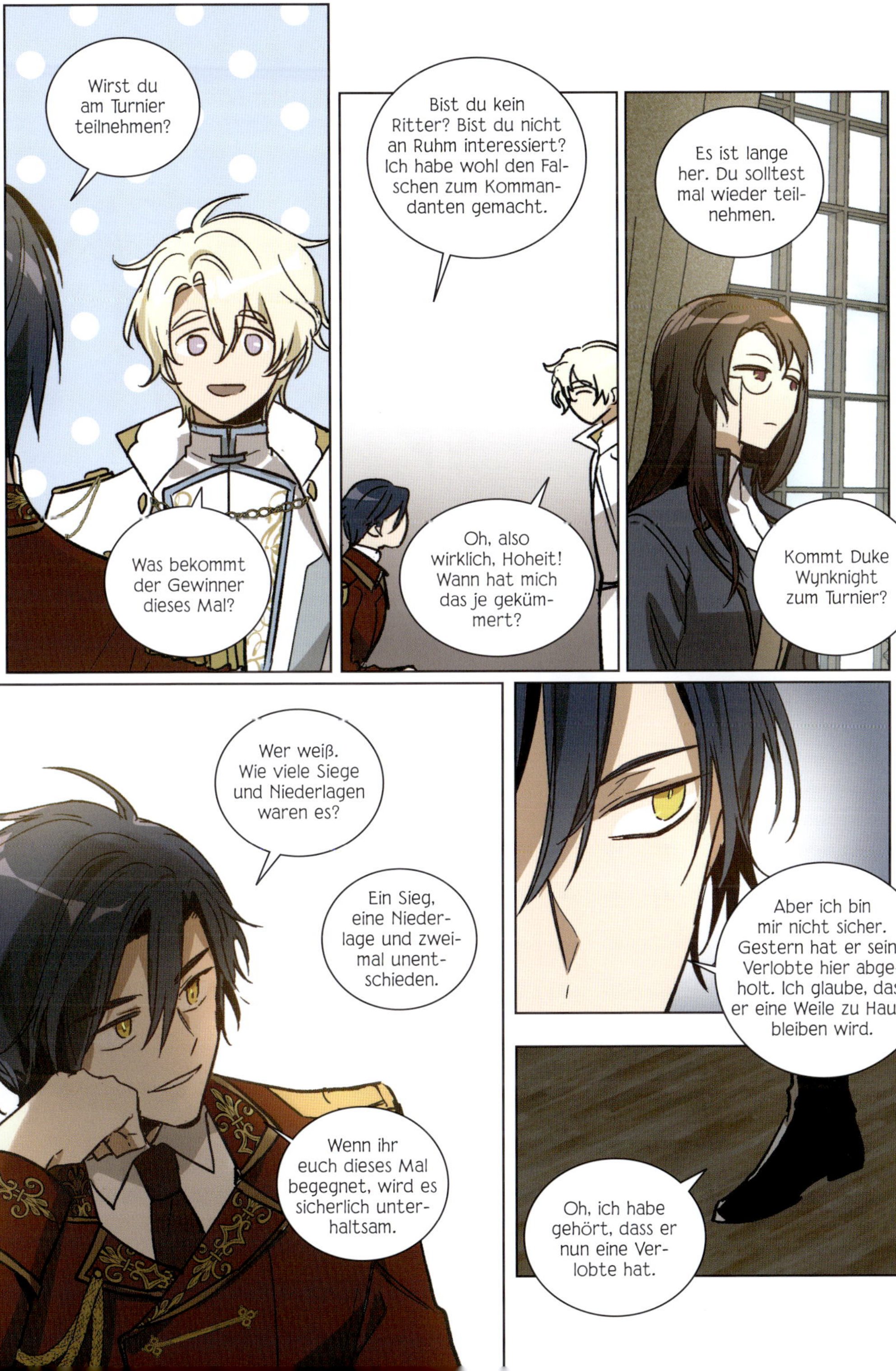
Wirst du am Turnier teilnehmen?
Was bekommt der Gewinner dieses Mal?
Bist du kein Ritter? Bist du nicht an Ruhm interessiert? Ich habe wohl den Falschen zum Kommandanten gemacht.
Oh, also wirklich, Hoheit! Wann hat mich das je gekümmert?
Es ist lange her. Du solltest mal wieder teilnehmen.
Kommt Duke Wynknight zum Turnier?
Wer weiß. Wie viele Siege und Niederlagen waren es?
Ein Sieg, eine Niederlage und zweimal unentschieden.
Wenn ihr euch dieses Mal begegnet, wird es sicherlich unterhaltsam.
Aber ich bin mir nicht sicher. Gestern hat er seine Verlobte hier abgeholt. Ich glaube, dass er eine Weile zu Hause bleiben wird.
Oh, ich habe gehört, dass er nun eine Verlobte hat.

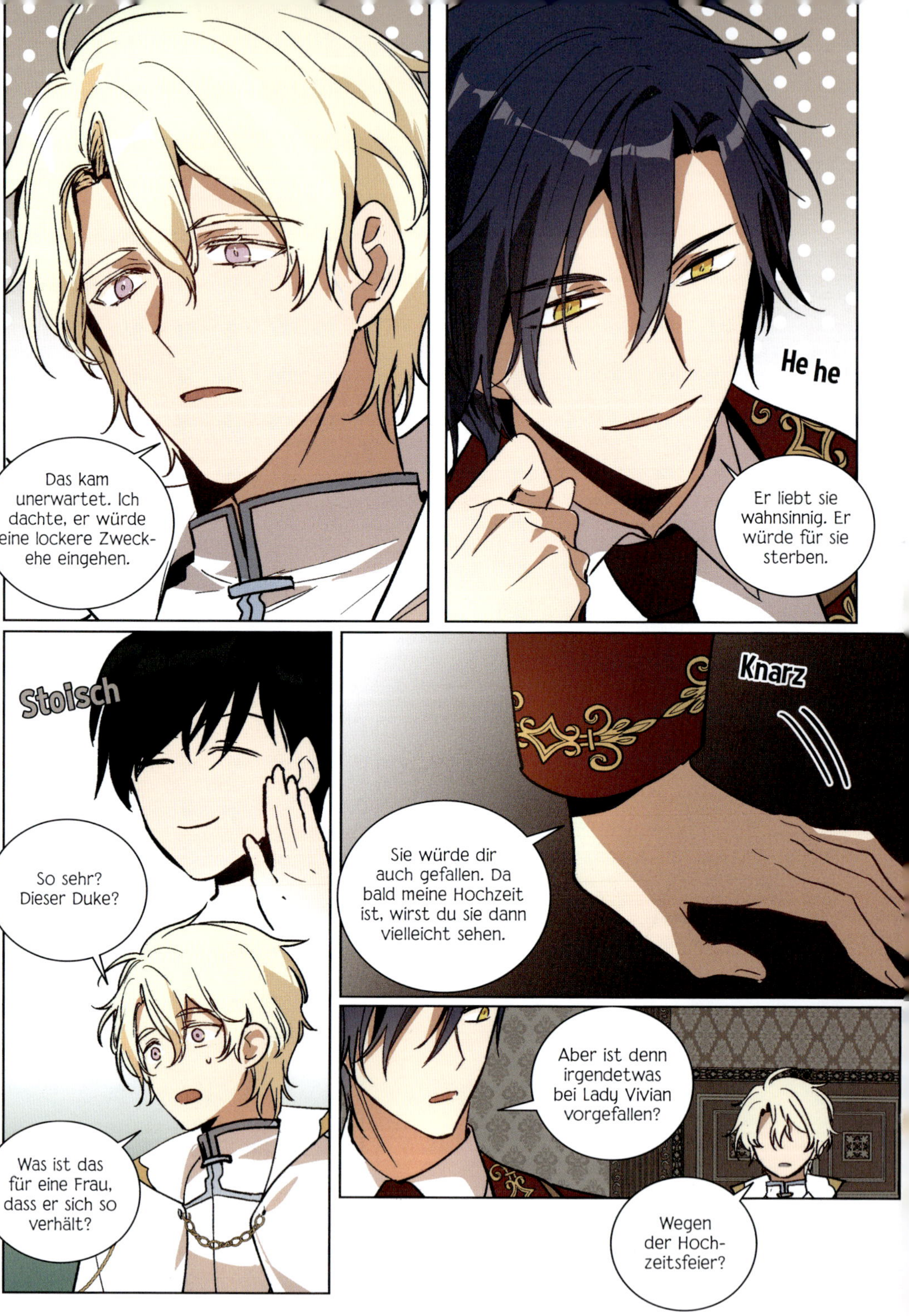
Das kam unerwartet. Ich dachte, er würde eine lockere Zweck-ehe eingehen.
He he
Er liebt sie wahnsinnig. Er würde für sie sterben.
Stoisch
So sehr? Dieser Duke?
Was ist das für eine Frau, dass er sich so verhält?
Knarz
Sie würde dir auch gefallen. Da bald meine Hochzeit ist, wirst du sie dann vielleicht sehen.
Aber ist denn irgendetwas bei Lady Vivian vorgefallen?
Wegen der Hoch-zeitsfeier?

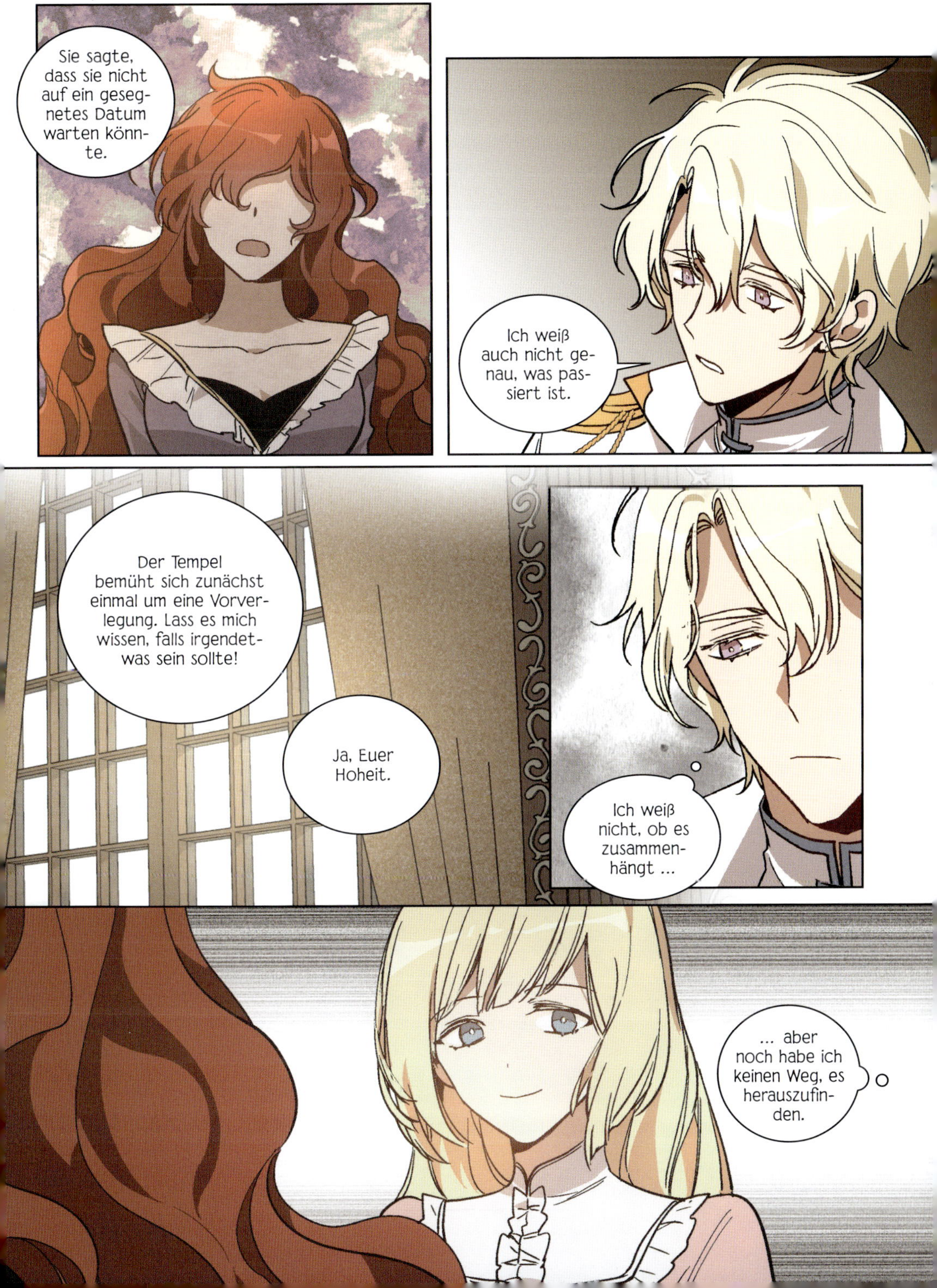
Sie sagte, dass sie nicht auf ein geseg-netes Datum warten könn-te.
Ich weiß auch nicht ge-nau, was pas-siert ist.
Der Tempel bemüht sich zunächst einmal um eine Vorver-legung. Lass es mich wissen, falls irgendet-was sein sollte!
Ja, Euer Hoheit.
Ich weiß nicht, ob es zusammen-hängt …
… aber noch habe ich keinen Weg, es herauszufin-den.

RAELIANA

Warum sie die Verlobte des Dukes wurde

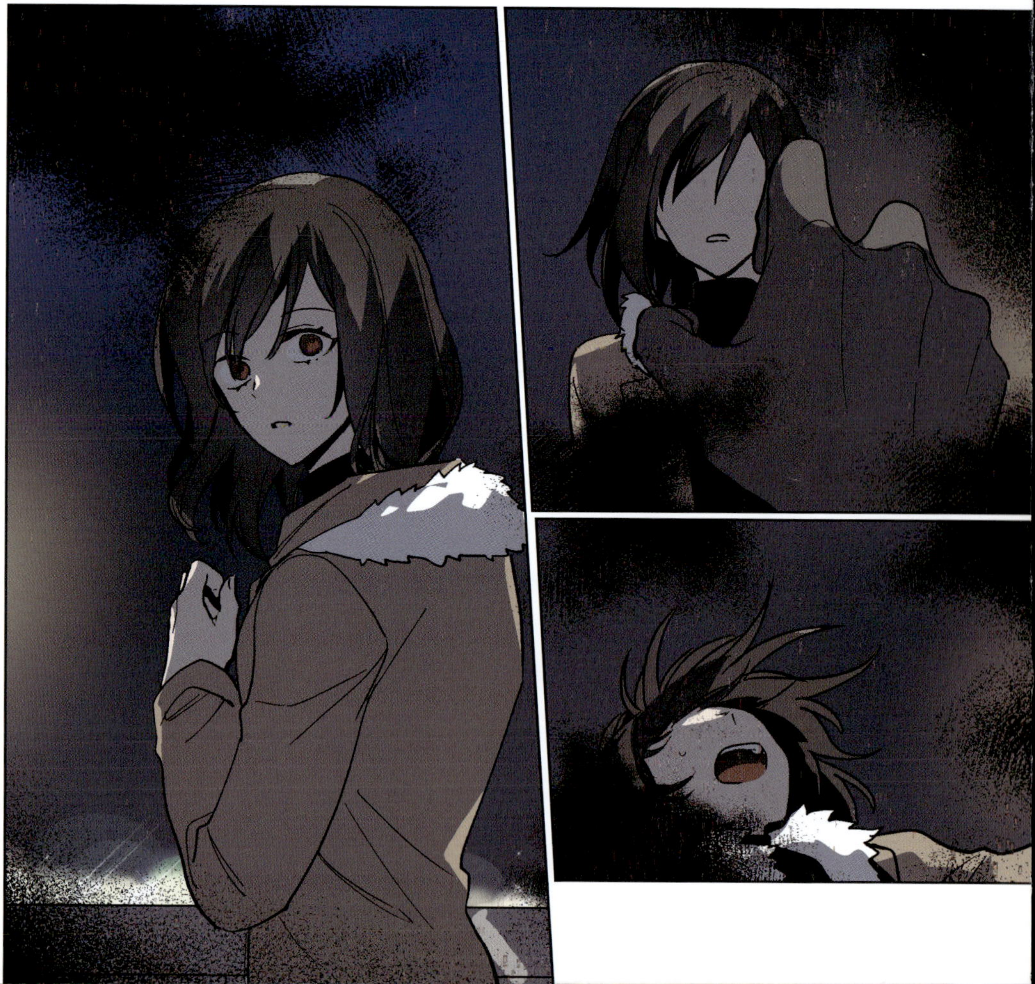

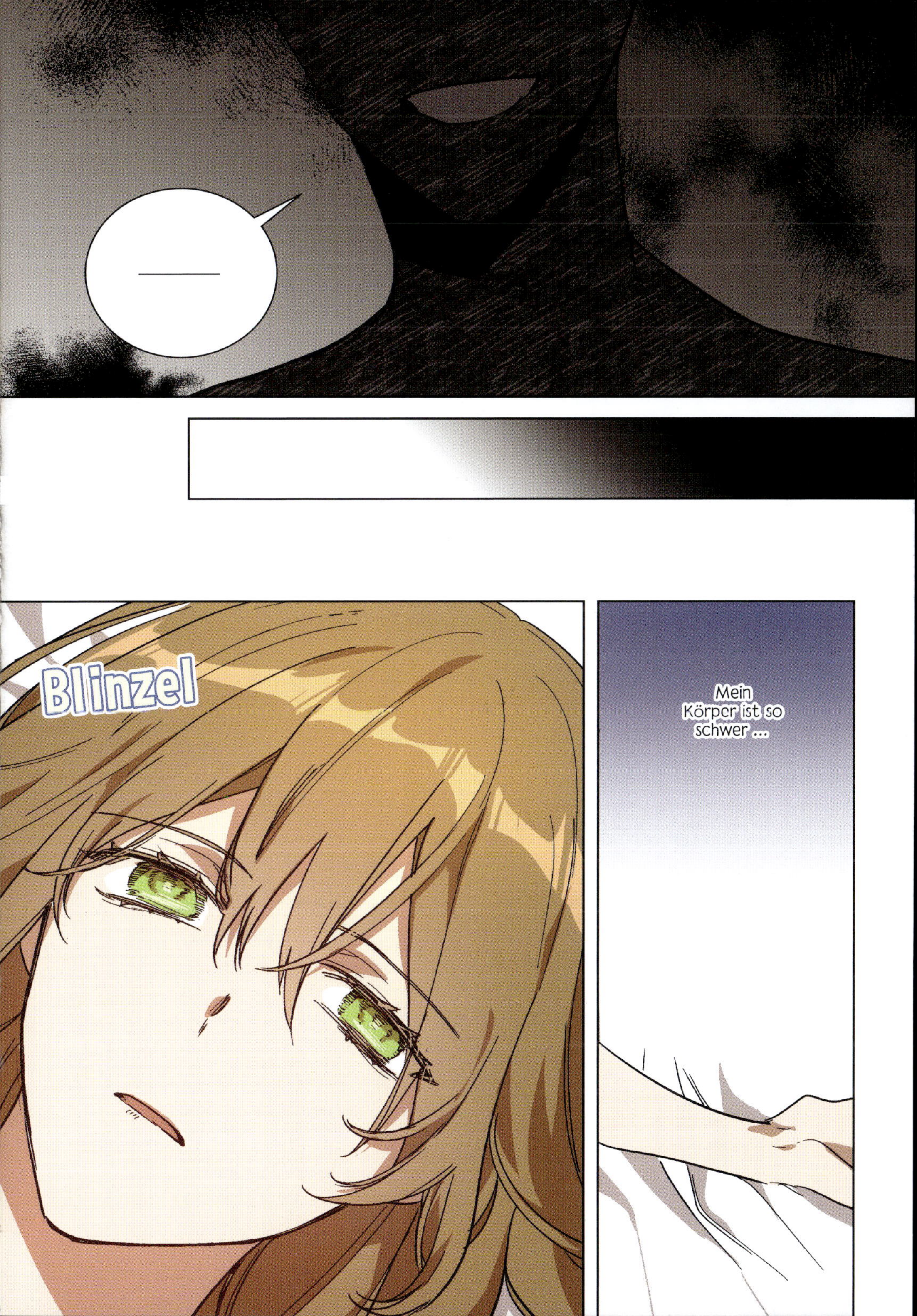
——
Blinzel
Mein Körper ist so schwer …

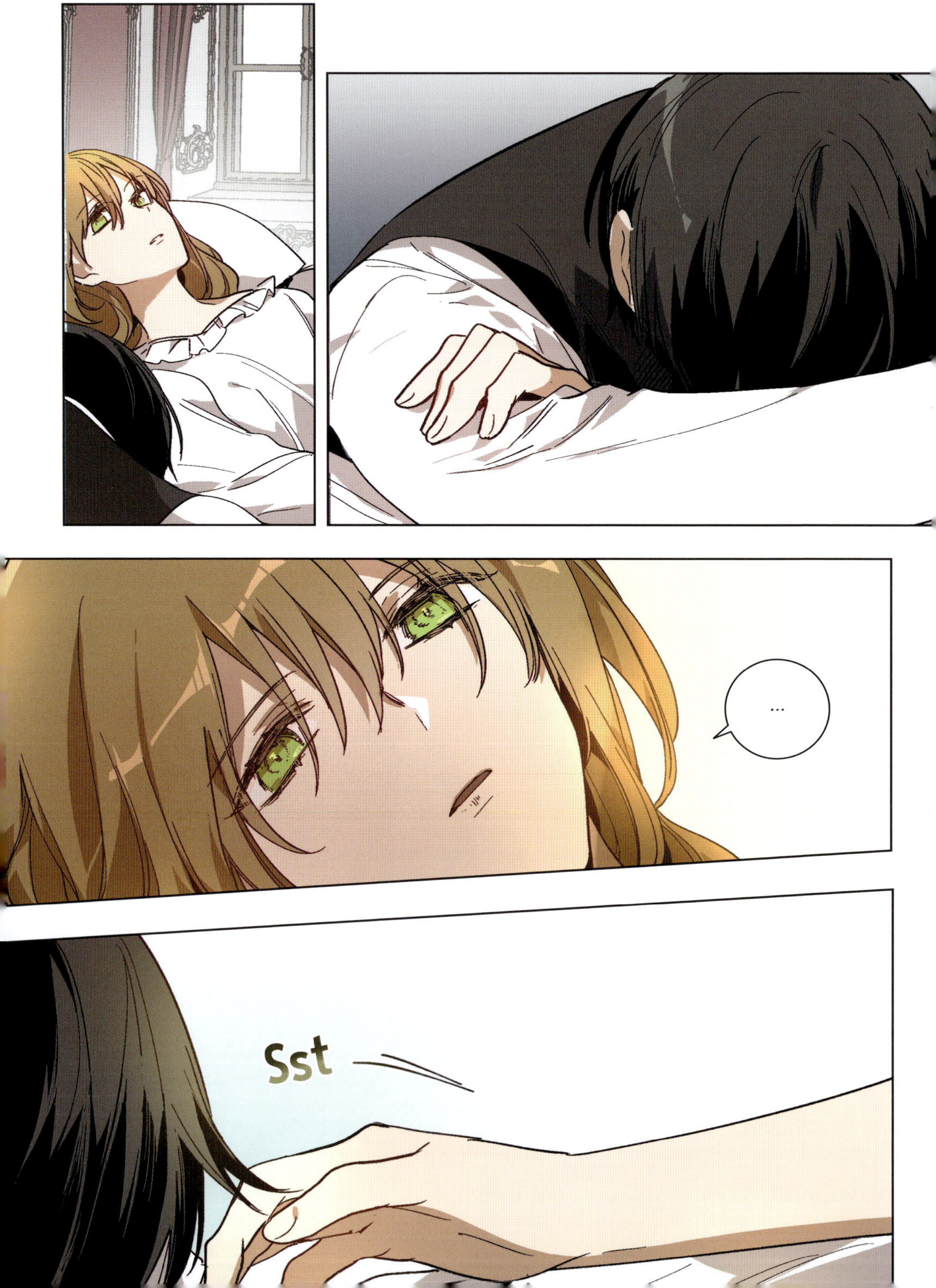
...
Sst

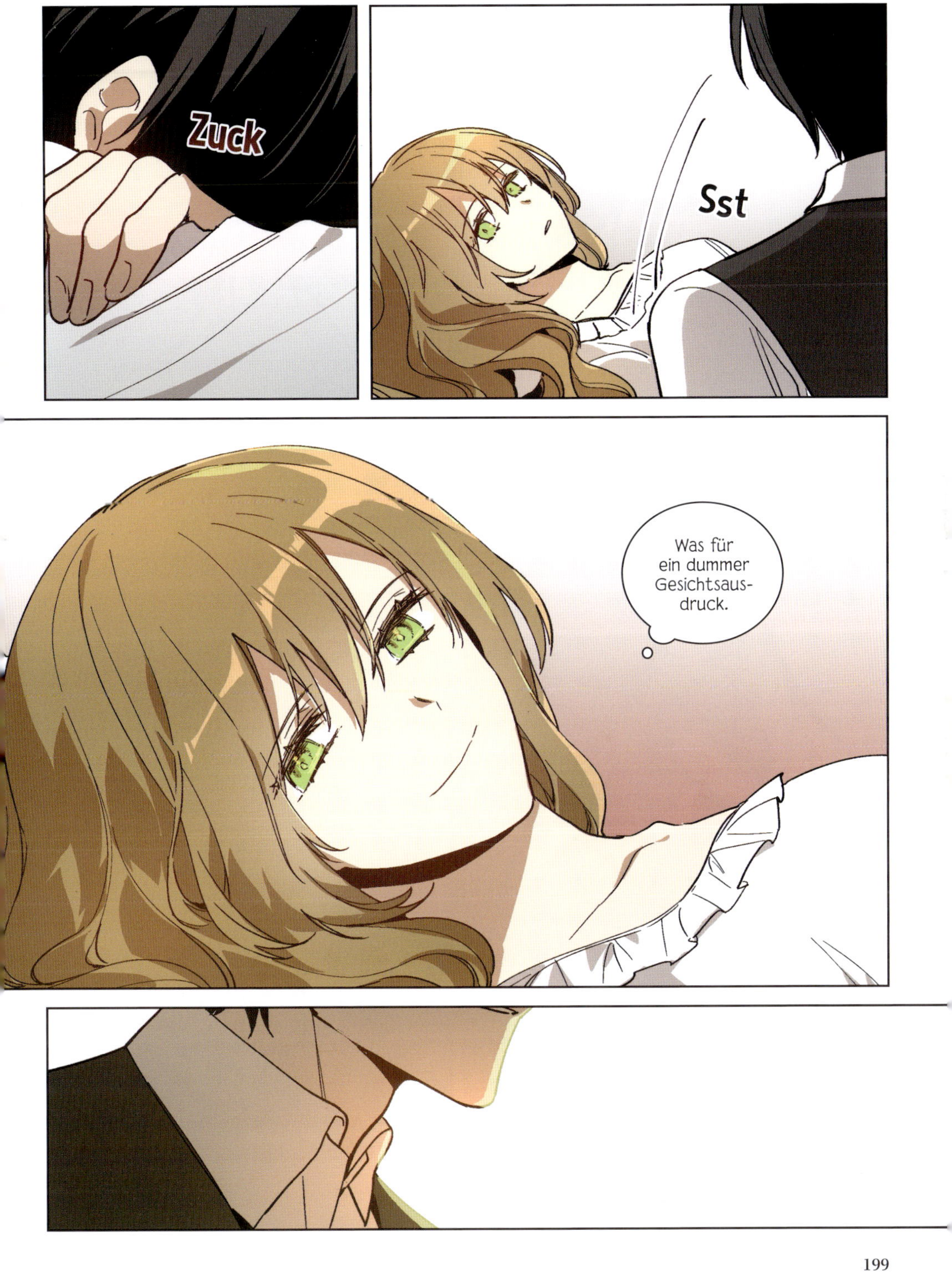
Zuck
Sst
Was für ein dummer Gesichtsaus-druck.

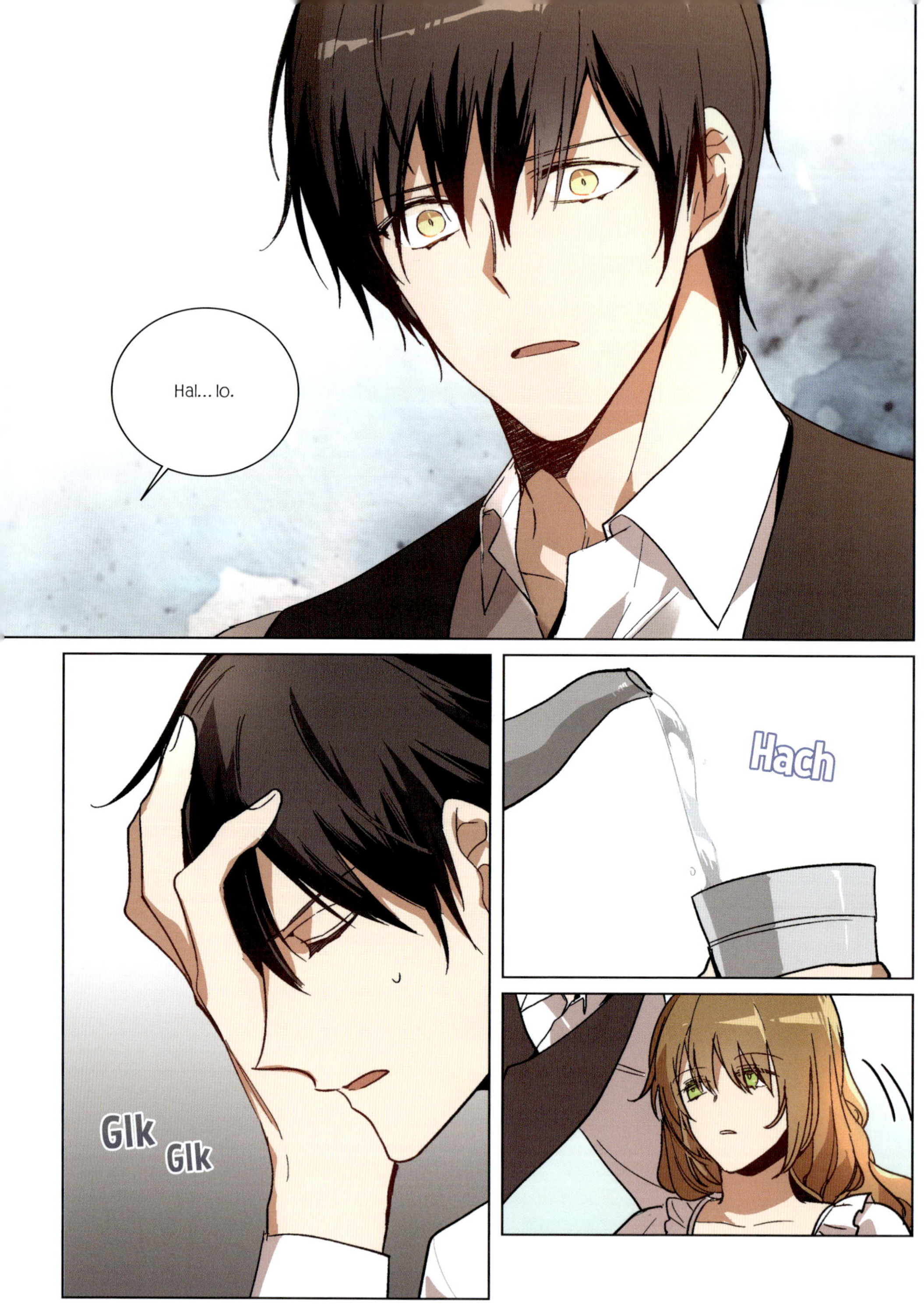
Hal... lo.
Glk Glk
Hach

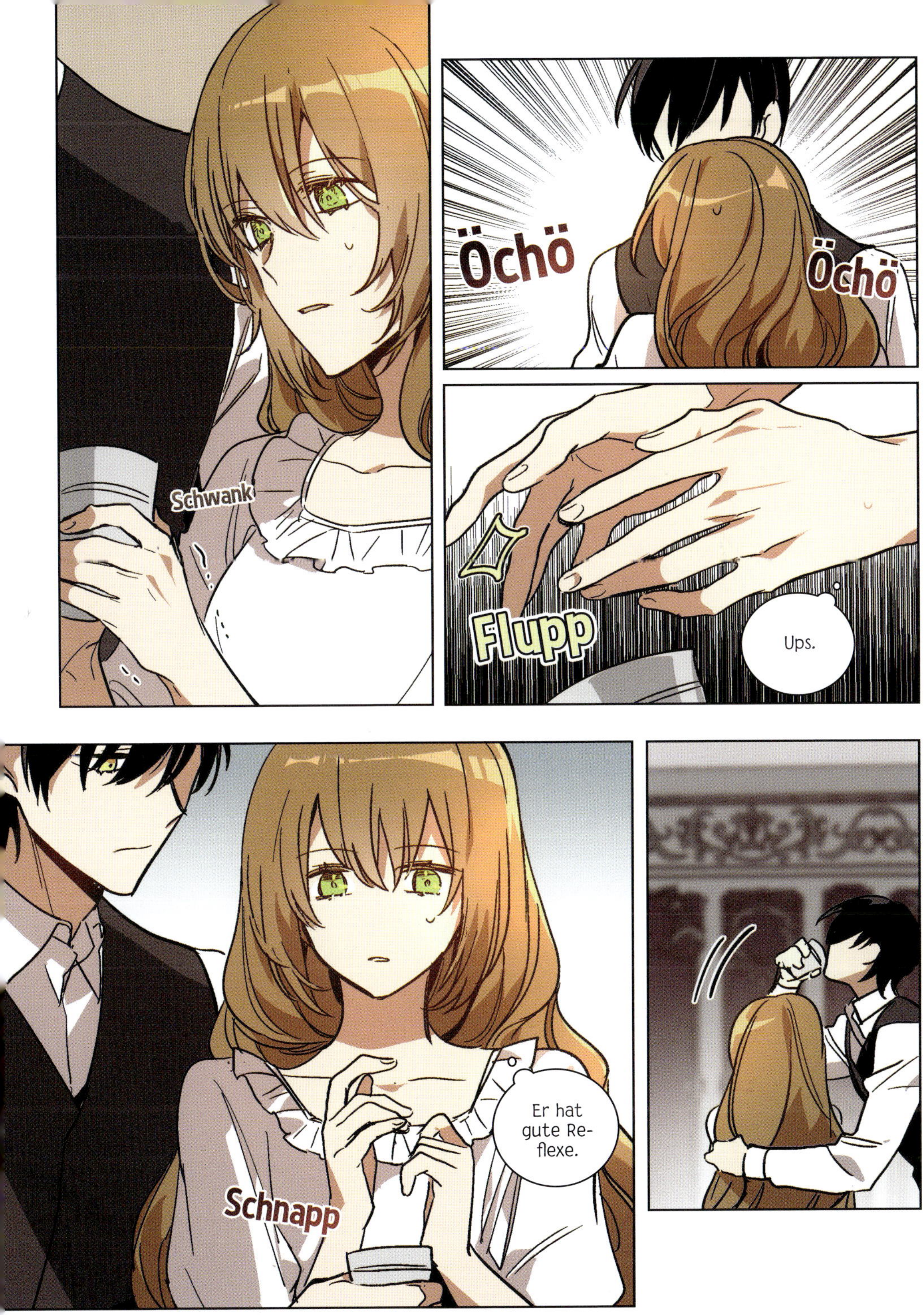
Schwank
Öchö
Öchö
Flupp
Ups.
Er hat gute Re-flexe.
Schnapp

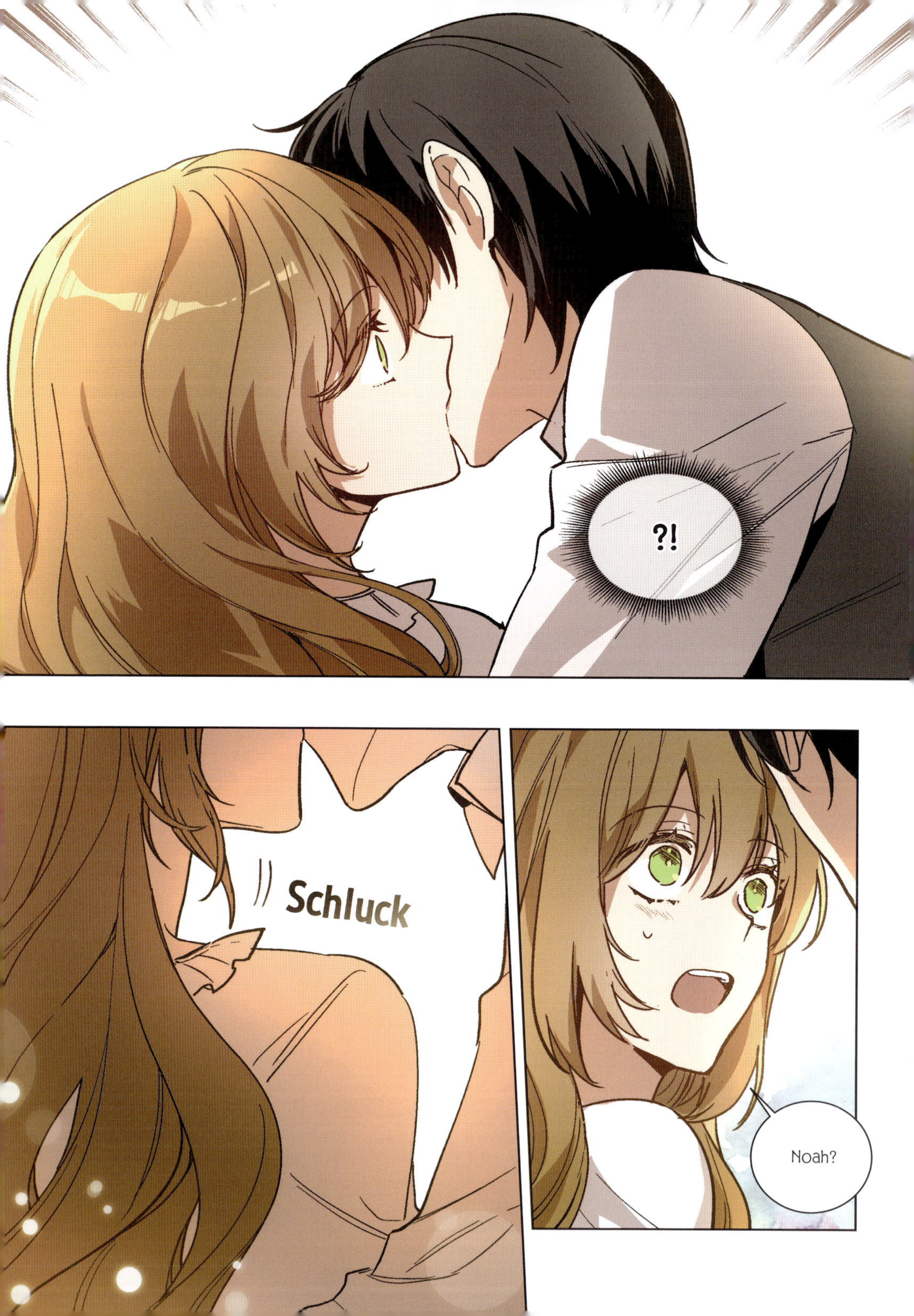
?!
Schluck
Noah?

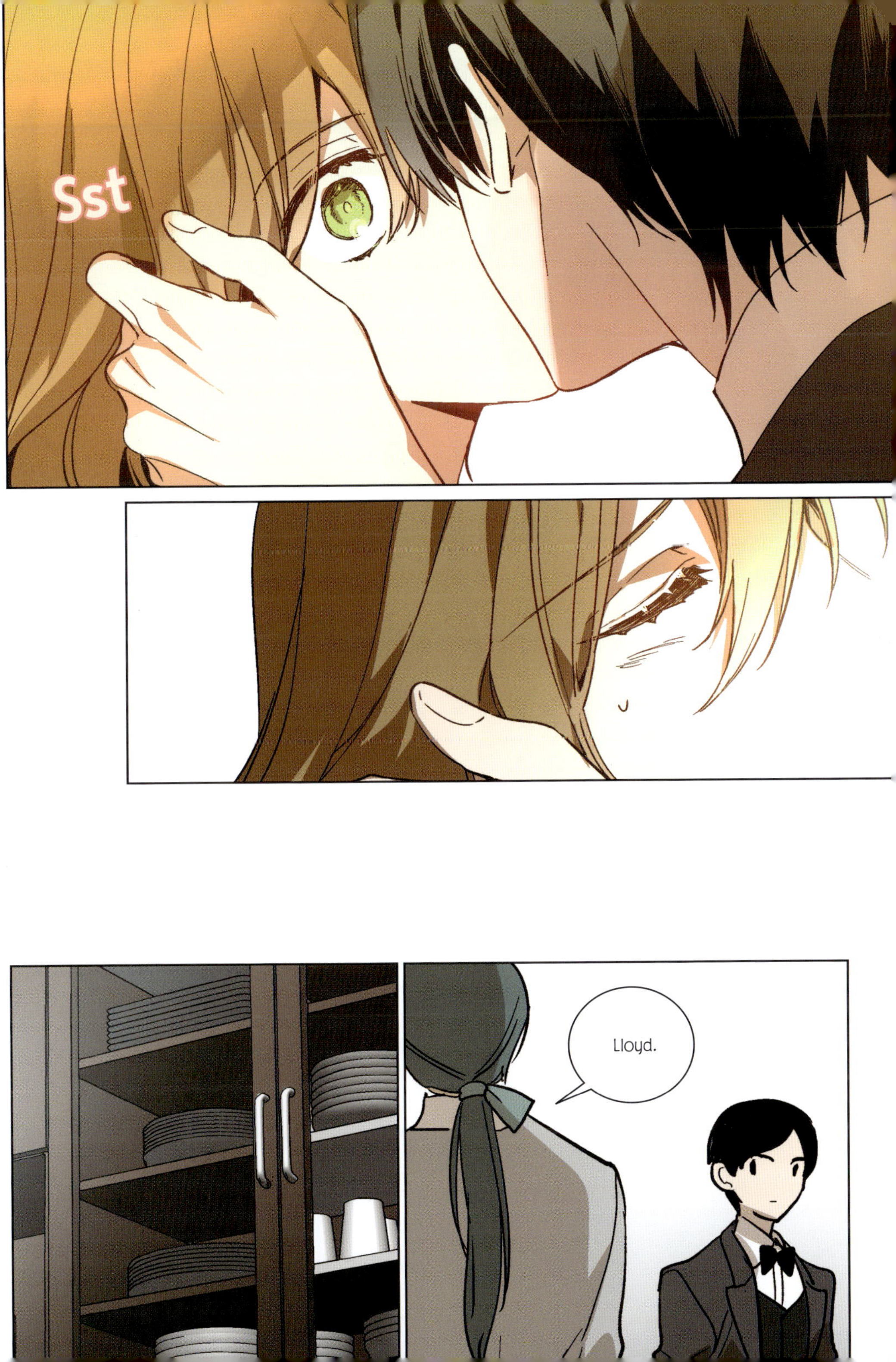
Sst
Lloyd.

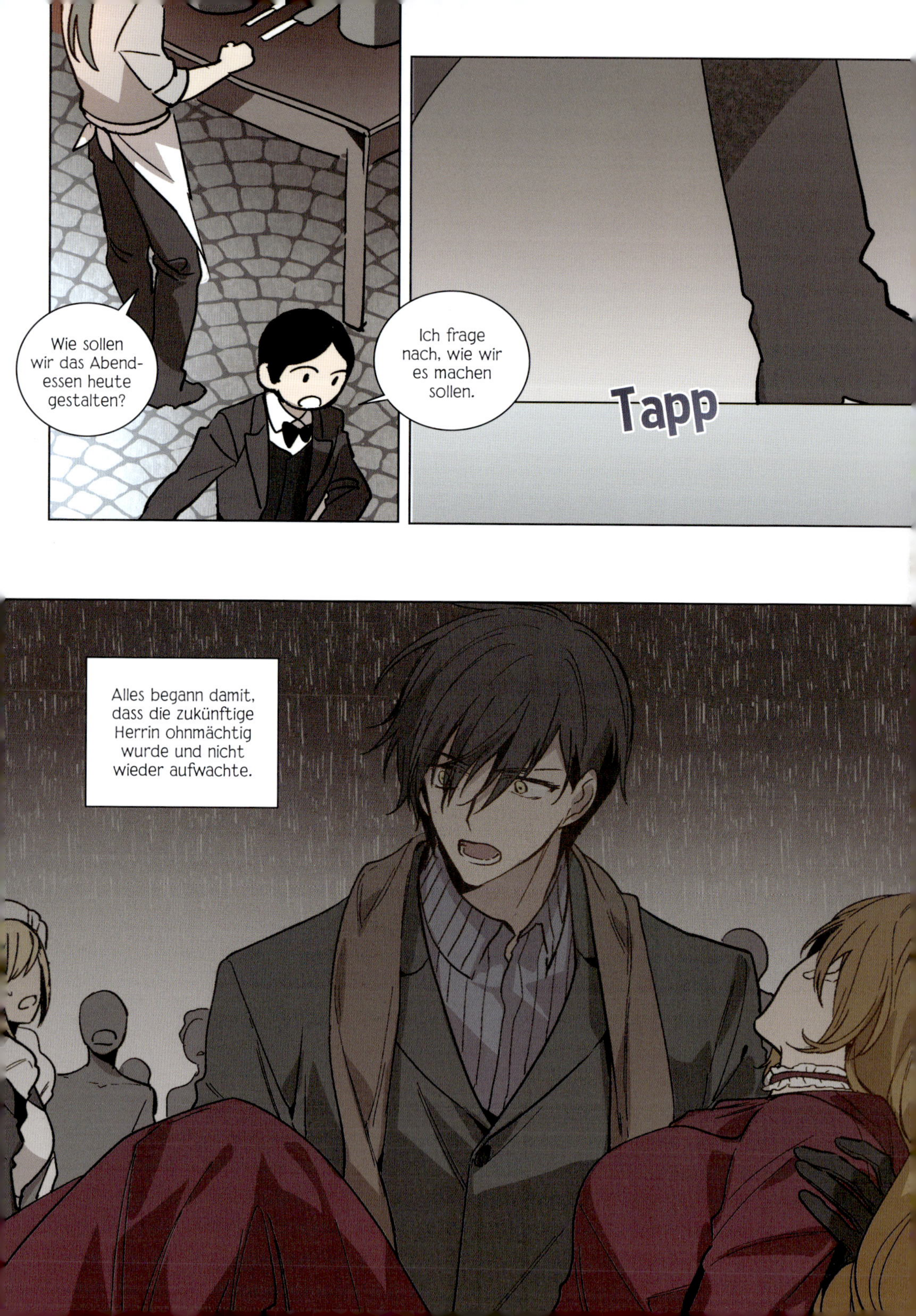
Wie sollen wir das Abend-essen heute gestalten?
Ich frage nach, wie wir es machen sollen.
Tapp
Alles begann damit, dass die zukünftige Herrin ohnmächtig wurde und nicht wieder aufwachte.

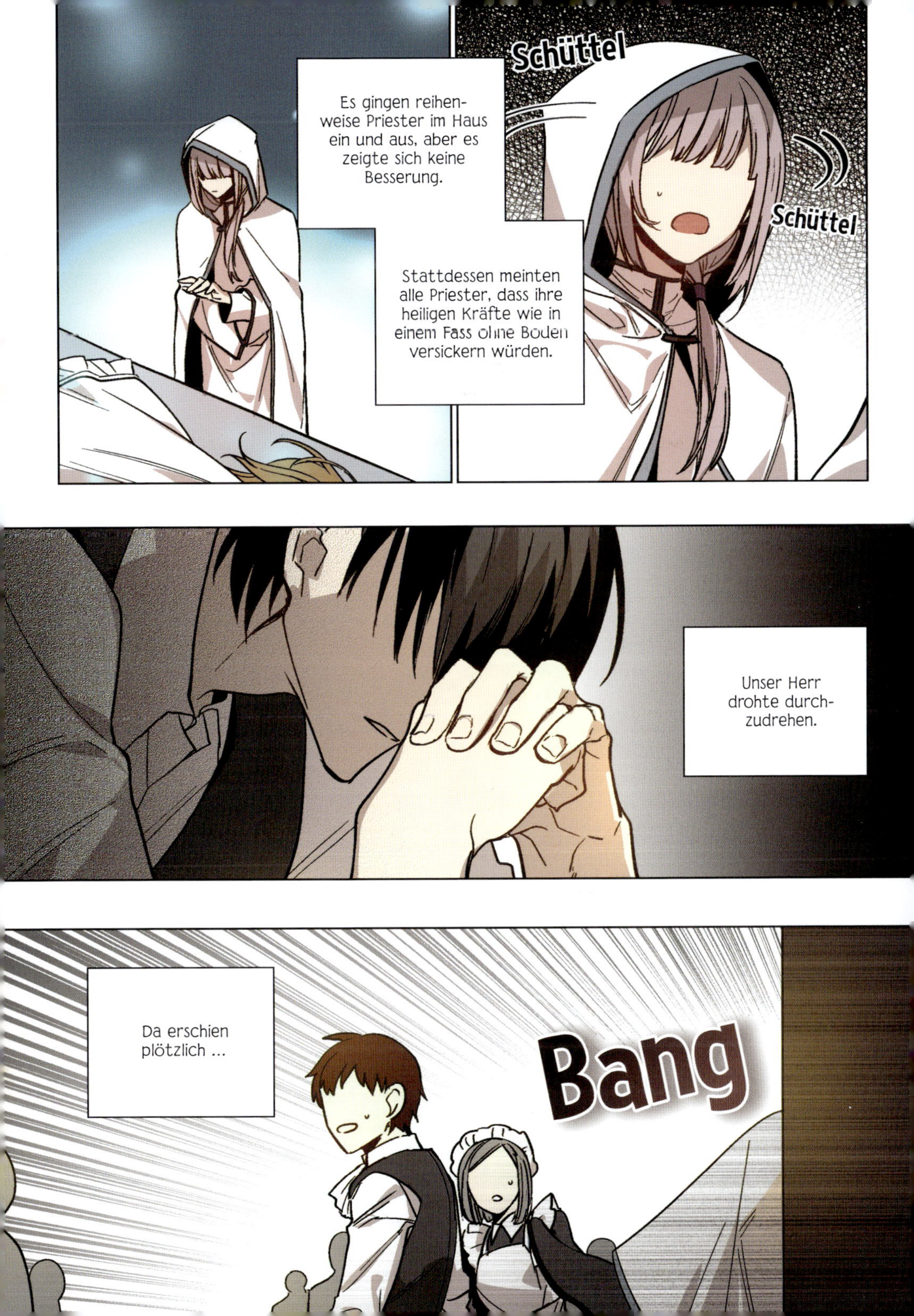
Es gingen reihenweise Priester im Haus ein und aus, aber es zeigte sich keine Besserung.
Schüttel
Schüttel
Stattdessen meinten alle Priester, dass ihre heiligen Kräfte wie in einem Fass ohne Boden versickern würden.
Unser Herr drohte durchzudrehen.
Da erschien plötzlich ...
Bang

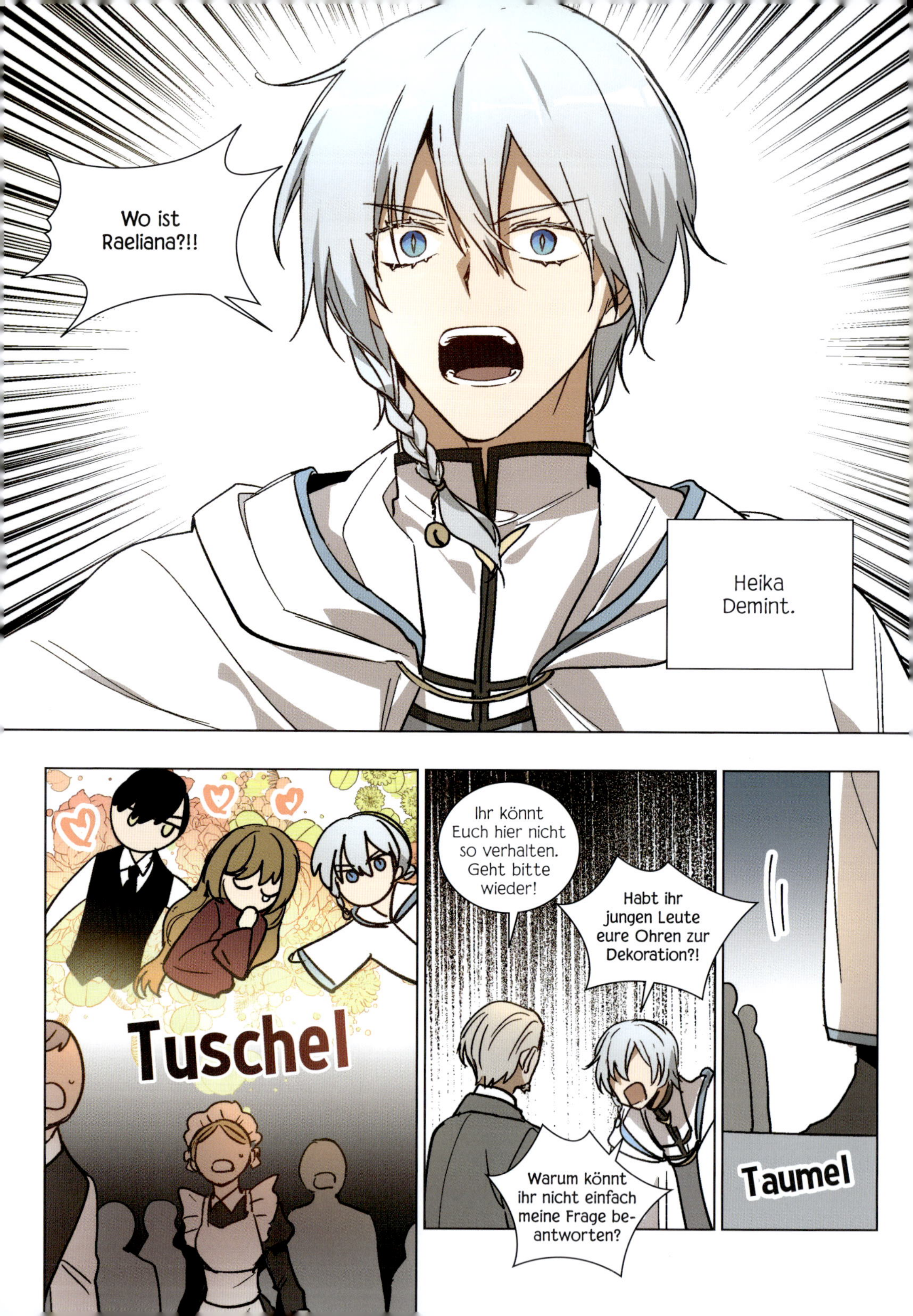
Wo ist Raeliana?!!
Heika Demint.
Tuschel
Ihr könnt Euch hier nicht so verhalten. Geht bitte wieder!
Habt ihr jungen Leute eure Ohren zur Dekoration?!
Warum könnt ihr nicht einfach meine Frage beantworten?
Taumel

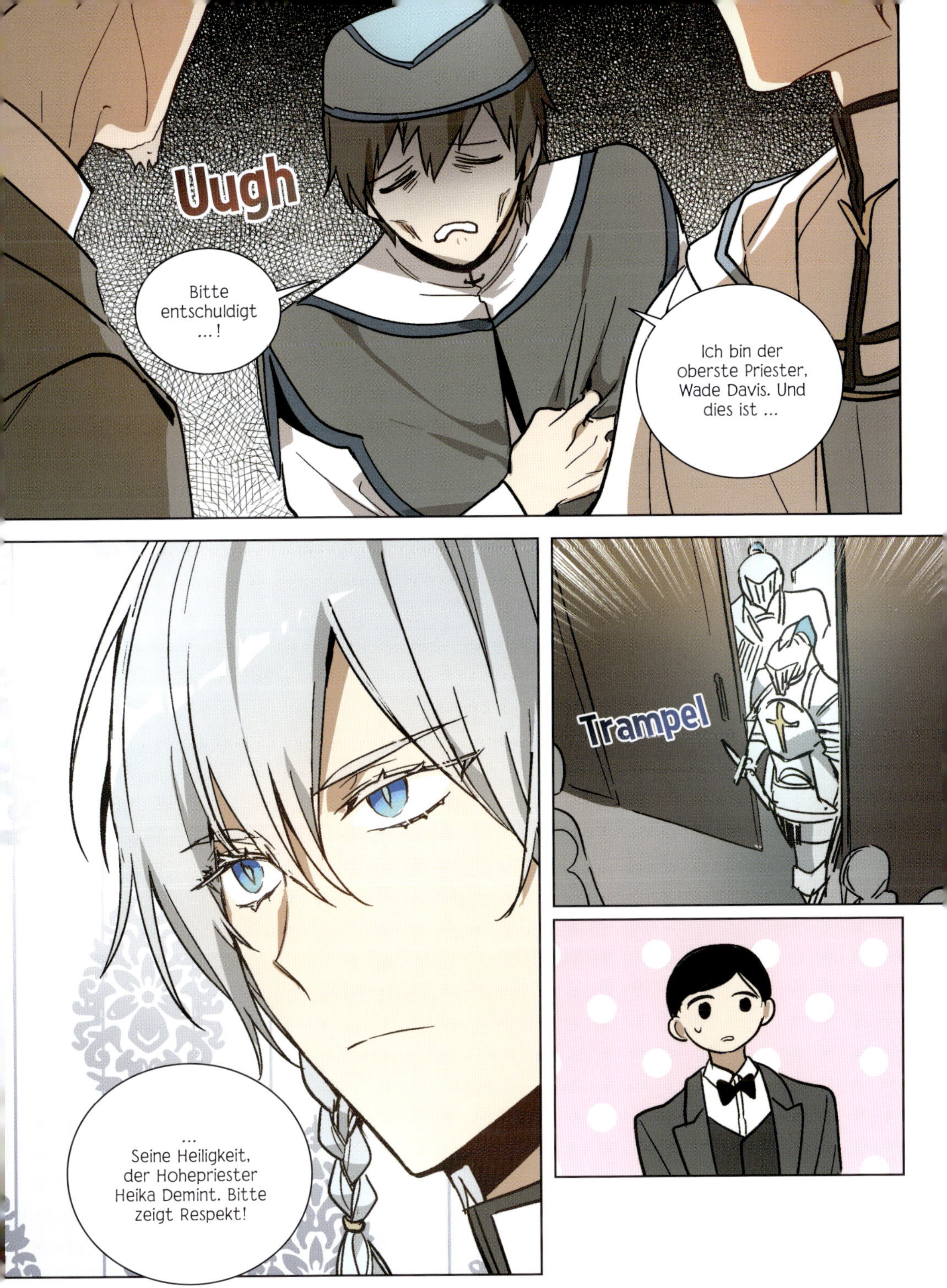
Uugh
Bitte entschuldigt ...!
Ich bin der oberste Priester, Wade Davis. Und dies ist ...
Trampel
... Seine Heiligkeit, der Hohepriester Heika Demint. Bitte zeigt Respekt!

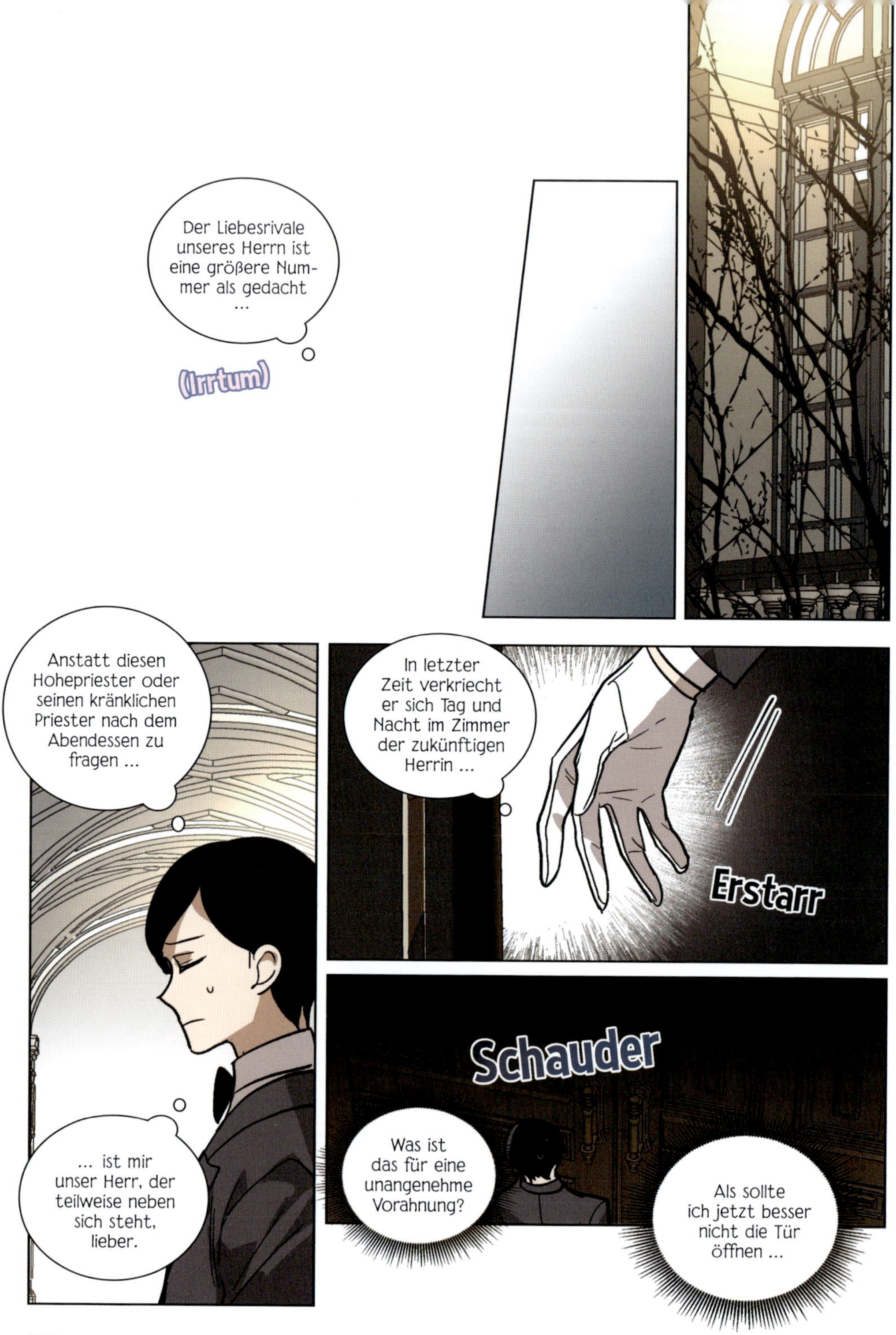

Der Liebesrivale unseres Herrn ist eine größere Nummer als gedacht ...
(Irrtum)
Anstatt diesen Hohepriester oder seinen kränklichen Priester nach dem Abendessen zu fragen ...
... ist mir unser Herr, der teilweise neben sich steht, lieber.
In letzter Zeit verkriecht er sich Tag und Nacht im Zimmer der zukünftigen Herrin ...
Erstarr
Schauder
Was ist das für eine unangenehme Vorahnung?
Als sollte ich jetzt besser nicht die Tür öffnen ...

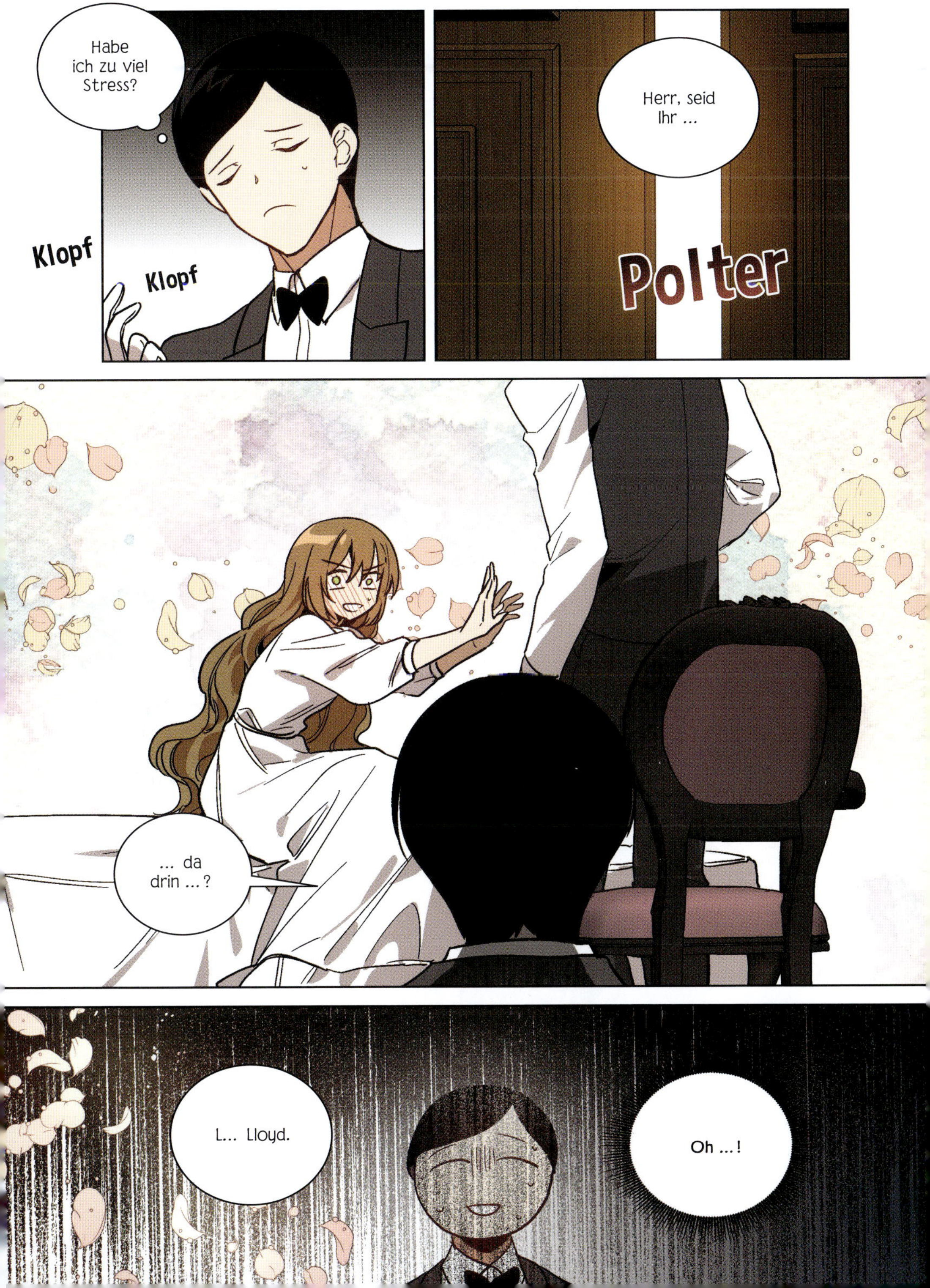
Habe ich zu viel Stress?
Klopf
Klopf
Herr, seid Ihr ...
Polter
... da drin ...?
L... Lloyd.
Oh ...!

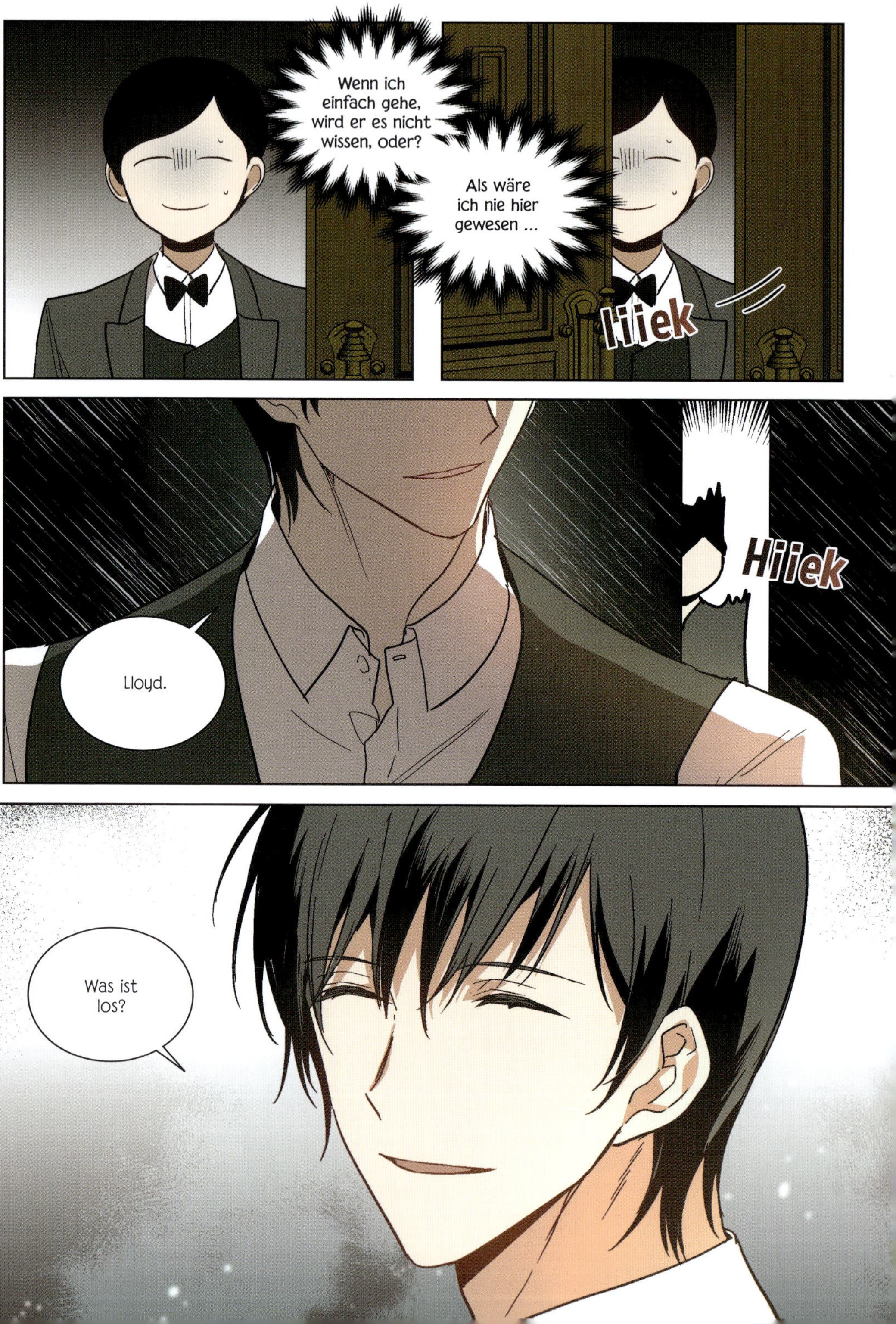
Wenn ich einfach gehe, wird er es nicht wissen, oder?
Als wäre ich nie hier gewesen ...
Iiiek
Hiiek
Lloyd.
Was ist los?

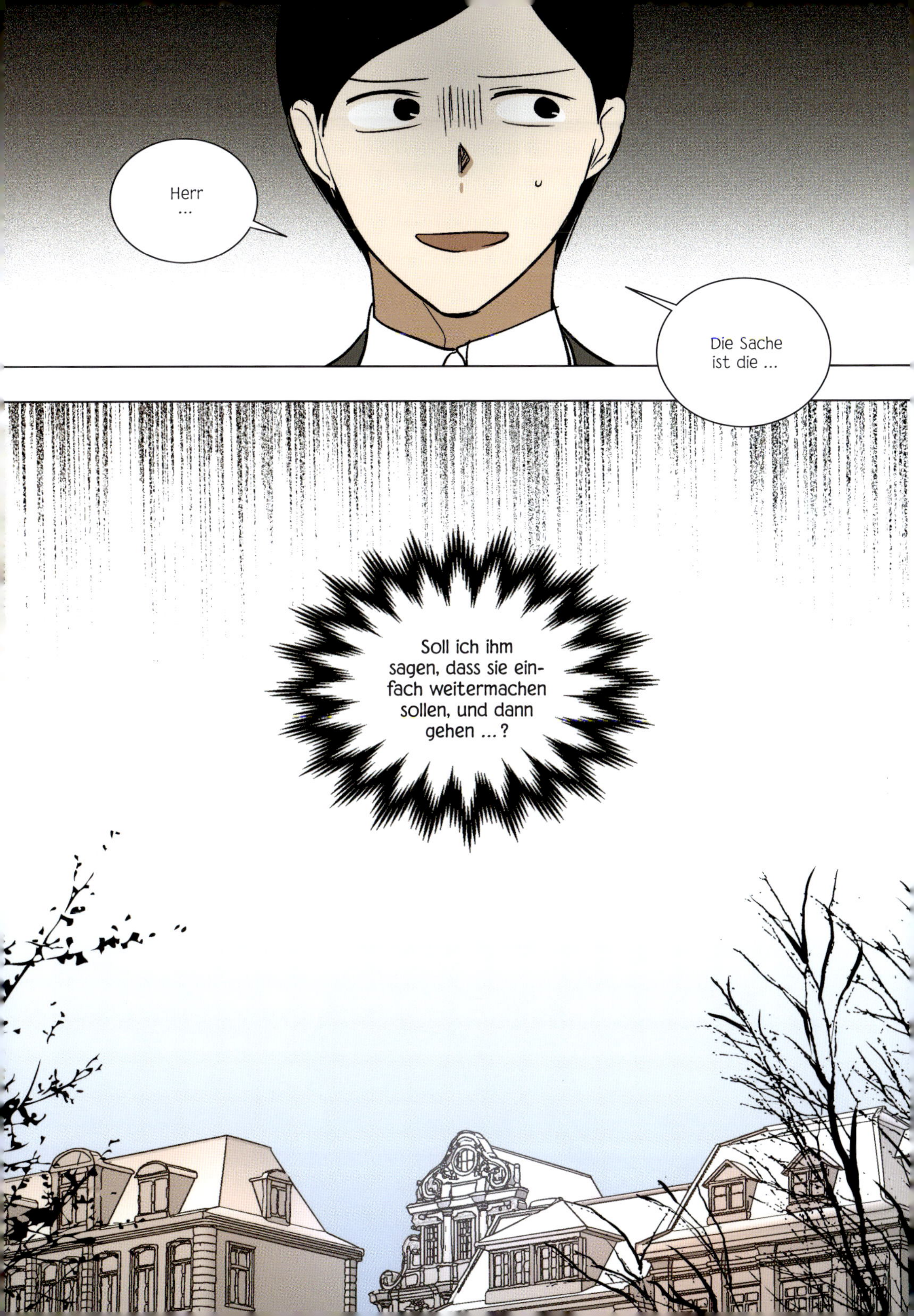
Herr
...
Die Sache
ist die ...
Soll ich ihm
sagen, dass sie ein-
fach weitermachen
sollen, und dann
gehen ...?

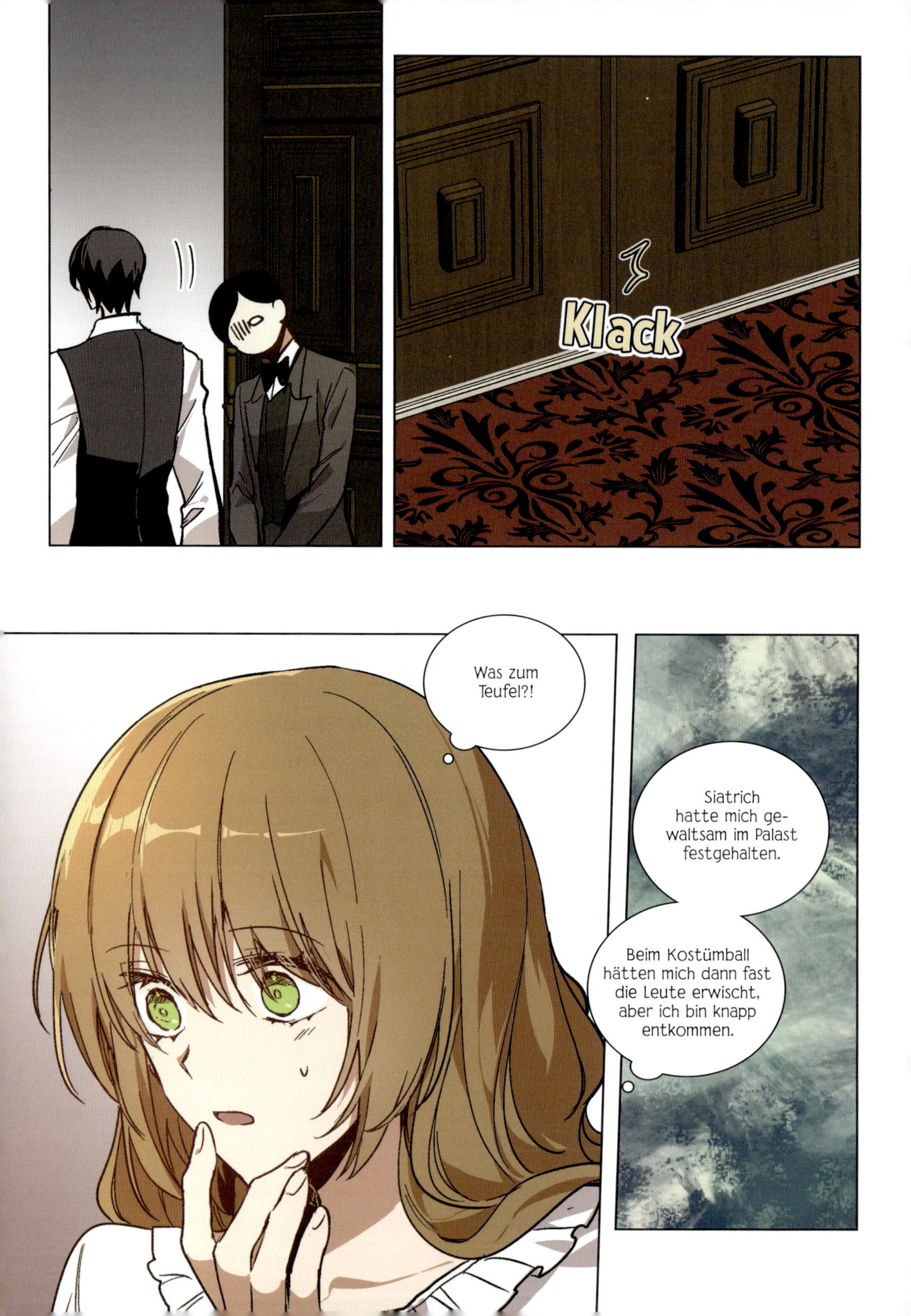
Klack
Was zum Teufel?!
Siatrich hatte mich gewaltsam im Palast festgehalten.
Beim Kostümball hätten mich dann fast die Leute erwischt, aber ich bin knapp entkommen.

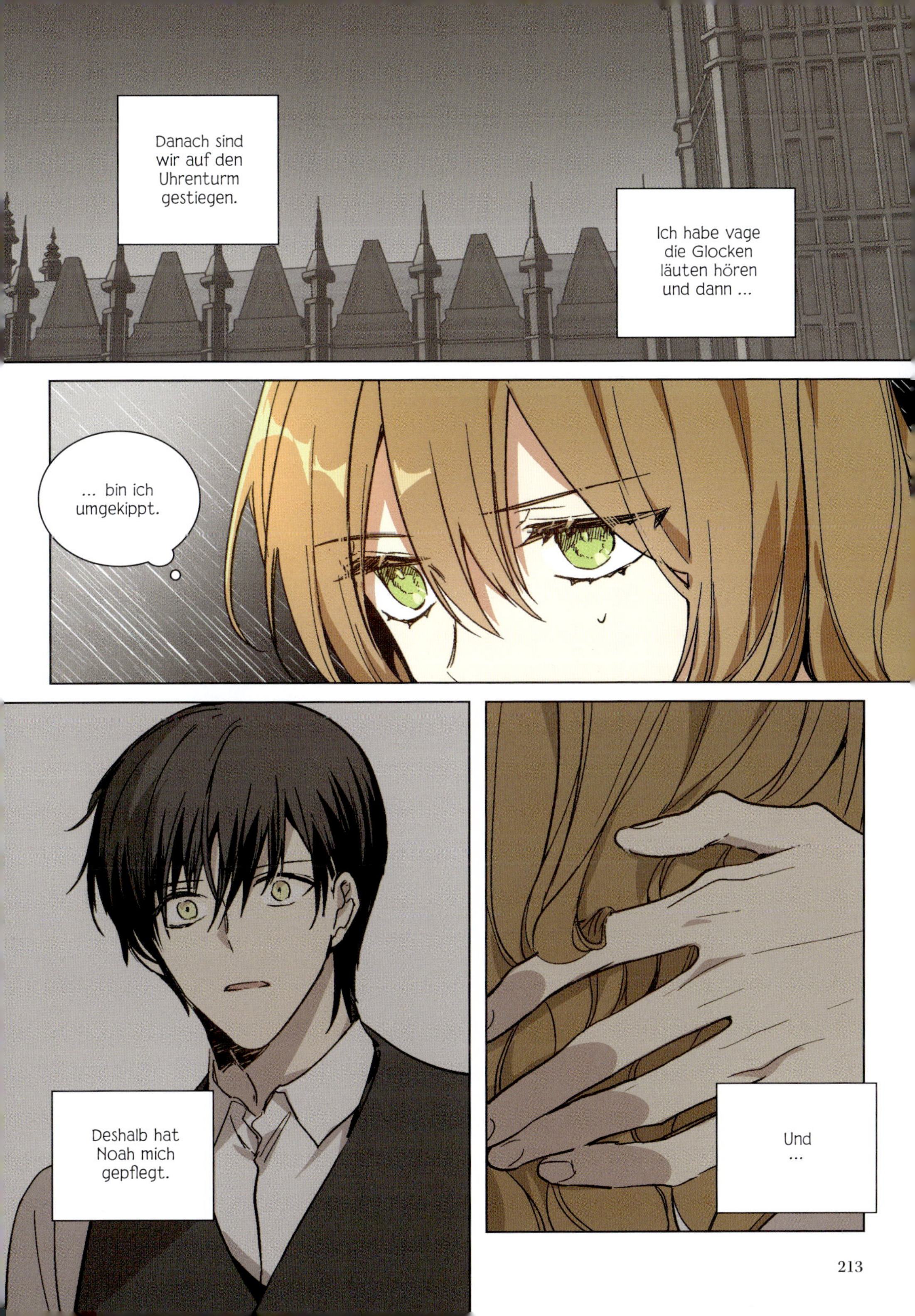
Danach sind wir auf den Uhrenturm gestiegen.
Ich habe vage die Glocken läuten hören und dann ...
... bin ich umgekippt.
Deshalb hat Noah mich gepflegt.
Und ...

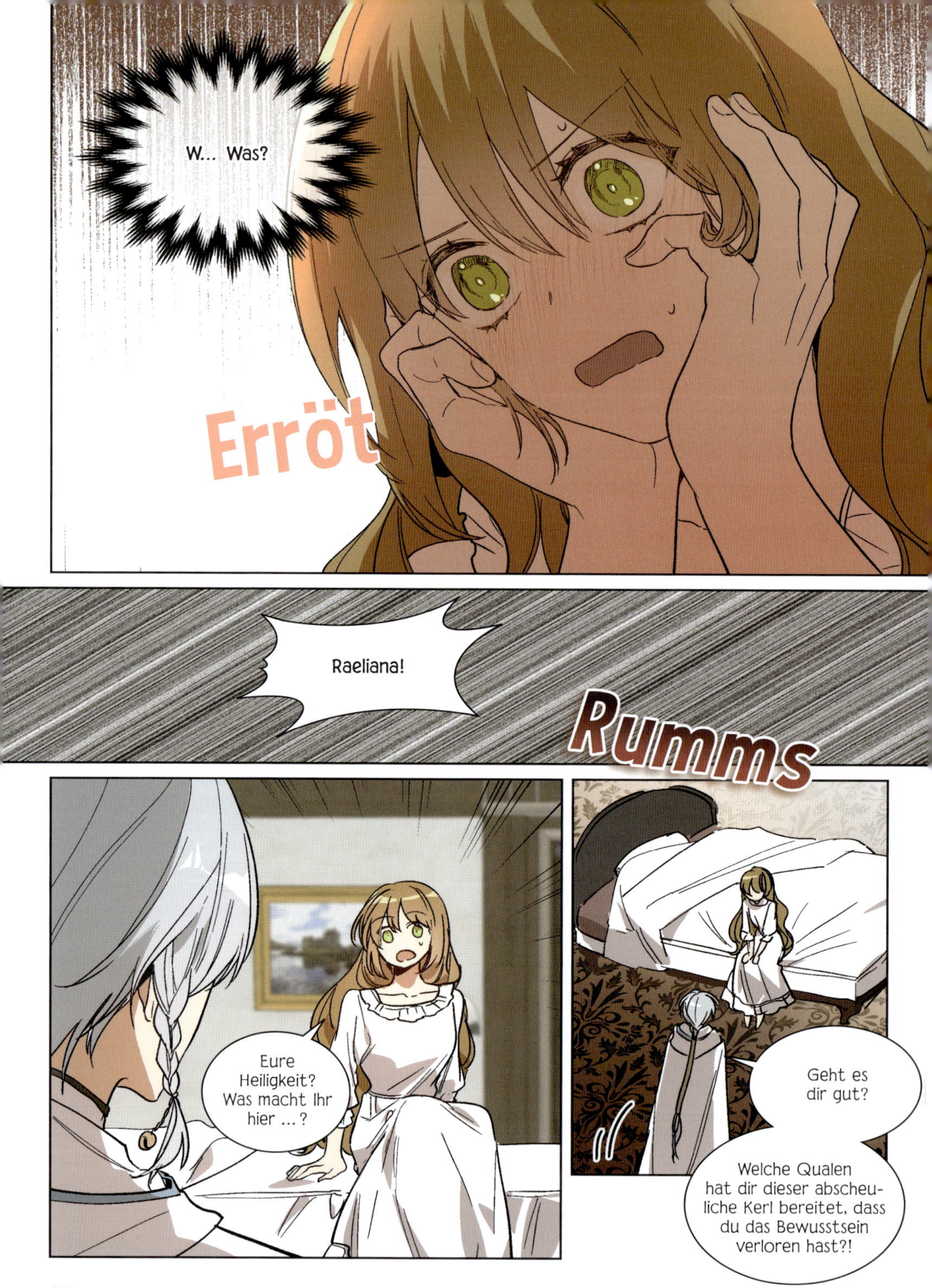
W... Was?
Errröt
Raeliana!
Rumms
Eure Heiligkeit? Was macht Ihr hier ...?
Geht es dir gut?
Welche Qualen hat dir dieser abscheu-liche Kerl bereitet, dass du das Bewusstsein verloren hast?!

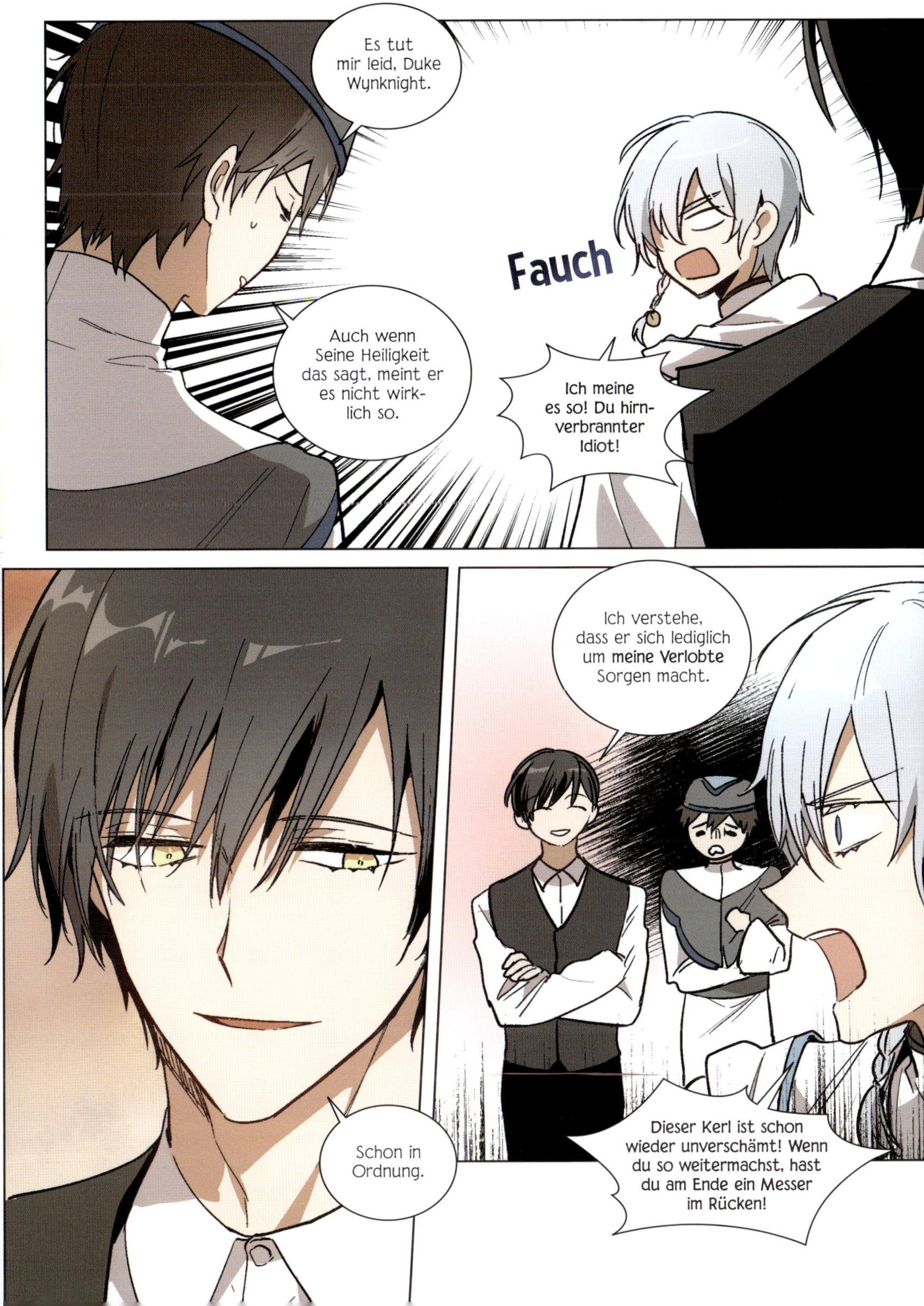
Es tut mir leid, Duke Wynknight.
Auch wenn Seine Heiligkeit das sagt, meint er es nicht wirklich so.
Fauch
Ich meine es so! Du hirnverbrannter Idiot!
Schon in Ordnung.
Ich verstehe, dass er sich lediglich um meine Verlobte Sorgen macht.
Dieser Kerl ist schon wieder unverschämt! Wenn du so weitermachst, hast du am Ende ein Messer im Rücken!

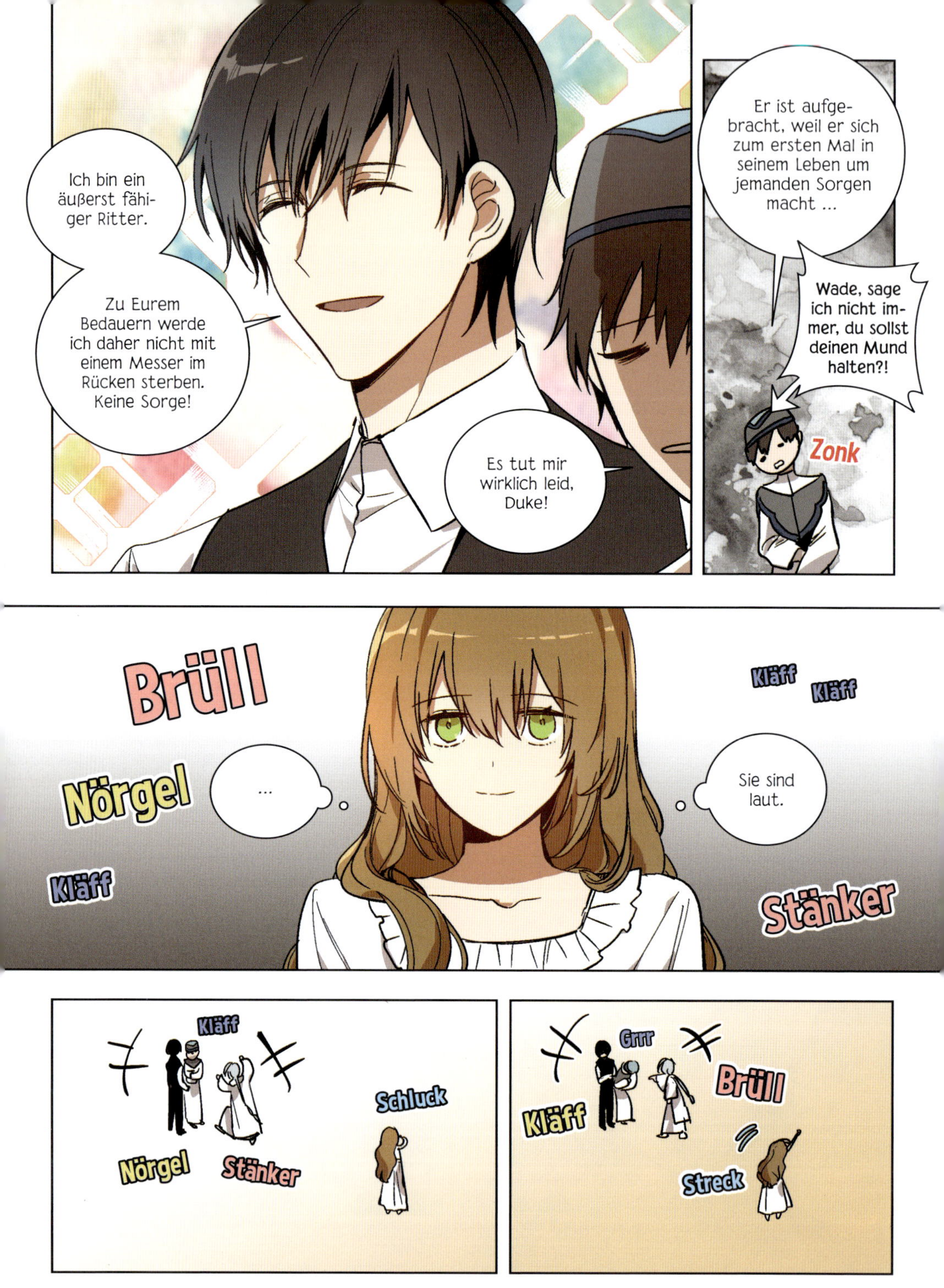
Ich bin ein äußerst fähiger Ritter.
Zu Eurem Bedauern werde ich daher nicht mit einem Messer im Rücken sterben. Keine Sorge!
Es tut mir wirklich leid, Duke!
Er ist aufgebracht, weil er sich zum ersten Mal in seinem Leben um jemanden Sorgen macht …
Wade, sage ich nicht immer, du sollst deinen Mund halten?!
Zonk
Brüll
Kläff Kläff
Nörgel
…
Sie sind laut.
Kläff
Stänker
Kläff
Schluck
Nörgel
Stänker
Grrr
Brüll
Kläff
Streck

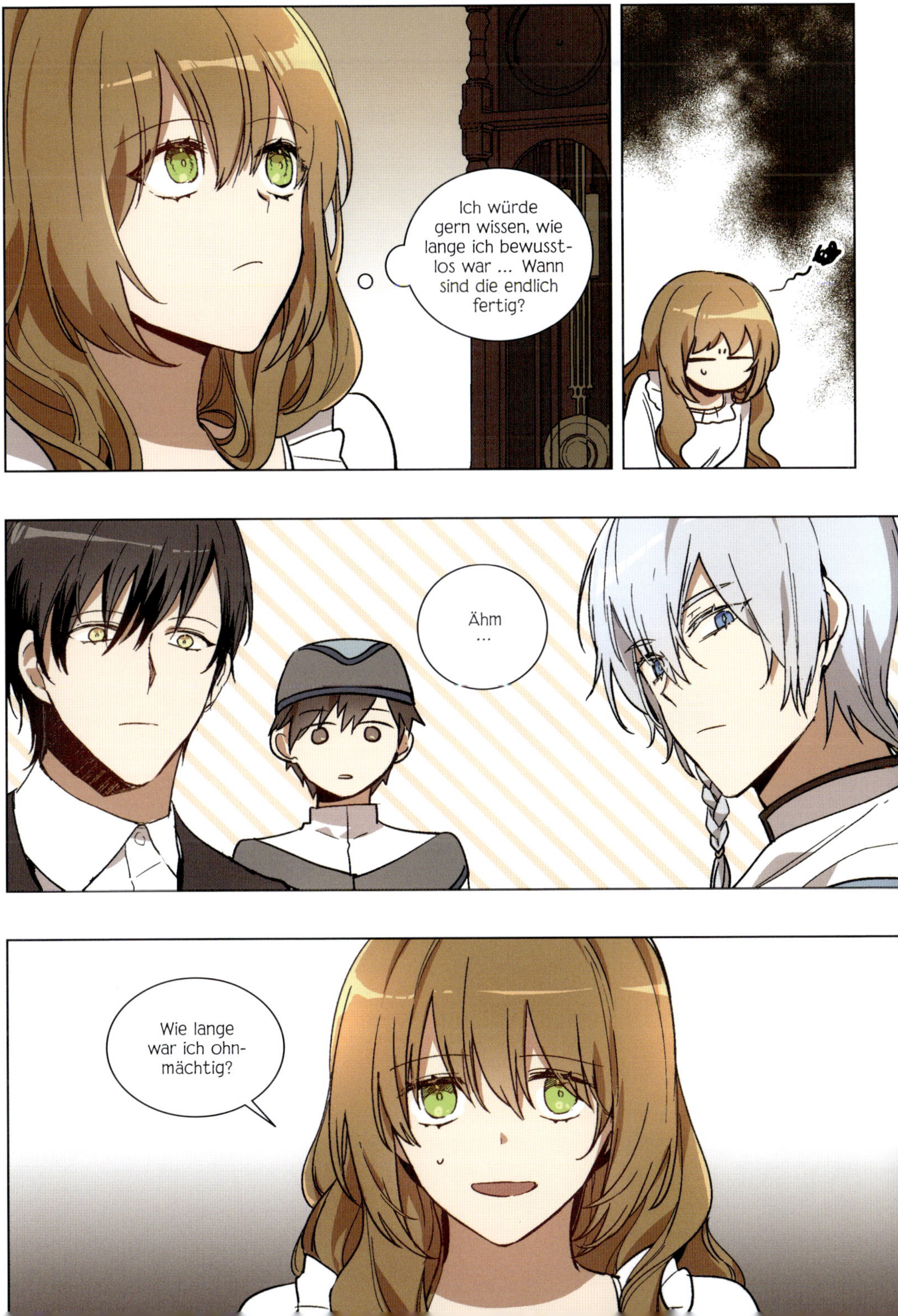
Ich würde gern wissen, wie lange ich bewusstlos war ... Wann sind die endlich fertig?
Ähm ...
Wie lange war ich ohnmächtig?

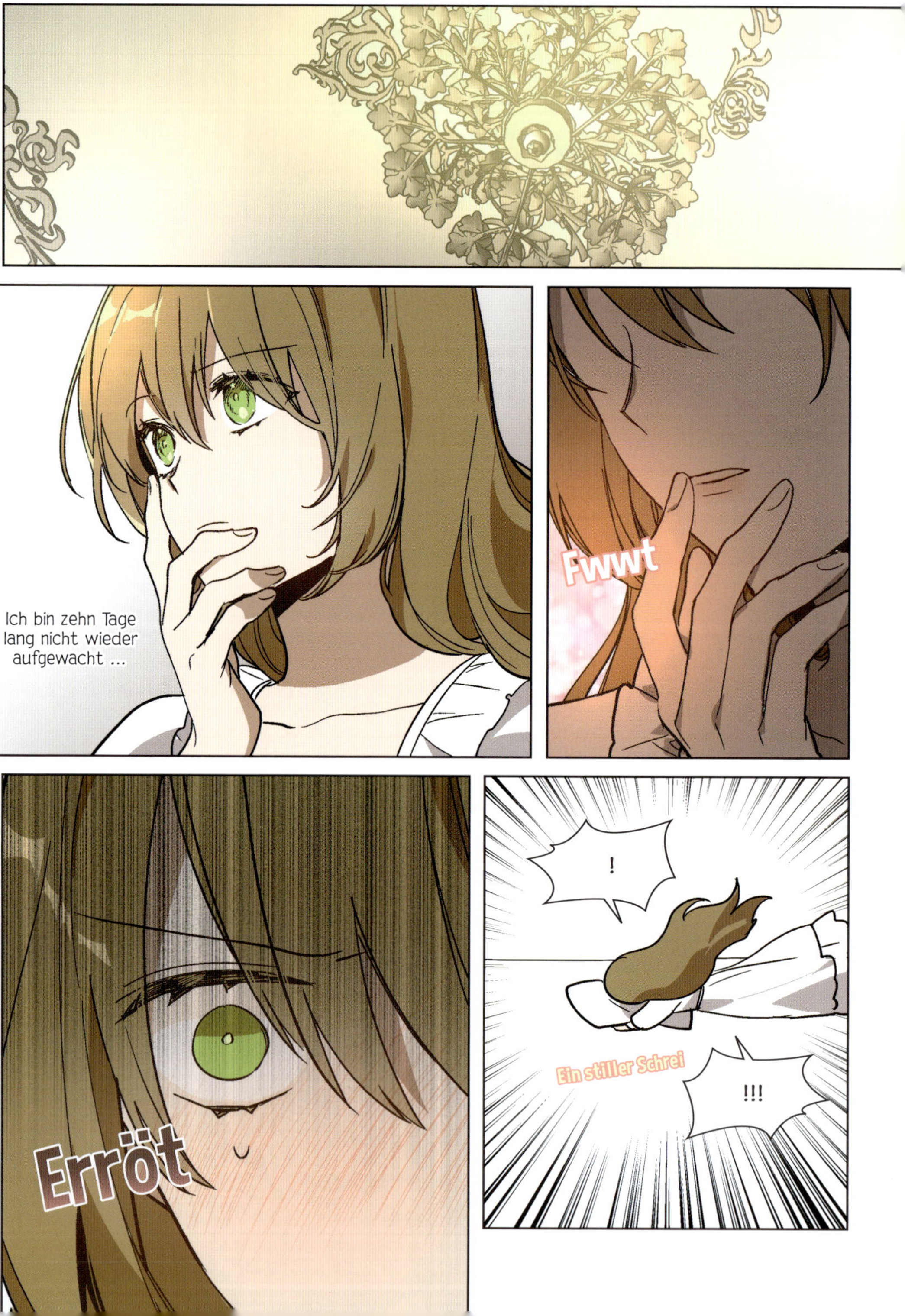
Ich bin zehn Tage lang nicht wieder aufgewacht ...
Fwwt
Erröt
!
Ein stiller Schrei
!!!

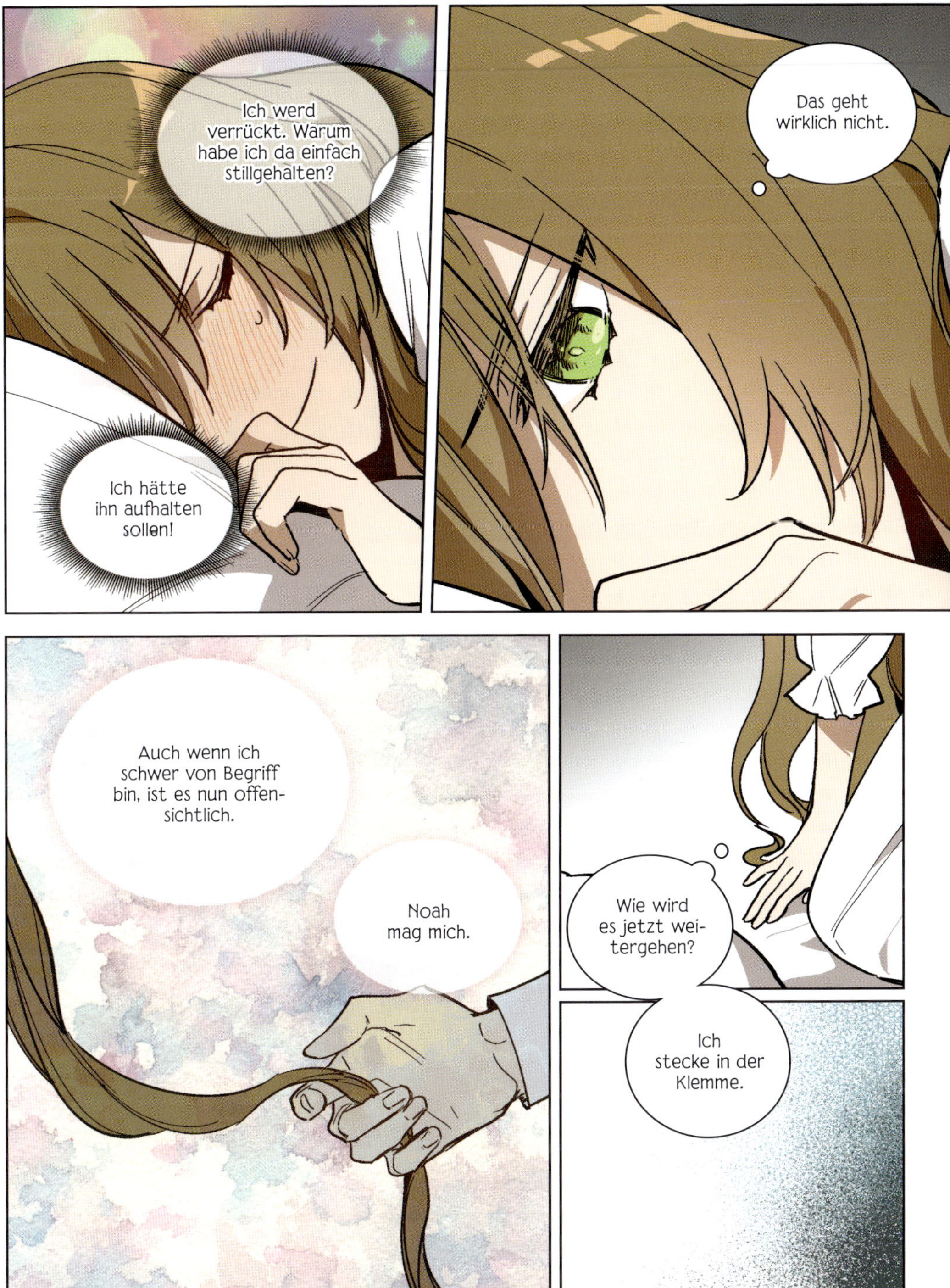
Ich werd verrückt. Warum habe ich da einfach stillgehalten?
Ich hätte ihn aufhalten sollen!
Das geht wirklich nicht.
Auch wenn ich schwer von Begriff bin, ist es nun offensichtlich.
Noah mag mich.
Wie wird es jetzt weitergehen?
Ich stecke in der Klemme.

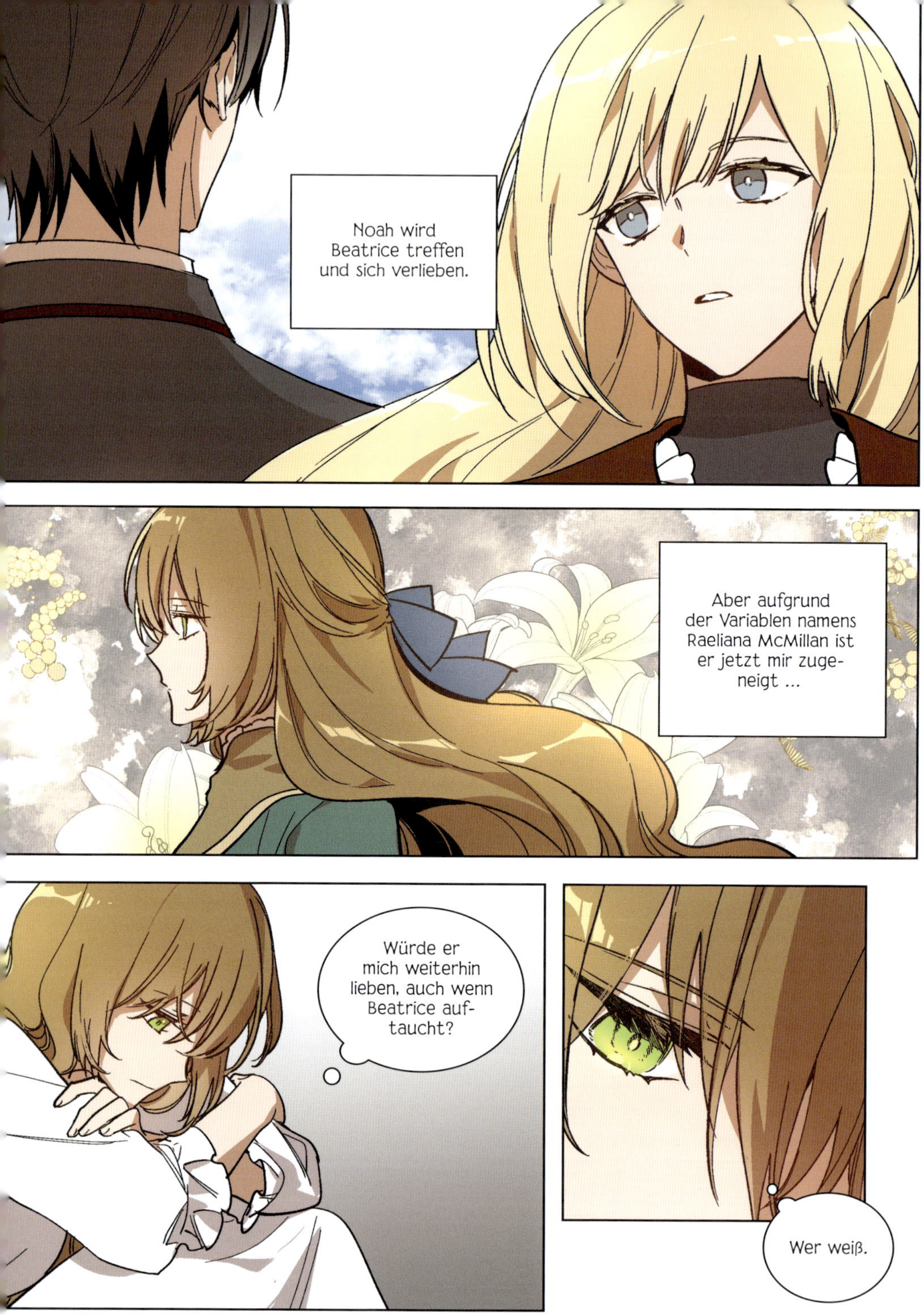
Noah wird Beatrice treffen und sich verlieben.
Aber aufgrund der Variablen namens Raeliana McMillan ist er jetzt mir zugeneigt ...
Würde er mich weiterhin lieben, auch wenn Beatrice auftaucht?
Wer weiß.

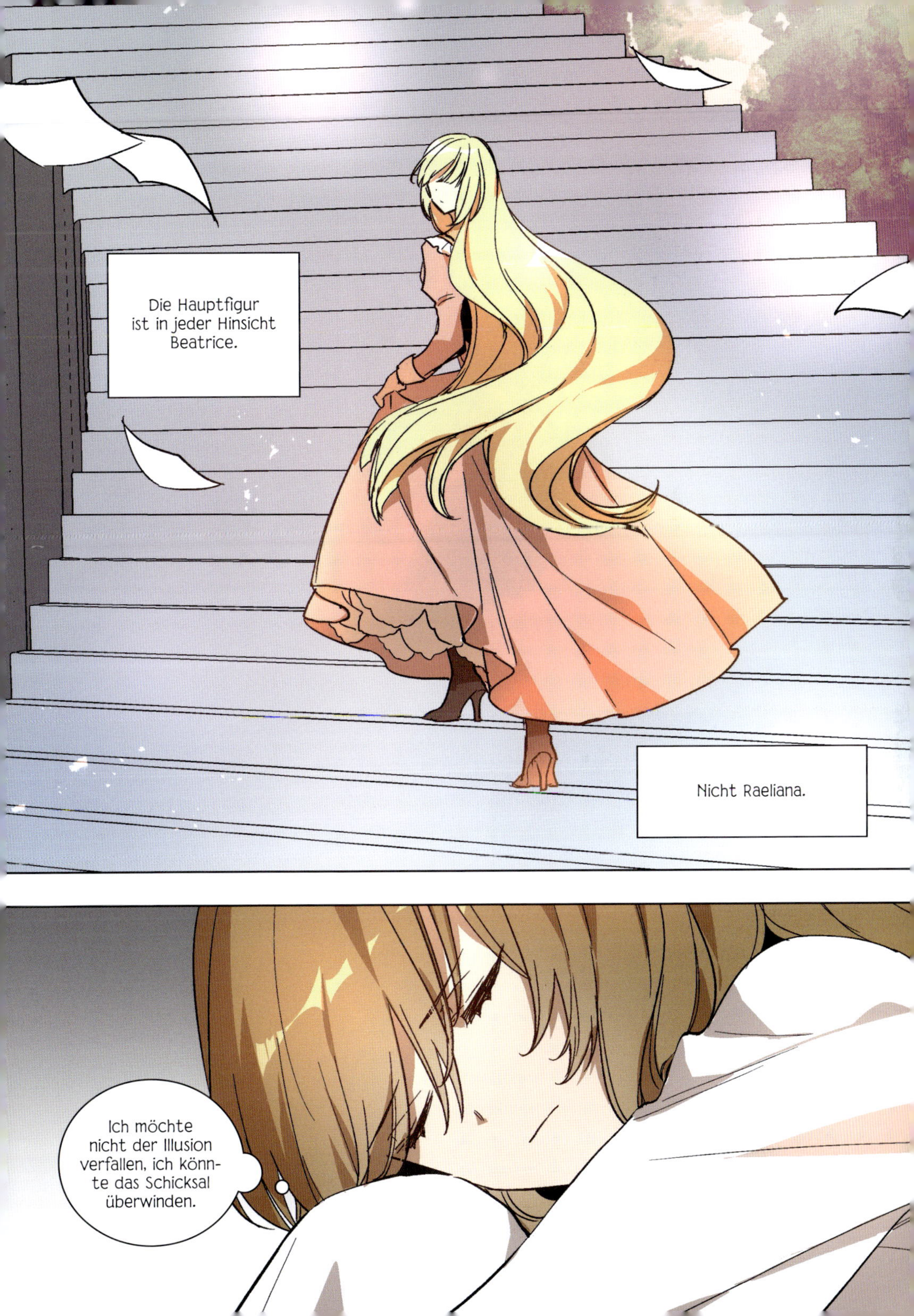
Die Hauptfigur ist in jeder Hinsicht Beatrice.
Nicht Raeliana.
Ich möchte nicht der Illusion verfallen, ich könnte das Schicksal überwinden.

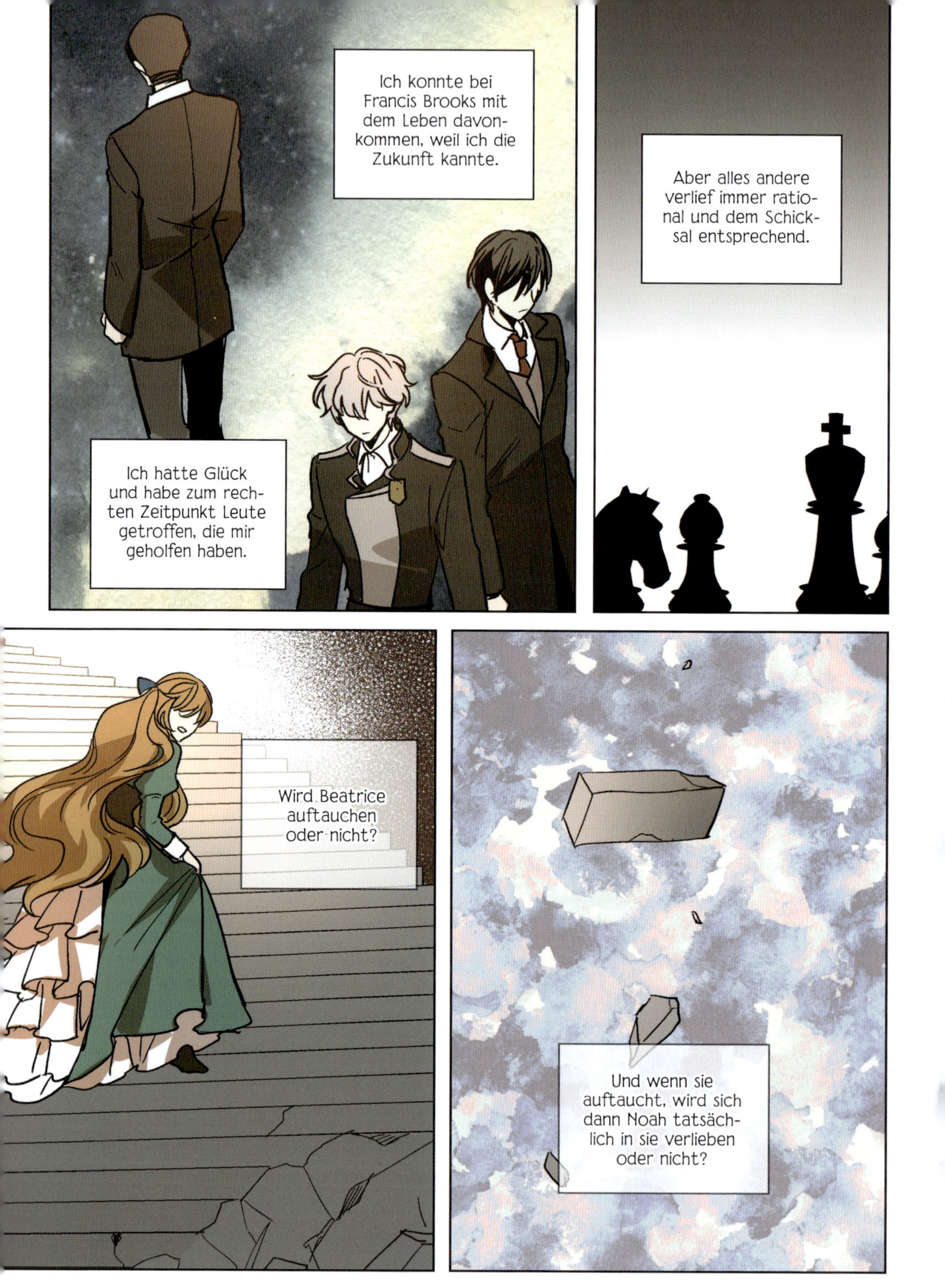
Ich konnte bei Francis Brooks mit dem Leben davonkommen, weil ich die Zukunft kannte.
Ich hatte Glück und habe zum rechten Zeitpunkt Leute getroffen, die mir geholfen haben.
Aber alles andere verlief immer rational und dem Schicksal entsprechend.
Wird Beatrice auftauchen oder nicht?
Und wenn sie auftaucht, wird sich dann Noah tatsächlich in sie verlieben oder nicht?

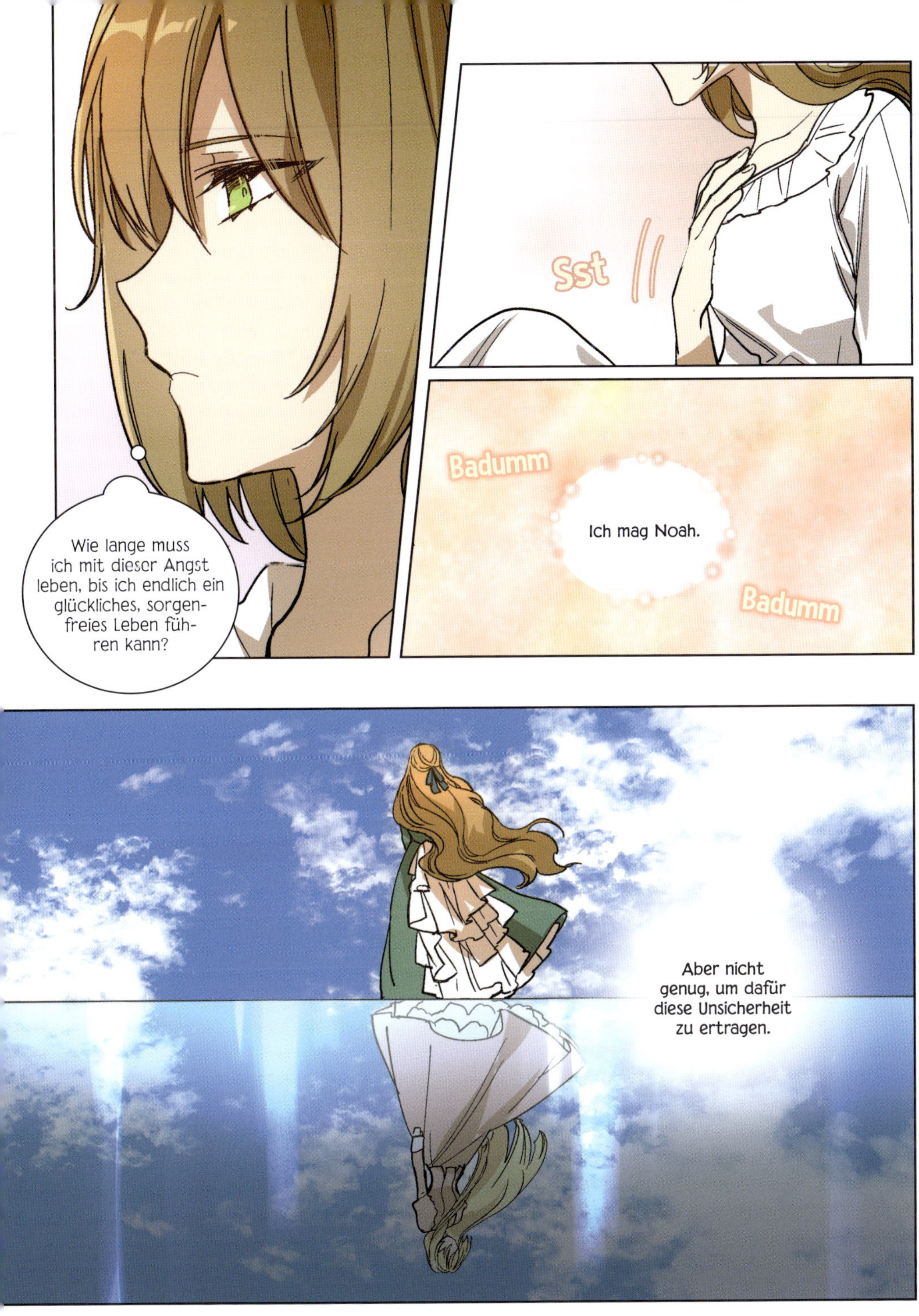
Wie lange muss ich mit dieser Angst leben, bis ich endlich ein glückliches, sorgenfreies Leben führen kann?
Sst
Badumm
Ich mag Noah.
Badumm
Aber nicht genug, um dafür diese Unsicherheit zu ertragen.

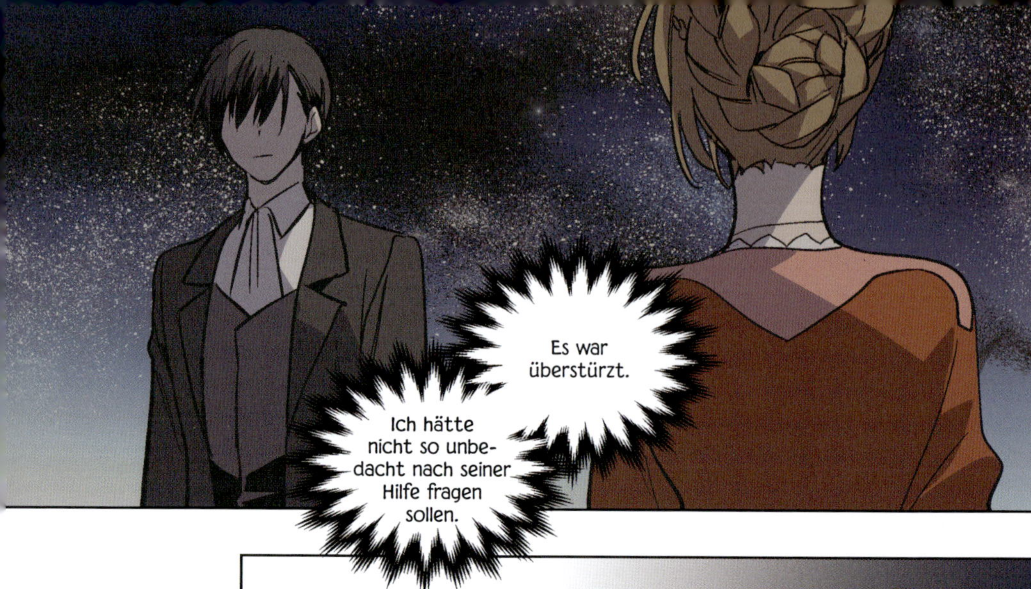
Es war überstürzt.
Ich hätte nicht so unbedacht nach seiner Hilfe fragen sollen.

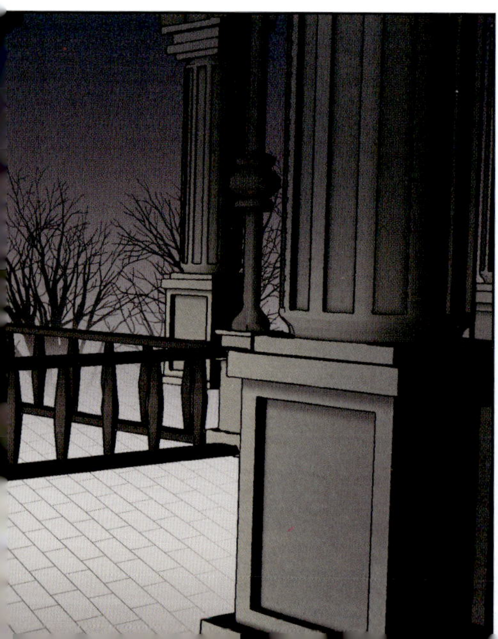

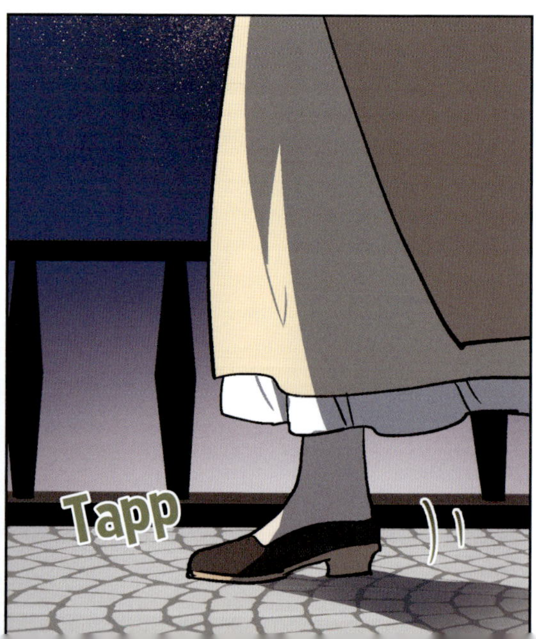
Tapp

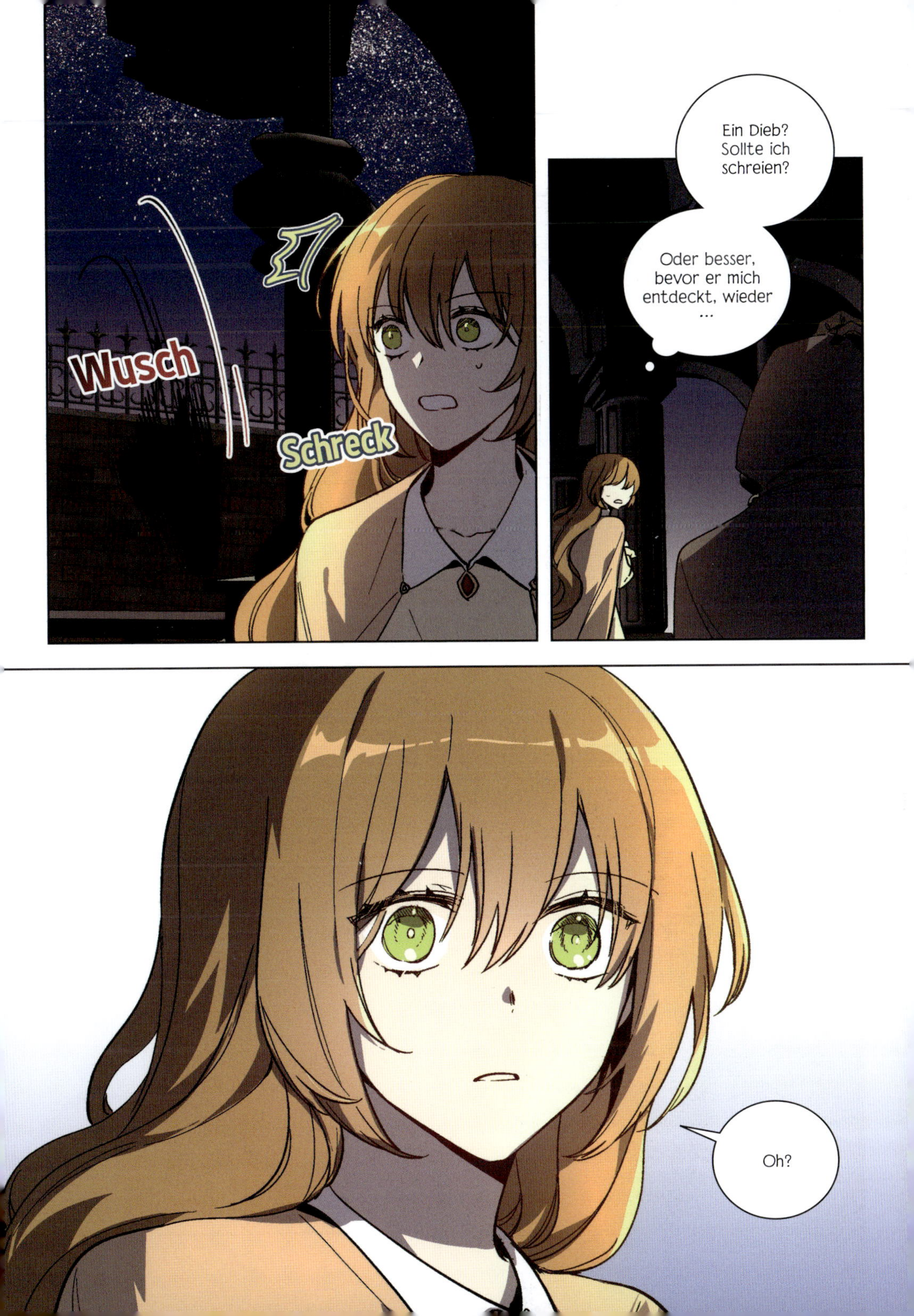
Wusch
Schreck
Ein Dieb? Sollte ich schreien?
Oder besser, bevor er mich entdeckt, wieder ...
Oh?

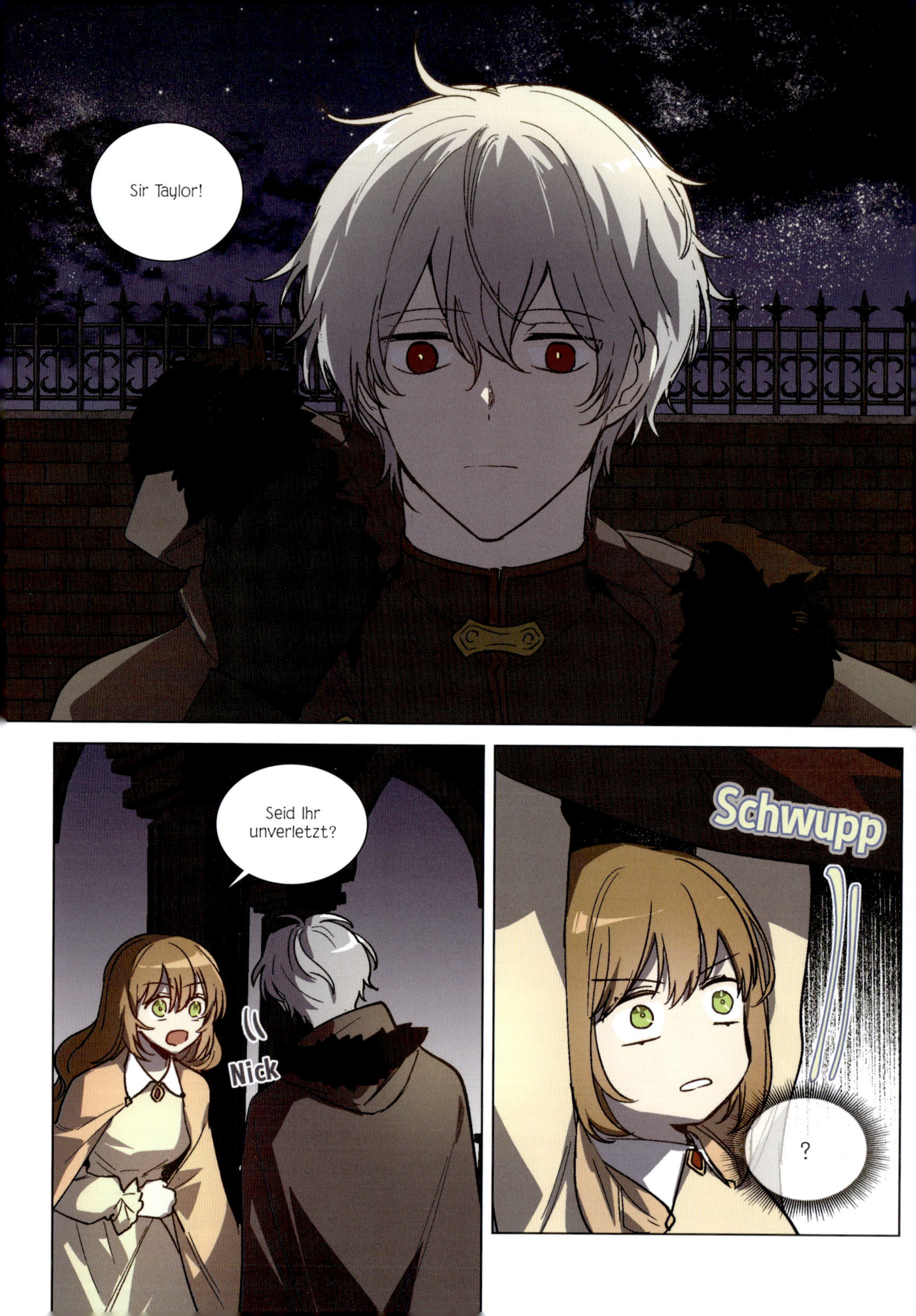
Sir Taylor!
Seid Ihr unverletzt?
Nick
Schwupp
?

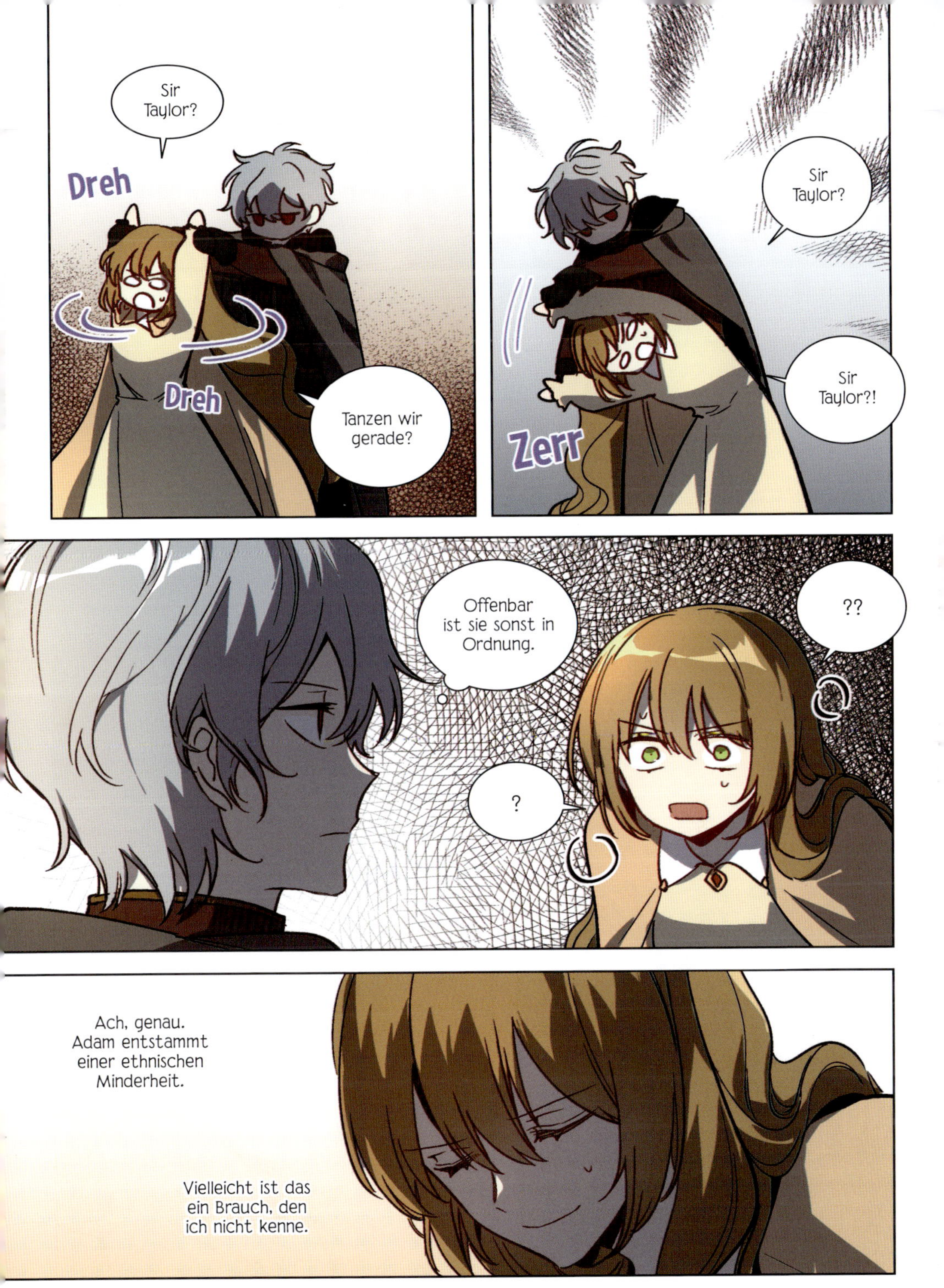
Sir Taylor?
Dreh
Dreh
Tanzen wir gerade?
Sir Taylor?
Sir Taylor?!
Zerr
Offenbar ist sie sonst in Ordnung.
??
?
Ach, genau. Adam entstammt einer ethnischen Minderheit.
Vielleicht ist das ein Brauch, den ich nicht kenne.

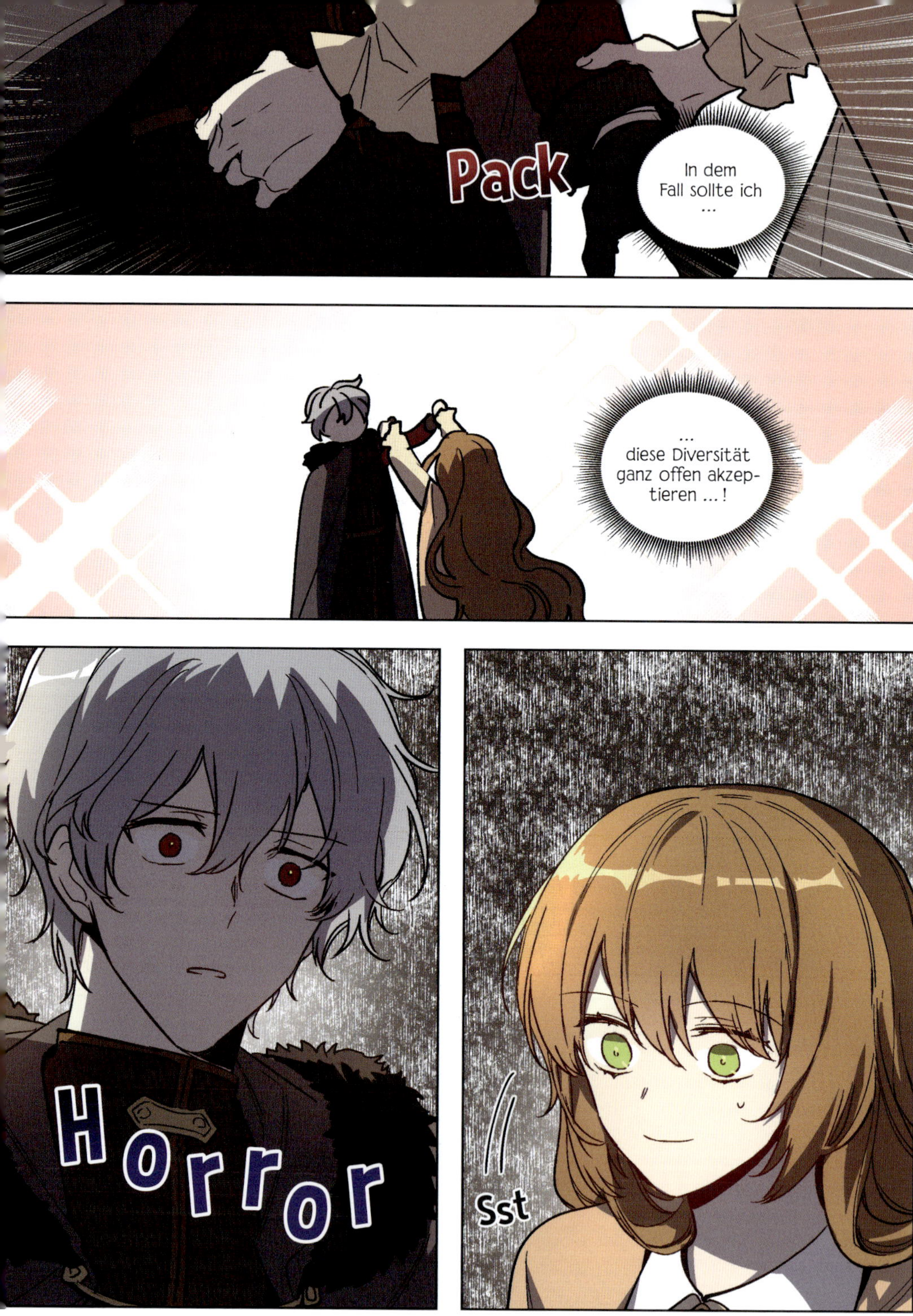
Pack
In dem Fall sollte ich ...
... diese Diversität ganz offen akzep-tieren ... !
Horror
Sst

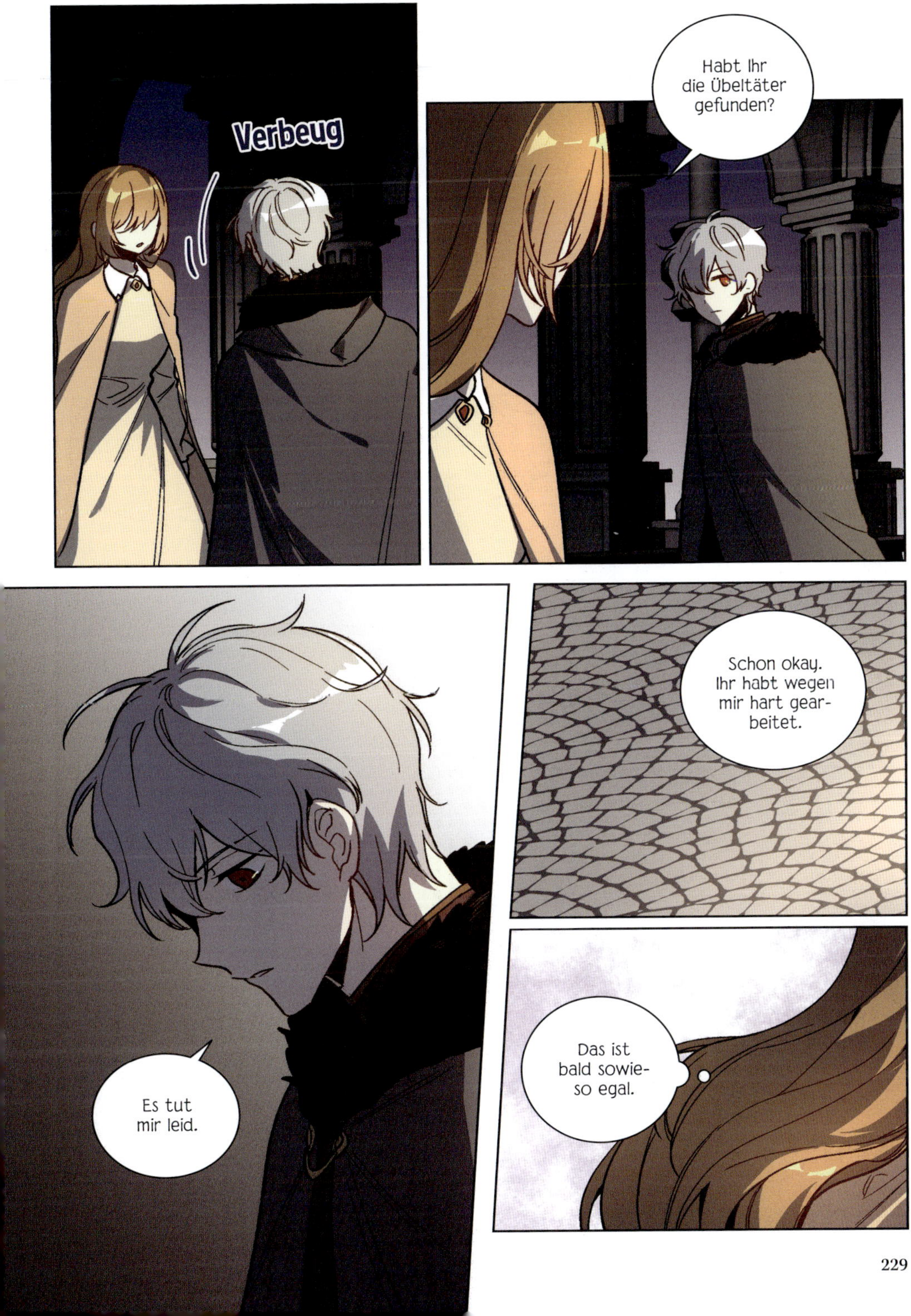
Verbeug
Habt Ihr die Übeltäter gefunden?
Schon okay. Ihr habt wegen mir hart gearbeitet.
Es tut mir leid.
Das ist bald sowieso egal.

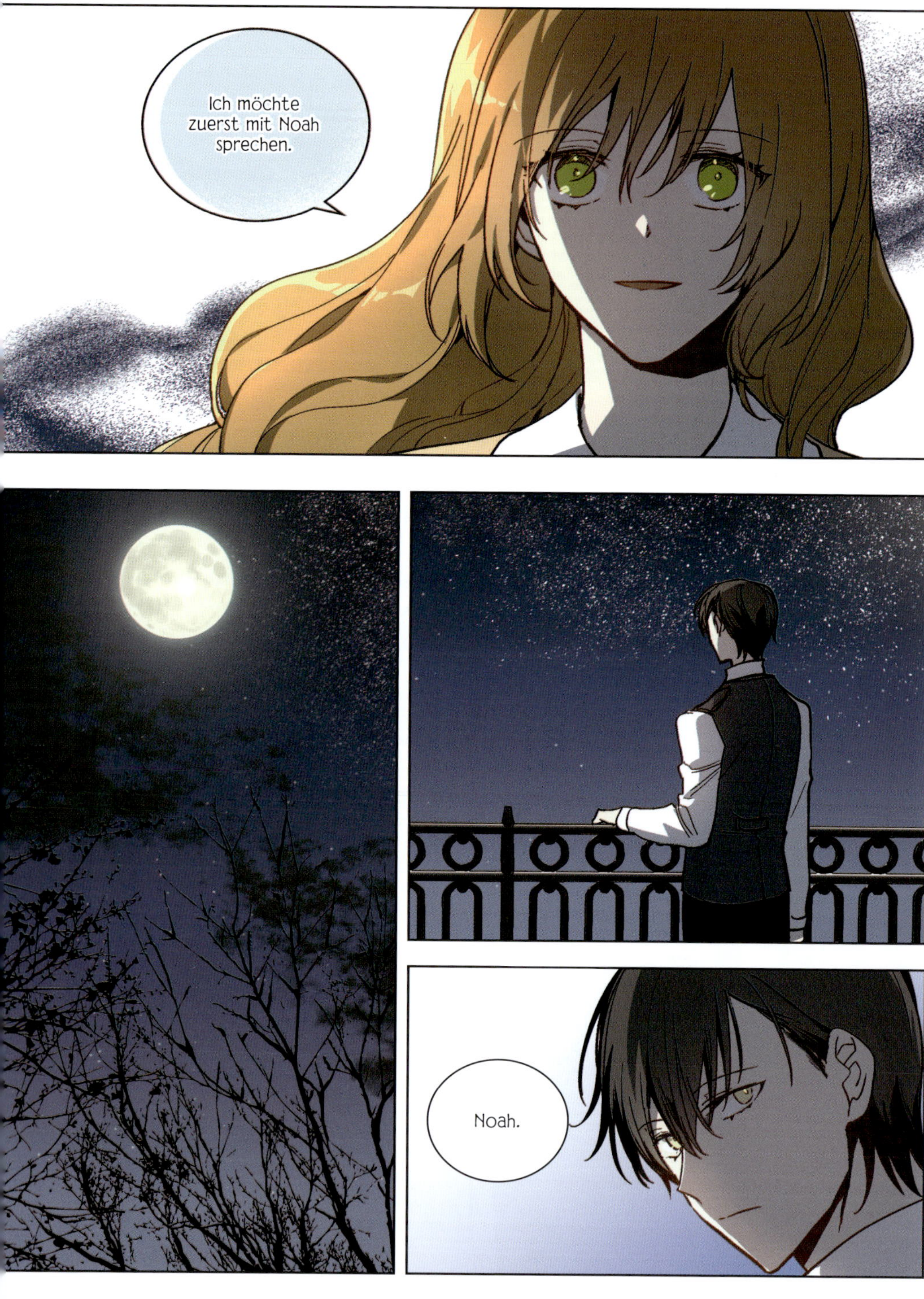
Ich möchte zuerst mit Noah sprechen.
Noah.

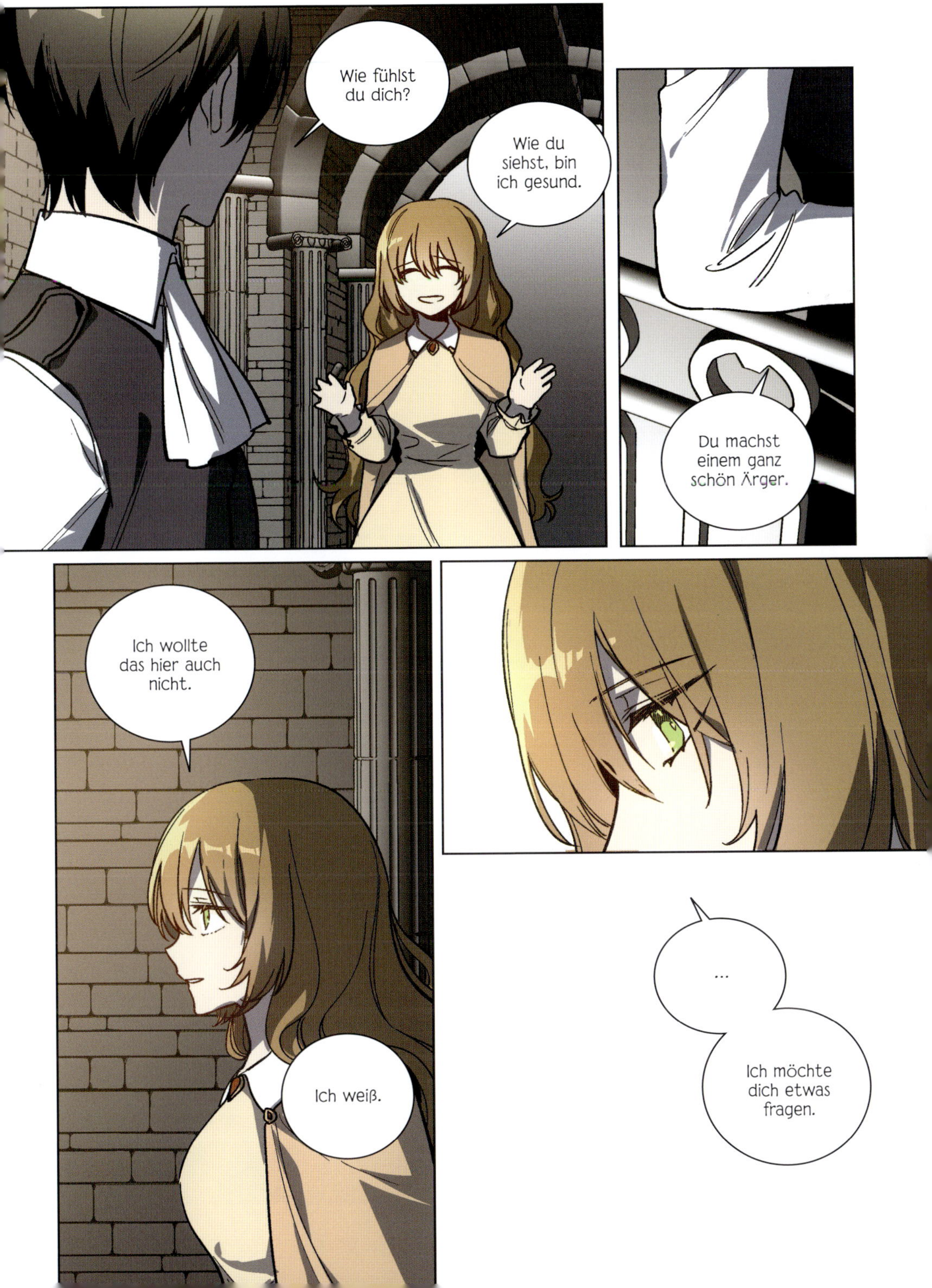
Wie fühlst du dich?
Wie du siehst, bin ich gesund.
Du machst einem ganz schön Ärger.
Ich wollte das hier auch nicht.
Ich weiß.
...
Ich möchte dich etwas fragen.

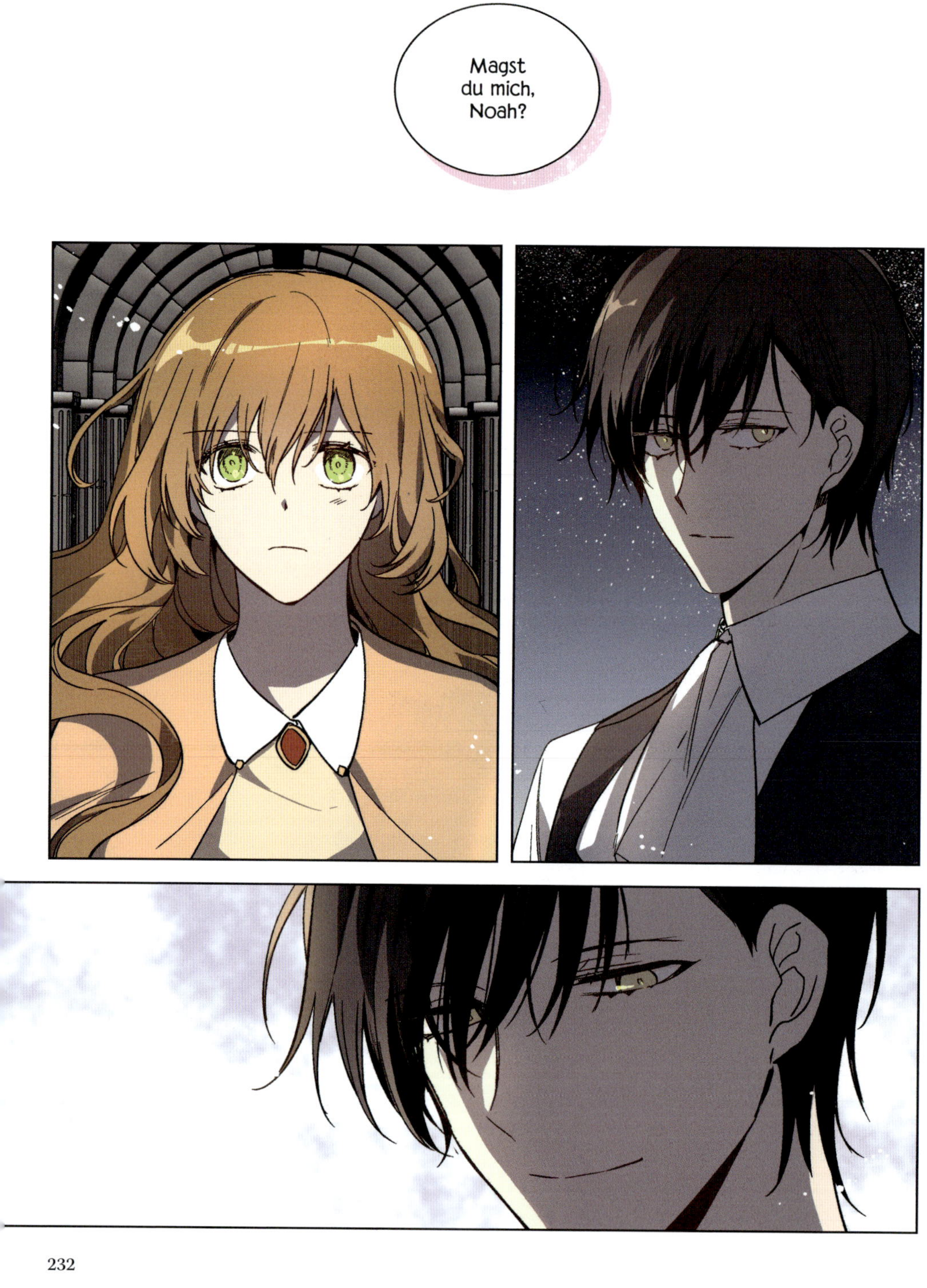
Magst du mich, Noah?

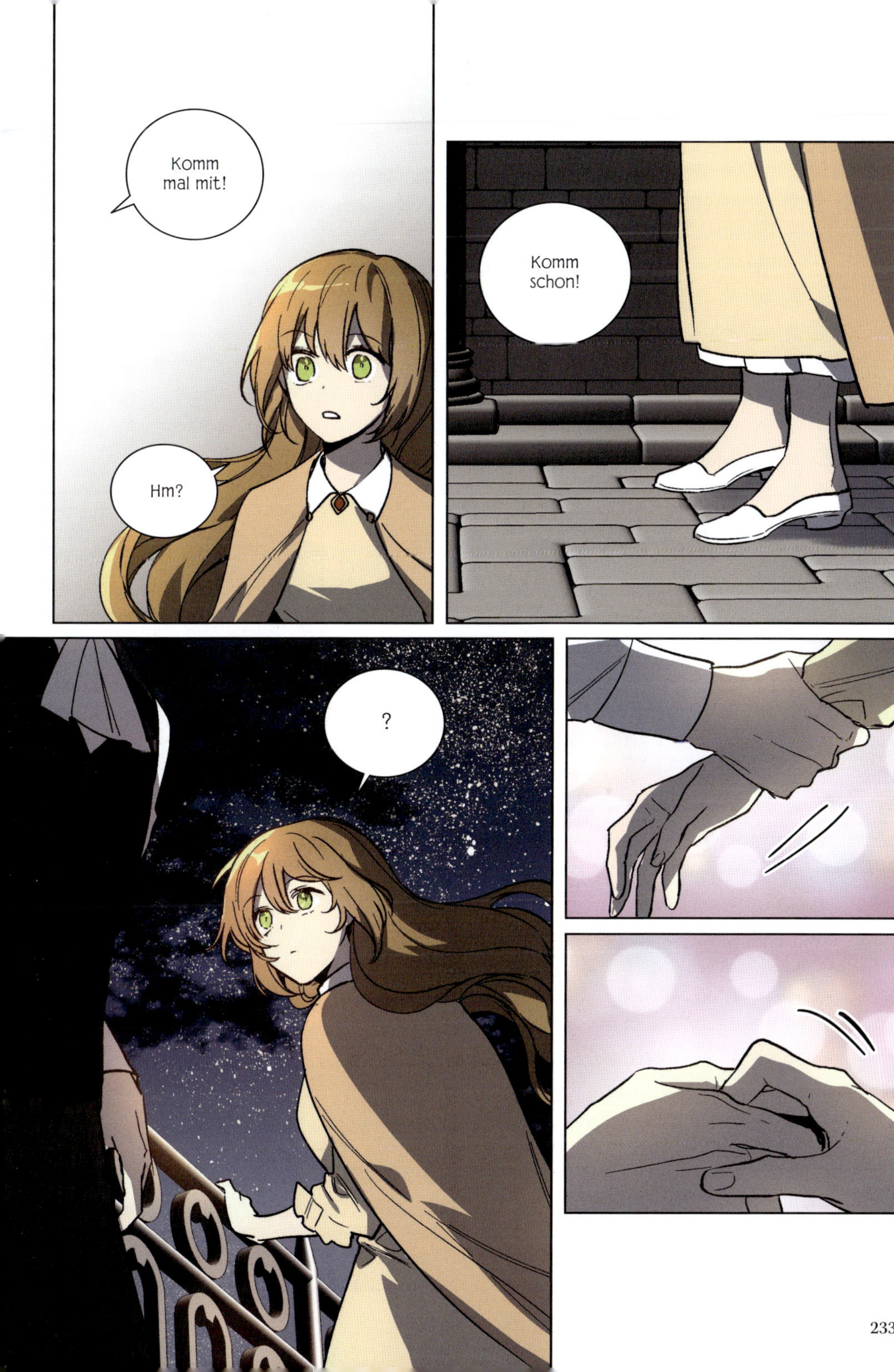
Komm mal mit!
Hm?
Komm schon!
?

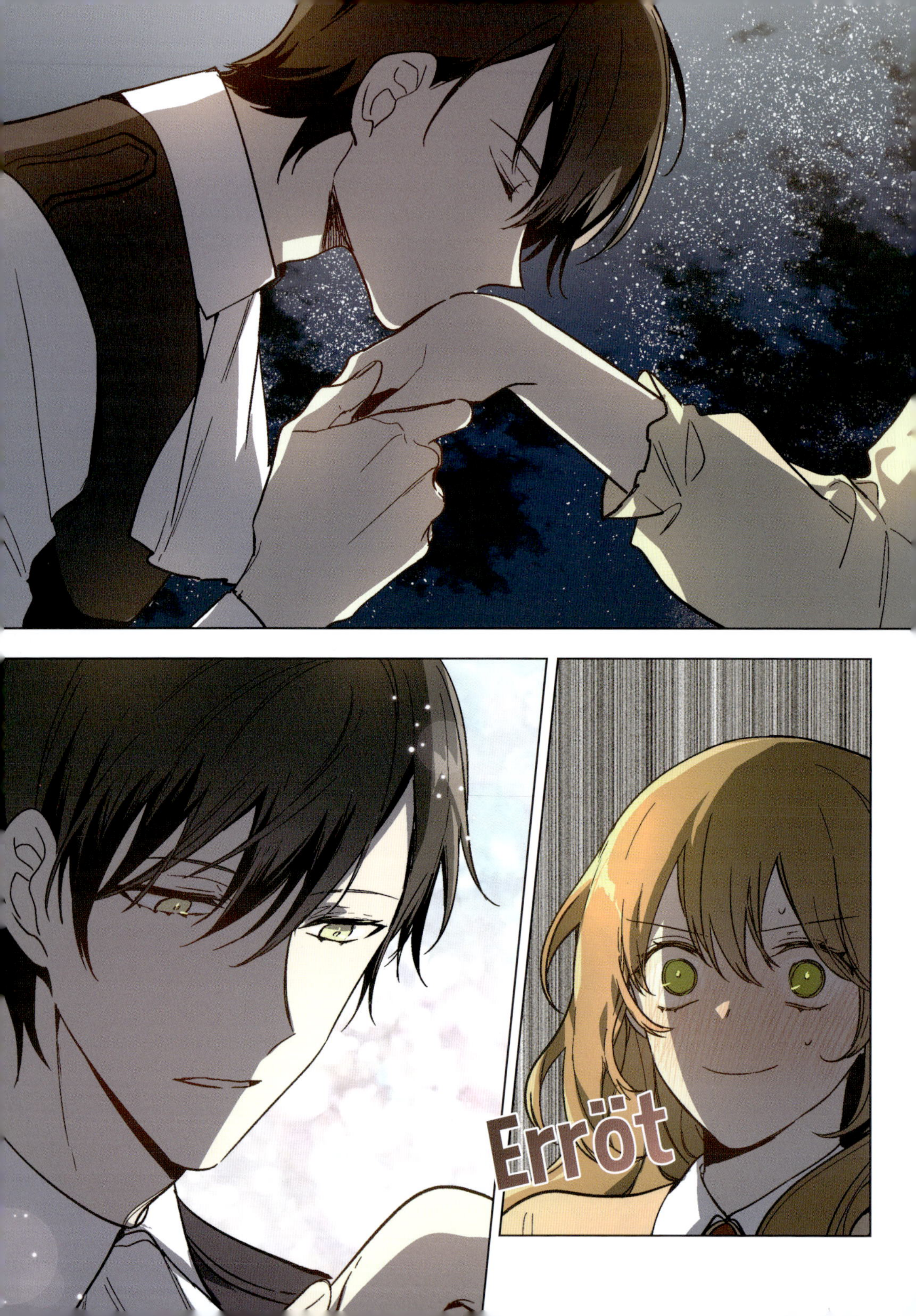
Erröt

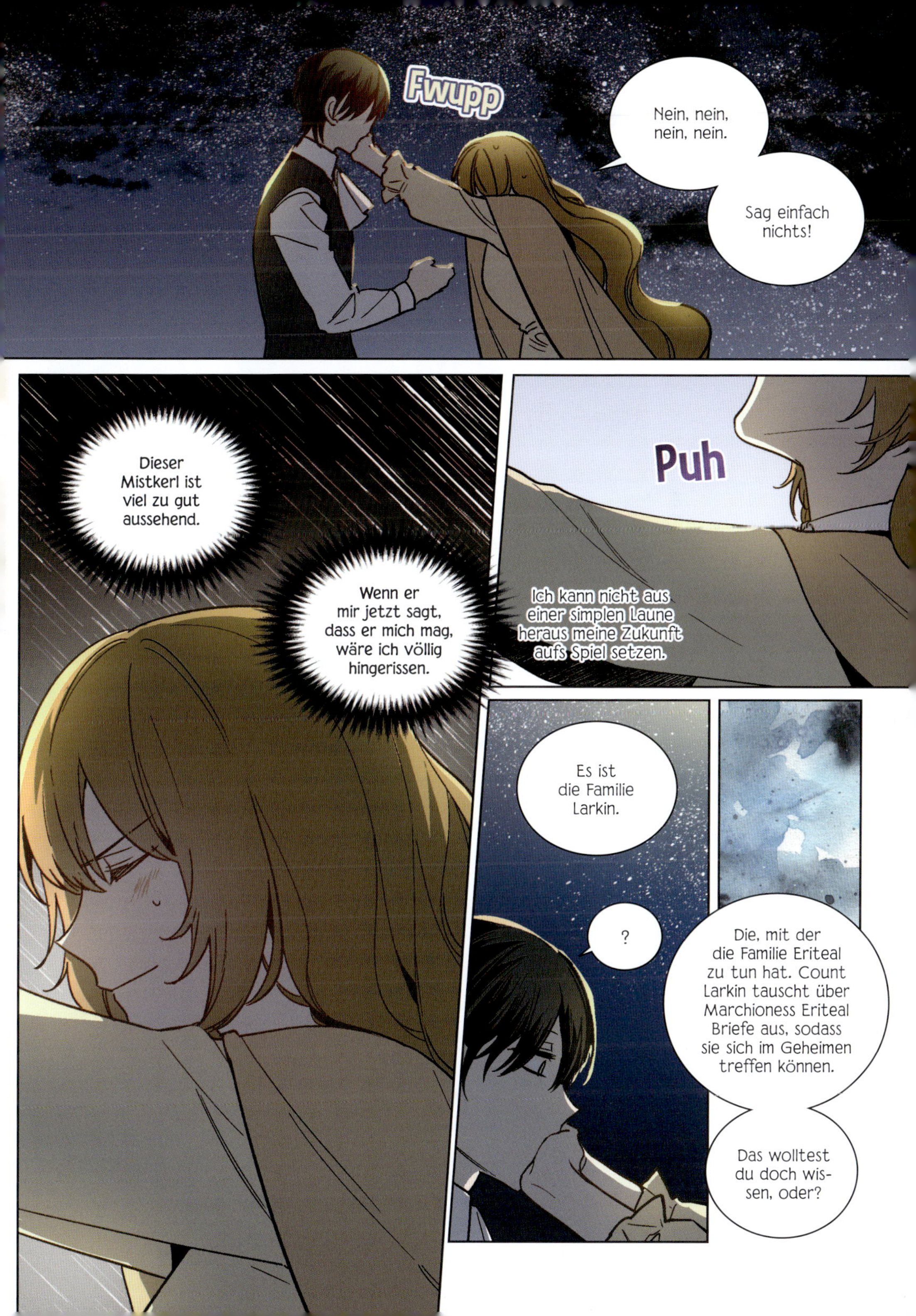
Fwupp
Nein, nein, nein, nein.
Sag einfach nichts!
Dieser Mistkerl ist viel zu gut aussehend.
Wenn er mir jetzt sagt, dass er mich mag, wäre ich völlig hingerissen.
Puh
Ich kann nicht aus einer simplen Laune heraus meine Zukunft aufs Spiel setzen.
Es ist die Familie Larkin.
?
Die, mit der die Familie Eriteal zu tun hat. Count Larkin tauscht über Marchioness Eriteal Briefe aus, sodass sie sich im Geheimen treffen können.
Das wolltest du doch wis-sen, oder?

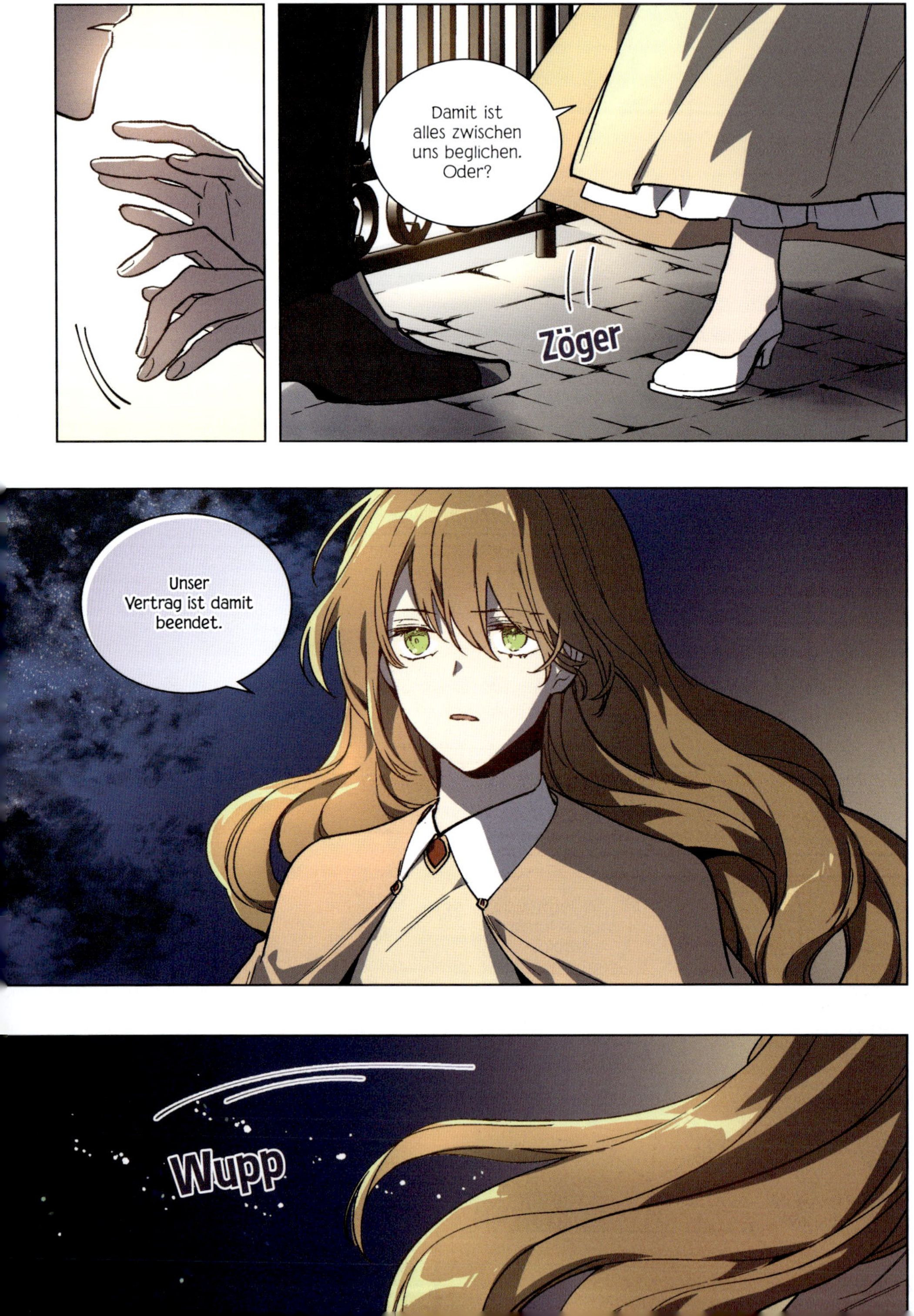

Damit ist alles zwischen uns beglichen. Oder?
Zöger
Unser Vertrag ist damit beendet.
Wupp

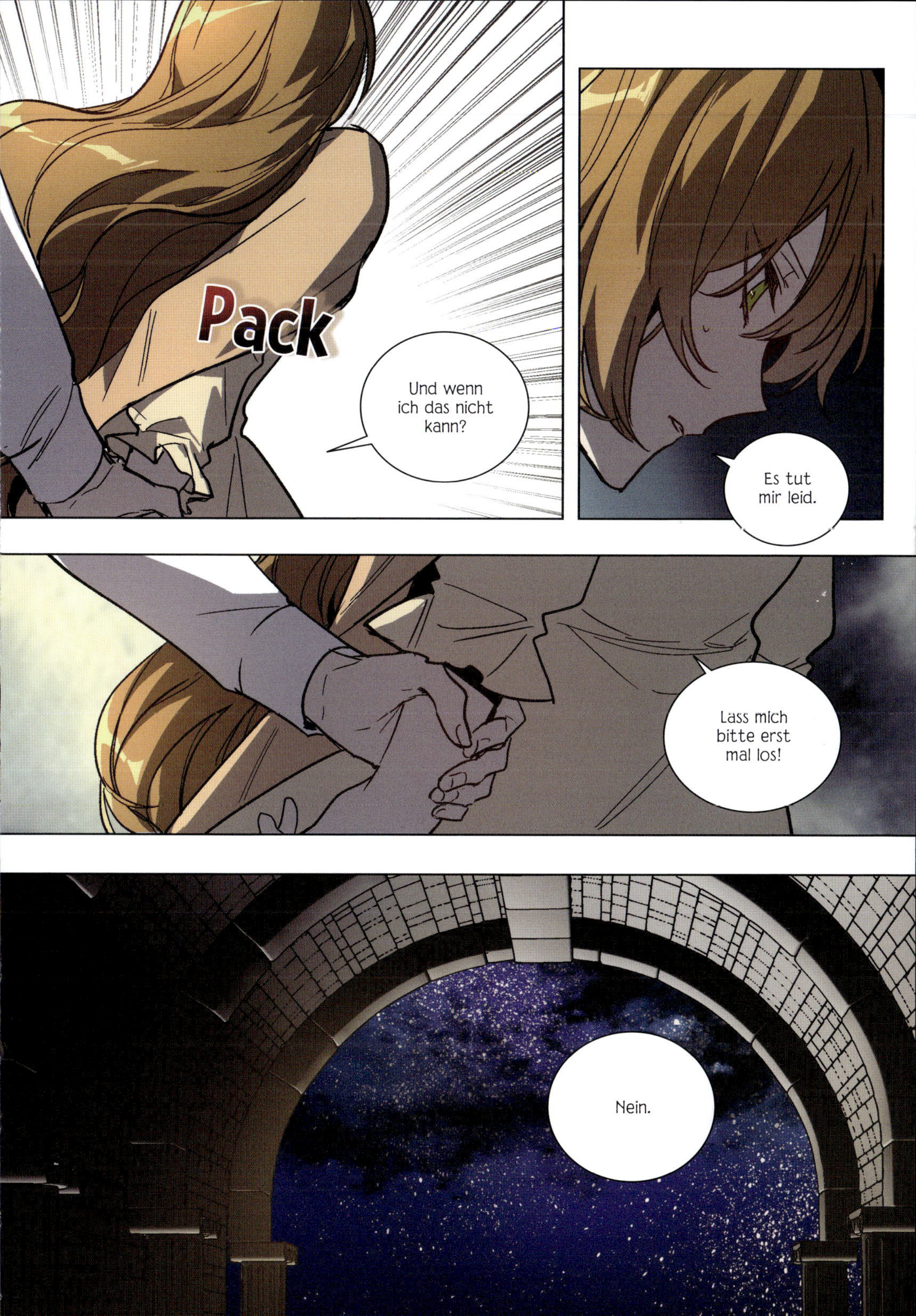
Pack
Und wenn ich das nicht kann?
Es tut mir leid.
Lass mich bitte erst mal los!
Nein.

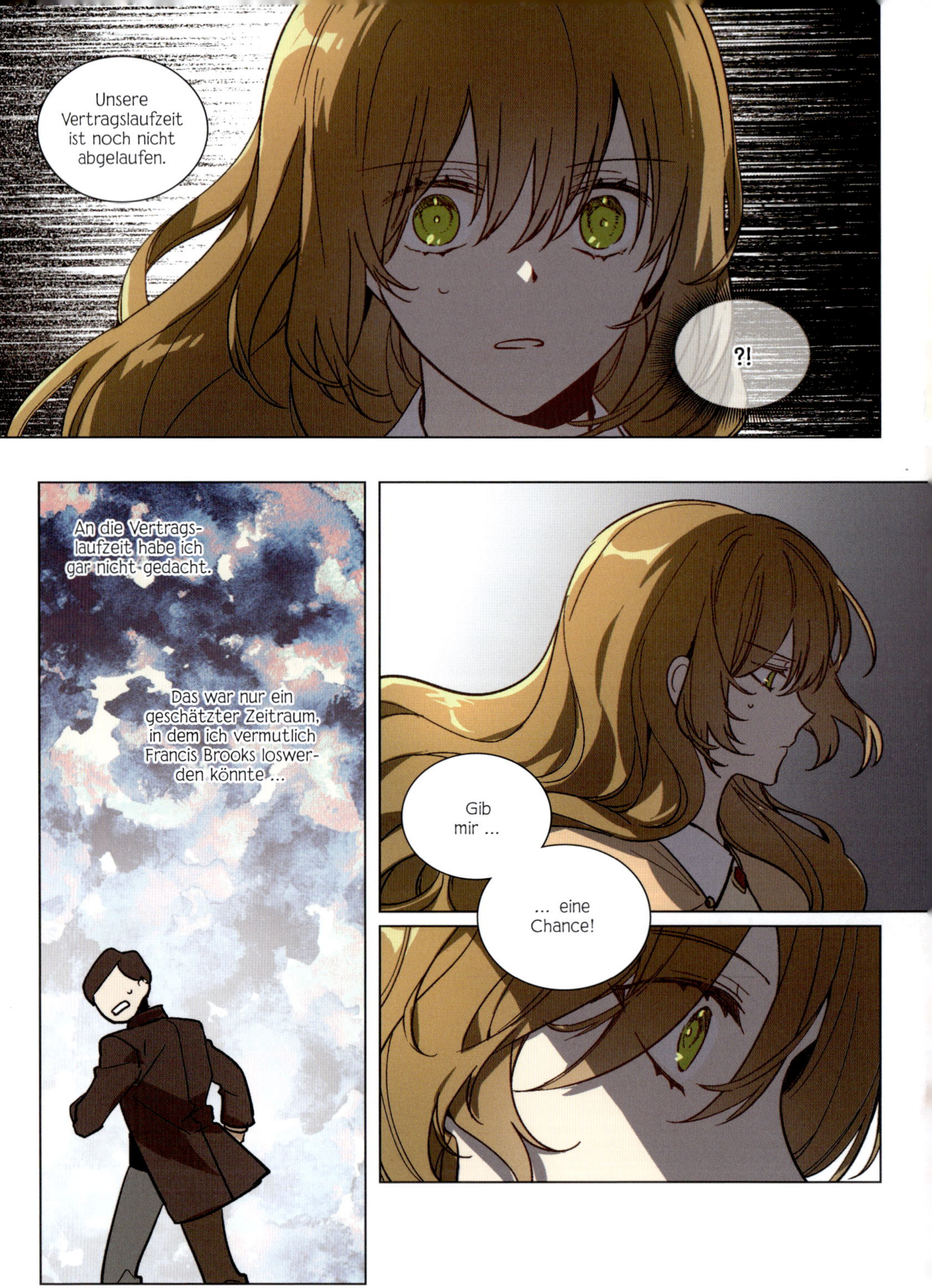

Unsere Vertragslaufzeit ist noch nicht abgelaufen.
?!
An die Vertragslaufzeit habe ich gar nicht gedacht.
Das war nur ein geschätzter Zeitraum, in dem ich vermutlich Francis Brooks loswerden könnte ...
Gib mir ...
... eine Chance!

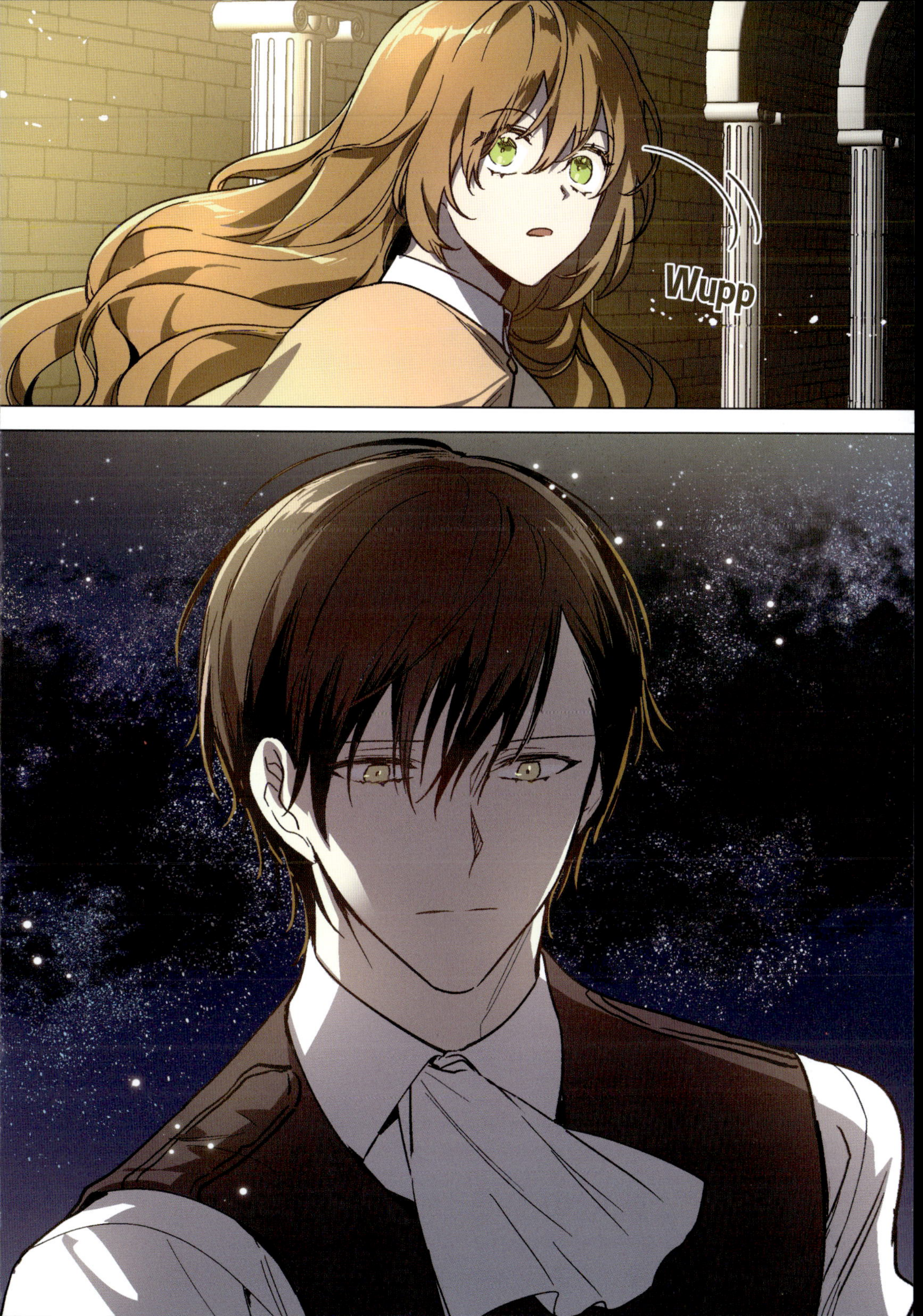
Wupp

Raeliana

Warum sie die Verlobte des Dukes wurde

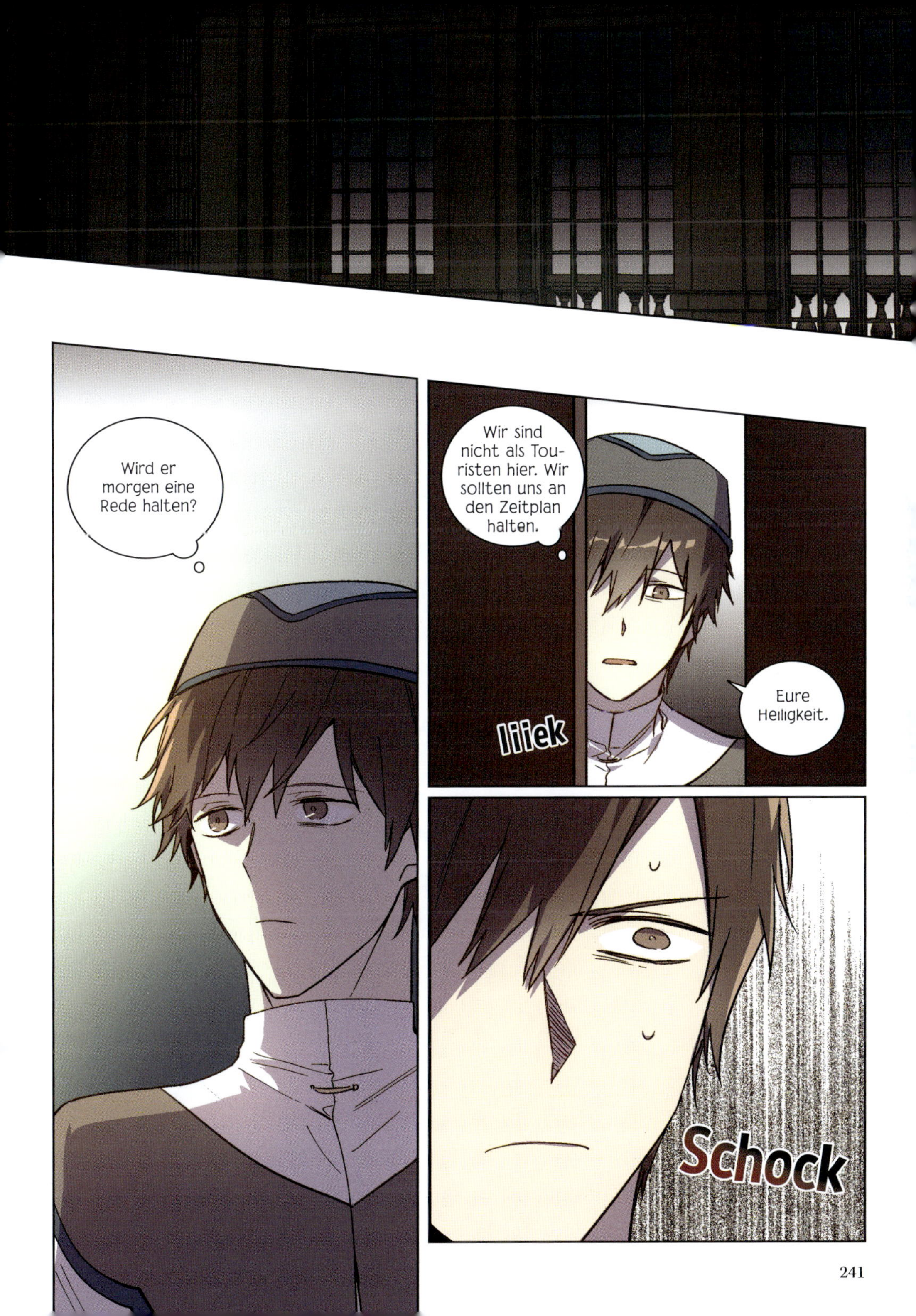
Wird er morgen eine Rede halten?
Wir sind nicht als Touristen hier. Wir sollten uns an den Zeitplan halten.
Iiiek
Eure Heiligkeit.
Schock

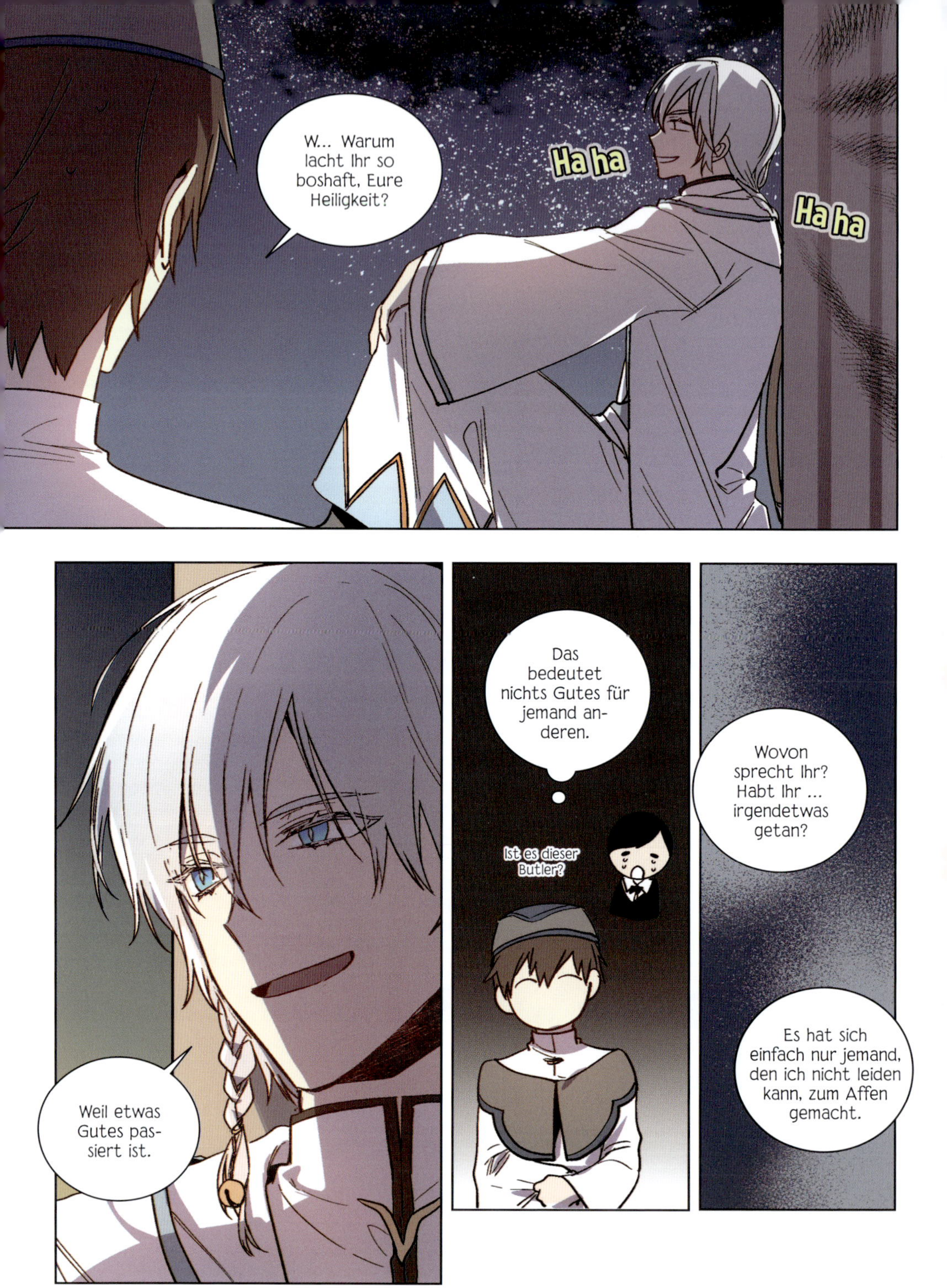
W... Warum lacht Ihr so boshaft, Eure Heiligkeit?
Ha ha
Ha ha
Weil etwas Gutes passiert ist.
Das bedeutet nichts Gutes für jemand anderen.
Ist es dieser Butler?
Wovon sprecht Ihr? Habt Ihr ... irgendetwas getan?
Es hat sich einfach nur jemand, den ich nicht leiden kann, zum Affen gemacht.

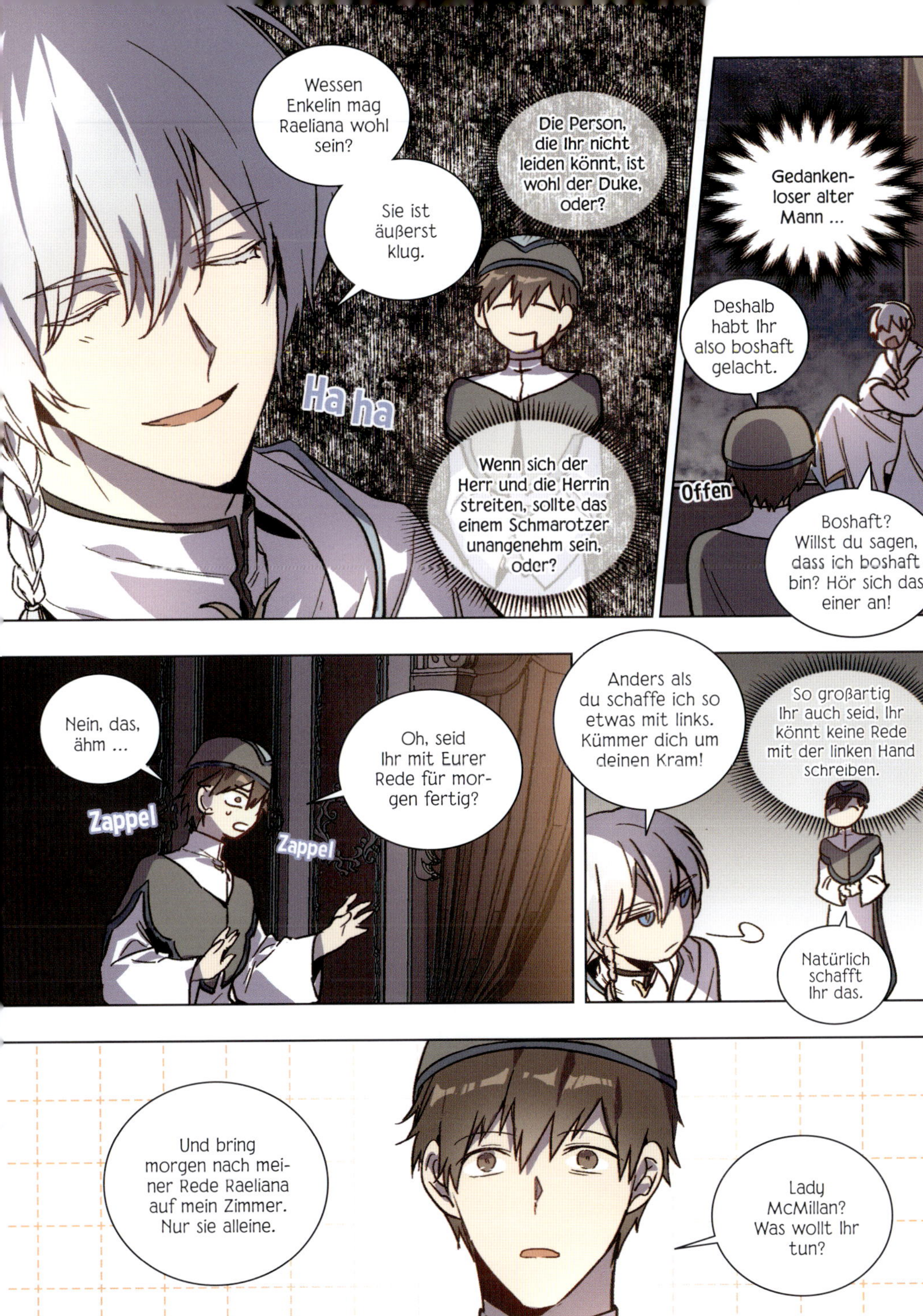

Wessen Enkelin mag Raeliana wohl sein?
Sie ist äußerst klug.
Die Person, die Ihr nicht leiden könnt, ist wohl der Duke, oder?
Ha ha
Wenn sich der Herr und die Herrin streiten, sollte das einem Schmarotzer unangenehm sein, oder?
Gedankenloser alter Mann ...
Deshalb habt Ihr also boshaft gelacht.
Offen
Boshaft? Willst du sagen, dass ich boshaft bin? Hör sich das einer an!
Nein, das, ähm ...
Zappel
Zappel
Oh, seid Ihr mit Eurer Rede für morgen fertig?
Anders als du schaffe ich so etwas mit links. Kümmer dich um deinen Kram!
So großartig Ihr auch seid, Ihr könnt keine Rede mit der linken Hand schreiben.
Natürlich schafft Ihr das.
Und bring morgen nach meiner Rede Raeliana auf mein Zimmer. Nur sie alleine.
Lady McMillan? Was wollt Ihr tun?

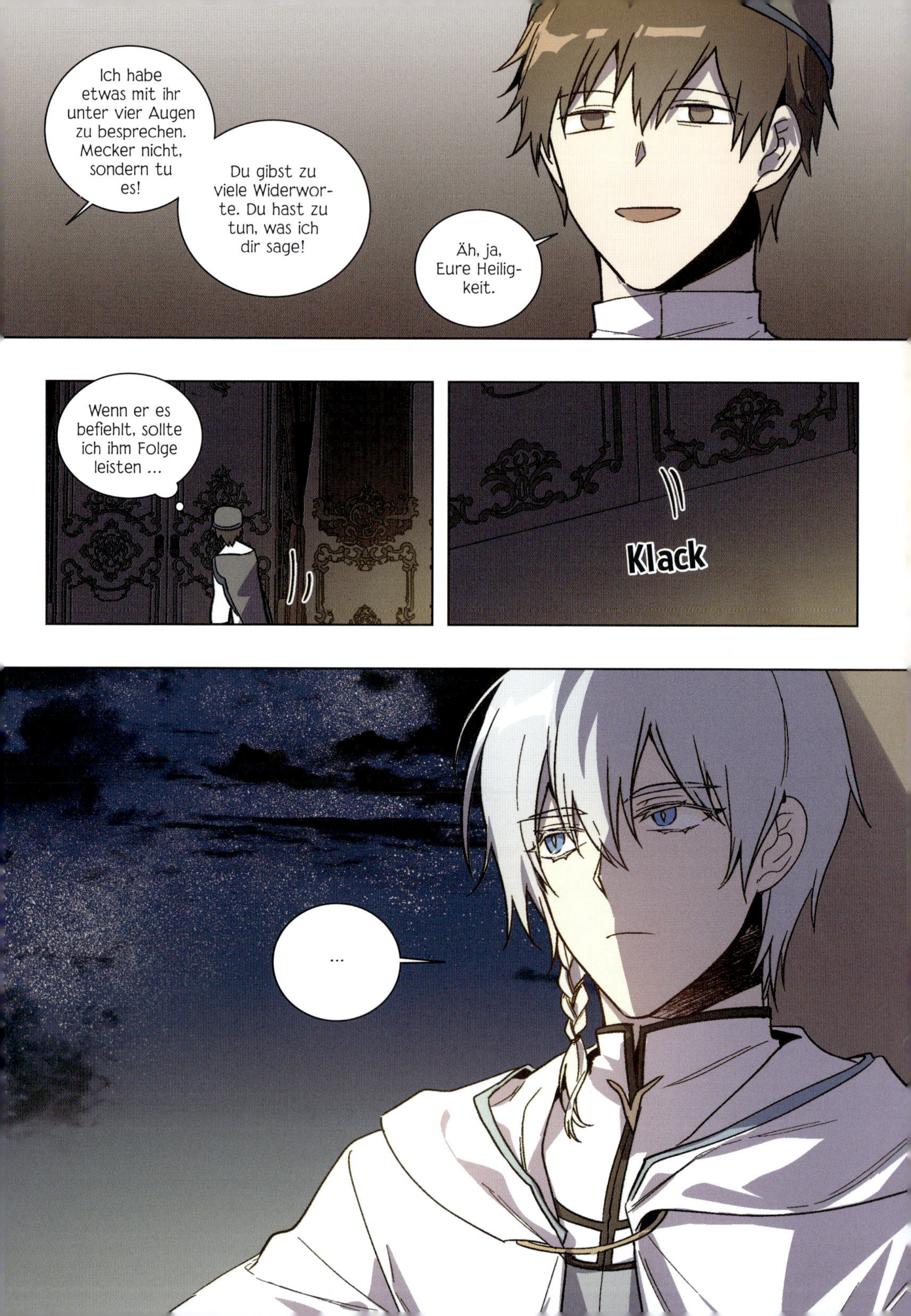
Ich habe etwas mit ihr unter vier Augen zu besprechen. Mecker nicht, sondern tu es!
Du gibst zu viele Widerworte. Du hast zu tun, was ich dir sage!
Äh, ja, Eure Heiligkeit.
Wenn er es befiehlt, sollte ich ihm Folge leisten ...
Klack
...

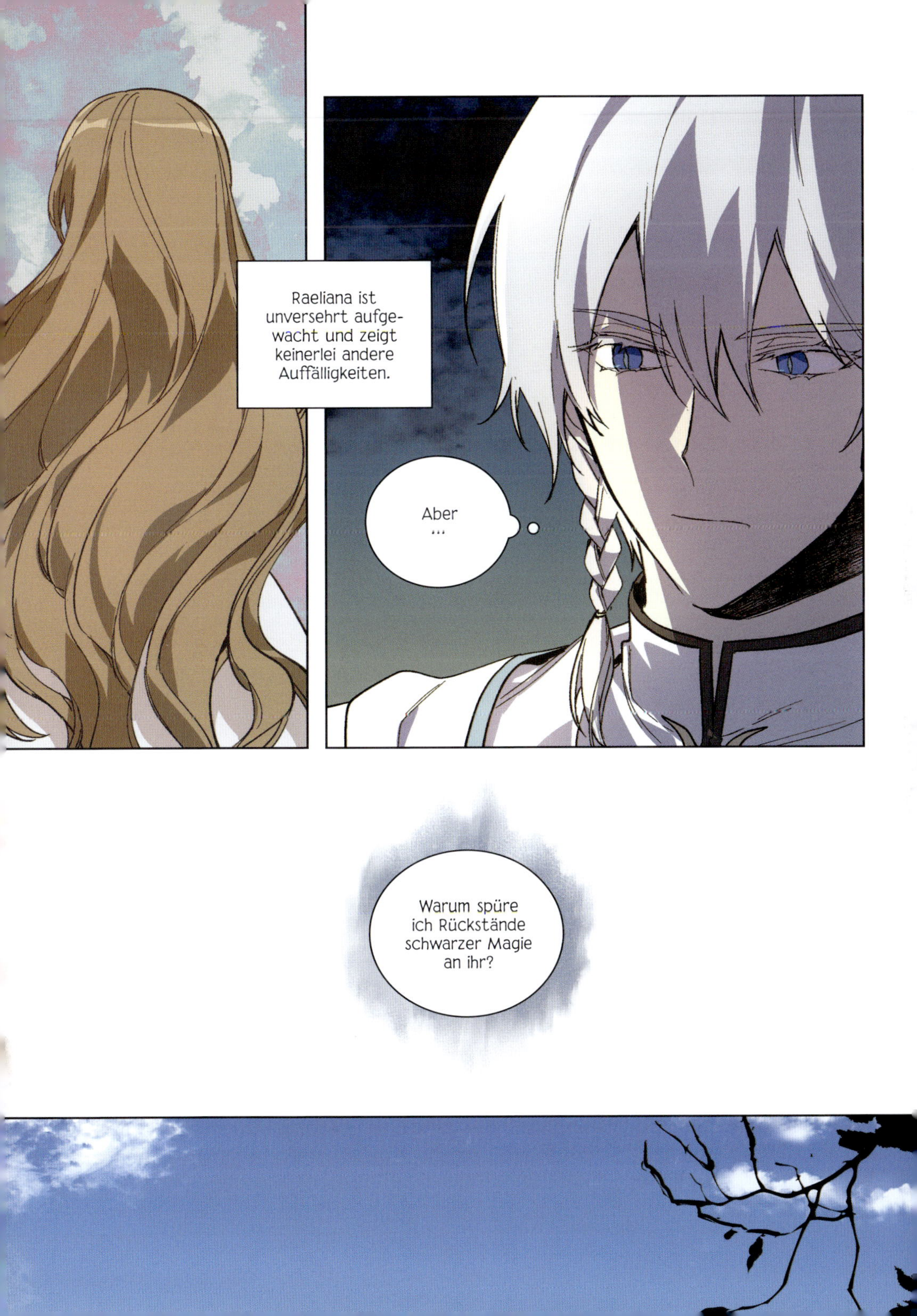
Raeliana ist unversehrt aufgewacht und zeigt keinerlei andere Auffälligkeiten.
Aber ...
Warum spüre ich Rückstände schwarzer Magie an ihr?

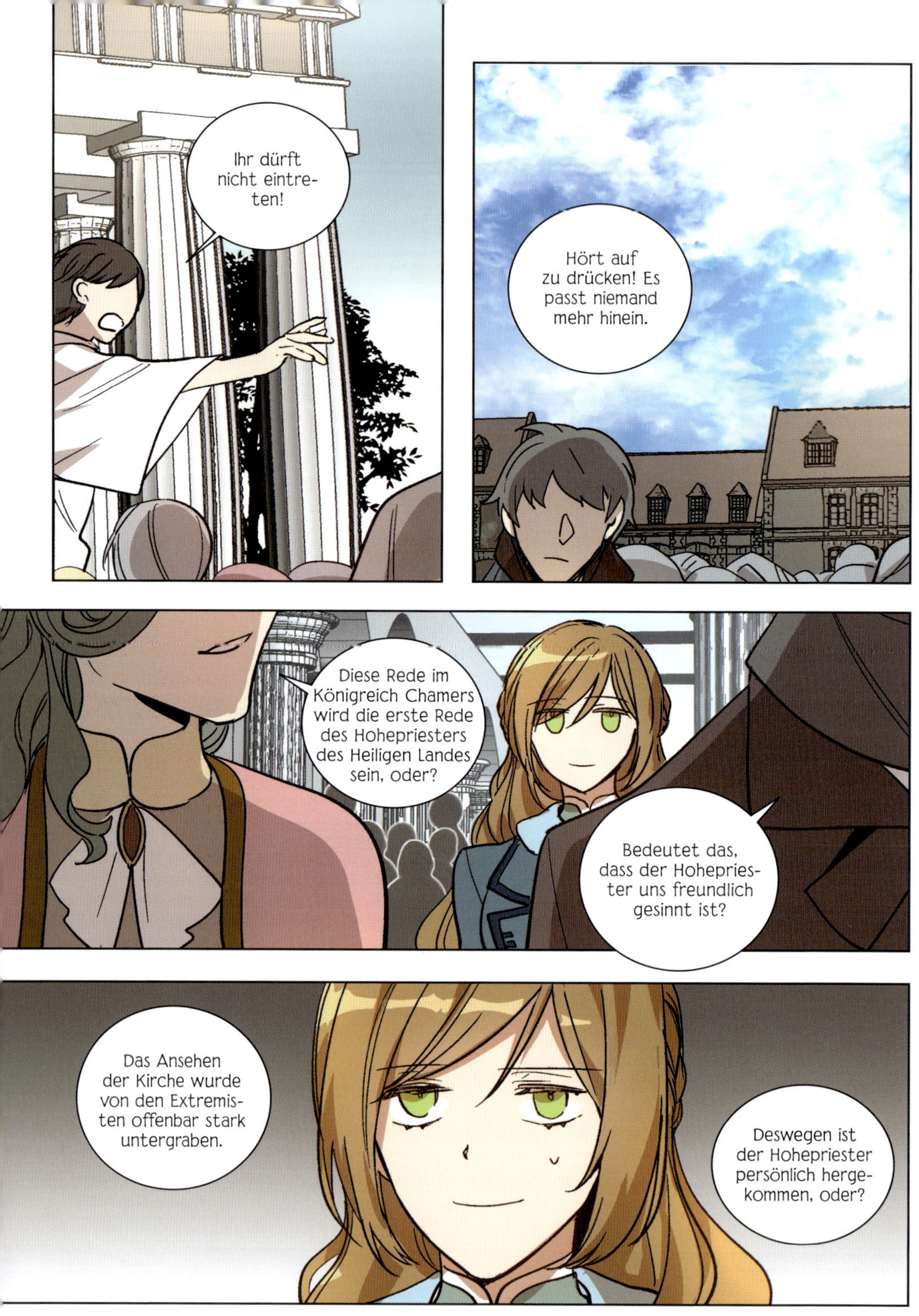
Ihr dürft nicht eintreten!
Hört auf zu drücken! Es passt niemand mehr hinein.
Diese Rede im Königreich Chamers wird die erste Rede des Hohepriesters des Heiligen Landes sein, oder?
Bedeutet das, dass der Hohepriester uns freundlich gesinnt ist?
Das Ansehen der Kirche wurde von den Extremisten offenbar stark untergraben.
Deswegen ist der Hohepriester persönlich hergekommen, oder?

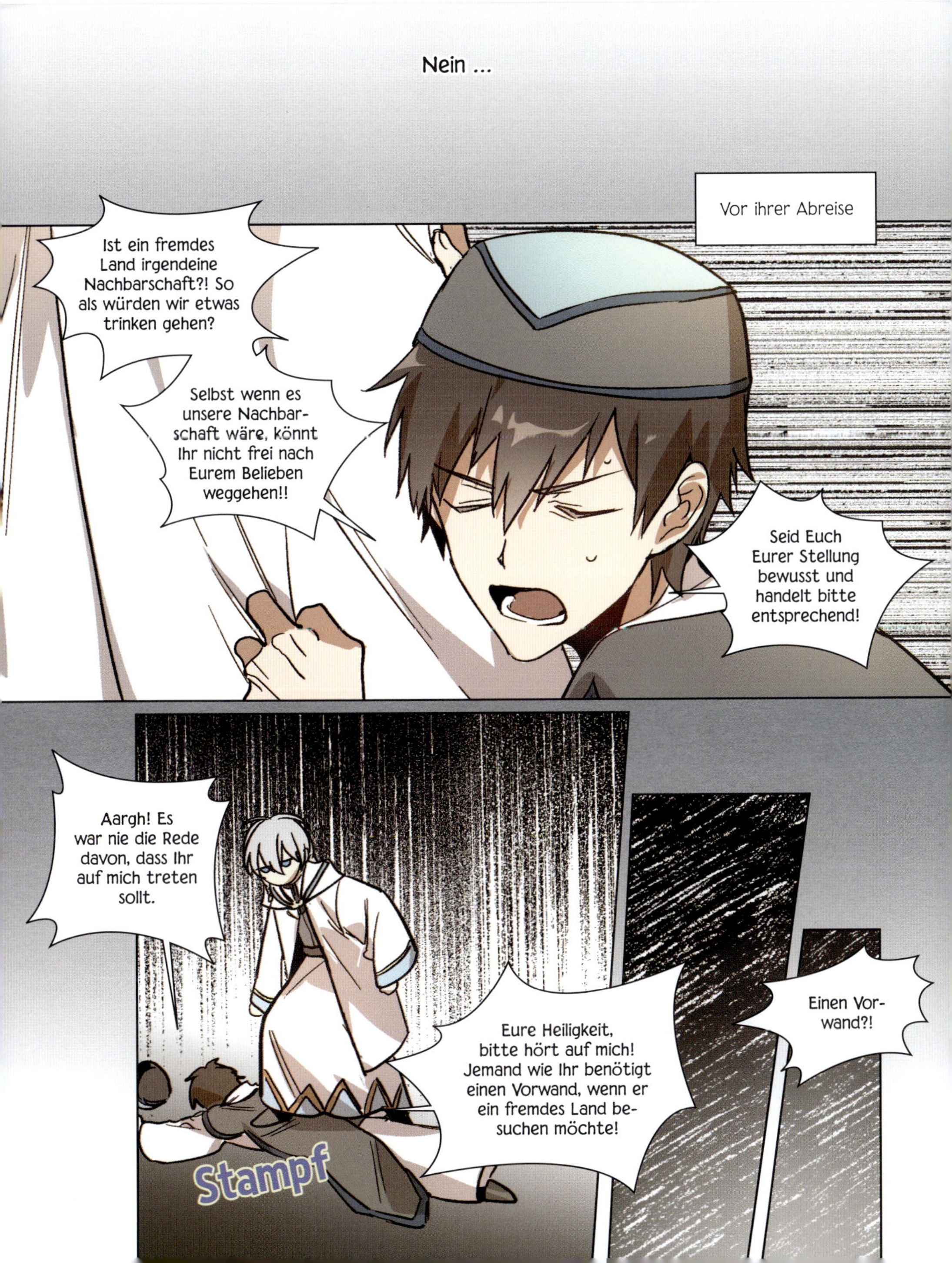
Nein ...
Vor ihrer Abreise
Ist ein fremdes Land irgendeine Nachbarschaft?! So als würden wir etwas trinken gehen?
Selbst wenn es unsere Nachbarschaft wäre, könnt Ihr nicht frei nach Eurem Belieben weggehen!!
Seid Euch Eurer Stellung bewusst und handelt bitte entsprechend!
Aargh! Es war nie die Rede davon, dass Ihr auf mich treten sollt.
Stampf
Eure Heiligkeit, bitte hört auf mich! Jemand wie Ihr benötigt einen Vorwand, wenn er ein fremdes Land besuchen möchte!
Einen Vorwand?!

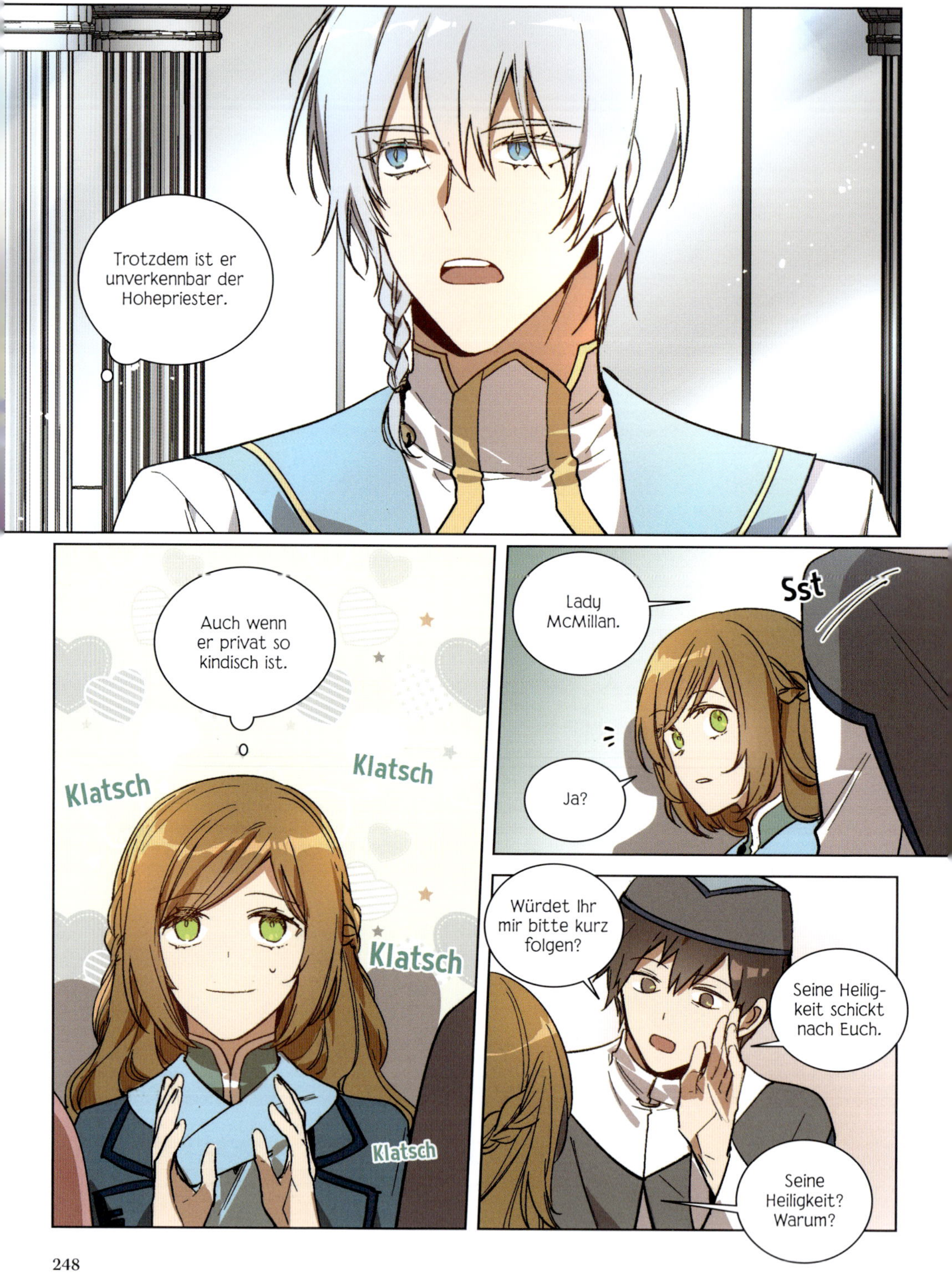
Trotzdem ist er unverkennbar der Hohepriester.
Auch wenn er privat so kindisch ist.
Klatsch
Klatsch
Klatsch
Klatsch
Sst
Lady McMillan.
Ja?
Würdet Ihr mir bitte kurz folgen?
Seine Heiligkeit schickt nach Euch.
Seine Heiligkeit? Warum?

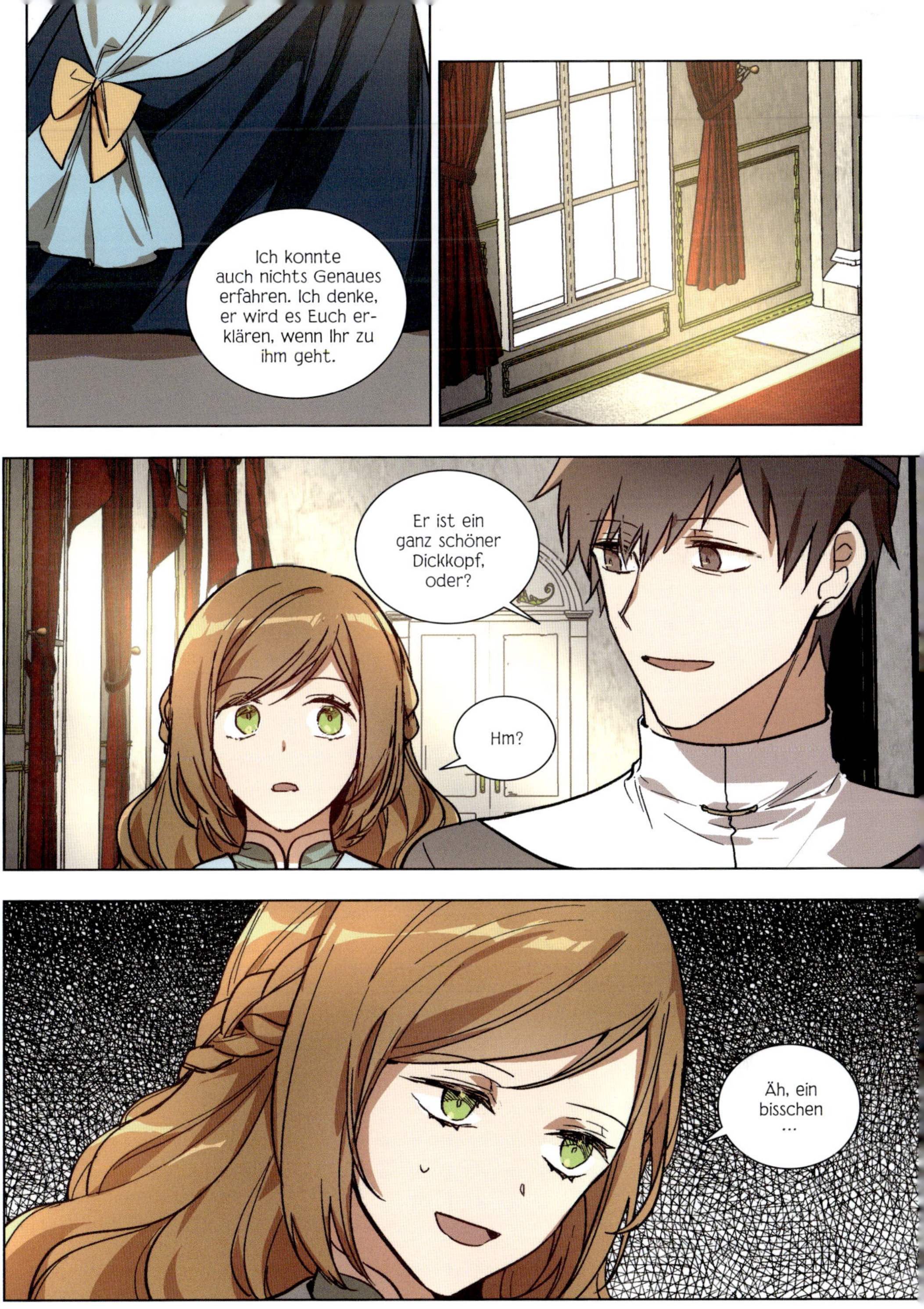
Ich konnte auch nichts Genaues erfahren. Ich denke, er wird es Euch erklären, wenn Ihr zu ihm geht.
Er ist ein ganz schöner Dickkopf, oder?
Hm?
Äh, ein bisschen …

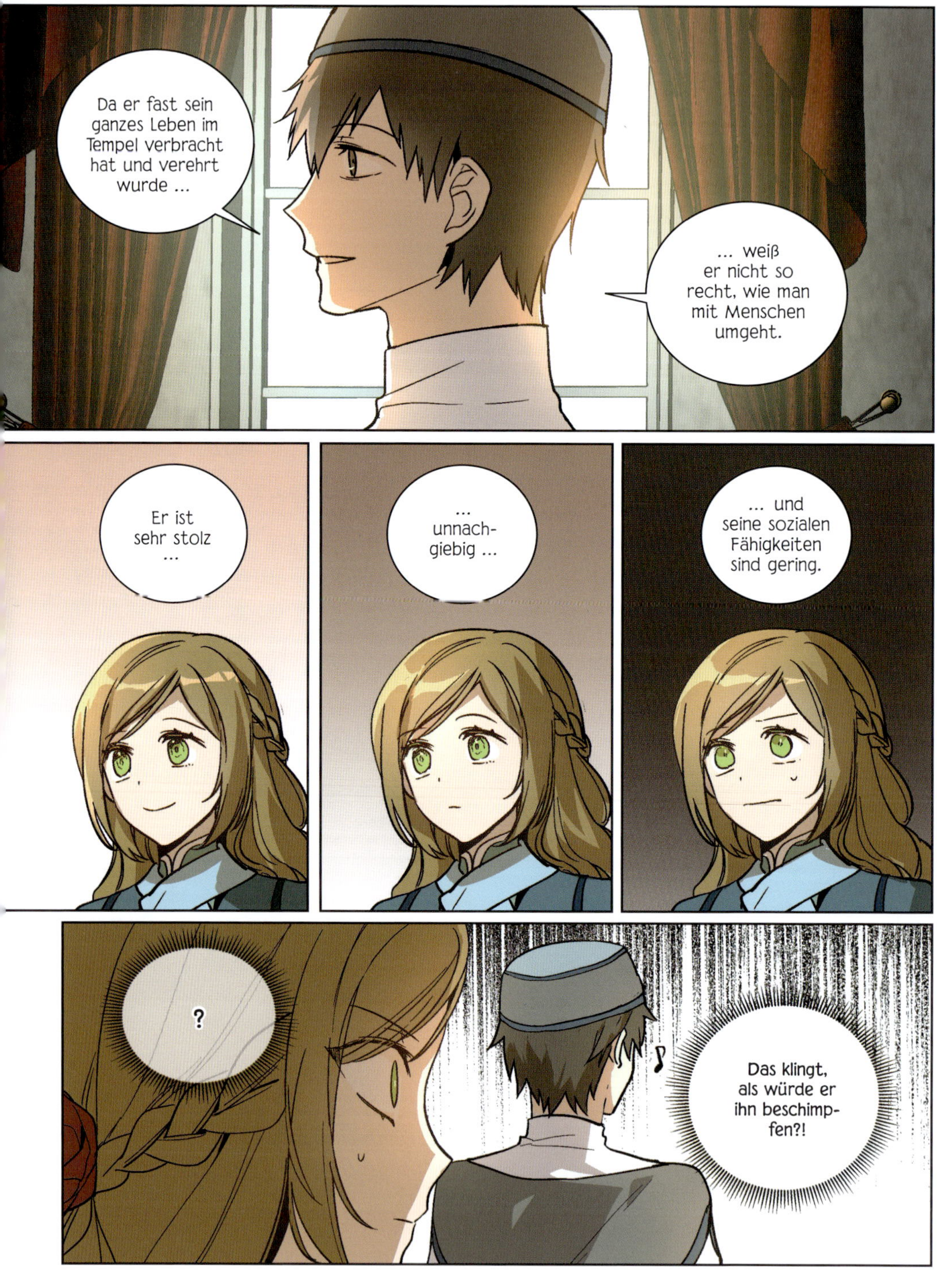

Da er fast sein ganzes Leben im Tempel verbracht hat und verehrt wurde ...
... weiß er nicht so recht, wie man mit Menschen umgeht.
Er ist sehr stolz ...
... unnachgiebig ...
... und seine sozialen Fähigkeiten sind gering.
?
Das klingt, als würde er ihn beschimpfen?!

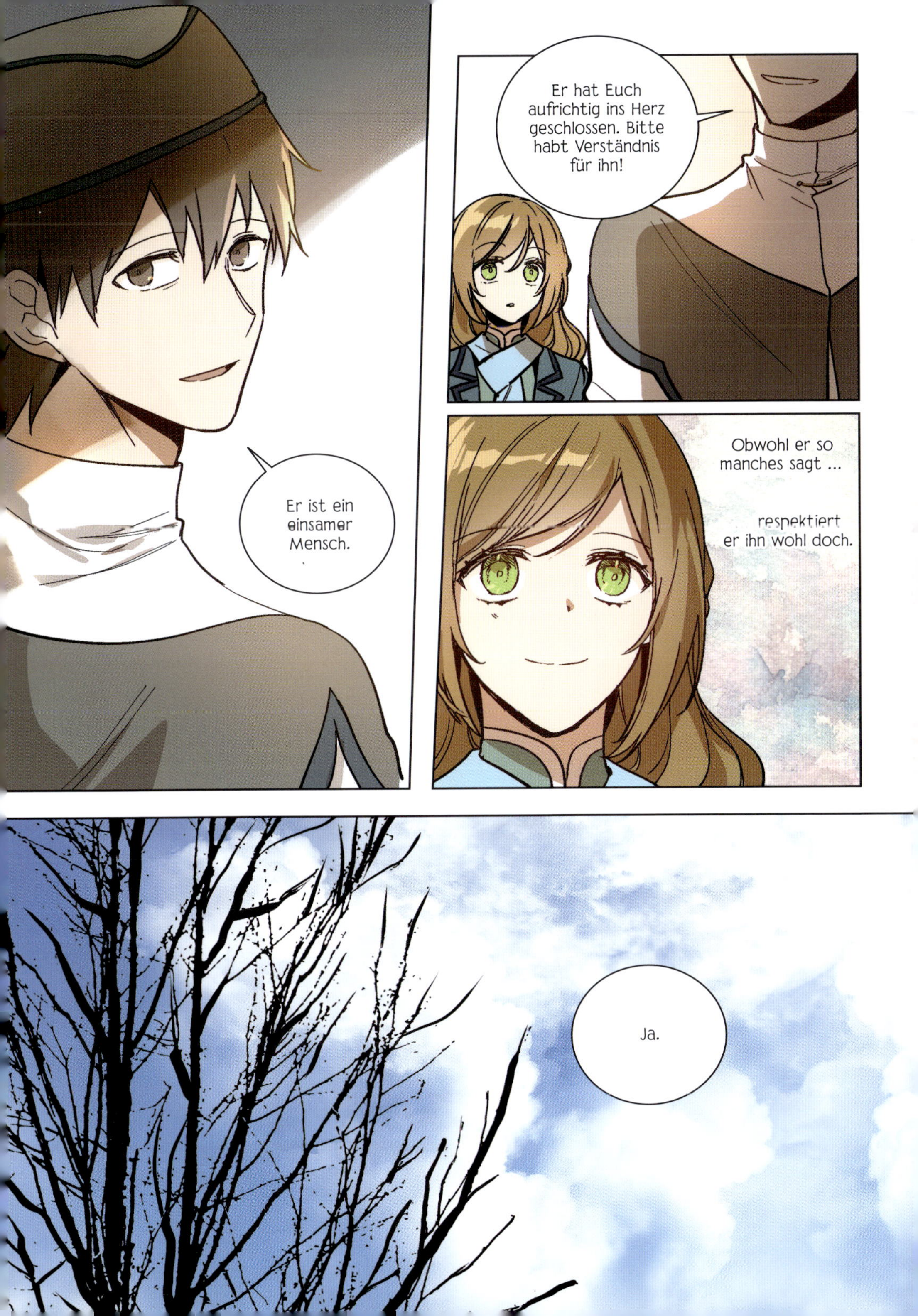
Er ist ein einsamer Mensch.
Er hat Euch aufrichtig ins Herz geschlossen. Bitte habt Verständnis für ihn!
Obwohl er so manches sagt ...
respektiert er ihn wohl doch.
Ja.

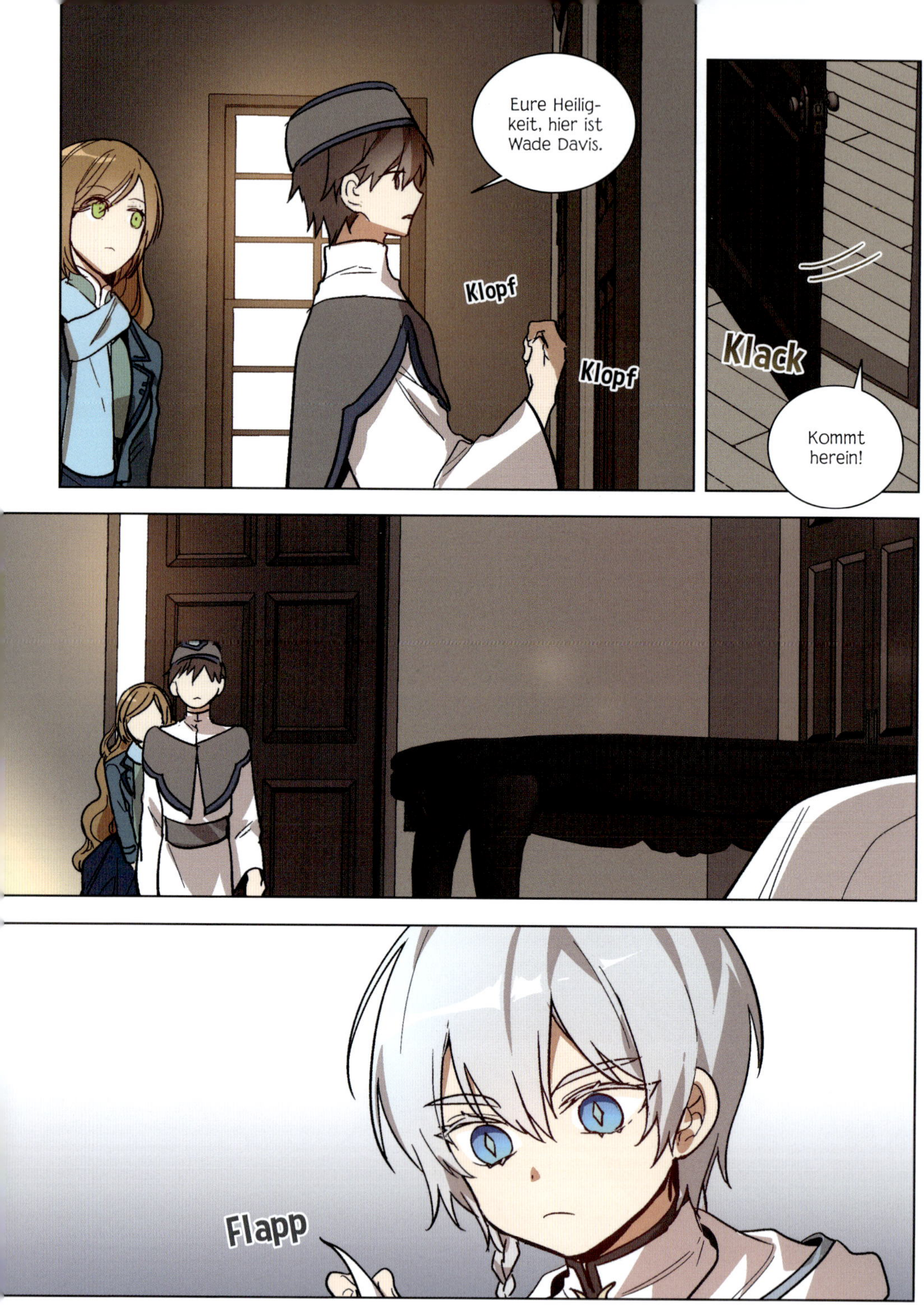
Eure Heilig-
keit, hier ist
Wade Davis.
Klopf
Klopf
Klack
Kommt
herein!
Flapp

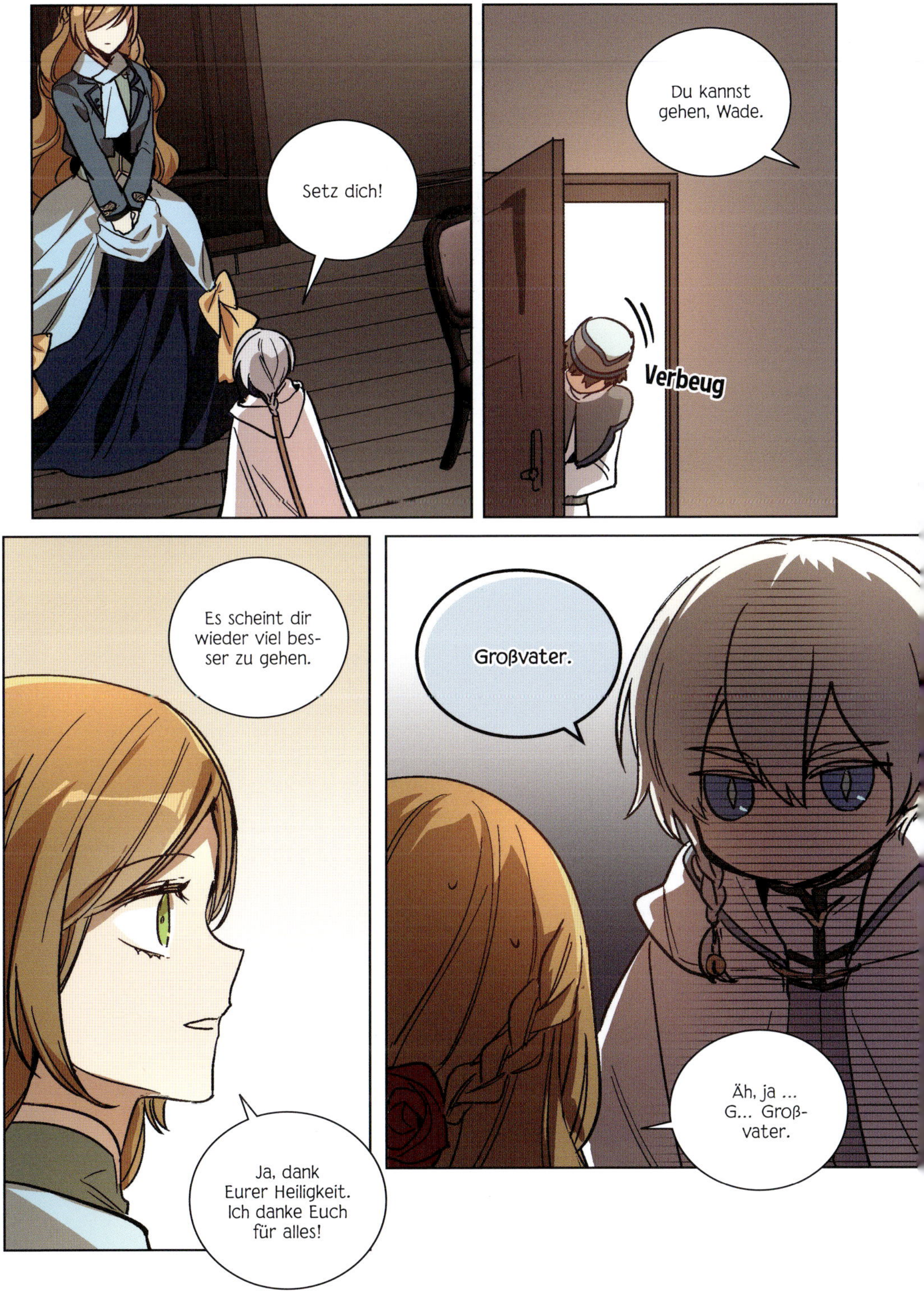
Setz dich!
Du kannst gehen, Wade.
Verbeug
Es scheint dir wieder viel besser zu gehen.
Ja, dank Eurer Heiligkeit. Ich danke Euch für alles!
Großvater.
Äh, ja ... G... Großvater.

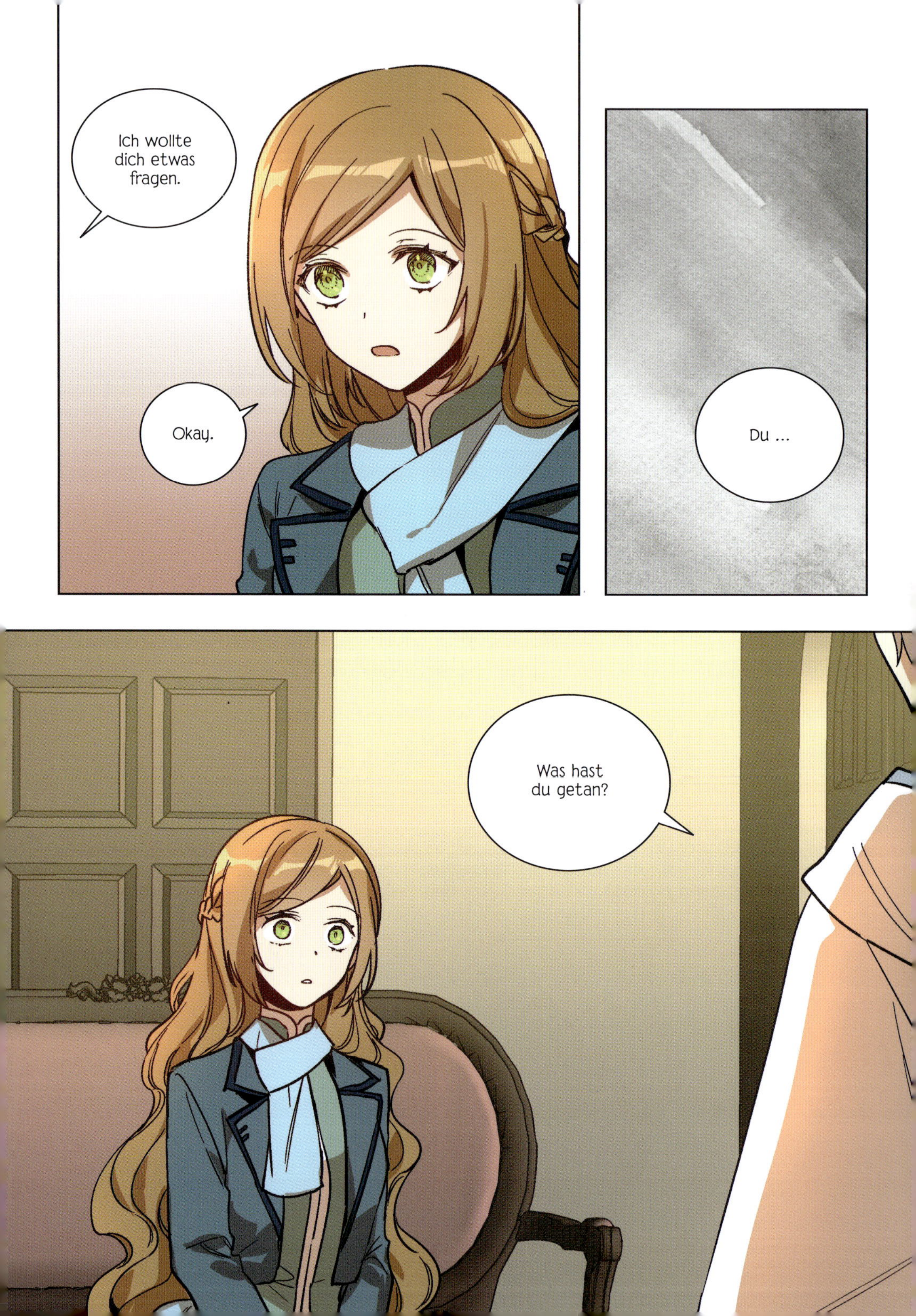
Ich wollte dich etwas fragen.
Okay.
Du ...
Was hast du getan?

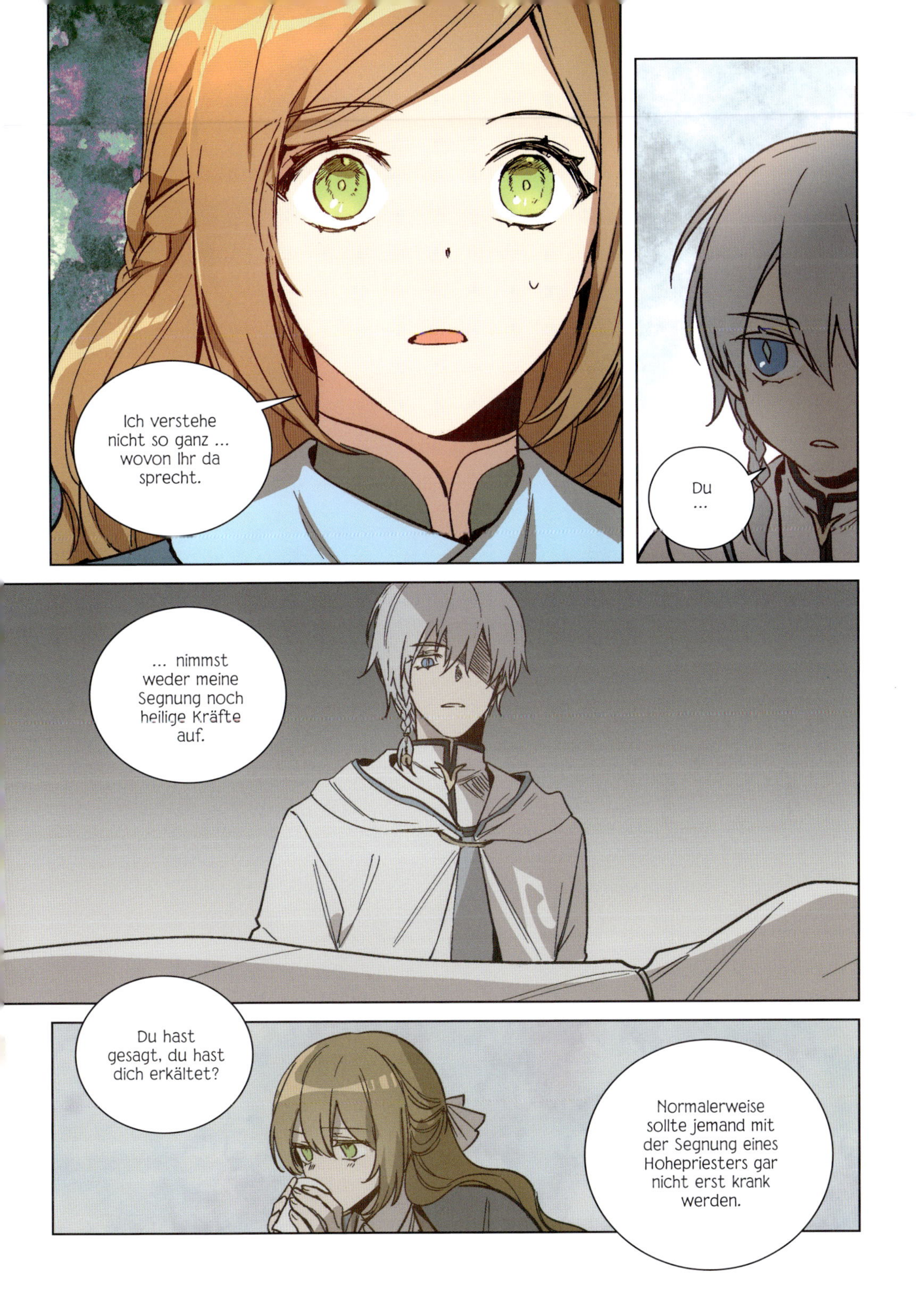
Ich verstehe nicht so ganz ... wovon Ihr da sprecht.
Du ...
... nimmst weder meine Segnung noch heilige Kräfte auf.
Du hast gesagt, du hast dich erkältet?
Normalerweise sollte jemand mit der Segnung eines Hohepriesters gar nicht erst krank werden.

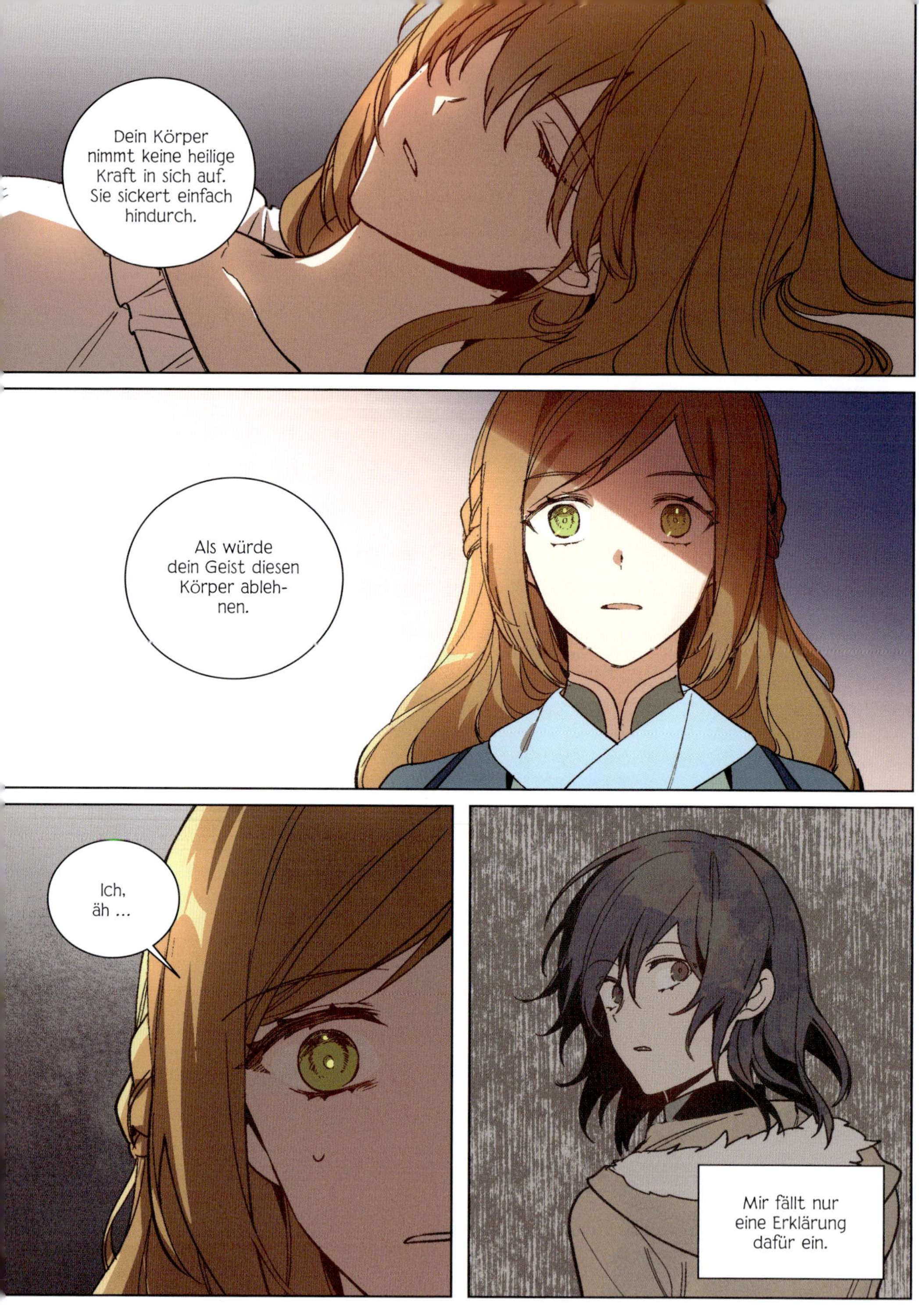
Dein Körper nimmt keine heilige Kraft in sich auf. Sie sickert einfach hindurch.
Als würde dein Geist diesen Körper ableh-nen.
Ich, äh …
Mir fällt nur eine Erklärung dafür ein.

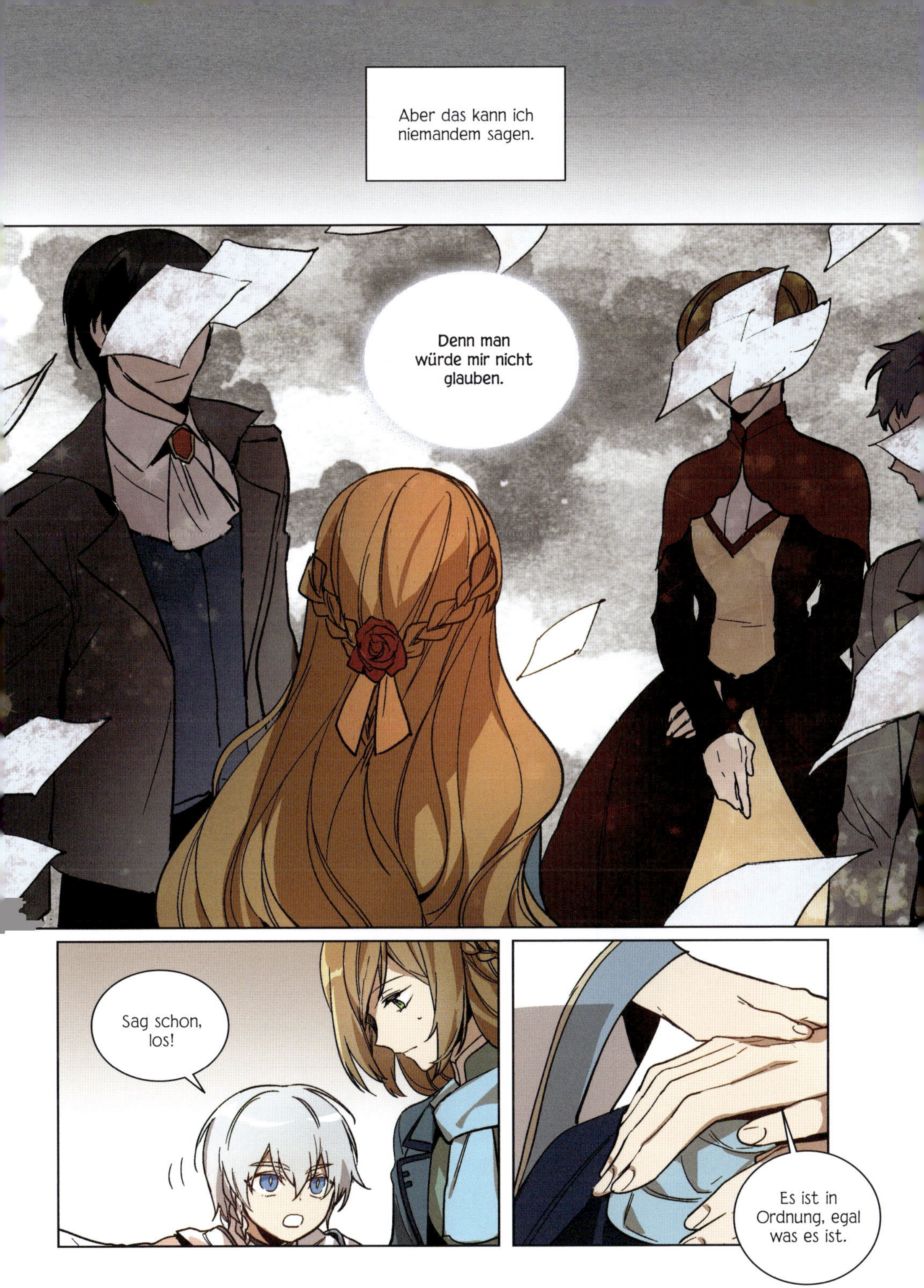
Aber das kann ich niemandem sagen.
Denn man würde mir nicht glauben.
Sag schon, los!
Es ist in Ordnung, egal was es ist.

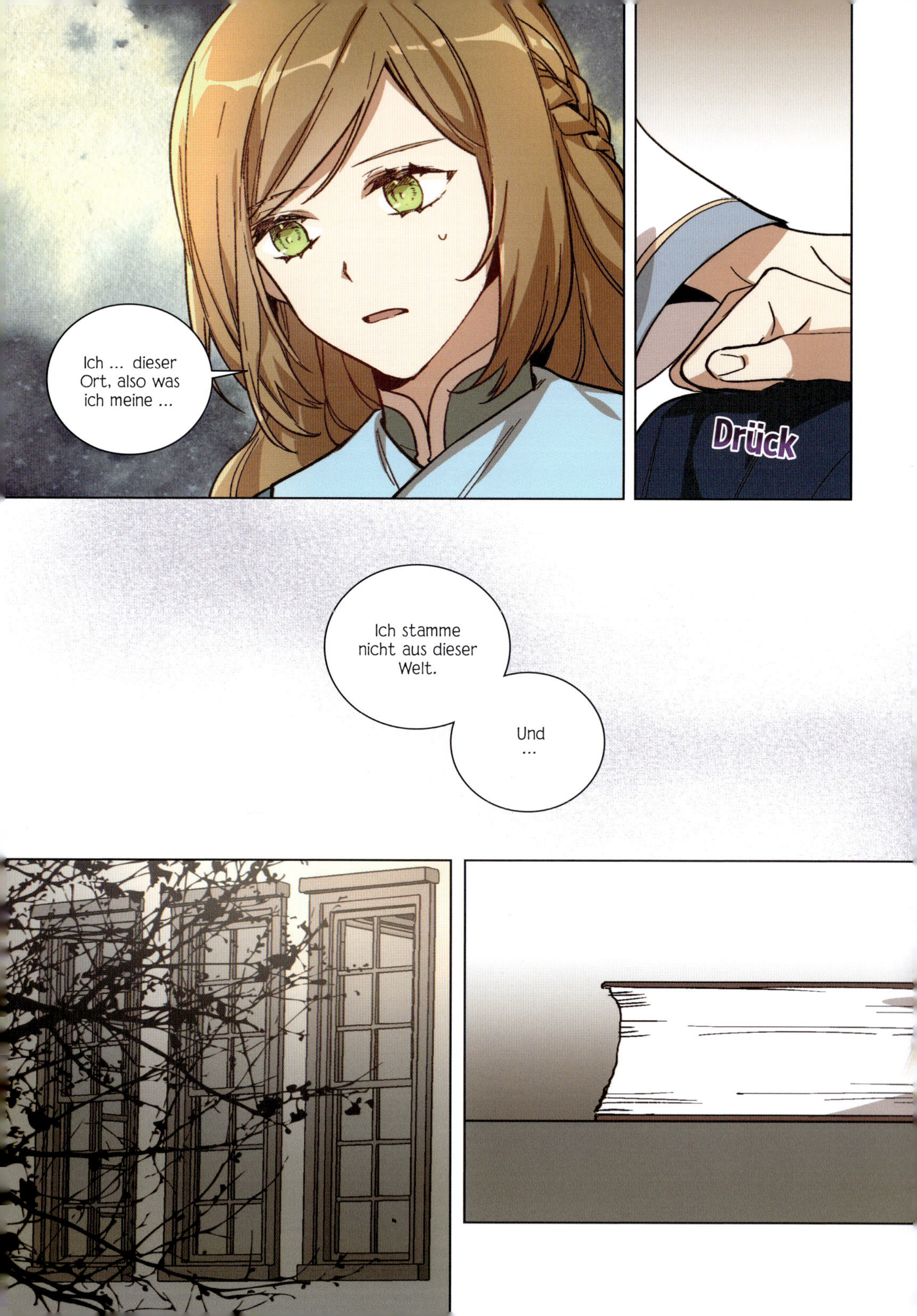
Ich ... dieser Ort, also was ich meine ...
Drück
Ich stamme nicht aus dieser Welt.
Und ...

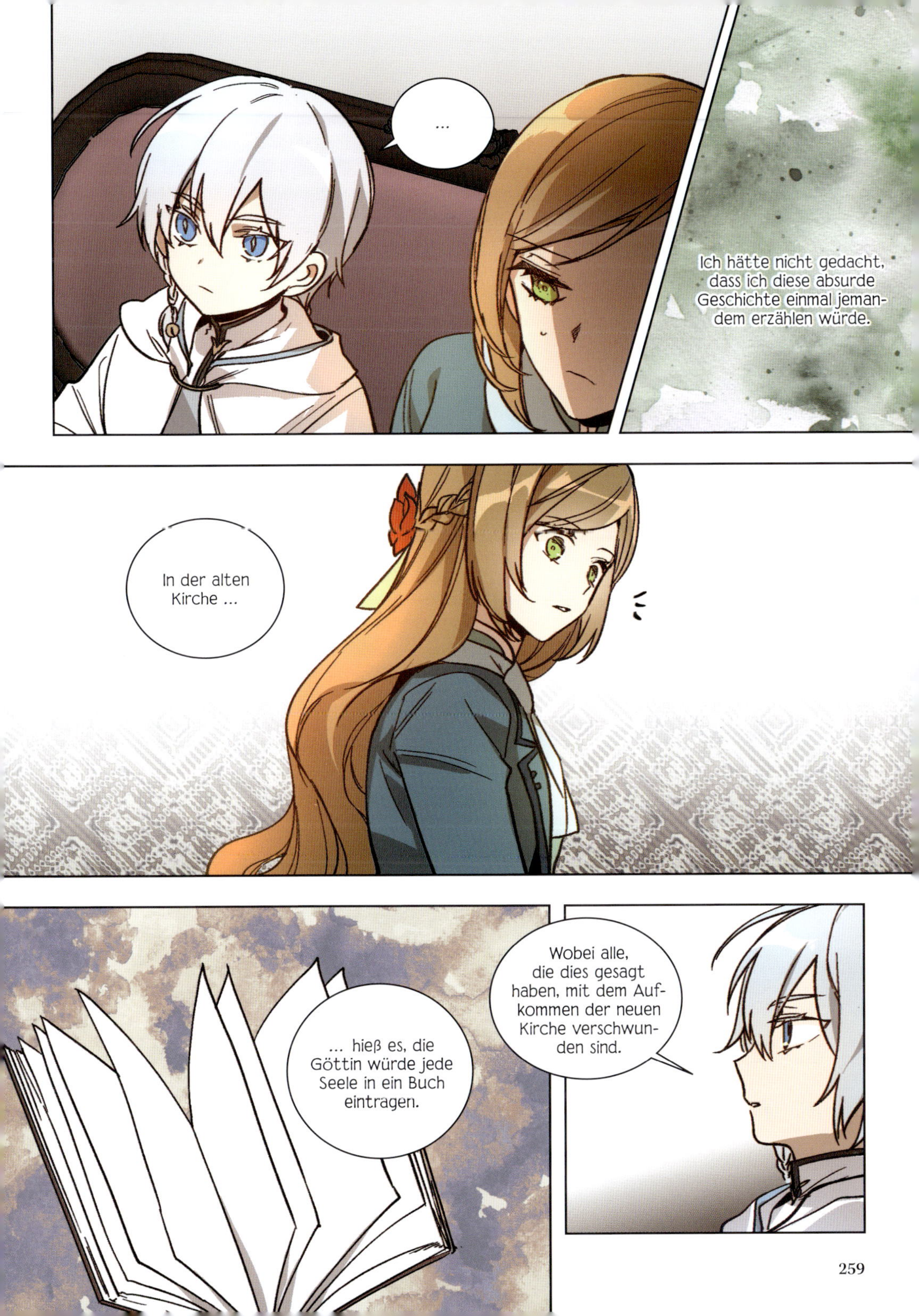
...
Ich hätte nicht gedacht, dass ich diese absurde Geschichte einmal jemandem erzählen würde.
In der alten Kirche ...
... hieß es, die Göttin würde jede Seele in ein Buch eintragen.
Wobei alle, die dies gesagt haben, mit dem Aufkommen der neuen Kirche verschwunden sind.

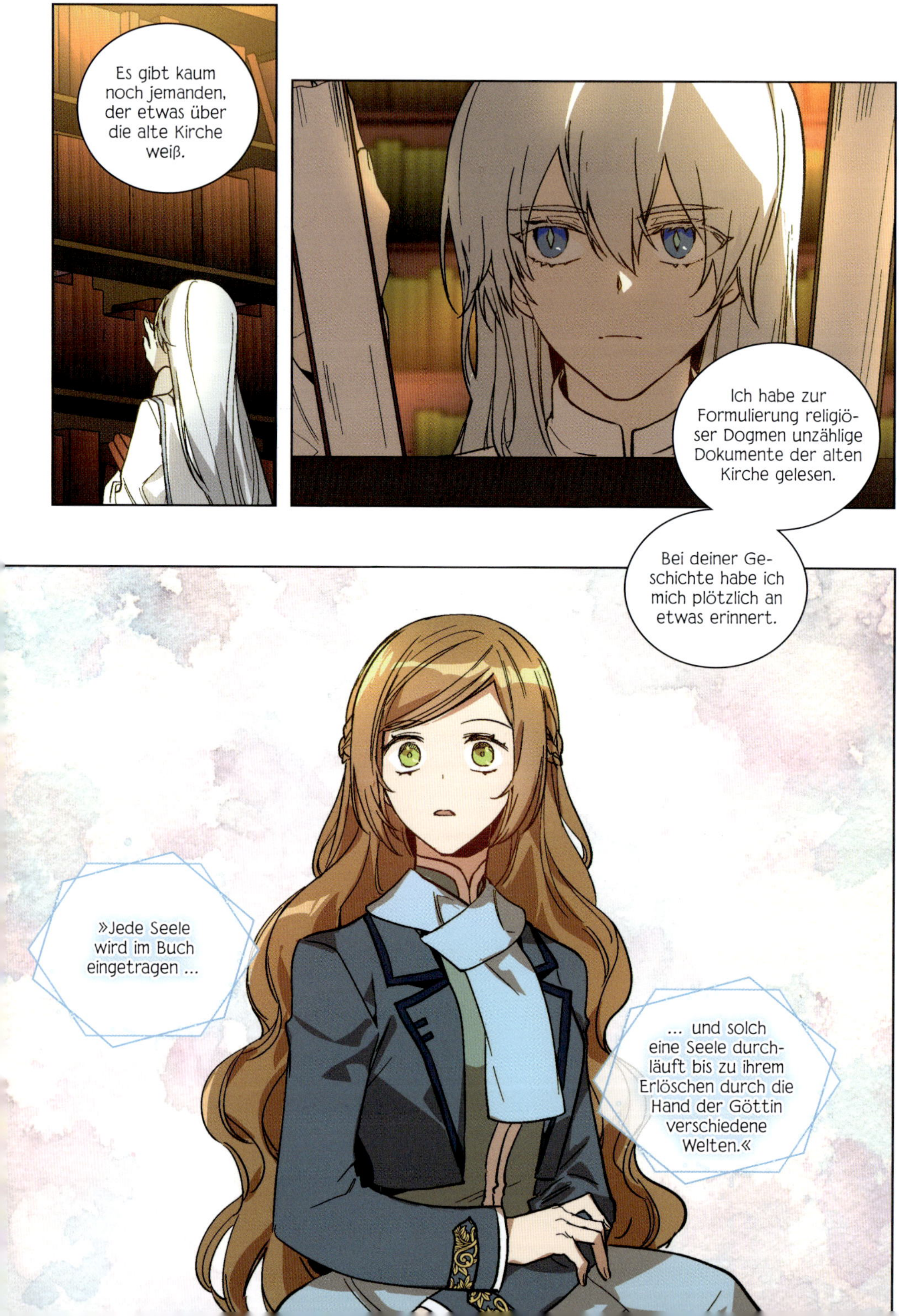
Es gibt kaum noch jemanden, der etwas über die alte Kirche weiß.
Ich habe zur Formulierung religiöser Dogmen unzählige Dokumente der alten Kirche gelesen.
Bei deiner Geschichte habe ich mich plötzlich an etwas erinnert.
»Jede Seele wird im Buch eingetragen ...
... und solch eine Seele durchläuft bis zu ihrem Erlöschen durch die Hand der Göttin verschiedene Welten.«

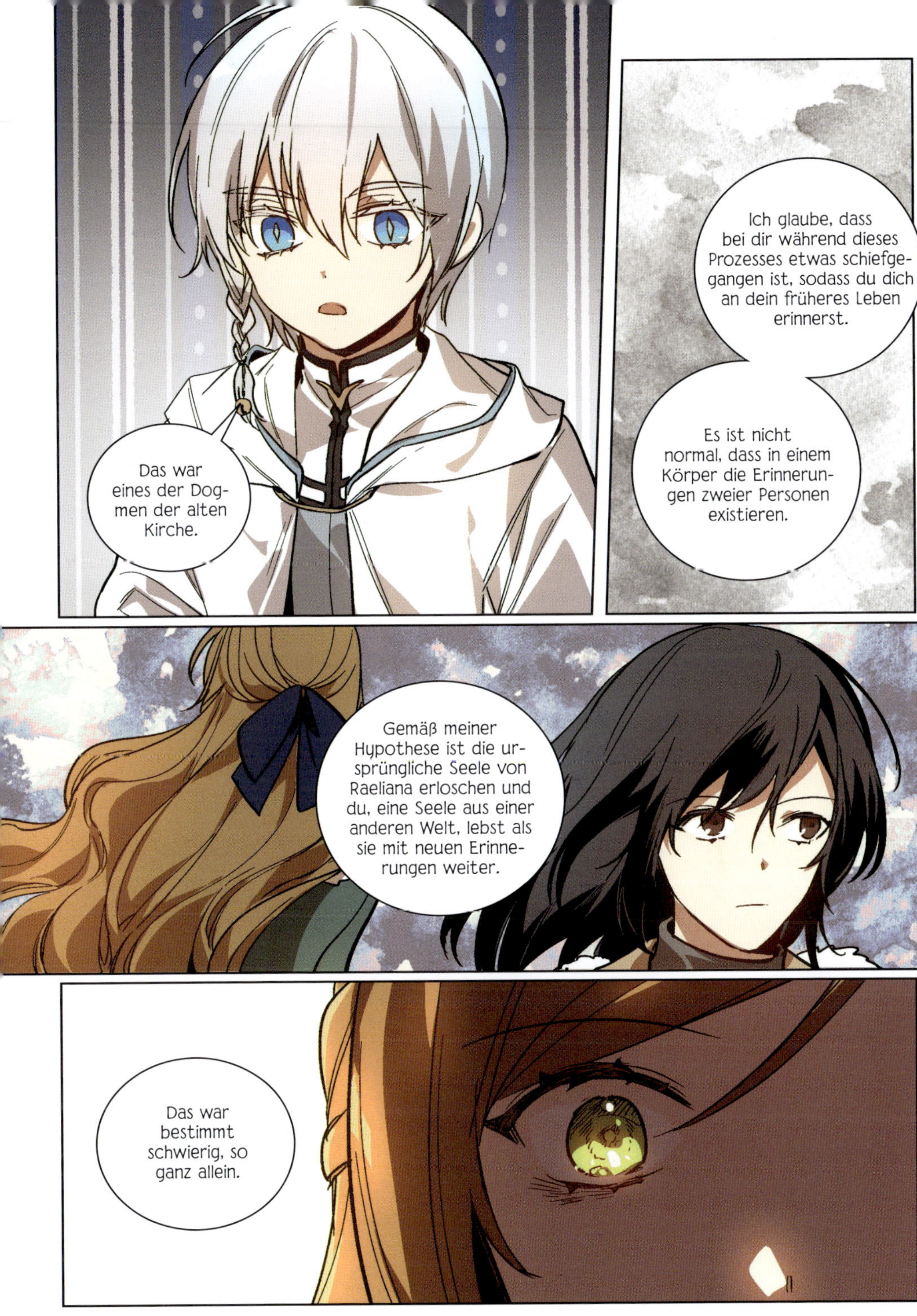
Das war eines der Dogmen der alten Kirche.
Ich glaube, dass bei dir während dieses Prozesses etwas schiefgegangen ist, sodass du dich an dein früheres Leben erinnerst.
Es ist nicht normal, dass in einem Körper die Erinnerungen zweier Personen existieren.
Gemäß meiner Hypothese ist die ursprüngliche Seele von Raeliana erloschen und du, eine Seele aus einer anderen Welt, lebst als sie mit neuen Erinnerungen weiter.
Das war bestimmt schwierig, so ganz allein.

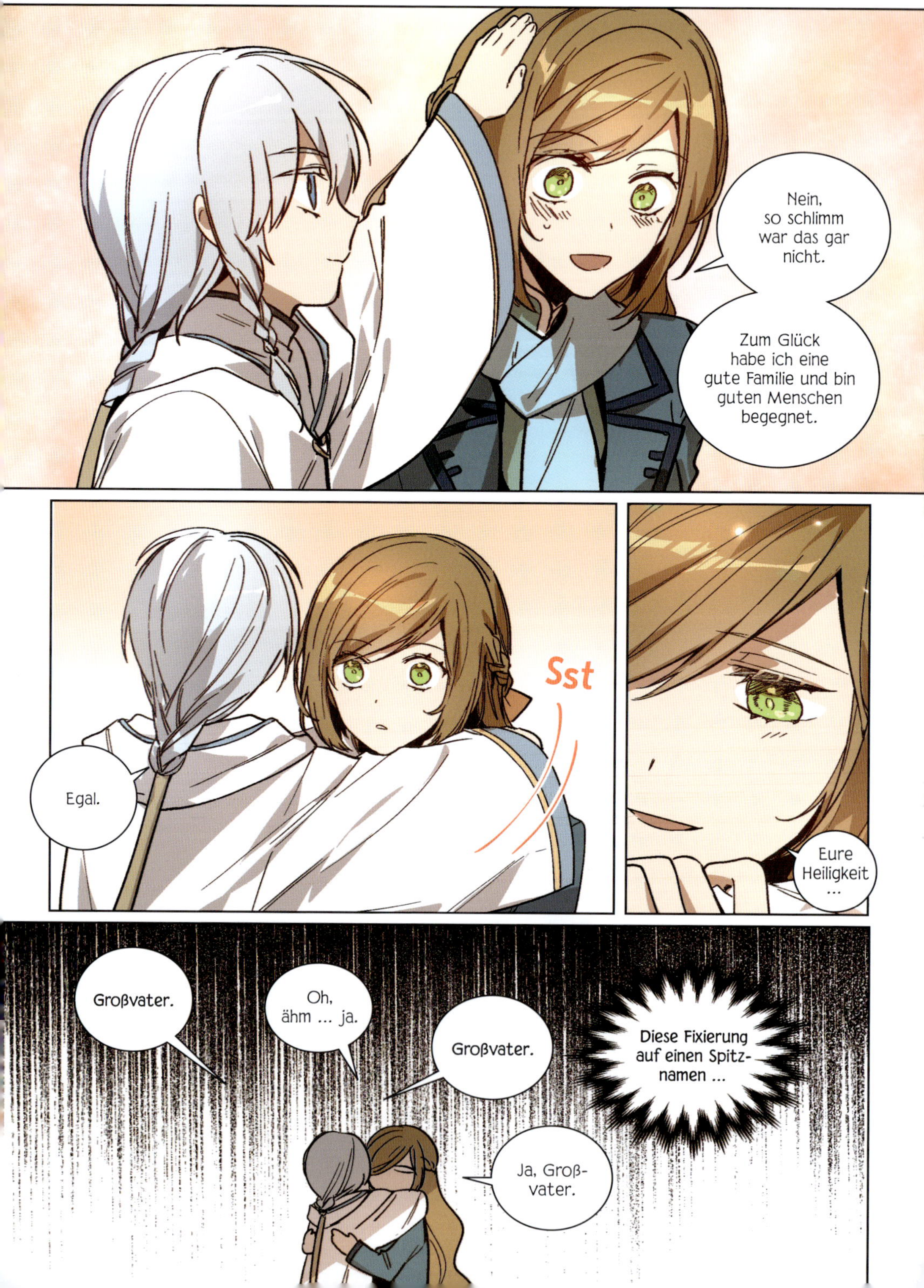
Nein, so schlimm war das gar nicht.
Zum Glück habe ich eine gute Familie und bin guten Menschen begegnet.
Sst
Egal.
Eure Heiligkeit …
Großvater.
Oh, ähm … ja.
Großvater.
Diese Fixierung auf einen Spitznamen …
Ja, Großvater.

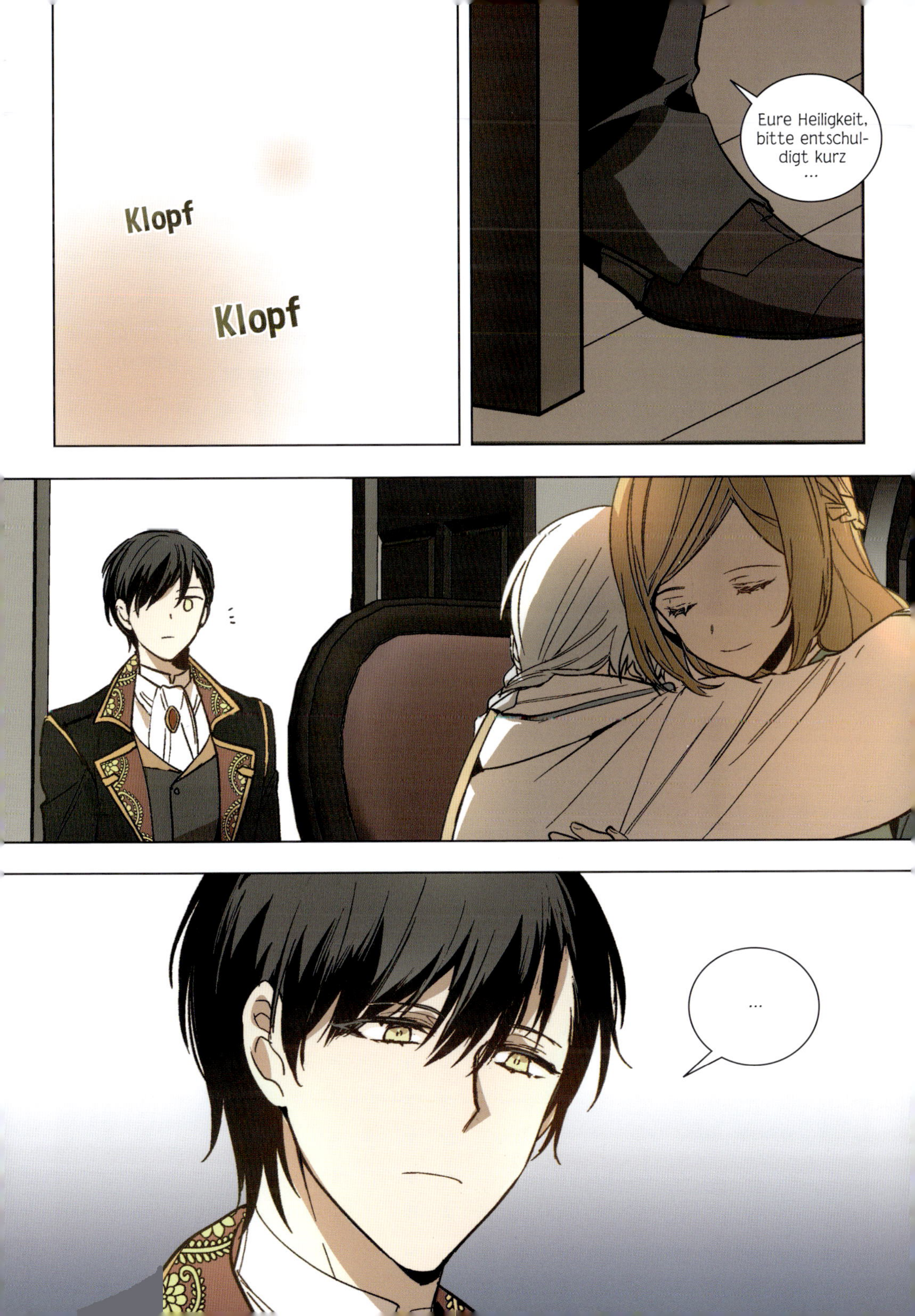
Klopf
Klopf
Eure Heiligkeit, bitte entschuldigt kurz …
…

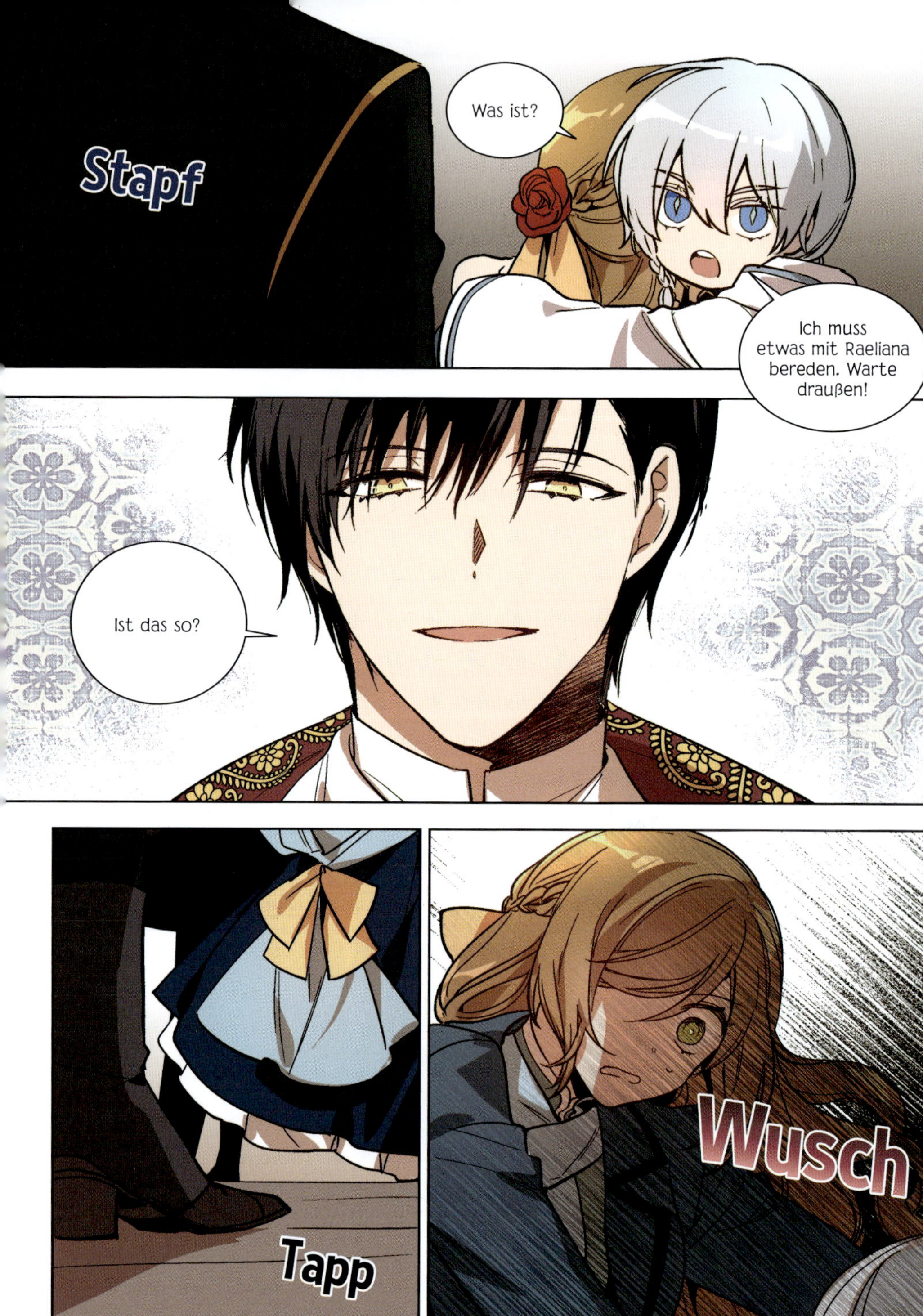
Stapf
Was ist?
Ich muss etwas mit Raeliana bereden. Warte draußen!
Ist das so?
Tapp
Wusch

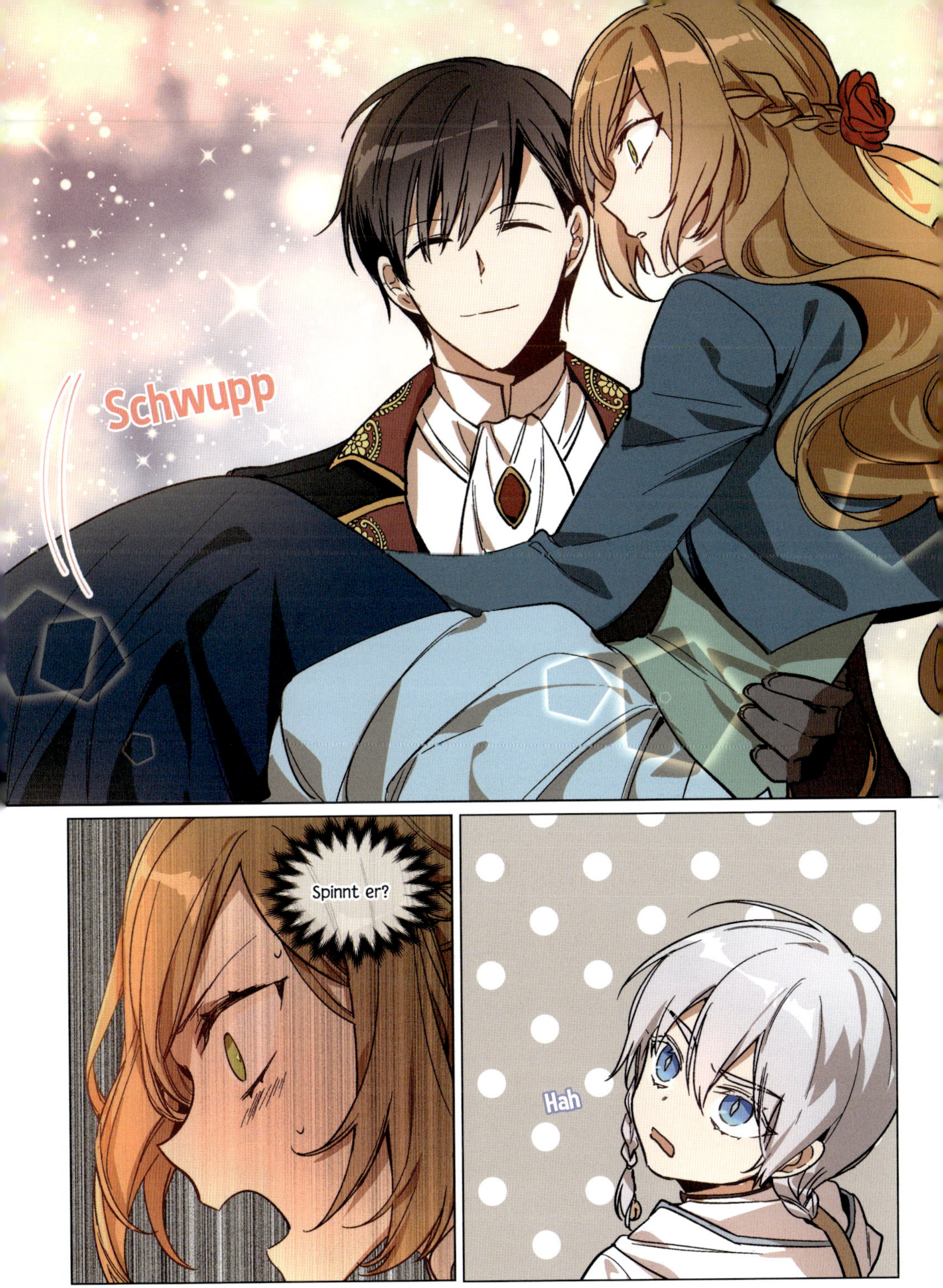
Schwupp
Spinnt er?
Hah

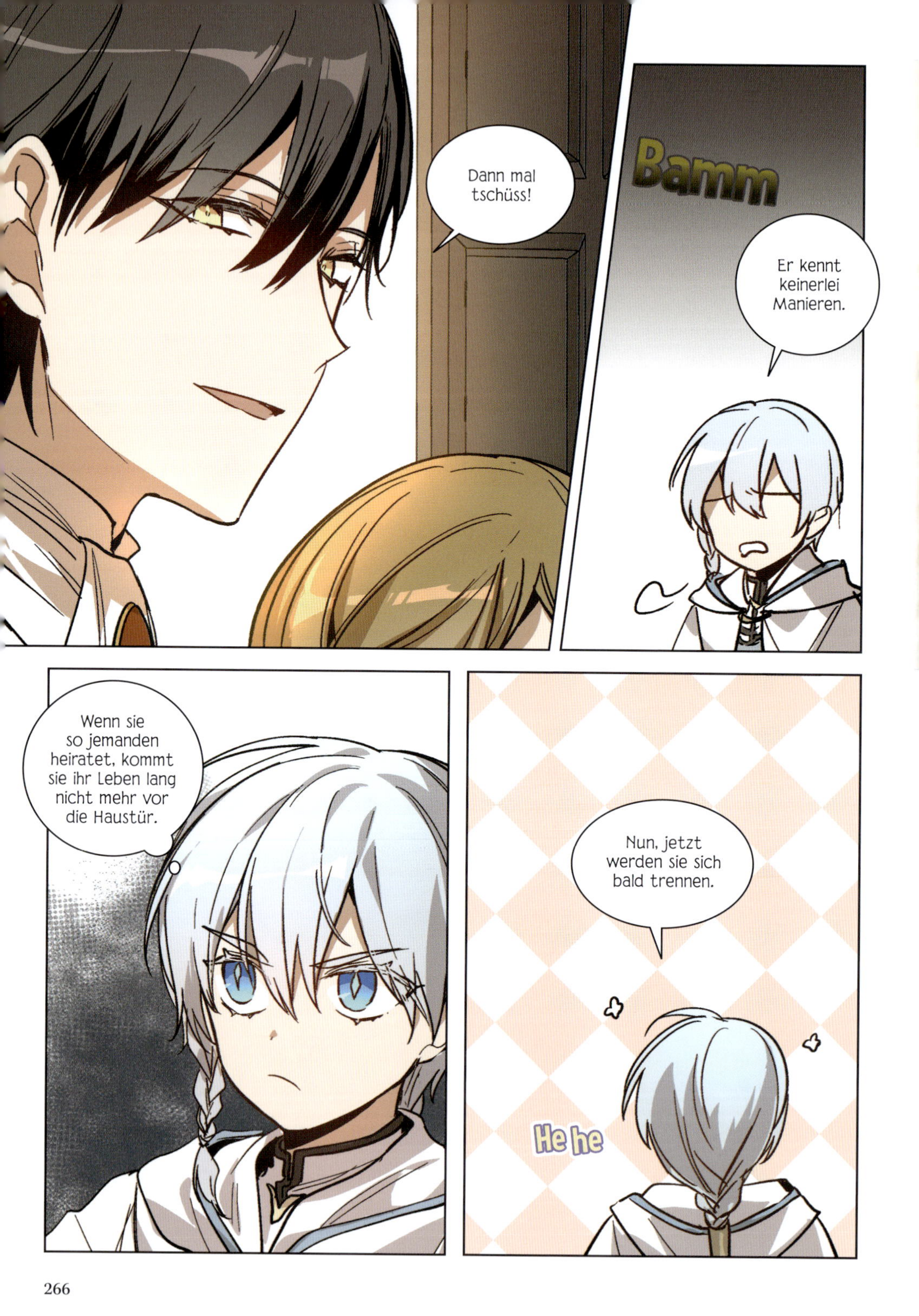
Dann mal tschüss!
Bamm
Er kennt keinerlei Manieren.
Wenn sie so jemanden heiratet, kommt sie ihr Leben lang nicht mehr vor die Haustür.
Nun, jetzt werden sie sich bald trennen.
He he

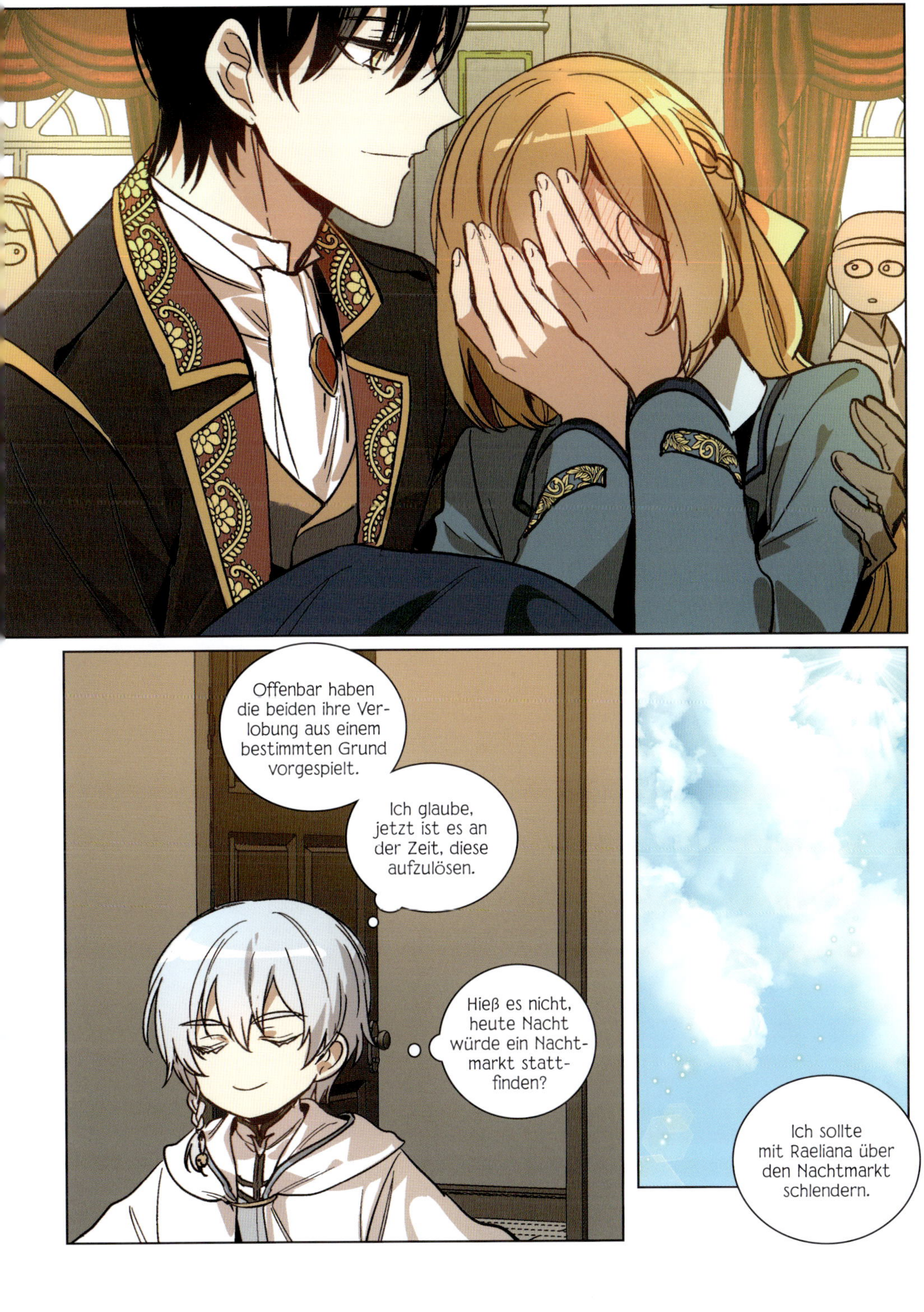
Offenbar haben die beiden ihre Verlobung aus einem bestimmten Grund vorgespielt.
Ich glaube, jetzt ist es an der Zeit, diese aufzulösen.
Hieß es nicht, heute Nacht würde ein Nachtmarkt stattfinden?
Ich sollte mit Raeliana über den Nachtmarkt schlendern.

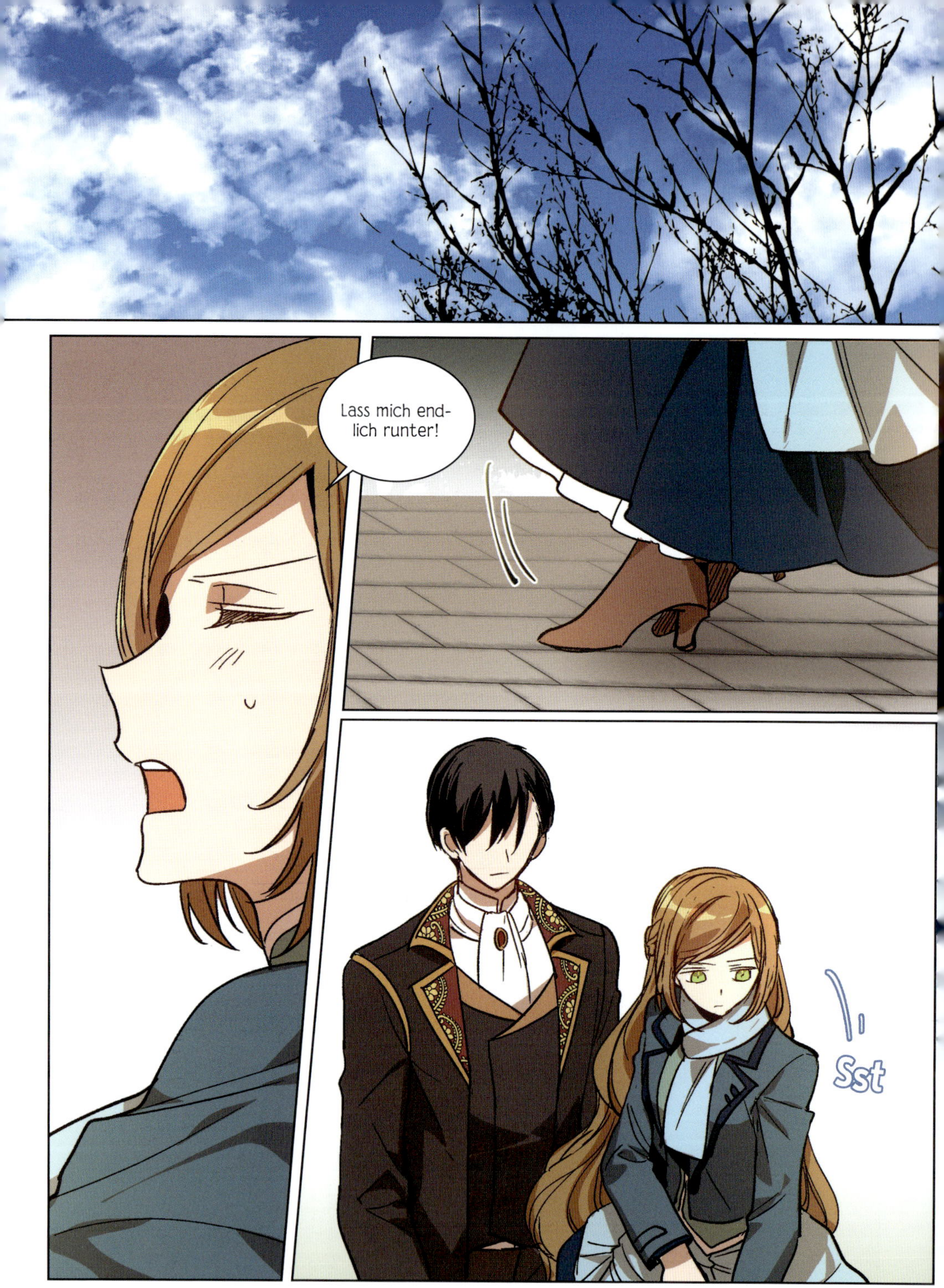
Lass mich end-
lich runter!
Sst

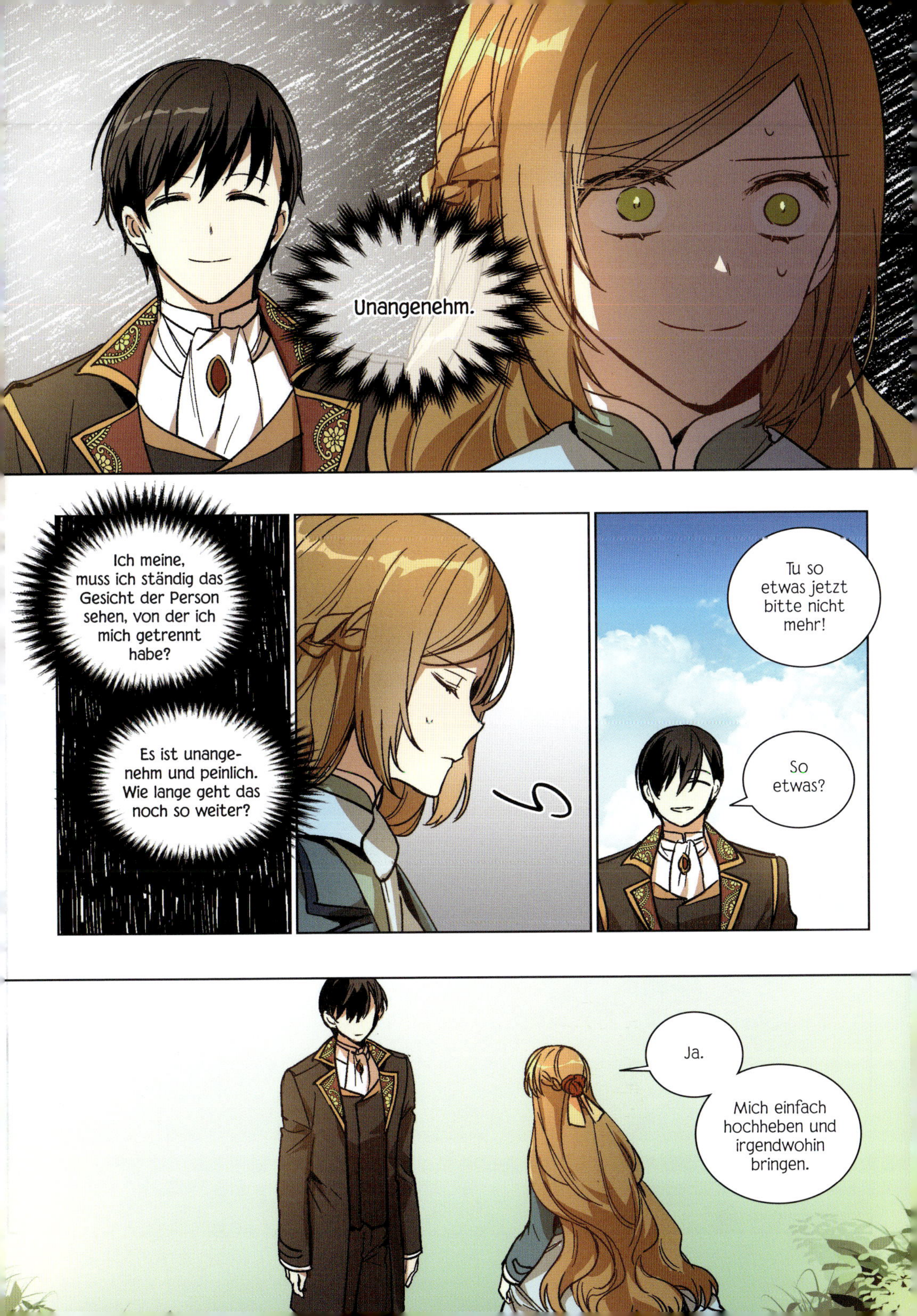
Unangenehm.
Ich meine, muss ich ständig das Gesicht der Person sehen, von der ich mich getrennt habe?
Es ist unangenehm und peinlich. Wie lange geht das noch so weiter?
Tu so etwas jetzt bitte nicht mehr!
So etwas?
Ja.
Mich einfach hochheben und irgendwohin bringen.

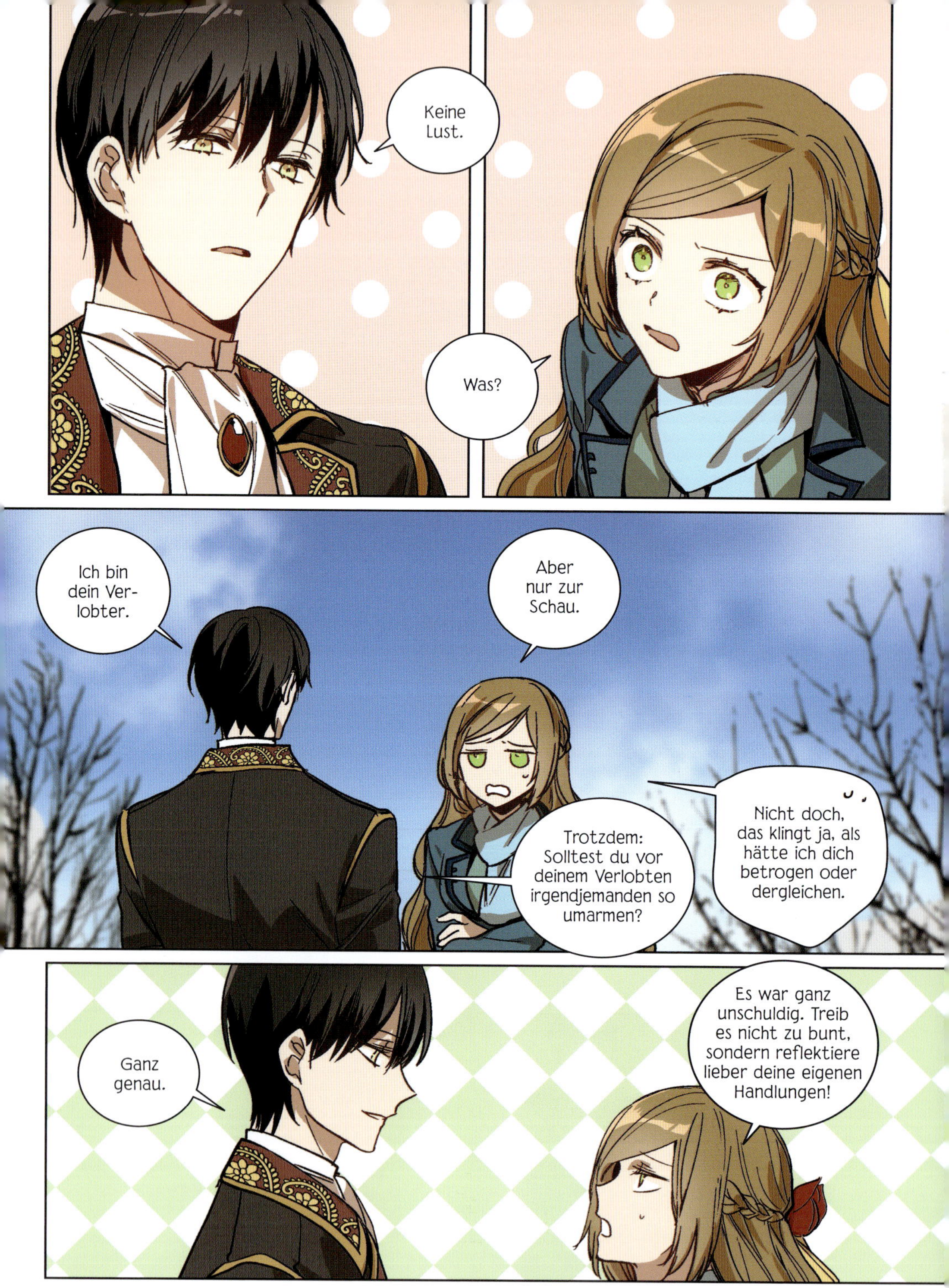
Keine Lust.
Was?
Ich bin dein Verlobter.
Aber nur zur Schau.
Trotzdem: Solltest du vor deinem Verlobten irgendjemanden so umarmen?
Nicht doch, das klingt ja, als hätte ich dich betrogen oder dergleichen.
Ganz genau.
Es war ganz unschuldig. Treib es nicht zu bunt, sondern reflektiere lieber deine eigenen Handlungen!

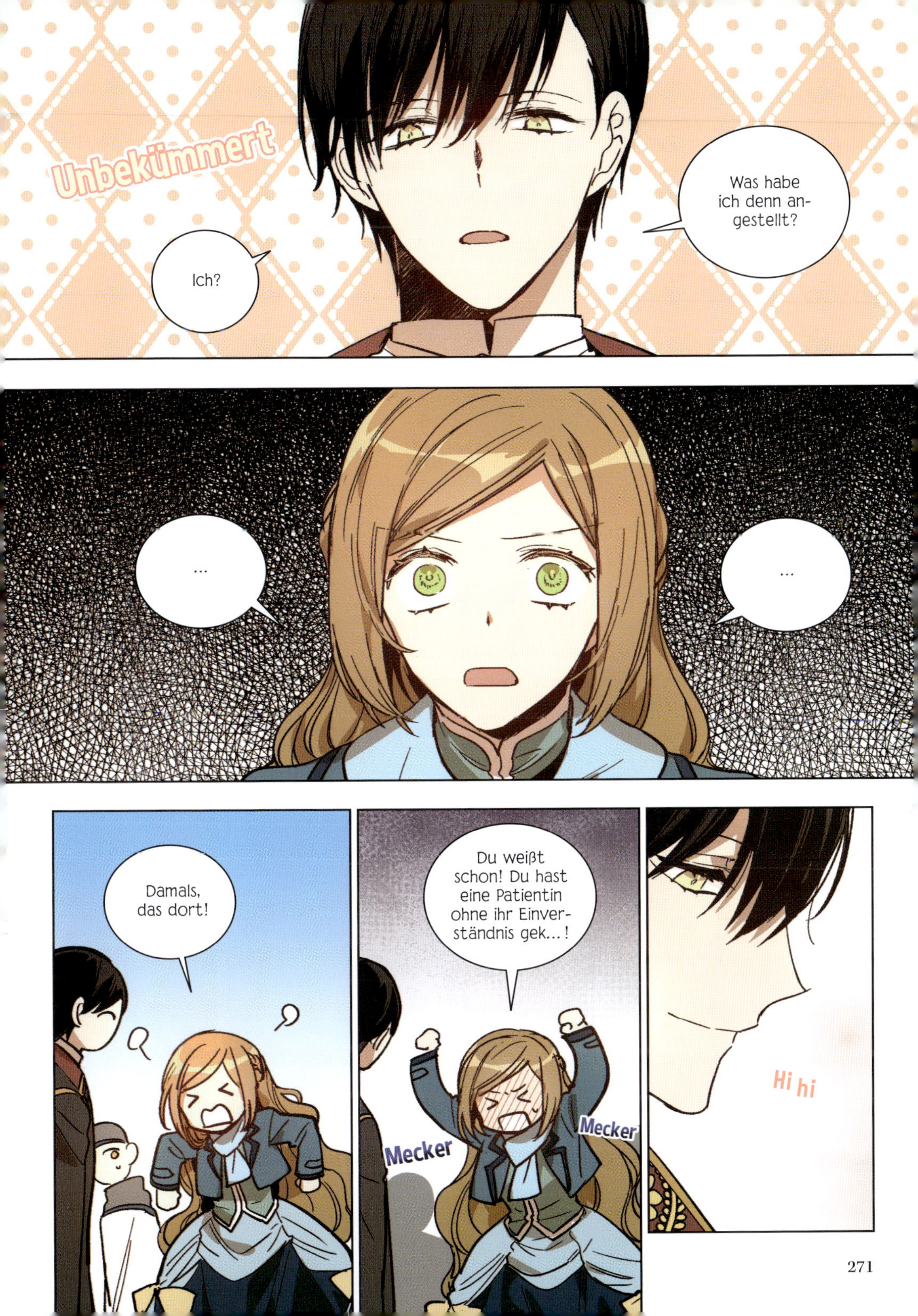
Unbekümmert
Ich?
Was habe ich denn angestellt?
...
...
Damals, das dort!
Du weißt schon! Du hast eine Patientin ohne ihr Einverständnis gek...!
Mecker
Mecker
Hi hi

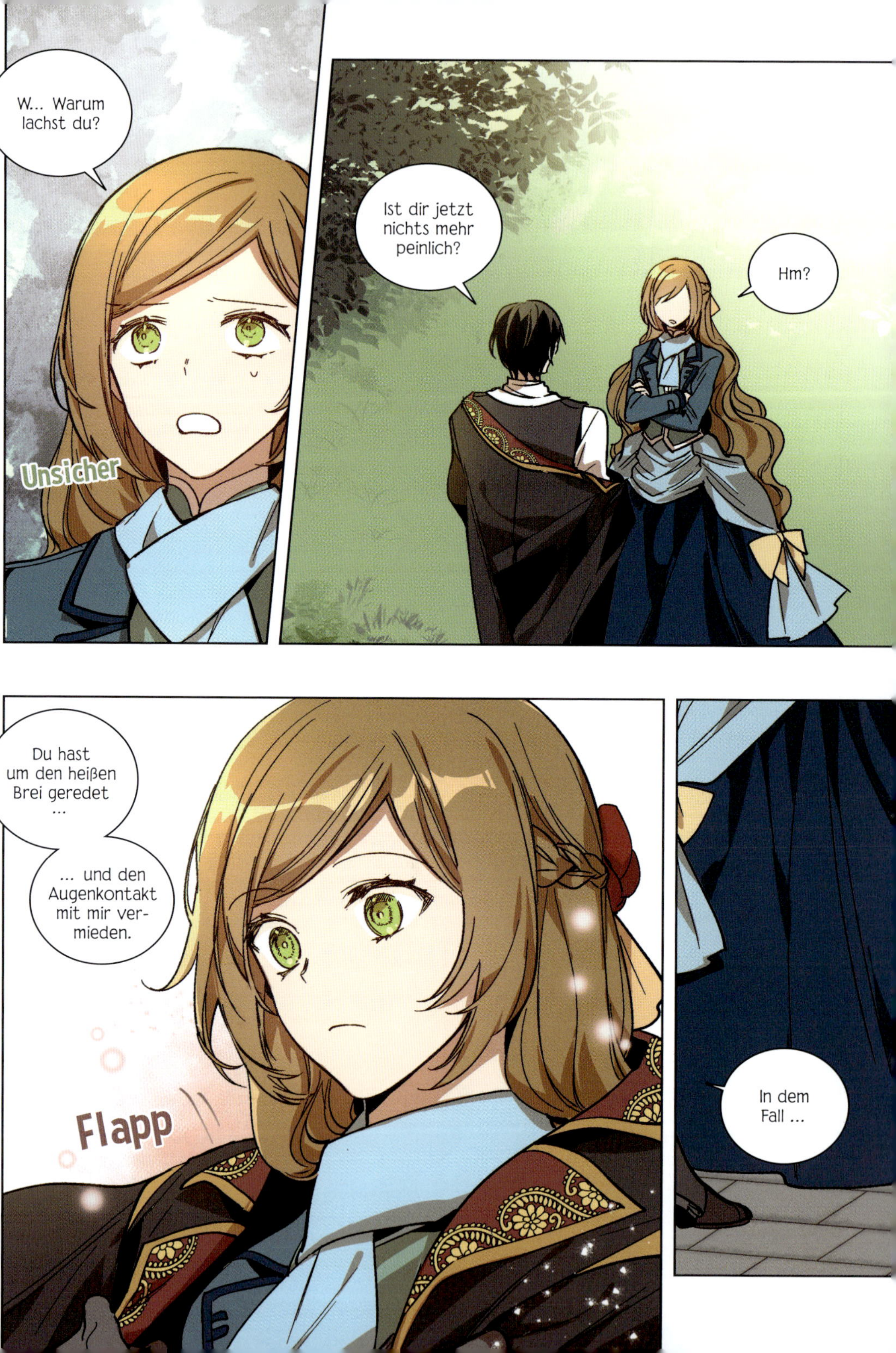
W... Warum lachst du?
Unsicher
Ist dir jetzt nichts mehr peinlich?
Hm?
Du hast um den heißen Brei geredet ...
... und den Augenkontakt mit mir vermieden.
Flapp
In dem Fall ...

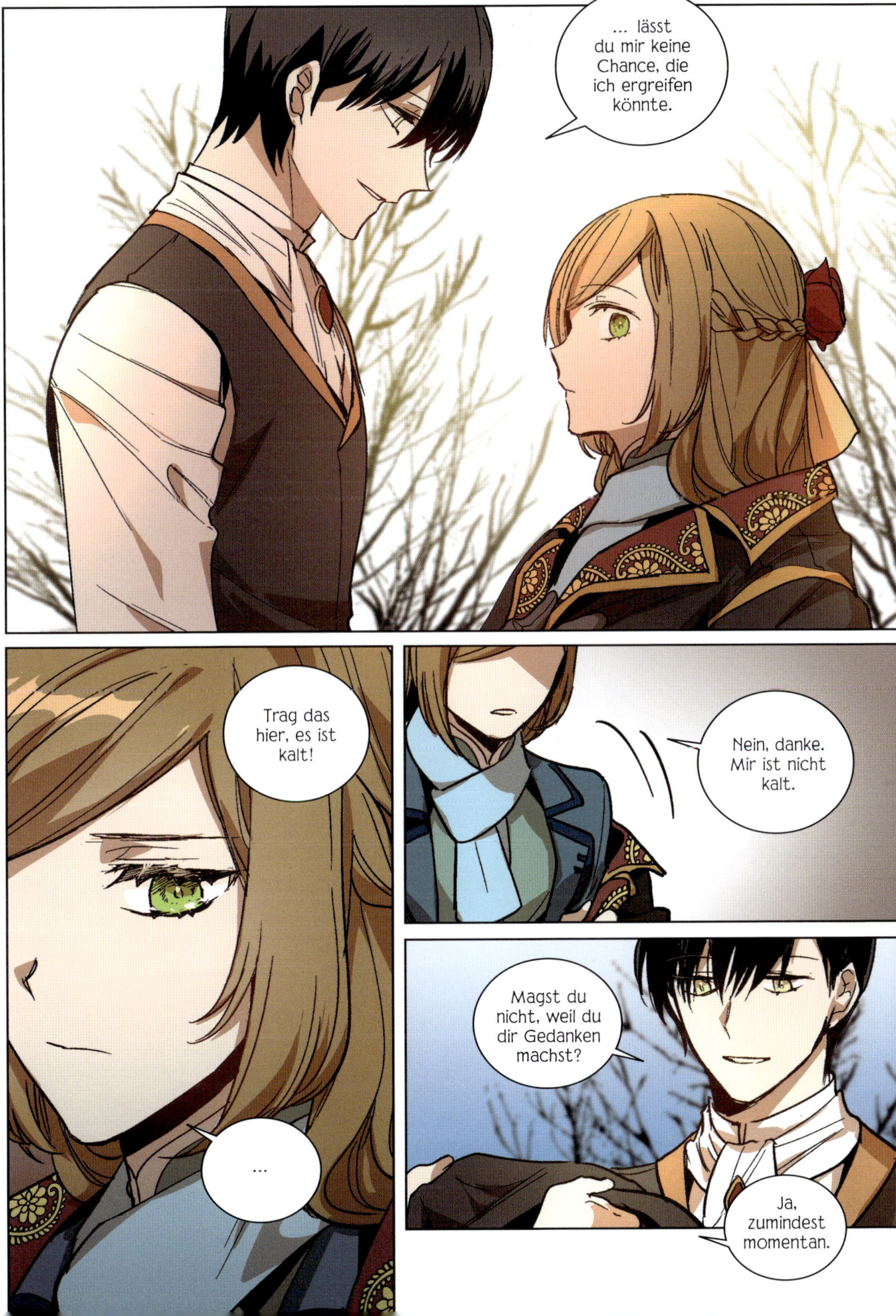
... lässt du mir keine Chance, die ich ergreifen könnte.
Trag das hier, es ist kalt!
Nein, danke. Mir ist nicht kalt.
Magst du nicht, weil du dir Gedanken machst?
Ja, zumindest momentan.
...

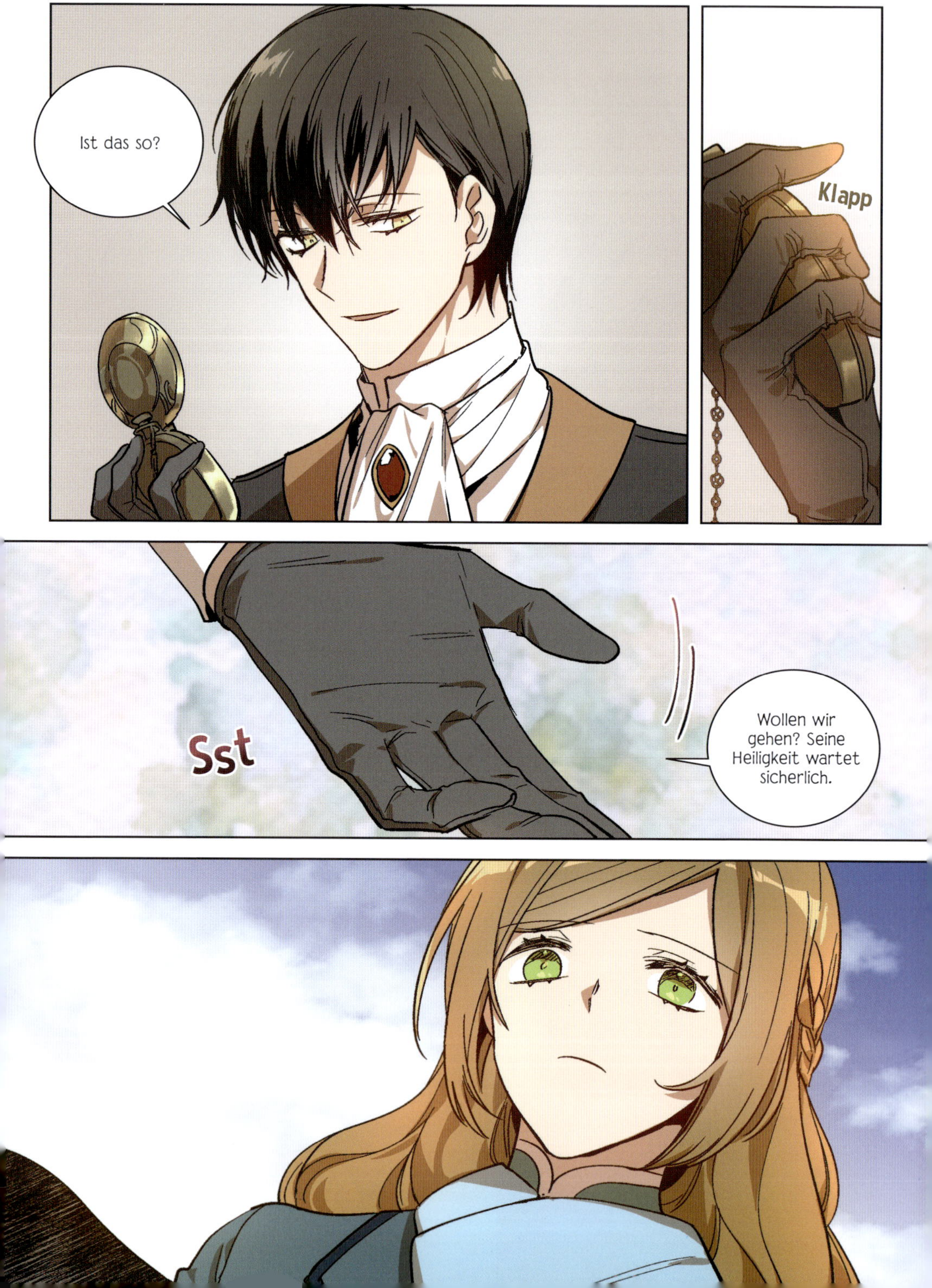
Ist das so?
Klapp
Sst
Wollen wir gehen? Seine Heiligkeit wartet sicherlich.

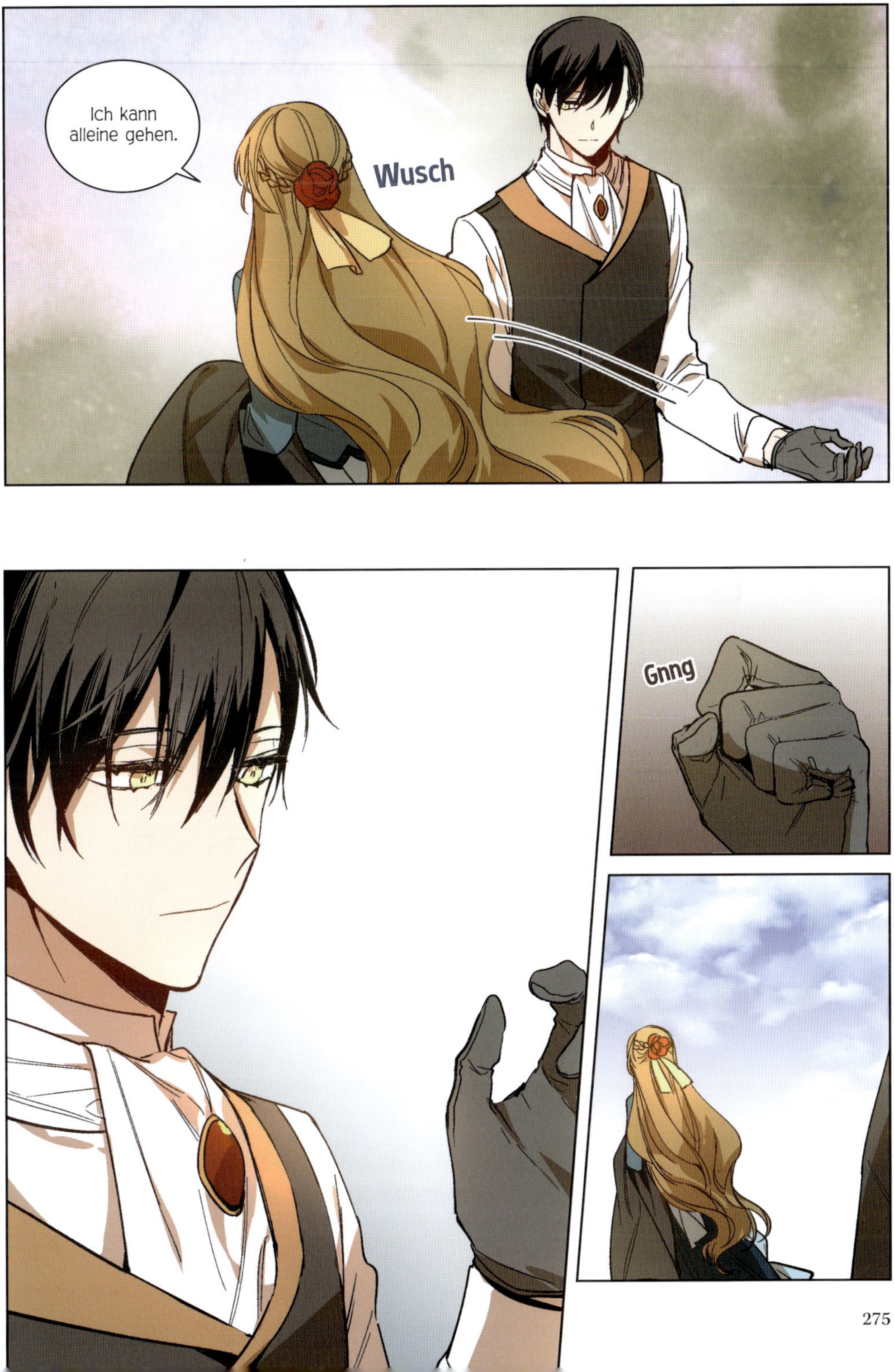
Ich kann alleine gehen.
Wusch
Gnng